Die Abtretung schieds- und gerichtsstandsgebundener Forderungen

Schriften zum Verfahrensrecht

Herausgegeben von
Jens Adolphsen, Peter Gottwald und Ulrich Haas

Band 47

PL ACADEMIC RESEARCH

Anne Hoßfeld

Die Abtretung schieds- und gerichtsstandsgebundener Forderungen

PL ACADEMIC RESEARCH

Bibliografische Information der Deutschen Nationalbibliothek
Die Deutsche Nationalbibliothek verzeichnet diese Publikation in der Deutschen Nationalbibliografie; detaillierte bibliografische Daten sind im Internet über http://dnb.d-nb.de abrufbar.

ISSN 1619-344X
ISBN 978-3-631-64777-6 (Print)
E-ISBN 978-3-653-03574-2 (E-Book)
DOI 10.3726/978-3-653-03574-2

Peter Lang – Frankfurt am Main · Bern · Bruxelles · New York · Oxford · Warszawa · Wien

Dieses Buch erscheint in einer Herausgeberreihe bei PL Academic Research und wurde vor Erscheinen peer reviewed.

www.peterlang.de

Danksagung

Die vorliegende Arbeit wurde im Frühjahrssemester 2013 von der Rechtswissenschaftlichen Fakultät der Universität Zürich als Dissertation angenommen. Literatur und Rechtsprechung konnten bis zum Januar 2013 berücksichtigt werden.

Mein erster Dank gilt meinem Doktorvater, Herrn Prof. Dr. Ulrich Haas, der die Anregung zu diesem Thema gab und die Fertigstellung der Arbeit in vielfältiger Weise gefördert hat. Seine stete Gesprächsbereitschaft und kluger Rat in so mancher Lebenslage gingen weit über das Erwartbare hinaus und haben meine Zeit als wissenschaftliche Mitarbeiterin an seinem Lehrstuhl zu etwas Besonderem gemacht.

Bedanken möchte ich mich auch bei Frau Prof. Dr. Tanja Domej für die zügige Erstellung des Zweitgutachtens.

Bei Herrn Dr. Johannes Schmidt bedanke ich mich für die kritische Durchsicht der Arbeit und die konstruktiven Hinweise.

Der größte Dank gebührt jedoch meinen Eltern. Ohne ihre liebevolle und uneingeschränkte Unterstützung auf jedem Schritt meines bisherigen Weges wäre die Erstellung der vorliegenden Arbeit nicht möglich gewesen.

Zuletzt sollen an dieser Stelle auch meine Großeltern Erwähnung finden, die meine schulische und universitäre Ausbildung vom ersten Tag an mit großem Interesse verfolgt und mir durch ihre Großzügigkeit so manche Hürde aus dem Weg geräumt haben. Leider konnten sie den Abschluss meiner Ausbildung nicht mehr miterleben. Ihnen ist diese Arbeit gewidmet.

Frankfurt, den 31. Mai 2013 *Anne Hoßfeld*

Inhaltsverzeichnis

1. Kapitel
Einleitung und geschichtlicher Überblick

§ 1 Einleitung

Seit Jahrhunderten haben sich in Deutschland und den meisten anderen Teilen der Welt private Schiedsgerichte neben und manchmal auch anstelle der staatlichen Gerichtsbarkeit etabliert. Dass die Parteien eines Rechtsverhältnisses die staatliche Gerichtsbarkeit zugunsten eines solchen privaten Schiedsgerichts derogieren können, wird in der rechtlichen Praxis nicht ernsthaft in Abrede gestellt. Dennoch wirft die Schiedsgerichtsbarkeit zahlreiche verfassungsrechtliche und auch zivilrechtliche Fragen auf.

Gerade ob und inwieweit eine zwischen den Parteien abgeschlossene Schiedsvereinbarung auf nicht unmittelbar beteiligte Dritte erstreckt werden kann, hat die Gerichte immer wieder beschäftigt. Die hier möglichen Konstellationen sind mannigfaltig und berühren insbesondere Tatbestände in den Bereichen Rechtsnachfolge und Haftung. Bei letzterer kommt insbesondere die Haftung aufgrund Rechtsgeschäfts, gesellschaftsrechtlicher Grundlage und Setzen eines Vertrauenstatbestands in Frage. Im Bereich der Rechtsnachfolge stellt die Abtretung einer mit einer Schiedsvereinbarung versehenen Forderung nach §§ 398 ff. BGB einen klassischen Fall einer möglichen Erstreckung der Schiedsvereinbarung auf einen ursprünglich an deren Abschluss nicht beteiligten Dritten dar. Unproblematisch sind hierbei die Fälle, in denen Schuldner, Zedent und Zessionar sich darüber einig sind, dass die zwischen Schuldner und Zedenten abgeschlossene Schiedsvereinbarung aufgrund der Forderungsabtretung zwischen Zedent und Zessionar auch auf das nunmehr zwischen Zessionar und Schuldner begründete Rechtsverhältnis Anwendung finden solle. Juristisch interessanter und weitaus komplexer sind jedoch die Fälle, in denen der Zessionar vom Bestehen der Schiedsvereinbarung im Zeitpunkt der Abtretung keine Kenntnis hatte oder deutlich gemacht hat, dass er eine Bindung an diese ausdrücklich ablehnt. Hier stellt sich die Frage, ob und unter welchen Umständen dieser dennoch an die Schiedsvereinbarung gebunden werden kann. Diese Fallkonstellation war schon oft Inhalt gerichtlicher Entscheidungen und wurde auch von der Lehre so häufig behandelt, dass man das gefundene Ergebnis – den automatischen Übergang der Schiedsvereinbarung zusammen mit der Forderung – kaum mehr in Frage stellt. Dessen Richtigkeit kritisch zu betrachten, ist Ziel dieser Arbeit.

§ 2 Gang der Untersuchung

Für die rechtliche Prüfung wird von folgendem Sachverhalt ausgegangen:

Schuldner und Zedent haben das zwischen ihnen bestehende Rechtsverhältnis, das einem Kaufvertrag über die Lieferung einer Sache entspringt, der Jurisdiktion eines privaten Schiedsgerichts unterstellt. Bei diesem Kaufvertrag handelt es sich um ein beiderseitiges Handelsgeschäft. Die zwischen Schuldner und Zedenten abgeschlossene Schiedsvereinbarung ist wirksam zustande gekommen und enthält Regelungen zur Person, Anzahl und Bestellung der Schiedsrichter, sowie zur anwendbaren Verfahrensordnung. Nach Abschluss von Kaufvertrag und Schiedsvereinbarung verkauft der Zedent die ihm gegen den Schuldner zustehende Geldforderung an den Zessionar und tritt diesem die Forderung ab. Auch hierbei handelt es sich um ein beiderseitiges Handelsgeschäft. Bei Vertragsschluss ist sich der Zedent bewusst, dass für die verkaufte Forderung eine Schiedsvereinbarung vereinbart wurde. Er erwähnt diesen Umstand dem Zessionar gegenüber jedoch nicht. Dieser hat auch keine anderweitige Kenntnis von der Schiedsvereinbarung.

Abwandlung:

Es verbleibt beim eben geschilderten Ausgangsfall, nur wird nun die Forderung von einem Kaufmann an einen Verbraucher abgetreten.

Im Folgenden soll geklärt werden, ob und inwieweit der Zessionar trotz seiner Unkenntnis von der Schiedsvereinbarung an diese gebunden ist, und wie dies rechtlich begründet werden kann.

§ 3 Geschichtlicher Überblick

Schiedsgerichte haben eine lange Tradition im Recht. Historisch gesicherte Überlieferungen reichen bis in die ptolemäische Zeit zurück. Aus Papyri dieses Zeitalters geht hervor, dass der Stratege als Schiedsrichter weitaus größere Bedeutung als der staatliche Richter hatte.[1] Im *commonlaw* ist die Schiedsgerichtsbarkeit älter als die staatliche Gerichtsbarkeit[2] und wurde

1 *Taubenschlag*, Die ptolemäischen Schiedsrichter, Opera Minora, Bd. II, 1959, S. 575 ff.

2 *Holdsworth*, A History of English Law, vol XIV, S. 187, *Borowsky*, Das Schiedsgutachten im Common Law, S. 16.

von letzterer erst im 17. Jahrhundert durch den *Vynior's Case* von 1609 zusehends verdrängt, der dem Schiedsspruch die gerichtliche Durchsetzbarkeit versagte und die Schiedsabrede bis zum Erlass des Schiedsspruchs als frei widerrufbar ausgestaltete.[3] Auch das antike römische Recht kannte die Streitbeilegung durch Schiedsgerichte.[4] Während dort die Durchsetzung des Schiedsspruches zunächst lediglich durch Vertragsstrafe gesichert war, konnte in der nachklassischen Zeit der eidlich bekräftigte oder anerkannte Schiedsspruch durch die *actio in factum* für vollstreckbar erklärt werden.[5] Neben diesem wichtigsten Einfluss für die moderne deutsche Schiedsgerichtsbarkeit sind auch germanisch-deutsche Wurzeln nachweisbar.[6] Im Spätmittelalter spielten Schiedsgerichte in den deutschsprachigen Gebieten insbesondere zwischen Händlern und in internationalen Fällen eine bedeutende Rolle. Allein in den Archiven des Fürstentums Fürstenberg finden sich für die Zeit zwischen 1275 und 1600 über 500 Urkunden zu Schiedsabreden, Schiedsvergleichen und Schiedssprüchen.[7] Frühe Kodifikationen der Schiedsgerichtsbarkeit datieren auf das 14.–16. Jahrhundert zurück.[8] Das Konzept des damaligen deutschen Schiedsgerichtswesens war für die Zeit überraschend modern. Es sah etwa die Bindung der staatlichen Gerichte an Schiedsvereinbarungen vor; ferner bedurften Schiedssprüche keiner Vollstreckungsklausel.[9] Gleichzeitig war die strenge Anwendung des geltenden Rechts keine Voraussetzung für die Durchführung eines Schiedsverfahrens. Schiedsverfahren *nach Guet* statt *nach Recht* waren weit verbreitet.[10] 1877 wurde die Schiedsgerichtsbarkeit durch Aufnahme in die Civilprozeßordnung(CPO) erstmals einheitlich für das neugegründete Deutsche Reich ge-

---

3 *Borowsky*, Das Schiedsgutachten im Common Law, 2001, S. 17 f.; diese Abwertung der Schiedsgerichtsbarkeit hatte zur Folge, dass sich in England das Institut des Schiedsgutachtens entwickelte, vgl. hierzu *Borowsky*, aaO., S. 19 ff.

4 *Ziegler*, Das private Schiedsgericht, S. 1 ff.

5 *Schütze*, Schiedsgericht und Schiedsverfahren, Einleitung I Rn. 3.

6 MünchKommZPO/*Münch*, Vorbemerkung zu den §§ 1025 ff., Rn. 127; *Bader*, Arbiter arbitrator seu amicabilis compositor, Zeitschrift der Savigny-Stiftung für Rechtsgeschichte Kan. Abt., 77. Bd. (1960) S. 239, 242 f.

7 *Born*, International Commercial Arbitration, Volume I, Chapter One, S. 30; *Bader*, Arbiter arbitrator seu amicabilis compositor, Zeitschrift der Savigny-Stiftung für Rechtsgeschichte Kan. Abt., 77. Bd. (1960) S. 239, 240.

8 *Born*, International Commercial Arbitration, Volume I, Chapter One, S. 30; *Krause*, Die geschichtliche Entwicklung des Schiedsgerichtswesens in Deutschland, 1930, S. 58 ff.

9 *Born*, International Commercial Arbitration, Volume I, Chapter One, S. 30; *Krause*, Die geschichtliche Entwicklung des Schiedsgerichtswesens in Deutschland, 1930, S. 4, 31, 35.

10 *Born*, International Commercial Arbitration, Volume I, Chapter One, S. 30 f.

regelt. Obgleich die Schiedsgerichtsbarkeit auch von Zeitgenossen damals (schon) kritisch beäugt wurde, hat sich der Gesetzgeber für deren generelle Zulässigkeit entschieden, denn, „wie die Rechtsgeschichte lehrt, hat das Bedürfnis nach schiedsrichterlicher Entscheidung von Rechtsstreitigkeiten unter der Herrschaft aller bisher zur Geltung gelangten Prozeßsysteme bestanden. Es ist daher die Annahme begründet, daß es auch fortbestehen werde, nachdem die Reform des Civilprozeßrechts für das Deutsche Reich durchgeführt ist, und demnach die Forderung gerechtfertigt, das schiedsrichterliche Verfahren auch nach dieser Reform beizubehalten"[11]. Nachdem die Schiedsgerichtsbarkeit in Deutschland zu Beginn des 20. Jahrhunderts folgend hierauf noch umfassenden Zuspruch von Gerichten und Rechtsgelehrten hatte[12], begannen die Gerichte vor allem in der Zeit zwischen den Weltkriegen verstärkt, ihre durch die Zivilprozessordnung eingeräumten Möglichkeiten des Einflusses auf Schiedsverfahren zu Lasten der Schiedsgerichtsbarkeit zu nutzen.[13] Eine beinahe vollständige Beschneidung der Schiedsgerichtsbarkeit erfolgte dann durch die Nationalsozialisten, in deren Weltbild eine vom totalitären Staat unabhängige private Gerichtsbarkeit keinen Raum fand.[14] Gesetzliche Bestrebungen zur Abschaffung der Schiedsgerichtsbarkeit gab es jedoch zu keinem Zeitpunkt. Auch nach dem Zweiten Weltkrieg bestanden die 1877 in die CPO aufgenommenen Vorschriften zur Schiedsgerichtsbarkeit bis zur Schiedsrechtsnovelle 1997 fast unverändert fort. Schiedsgerichte sind heute als Ergänzung zur staatlichen Gerichtsbarkeit im deutschen Rechtssystem anerkannt und fest etabliert. Der Staat steht der Schiedsgerichtsbarkeit positiv gegenüber und sieht diese als sinnvolle Entlastung der staatlichen Justiz. Ein Ziel der Schiedsgerichtsnovelle von 1997 war es ausdrücklich, den Schiedsstandort Deutschland attraktiver zu machen.[15] Dennoch hat die Schiedsgerichtsbarkeit in Deutsch-

11 *Hahn*, Materialien zu den Reichs-Justizgesetzen, S. 489.

12 *Haeger,* Schiedsgerichte für Rechtsstreitigkeiten in der Handelswelt, (1910), S. 21, 24; *Born,* International Commercial Arbitration, Volume I, Chapter One, S. 50: Allein in Berlin waren im Jahr 1909 1030 Schiedsverfahren in Handelssachen anhängig; vgl. auch RGZ 69, 52, 55.

13 *Born*, International Commercial Arbitration, Volume I, Chapter One, S. 50; *Nußbaum*, Schiedsgerichte und Rechtsordnung, JW 55 (1926), S. 13 ff., der sich nicht für die Abschaffung der Schiedsgerichtsbarkeit aussprach, aber „die schwere Gefahr von Mißbildungen und Entartungen" feststellte, denen entgegengewirkt werden müsse.

14 *Born*, International Commercial Arbitration, Volume I, Chapter One, S. 50 f.; vgl. auch *Kuntze*, Schiedsgericht oder Rechtsprechung durch die Gerichte des Staates, JW 63 (1934), 649, 651 f., der nur den staatlichen Richter als Hüter des Rechts und der „völkischen Weltanschauung" als geeignet ansieht.

15 BT-Drucks. 13/5274, S. 1.

land quantitativ kaum Bedeutung. Die führende deutsche Schiedsgerichtsinstitution DIS verzeichnete im Jahr 2011 lediglich 174 Fälle, die nach ihrer Schiedsordnung eingeleitet wurden.[16] Belastbare Zahlen über die Anzahl privater Schiedsverfahren pro Jahr liegen für den gesamten deutschen Rechtsraum allerdings nicht vor. Gerade zu nicht-institutionalisierter *ad-hoc* Schiedsgerichtsbarkeit sind keine statistischen Erhebungen vorhanden. Schätzungen gehen davon aus, dass weniger als 1% aller in Deutschland geführten Rechtsstreitigkeiten durch private Schiedsgerichte entschieden werden.[17] Zu vermuten steht in diesem Zusammenhang, dass die Schiedsgerichtsbarkeit auch aufgrund des eben beschriebenen Einflusses durch staatliche Gerichten ab ca. 1920 und der nationalsozialistischen Doktrin nicht mehr den vor dieser Zeit innegehabten Stand wiedererlangen konnte. Auch ist zu beachten, dass der Aufbau einer verlässlichen, stabilen und – beginnend mit der Reichsgründung 1871 – insbesondere auch einheitlichen Rechtsprechung in Zivilsachen geeignet war, die Bedeutung privater Schiedsgerichte zu verringern, obgleich hierfür eindeutige Belege fehlen.

Aber auch wenn die eben genannten Zahlen (vage) Rückschlüsse über die quantitative Bedeutung der Schiedsgerichtsbarkeit im deutschen Rechtsraum zulassen, so können sie über deren qualitative Bedeutung für die rechtssuchenden Parteien keine Aussage treffen. Die Gründe der Parteien, ihre Rechtsstreitigkeit einem Schiedsgericht statt einem staatlichen Gericht zu unterstellen, sind mannigfaltig und haben sich über die Jahrhunderte nicht grundlegend geändert.[18] Sicherlich dienten private Schiedsgerichte ursprünglich auch dazu, die nach Ansicht der Parteien schlecht funktionierende oder sogar gar nicht vorhandene staatliche Gerichtsbarkeit zu ersetzen. Ein Kriterium, das heute im Hinblick auf die staatlichen Gerichte in Deutschland keine Rolle mehr spielen dürfte. Im Gegenteil gewährleistet die ordentliche Gerichtsbarkeit – gerade im internationalen Vergleich – faire und effiziente Verfahren. So betrug etwa die erstinstanzliche Verfah-

---

16 Deutsche Institution für Schiedsgerichtsbarkeit,www.dis-arb.de/de/39/content/statistik-id53, abgerufen im September 2012; im Vergleich hierzu wurden im Jahr 2011 ca. 1,6 Mio neue Klagen vor den Zivilgerichten anhängig. Statistisches Bundesamt: www.destatis.de/DE/Publikationen/Thematisch/Rechtspflege/GerichtePersonal/Zivilgerichte2100210117004.pdf?__blob=publicationFile, abgerufen im September 2012.

17 MünchKommZPO/*Münch*, Vorbemerkung zu den §§ 1025 ff., Rn. 17; allerdings wird teilweise davon ausgegangen, dass gerade in internationalen Handelsstreitigkeiten die Schiedsgerichtsbarkeit in den letzten Jahren an Bedeutung gewonnen hat. Vgl. hierzu die Untersuchung von *Hoffmann*, Schiedsgerichte als Gewinner der Globalisierung?, SchiedsVZ 2010, 96, 96 ff.

18 *Born*, International Commercial Arbitration, Volume I, Chapter One, S. 28, 31 f.

rensdauer vor den Landgerichten im Jahr 2011 durchschnittlich 8,2 Monate[19] und dürfte damit niedriger liegen als die Dauer eines durchschnittlichen Schiedsverfahrens[20], das sich zudem auch zuerst konstituieren muss.[21] Zeitvorteile ergeben sich in der Regel erst dann, wenn sich das staatliche Verfahren über mehrere Instanzen zieht.[22] Zudem sind heute die Unparteilichkeit und Qualität der staatlichen Gerichte gewährleistet. Jedoch hat die private (Binnen-) Schiedsgerichtsbarkeit auch gegenwärtig noch Vorteile, die die staatliche Gerichtsbarkeit nicht, oder nur sehr eingeschränkt bieten kann. So bestehen im Bereich privater Schiedsgerichtsbarkeit weitaus größere Möglichkeiten der Parteien, auf das Verfahren Einfluss zu nehmen. Die Parteien können an der Besetzung des Spruchkörpers mitwirken und auf diese Weise nicht nur die Anzahl der Schiedsrichter festlegen, sondern diese auch nach deren Fachwissen und nach persönlichem Vertrauen in die Person auswählen.[23] Auch bei der Vereinbarung von Verfahrensregeln sind die Parteien nur durch zwingendes Prozessrecht[24] eingeschränkt.[25] Ein Umstand, der von vielen Parteien weiterhin als großer Vorteil der Schiedsgerichtsbarkeit empfunden wird, ist die Vertraulichkeit des Verfahrens[26], die ein staatliches Gericht aufgrund des aus § 169 GVG resultierenden Öffentlichkeitsgrundsatzes nicht bieten kann. Bezüglich eines etwaigen Kostenvorteils der Schiedsgerichtsbarkeit kann keine allgemeingültige Aussage getroffen werden. Es ist aber davon auszugehen, dass ein Kostenvorteil für die Parteien in der Regel erst ab einem hohen Streitwert zu erwarten ist, während bei niedrigen Streitwerten der Gang vor die staatlichen Gerichte der günstigere Weg sein wird. Einen großen Stellenwert hat die Schiedsgerichtsbarkeit auch im Bereich des professionellen Sports. Rechtsstreitigkeiten in die-

---

19 Statistisches Bundesamt: www.destatis.de/DE/Publikationen/Thematisch/Rechtspflege/GerichtePersonal/Zivilgerichte2100210117004.pdf?__blob=publicationFile, abgerufen im September 2012; die Dauer erhöht sich auf 13,4 Monate betrachtet man nur die Fälle, die durch streitiges Urteil enden.

20 *Lachmann*, Schiedsgerichtspraxis, Rn. 156 ff. Ein Zeitvorteil dürfte sich für die Schiedsgerichtsbarkeit vermutlich erst ergeben, wenn sich das staatliche Gerichtsverfahren über mehrere Instanzen zieht. Es fehlen jedoch neuere belastbare Zahlen über die durchschnittliche Dauer des schiedsgerichtlichen Verfahrens.

21 Vgl. hierzu MünchKommZPO/*Münch*, Vorbemerkung zu den §§ 1025 ff. Rn. 65.

22 Hiervon kann bei großen Streitwerten ausgegangen werden.

23 Eine Erwägung, die so auch schon im Mittelalter eine Rolle spielte, vgl. hierzu *Born,* International Commercial Arbitration, Volume I, Chapter One, S. 28.

24 S. hierzu vor allem § 1042 ZPO.

25 MünchKommZPO/*Münch*, Vorbemerkung zu §§ 1025 ff. Rn. 73 f.; § 1042 Rn. 76 ff.

26 Vgl. hierzu *Lachmann*, Schiedsgerichtspraxis, Rn. 143 ff.; MünchKommZPO/*Münch*, Vorbemerkung zu §§ 1025 ff. Rn. 71 f.

sem Bereich werden annähernd ausschließlich unter Ausschluss der staatlichen Gerichte ausgetragen. Trotz der eben dargelegten quantitativ geringen Bedeutung der Schiedsgerichtsbarkeit kann diese also bis heute auf anderer Ebene – als Institution – für die Parteien große Bedeutung haben. In internationalen Fällen spielt die Schiedsgerichtsbarkeit ohnehin eine erheblich größere Rolle. Die Vereinbarung von Schiedsklauseln hat besonders im internationalen Handelsverkehr – im Mittelalter wie heute – ihren wesentlichen Grund darin, dass konkurrierende Rechtsordnungen mit mehreren möglichen gerichtlichen Zuständigkeiten rechtliche Unsicherheiten für das Verfahren und die Vollstreckung des Urteils mit sich bringen.[27] Ferner spielt in internationalen Fällen auch das Misstrauen der Parteien gegenüber einer fremden Rechtsordnung eine unter Umständen entscheidende Rolle. Sei es, dass die staatliche Gerichtsbarkeit in manchen Ländern für die Parteien nicht auf einem befriedigenden Stand operiert; sei es dass die Parteien – berechtigter oder unberechtigter Weise – nicht darauf vertrauen, von der jeweils anderen nationalen Gerichtsbarkeit ein unparteiisches, faires Verfahren zu erhalten.

27 *Born*, International Commercial Arbitration, Volume I, Chapter One, S. 31 f.

2. Kapitel
Die rechtliche Einordnung der Schiedsvereinbarung

§ 4 Die Verfassungskonformität der Schiedsvereinbarung

A. Allgemeines

So anerkannt und historisch etabliert die Schiedsgerichtsbarkeit in Deutschland und den meisten Rechtsordnungen der Welt ist, stellen sich dennoch Fragen bezüglich derer verfassungsrechtlicher Zulässigkeit. Zumindest moderne Rechtsstaaten westlicher Prägung sehen in ihren Verfassungen für ihre Bürger umfassenden Zugang zu den staatlichen Gerichten vor, so dass hier ein Spannungsverhältnis zwischen privater und staatlicher Gerichtsbarkeit denkbar ist. Es ist eine grundlegende Aufgabe des modernen Rechtsstaates, Rechtsfrieden und Rechtssicherheit zu gewährleisten. Der Staat bedingt sich hierfür ein Gewaltmonopol aus; es ist den Bürgern verwehrt, ihre (vermeintlichen) Ansprüche außerhalb der hierfür vorgesehenen staatlichen Einrichtungen privat durchzusetzen. Auch um dieses Gewaltmonopol zu legitimieren, hat der Staat seinen Bürgern Zugang zu einem effektiven Rechtsschutzsystem zu ermöglichen. Das Grundgesetz gewährt den Zugang zu den Gerichten für Akte der *öffentlichen* Gewalt ausdrücklich in Art. 19 Abs. 4 GG. Es ist darüber hinaus jedoch unbestritten, dass auch der Zugang zu den Zivil- und Strafgerichten in Form eines allgemeinen, aus dem Rechtsstaatsprinzip resultierenden Justizgewährleistungsanspruches von Verfassungs wegen zu garantieren ist.[28] Dieser ergibt sich aus Art. 20 Abs. 3 GG in Verbindung mit den Grundrechten, insbesondere Art. 2 Abs. 1 GG.[29] Der Justizgewährleistungsanspruch wird allgemein als die Kehrseite des staatlichen Gewaltmonopols, der bürgerlichen Friedenspflicht und des Selbsthilfeverbots beschrieben.[30] Ergänzt wird der allgemeine Justizgewähranspruch durch die einzelnen Prozessgrundrechte.[31] Neben dem eben erwähnten Art. 19 Abs. 4 GG sind dies der Richtervorbehalt in Art. 92

28 Grundlegend Maunz/Dürig/*Schmidt-Aßmann*, GG, Art. 19 Abs. 4 Rn. 16 ff.; BVerfGE 54, 277, 929; 81, 347, 356 f.; 88, 118, 124.
29 BVerfG NJW 2003, 1924; NJW 1995, 3173; NJW 1993, 1635
30 Maunz/Dürig/*Schmidt-Aßmann*, GG, Art. 19 Abs. 4 Rn. 16.
31 Maunz/Dürig/*Greszick*, GG, Art. 20 und die allgemeine Rechtsstaatlichkeit, Rn. 133.

Abs. 1 GG, die Unabhängigkeit der Richter nach Art. 97 Abs. 1 GG, der Anspruch auf den gesetzlichen Richter nach Art. 101 Abs. 1 GG und der Anspruch auf rechtliches Gehör nach Art. 103 Abs. 1 GG.

Für die für diese Arbeit interessierende Fallgestaltung werden die Vorgaben des Grundgesetzes von Art. 6 EMRK flankiert, der als inkorporiertes Völkerrecht in Deutschland den Rang eines einfachen Bundesgesetzes innehat.[32] Art. 6 EMRK bestimmt, dass jede Person ein Recht darauf hat, dass über Streitigkeiten in Bezug auf ihre zivilrechtlichen Ansprüche und Verpflichtungen von einem unabhängigen und unparteiischen, auf Gesetz beruhendem Gericht in einem fairen Verfahren verhandelt wird.

Für die Beantwortung der Frage, ob ein zumindest ursprünglich an der Schiedsvereinbarung nicht beteiligter Dritter an diese gebunden sein kann, ist zunächst zu klären, ob und inwieweit sich die Vereinbarung privater Gerichtsbarkeit überhaupt mit den verfassungsrechtlichen Vorgaben des Grundgesetzes und Art. 6 EMRK in Einklang bringen lässt. Ein Verstoß gegen diese Vorschriften wäre denkbar, wenn sich aus diesen ein umfassendes Rechtsprechungsmonopol des Staates ergebe.

B. Vereinbarkeit der Schiedsgerichtsbarkeit mit dem Grundgesetz und der Europäischen Menschenrechtskonvention

Ein solches Rechtsprechungsmonopol könnte sich zunächst aus Art. 92 GG ergeben, der die rechtsprechende Gewalt den Richtern zuweist; ferner aus Art. 101 GG, der den Entzug des gesetzlichen Richters verbietet.

I. Artikel 92 GG

Nach Art. 92 Hs. 1 GG ist die rechtsprechende Gewalt den Richtern anvertraut. Allein dieser kurze Satz regelt zwei elementare Voraussetzungen der rechtsprechenden Gewalt. Zunächst bekräftigt Art. 92 GG die Gewaltenteilung des Art. 20 Abs. 2 GG, indem er die Rechtsprechung eindeutig von Legislative und Exekutive trennt und die gerichtliche Letztendscheidung auf hiervon gesonderte Organe – die Richter – überträgt. Überdies schreibt die Vorschrift für die rechtsprechende Gewalt zwingend die Rechtsstellung als „Richter“ vor, wobei dies nicht mit einer juristischen Vorbildung einhergehen muss, wie etwa die Berufung von Laienrichtern in der Arbeits- und So-

32 S. hierzu nur BVerfGE 74, 358, 370; 82, 106, 114.

zialgerichtsbarkeit, § 16 ArbGG, § 3 SGG, und von Schöffen in der Strafgerichtsbarkeit, §§ 28 f. GVG, zeigt. Keine Rückschlüsse lassen sich jedoch aus dem Wortlaut der Vorschrift ziehen, wenn es um die Frage geht, was unter „rechtsprechender Gewalt" zu verstehen ist, also welche Fallgestaltungen nach der Verfassung zwingend durch Richter entschieden werden müssen.

1. Formeller Rechtsprechungsbegriff

Einige ältere Stimmen in der Literatur gehen unter Berufung auf Art. 103 der Weimarer Reichsverfassung von einem formellen Rechtsprechungsbegriff aus. Demnach ergebe sich der Umfang der Gerichtsbarkeit durch die gesetzliche Zuweisung von Aufgaben. Die Verfassung behalte sich durch Art. 92 GG jedoch keine Zuweisung bestimmter Aufgaben an die Justiz vor. Der Richtervorbehalt gelte demnach nur in den Fällen, in denen das Gesetz das Eingreifen der staatlichen Gerichtsbarkeit vorsehe, er solle jedoch nicht als materielle Rechtschutzgarantie des Bürgers im Sinne eines Zugangs zu den Gerichten zu verstehen sein.[33] Diese stark formalisierte Ansicht wird teilweise insoweit eingeschränkt, als dass „rechtsprechende Gewalt" im Sinne des Art. 92 GG nur dann angenommen wird, wenn das Grundgesetz den Richter zur Entscheidung beruft, wie etwa in Art. 104 Abs. 2 GG. Hierfür soll es aber auch ausreichend sein, wenn sich die Berufung des Richters nur mittelbar aus dem Grundgesetz erkennen lässt, wie etwa im generellen Auftrag des Grundgesetzes zur Errichtung einer ordentlichen Gerichtsbarkeit. In diesem Rahmen sei der Gesetzgeber jedoch weitgehend frei, den Umfang der richterlichen Tätigkeit zu bestimmen.[34] Nach dieser Ansicht stünde Art. 92 GG der Vereinbarung privater Schiedsgerichtsbarkeit nicht entgegen, da es sich bei §§ 1025 ff. ZPO um die zulässige gesetzgeberische Ausgestaltung des gerichtlichen Rechtsschutzes handelte.[35]

---

33 *Anschütz*, WRV, Art. 103, S. 479 f., „Über den Inhalt und die Grenzen dieses Wirkungskreises (*Einrichtung und Verfahren der ordentlichen Gerichtsbarkeit; Anm. durch die Verfasserin*) sagt Art. 103 nichts, er setzt vielmehr voraus, dass beides anderweitig bestimmt ist."; RGZ 107, 320, 323, 324; *Lorenz*, Rechtsweggarantie, S. 191 ff.

34 *Lorenz*, Rechtsweggarantie, S. 191 ff.

35 *Lorenz*, Rechtsweggarantie, S. 191 ff., S. 209 f.

2. Materieller Rechtsprechungsbegriff

Dieser formellen Betrachtung sind h. L. und Bundesverfassungsgericht entgegengetreten und gehen ihrerseits von einem materiellen Verständnis des Art. 92 GG in Form einer Rechtsschutzgarantie aus.[36] So seien zwar Inhalt und Umfang des Begriffs der Rechtsprechung im Grundgesetz nicht näher definiert, jedoch müsse es dem Gesetzgeber nach dem Willen der Verfassungsgeber verwehrt sein, zumindest über einen von Verfassungs wegen zugewiesenen Kernbereich nach eigenem Ermessen zu disponieren.[37] Nach dem Bundesverfassungsgericht seien zwar die Umstände der Entstehungsgeschichte der Norm nicht eindeutig geklärt, jedoch könne die Justiz vor einer Aushöhlung und Pervertierung nicht geschützt werden, wenn Art. 92 GG nicht auch materielle Garantien gewährte. Der Umfang des gerichtlichen Rechtsschutzes könne somit nicht nur unter einfachen Gesetzesvorbehalt gestellt werden. Vielmehr sei der Rechtsprechung ein bestimmter Aufgabenbereich von Verfassungs wegen übertragen.[38] Art. 92 GG sei zwar *auch* Organisationsnorm, habe aber vor allem materielle Bedeutung in dem Sinne, dass damit bereits eine Zuweisung bestimmter Aufgaben an die rechtsprechende Gewalt vollzogen sei.[39] Für das Bundesverfassungsgericht steht es diesbezüglich außer Frage, dass zu diesem Kernbereich auch die bürgerliche Rechtspflege und die Strafrechtspflege gehören.[40] Zuletzt kommt dem Begriff der „Rechtsprechung“ nach der Rechtsprechung des Bundesverfassungsgerichts auch eine funktionelle Bedeutung dahingehend zu, dass hierdurch festgelegt wird, dass bestimmte Rechtswirkungen nur von Gerichten herbeigeführt werden können. Der Gesetzgeber darf daher eine Angelegenheit, die Rechtsprechung im Sinne des Art. 92 GG ist, keiner anderen Stelle als den Gerichten zuweisen.[41] Hierunter fällt insbesondere die Herbeiführung einer letztverbindlichen, der Rechtskraft fähigen Entscheidung.[42]

Nach dem materiellen Verständnis des Bundesverfassungsgerichts und der h. L. sind also Entscheidungen in zivilrechtlichen Streitigkeiten als

---

36 BVerGE 22, 49, 73 ff.; Schmidt-Bleibtreu/Hofmann/*Hopfauf*, GG, Vorb. vor Art. 92, Rn. 4; Dreier/*Schulze-Fielitz*, GG, 2. Aufl. 2008, Art. 92, Rn. 33 ff.; Maunz/Dürig/*Hillgruber*, Art. 92 GG Rn. 19.

37 Maunz/Dürig/*Hillgruber*, Art. 92 GG Rn. 19; *Stern*, Staatsrecht, Band I, § 20 IV, S. 844 f.

38 BVerGE 22, 49, 73 ff.

39 BVerfGE 22, 49, 76.

40 BVerfGE 22, 49, 77 f.

41 BVerfGE 103, 111, 136; Maunz/Dürig/*Hillgruber*, GG, Art. 92, Rn. 19.

42 BVerfGE 7, 183, 188; 31, 43, 46; 60, 253, 269; 103, 111, 137 f.

Kernbereich der den Richtern durch das Grundgesetz zugewiesenen Aufgaben „Rechtsprechung“ im Sinne des Art. 92 GG. Inhaltlich bedeutet dies, dass in den Fällen, in denen ein Bürger in bürgerlichen Rechtsstreitigkeiten vor staatlichen Gerichten um Rechtsschutz ersucht, dieser zumindest in der Letztentscheidung durch einen Richter gewährt werden muss.

3. Stellungnahme

Dieses materielle Verständnis des Art. 92 GG verdient Zustimmung. Das staatliche Gewaltmonopol erfordert als Kehrseite den umfassenden Zugang des Bürgers zu den staatlichen Gerichten in Form einer verfassungsmäßig verbürgten Garantie. Zudem hätte Art. 92 GG keinen über Art. 101 Abs. 1 GG hinausgehenden Inhalt, sähe man in ihm lediglich eine der Disposition des Gesetzgebers unterfallende Zuweisung der Rechtsprechung an den Richter, denn auch Art. 101 Abs. 1 GG besagt schon, dass niemandem der gesetzliche Richter entzogen werden dürfe. Jedoch lässt dies allein keine direkten Rückschlüsse auf die Frage der Zulässigkeit von Schiedsgerichten zu. Denn Art. 92 GG ist auf der anderen Seite auch nicht zu entnehmen, dass *ausschließlich* staatliche Gerichte und Richter die Aufgaben der Rechtsprechung wahrnehmen dürfen. Auch aus der Formulierung des Bundesverfassungsgerichts, dass es sich bei Entscheidungen in zivilrechtlichen Streitigkeiten um den Kernbereich der den Richtern durch Art. 92 GG zugewiesenen Aufgaben handelt[43], lässt sich dies nicht entnehmen. Vielmehr ist davon auszugehen, dass es dem Staat von Verfassungs wegen verwehrt ist, die staatliche Gerichtsbarkeit generell aus ihrer diesbezüglichen Verpflichtung zu entlassen. Nach Art. 92 GG sind also zwingend staatliche Gerichte in Zivilsachen einzurichten und dem rechtsuchenden Bürger zur Verfügung zu stellen, ohne dass dies schon eine Aussage darüber zuließe, ob sich letzterer durch privatrechtliche Vereinbarung dazu verpflichten kann, eine Streitigkeit nicht der staatlichen, sondern einer privaten Gerichtsbarkeit zu unterstellen. Schiedsgerichte werden also von Art. 92 GG nicht generell ausgeschlossen.[44]

---

43 BVerfGE 22, 49, 73 ff., s. auch Maunz/Dürig-*Hillgruber*, GG, Art. 92 Rn. 19; *Stern*, Staatsrecht, Band I, § 20 IV, S. 844 f.

44 Maunz/Dürig/*Hillgruber*, GG, Art. 92 Rn. 87; v. Mangoldt/Klein/Starck/*Classen*, GG, Art. 92 Rn. 43 f.; Schmidt-Bleibtreu/Hofmann/*Hopfauf*, GG, Vorb. vor Art. 92 Rn. 45; *Stober*, Staatsgerichtsbarkeit und Schiedsgerichtsbarkeit, NJW 1979, 2001, 2003 f.

II. Artikel 101 Abs. 1 S. 2 GG

Ein die Schiedsgerichtsbarkeit unterbindendes Rechtsprechungsmonopol könnte sich jedoch aus Art. 101 Abs. 1 S. 2 GG ergeben. Dieser bestimmt, dass niemandem sein gesetzlicher Richter entzogen werden darf. Unbestritten enthält diese Vorschrift in formeller Hinsicht zunächst einen Auftrag an den Gesetzgeber, die staatlichen Gerichte in einer Weise zu organisieren, die die Zuständigkeit des einzelnen Richters bzw. Spruchkörpers durch generelle Vorschriften für jeden Einzelfall vorhersehbar und nachvollziehbar macht.[45] Art. 101 Abs. 1 S. 2 GG formuliert also die Zuständigkeit des Richters als institutionelle Garantie.[46] Weiter gewährt Art. 101 Abs. 1 GG der Justiz Schutz vor staatlichen Eingriffen in die Rechtsprechung seitens der Exekutive als auch der Legislative selbst.[47] Das Bundesverfassungsgericht sieht hierin sogar – anders als es der Wortlaut der Vorschrift vermuten ließe – die primäre Schutzrichtung des Art. 101 Abs. 1 S. 2 GG.[48]

Art. 101 Abs. 1 S. 2 GG enthält über die formellen Regelungen hinaus aber auch materielle Garantien; so insbesondere das subjektive Recht des Einzelnen, seinen Rechtsstreit nur von einem Richter entscheiden zu lassen, der den Anforderungen der Vorschrift entspricht.[49] Ferner bestimmt die Vorschrift, dass ausschließlich solche Gerichte bestehen dürfen, die die Anforderungen des Grundgesetzes erfüllen.[50] Zu diesen gehören insbesondere die Staatlichkeit der Gerichte, Art. 92 GG[51], das Rechtsprechungsmonopol der Richter, Art. 92 GG[52], die sachliche und persönliche Unabhängigkeit des Richters, Art. 97 Abs. 1 GG und Art. 92 GG[53], sowie dessen Neutralität und Distanz[54]. Auch der Anspruch auf rechtliches Gehör nach Art. 103 Abs. 1 GG fällt hierunter.[55]

---

45 *Maunz*/Dürig, GG, Art. 101 Rn. 5; Schmidt-Bleibtreu/Hofmann/Hopfauf/*Müller-Terpitz*, GG, Art. 101, Rn. 5, 7 ff.; Dreier/*Schulze-Fielitz*, GG, 2. Aufl. 2008, Art. 101, Rn. 18 f., 27 ff., 38; v. Mangoldt/Klein/Starck/*Classen*, GG, Art. 101, Rn. 1 ff., 14 ff.

46 *Maunz*/Dürig, GG, Art. 101, Rn. 5.

47 Vgl. hierzu nur Schmidt-Bleibtreu/Hofmann/Hopfauf/*Müller-Terpitz*, GG, Art. 101, Rn. 14 ff. mit zahlreichen weiteren Nachweisen.

48 BVerfGE 10, 200, 213.

49 BVerfG NJW 1993, 2229; *Maunz*/Dürig, GG, Art. 101 Rn. 6.

50 BVerfGE 10, 200, 213; *Maunz*/Dürig, GG, Art. 101 Rn. 12.

51 BVerfGE 27, 312, 320.

52 BVerfGE 22, 49, 73.

53 BVerfGE 27, 312, 322; BVerfGE 14, 156, 163; BVerfG NJW 1993, 2229.

54 BVerfGE 21, 139, 145.

55 BVerfG NJW 1993, 2229, 2229 f.

Der Staat ist diesem Verfassungsauftrag durch die Errichtung einer umfassenden Zivilgerichtsbarkeit nachgekommen, die den Rechtssuchenden ein effektives Rechtsschutzsystem zur Geltendmachung ihrer Ansprüche zur Verfügung stellt. Die Zuständigkeit der jeweiligen Richter und Spruchkörper wird unter Beachtung des Art. 101 Abs. 1 S. 2 GG durch Geschäftsverteilungspläne ordnungsgemäß geregelt; die gerichtliche Letztentscheidung durch den gesetzlichen Richter ist somit vor den staatlichen Gerichten für den Rechtssuchenden gesetzlich garantiert. Aus dem Grundgesetz lässt sich neben dieser Verpflichtung des Staates, dem Bürger in zivilrechtlichen Streitigkeiten umfassenden Rechtsschutz durch seinen gesetzlichen Richter zukommen zu lassen, jedoch zumindest nicht ausdrücklich entnehmen, dass der Staat von Verfassungs wegen auch gehalten wäre, den Bürger in den Fällen, in denen dieser Rechtsschutz begehrt, für diesen verpflichtend staatlichen Rechtsschutz vorzuschreiben. Zu einer solchen Auslegung könnte man lediglich kommen, wenn man auch die Schiedsgerichte den Anforderungen der Art. 92, 101 Abs. 1 S. 2 GG unterstellte und in jedem Abweichen von der staatlichen Gerichtsbarkeit einen „Entzug“ im Sinne des Art. 101 Abs. 1 S. 2 GG sähe.

1. Schiedsgerichtsbarkeit als Verzicht auf den gesetzlichen Richter

Private Schiedsgerichte erfüllen die von Art. 92 Abs. 1, 101 Abs. 1 S. 2 GG an die Gerichte gestellten Anforderungen nicht; hierfür fehlt es schon an deren Staatlichkeit. Recht kann also zumindest im Sinne der Art. 92, 101 Abs. 1 GG durch Schiedsgerichte nicht gesprochen werden, obgleich diese nach h. M. materiell Rechtsprechung ausüben.[56] Müssten sich also Schiedsgerichte in gleicher Weise wie staatliche Gerichte an Art. 101 Abs. 1 GG messen lassen, so wäre deren Errichtung per se verfassungswidrig.

Das Verhältnis des Art. 101 Abs. 1 GG zur privaten Schiedsgerichtsbarkeit ist in Rechtsprechung und Literatur nicht eindeutig geklärt. Vereinzelt wird angenommen, dass die Errichtung eines Schiedsgerichts auf freiwilliger, privatrechtlicher Ebene schon keinen Verzicht bzw. Entzug im Sinne des Art. 101 darstellen könne.[57] Die Vereinbarung, eine Rechtsstreitigkeit der Schiedsgerichtsbarkeit zu unterstellen und so auf eine Entscheidung des staatlichen Richters zu verzichten, werde demnach nur zwischen den Par-

---

56 BGHZ 51, 255, 258; 54, 392, 395; 65, 59, 61; 162, 9, 16; s. auch BGH NJW 2004, 2226, 2227.

57 BAG NJW 1964, 268, 269; wohl auch OLG München, NZG 1999, 780, 781; *Beckmann*, Statutatorische Schiedsklauseln, S. 15; *Schlosser,* Vereins- und Verbands-

teien geschlossen, aber nicht gegenüber dem gesetzlichen Richter erklärt. Damit läge lediglich eine Vereinbarung vor, die staatlichen Gerichte nicht in Anspruch zu nehmen. Dies stelle jedoch keinen Verzicht oder gar Entzug dar.[58] Auch müsste die Vereinbarung eines Schiedsgerichts – wollte man in ihr den Verzicht auf die staatliche Gerichtsbarkeit sehen – von Amts wegen und nicht nur auf die Einrede einer Partei hin beachtet werden. Zudem sei die staatliche Gerichtsbarkeit ohnehin zur Entscheidung berufen, wenn es etwa um die Frage geht, ob die Schiedsvereinbarung wirksam zustande gekommen ist[59] oder bei der Vollstreckung der Entscheidung, für die ausschließlich der Staat und dessen Organe zuständig seien[60], so dass ein Verzicht auf den gesetzlichen Richter bzw. eine Abbedingung des Justizgewähranspruches zumindest nichtvollständig möglich sei.[61]

Einer ähnlichen Ansicht nach sollen Schiedsgerichte generell nicht unter den Anwendungsbereich der Art. 92, 101 Abs. 1 GG fallen, da sich diese Vorschriften nur an die staatlichen Gerichte wende und im Privatrecht keine, oder doch zumindest nur mittelbare Anwendung fänden.[62]

Nach der h. M., die die eben dargelegten Ansichten nicht zwingend ausschließt, wird durch die Errichtung eines Schiedsgerichts aufgrund privatrechtlicher Vereinbarung der Schutzbereich des Art. 101 Abs. 1 GG berührt; die Parteien verzichten durch die Schiedsvereinbarung also auf ihren gesetzlichen Richter. Dieser Verzicht soll nach dieser Ansicht jedoch von der allgemeinen Handlungsfreiheit und Privatautonomie der Parteien nach Art. 2 GG geschützt sein, sofern im konkreten Einzelfall nicht andere Grundrechte – wie etwa die Eigentumsgarantie nach Art. 14 GG – einschlägig seien.[63]

---

gerichtsbarkeit, S. 114; *Sonnauer*, Die Kontrolle der Schiedsgerichte durch die staatlichen Gerichte, S. 22 f; wohl auch *van Look,* Vereinsstrafen als Vertragsstrafen, S. 157.

58 *Beckmann*, Statutatorische Schiedsklauseln, S. 15 f., 18 f.

59 Vgl. nur BGH NJW 2005, 1125, 1125 f.

60 Vgl. nur MünchKommZPO/*Münch*, § 1060 Rn. 3; *Haas*, Die Anerkennung und Vollstreckung ausländischer und internationaler Schiedssprüche, S. 99.

61 *Beckmann*, Statutatorische Schiedsklauseln, S. 19 f.

62 *Bettermann*/Nipperdey/Scheuner, Die Grundrechte, Bd. 3, 2. Hlbd., S. 629, 563; Isensee/Kirchhof/*Papier*, Handbuch des Staatsrechts, 2. Aufl., Bd. VI, § 153 Rn. 2; *Kölbl*, Schiedsklauseln in Vereinssatzungen, S. 79 f.; *Reichert/Harbarth*, Statutatorische Schiedsklauseln, NZG 2003, 379, 381, Fn. 17.

63 BGH NJW 1977, 1397, 1399; BGH NJW 2000, 1713; so auch BGH NJW 1978, 1585, 1586; Schmidt-Bleibtreu/Hofmann/*Hopfauf*, GG, Vorb. vor Art. 92, Rn. 45 f.; Maunz/Dürig/*Hillgruber*, GG, Art. 92 Rn. 87 f.; v. Mangoldt/Klein/Starck/*Classen*, GG, Art. 92, Rn. 43; MünchKommZPO/*Münch*, § 1029 Rn. 4 ff.; *Kölbl*,

Diese Ansicht überzeugt. Zunächst steht dem „Verzicht“ auf den gesetzlichen Richter bzw. dessen „Entzug“ nicht entgegen, dass gegebenenfalls vorab ein staatliches Gericht über die Wirksamkeit der Schiedsvereinbarung entscheidet und später für die Vollstreckung zuständig ist. Denn ein Verzicht auf den staatlichen Richter liegt nicht nur dann vor, wenn dieser in einer Rechtsstreitigkeit überhaupt nicht tätig wird; es ist ausreichend, wenn auch nur ein Teil seiner sonst bestehenden Rechtsprechungskompetenz durch die Parteien abbedungen wird. Auch wenn es also weder für die Parteien noch für den Staat aus den eben genannten Gründen möglich ist, die staatliche Gerichtsbarkeit vollständig auszuschließen, so ist doch Inhalt der Schiedsvereinbarung, dass anstelle des sonst vorgesehenen gesetzlichen Richters ein Schiedsgericht entscheiden solle.

Der h. M. steht auch nicht entgegen, dass Grundrechte nach überwiegender Ansicht in Rechtsprechung und Literatur grundsätzlich keine Wirkung zwischen Privatpersonen entfalten, sondern lediglich den Staat verpflichten. Gem. Art. 1 Abs. 3 GG binden die Grundrechte Gesetzgebung, vollziehende Gewalt und Rechtsprechung als unmittelbar geltendes Recht. Zu diesen Grundrechten gehört nicht nur der Grundrechtskatalog des ersten Abschnitts des Grundgesetzes (Art. 1–19 GG), sondern auch all diejenigen Rechte, bei deren Verletzung nach Art. 93 Abs. 1 Nr. 4a GG Verfassungsbeschwerde erhoben werden kann.[64] Letzteres ist auch bei einer Verletzung von Art. 101 Abs. 1 S. 2 GG der Fall.[65] Grundrechte sind jedoch in erster Linie Abwehrrechte gegen den Staat. Sie gewähren Freiheit vom Staat und begrenzen dessen Macht.[66] Sämtliches staatliches Handeln muss sich direkt an den Grundrechten messen lassen. Eine darüber hinausgehende Bindung privater Dritter wird mittlerweile allgemein abgelehnt.[67] Allein die Vereinbarung Privater, das zwischen ihnen bestehende Rechtsverhältnis der Schiedsgerichtsbarkeit zu unterstellen, kann daher per se nicht zu einem

---

Schiedsklauseln in Vereinssatzungen, S. 79 f.; *Schlosser*, Vereins- und Verbandsgerichtsbarkeit, S. 114 ff.; *Haas/Hauptmann*, Schiedsvereinbarungen in „Ungleichgewichtslagen“, SchiedsVZ 2004, 175, 176; kritisch Sachs/*Detterbeck*, GG, 5. Aufl. 2009, Art. 92 Rn. 29.

64 Maunz/Dürig/*Herdegen*, GG, Art. 1 Abs. 3 Rn. 9; *Dreier*, GG-Kommentar, Bd. 1, 2. Aufl. 2004, Abs. 1 Abs. 3, Rn. 31; *Jarass*/Pieroth, GG, Art. 1 Rn. 30.

65 Schmidt-Bleibtreu/Hofmann/*Hopfauf*, GG, Art. 93, Rn. 173; *Jarass*/Pieroth, GG, Art. 1 Rn. 50.

66 *Klein*, Grundrechtliche Schutzpflicht des Staates, NJW 1989, 1633.

67 Allg. Meinung, Maunz/Dürig/*Herdegen*, GG, Art. 1 Abs. 3 Rn. 99; BeckOK/*Hillgruber*, GG, Art. 1 Rn. 71; einschränkend bei von der öffentlichen Hand beherrschten gemischtwirtschaftlichen Unternehmen in Privatform BVerfG NJW 2011, 1201, s. hierzu auch *Jarass*/Pieroth, GG, Art. 1 Rn. 40.

Entzug des gesetzlichen Richters für die eine oder andere Partei führen, da diese nicht Adressaten der aus dem Justizgewährungsanspruch resultierenden Verpflichtungen sind. Dies gilt selbst dann, wenn eine Partei aufgrund ihrer wirtschaftlichen oder einer sonst begründeten Überlegenheit in der Lage ist, der anderen Partei ihren Willen aufzuzwingen, denn es ändert nichts an deren Staatsferne.[68] Fraglich ist jedoch, ob dies im vorliegenden Fall überhaupt einen Unterschied machen kann. Denn es stellt sich die Frage, ob ein Richter nicht aufgrund seiner Bindung an Art. 101 Abs. 1 GG ohnehin gehalten ist, sich in einem Rechtsstreit für zuständig zu erklären, obgleich die Parteien ihr Rechtsverhältnis der Schiedsgerichtsbarkeit unterstellt haben. Denn die staatliche Gerichtsbarkeit hat auch in den Fällen, in denen die Parteien ihr Rechtsverhältnis einem Schiedsgericht unterstellt haben, ihre *eigene* Zuständigkeit immer am Maßstab des Art. 101 Abs. 1 GG zu bestimmen, wenn sie dennoch von einer Partei angerufen wird.[69] Dies findet seine Stütze auch darin, dass nach Ansicht des Bundesverfassungsgerichts jede Rechtsprechung letztlich der Wahrung der Grundrechte dient.[70] Erklärt sich aber das staatliche Gericht aufgrund einer von den Parteien geschlossenen Schiedsvereinbarung für unzuständig, so kann ein Entzug im Sinne des Art. 101 Abs. 1 S. 2 GG tatbestandlich vorliegen[71], obgleich dieser hoheitliche Akt lediglich auf eine privatrechtliche Vereinbarung zurückgeführt werden kann. Aus Art. 101 Abs. 1 S. 2. GG lässt sich nicht ablesen, dass dieser einen direkten Entzug des gesetzlichen Richters im Sinne eines ausschließlich staatlichen Eingriffs von außen erfordere und nur vorliegen könne, wenn die Parteien selbst passiv blieben.[72] Der Umstand, dass Grundrechte und grundrechtsgleiche Rechte also tatsächlich nur den Staat binden, macht daher im hier vorliegenden Fall im Ergebnis für die Parteien keinen Unterschied. Denn die Vereinbarung einer abschließenden Entscheidungskompetenz des Schiedsgerichts unter Abbedingung der staatlichen Gerichtsbarkeit wäre rechtlich unmöglich, wenn die staatliche Gerichtsbarkeit von Verfassungs wegen gehalten wäre, trotz Schiedsvertrag oder bereits ergangenem Schiedsspruch dennoch in der Sache (ggf. erneut) zu entscheiden. Dies würde der Schiedsgerichtsbarkeit jegliche Grundlage entziehen, da sie dann den ihr von den Parteien zugedachten Zweck, ab-

68 Maunz/Dürig/*Herdegen*, GG, Art. 1 Abs. 3 Rn. 100; BAG NZA 1986, 643, 645.

69 Eines dogmatischen „Umwegs“ über eine mögliche Drittbindung des Art. 101 Abs. 1 S. 2 GG bedarf es daher nicht.

70 BVerfG NJW 1972, 1183, 1184 f.

71 Zur Verletzung des Art. 101 Abs. 1 GG durch den Richter: BVerfG BeckRS 2002 30421710, Entscheidungsgründe II 2; BVerfG NJW 1993, 381, BVerfG NJW 1965, 1323, BVerfG BeckRS 2004 20401, Gründe II 1.

72 So aber wohl BAG NJW 1964, 268, 269.

schließend in einer rechtlichen Streitigkeit zu entscheiden, nicht erreichen könnte.

Ferner steht der h. M., also der Annahme, dass die Parteien durch die Schiedsvereinbarung auf den gesetzlichen Richter verzichten, auch nicht entgegen, dass das Gericht die Schiedsvereinbarung erst auf Einrede einer Partei hin und nicht von Amts wegen zu berücksichtigen hat. Dies bekräftigt lediglich die oben vertretene Ansicht, dass der Staat von Verfassungs wegen, insbesondere nach Art. 92, 101 Abs. 1 GG, gehalten ist, seinen Bürgern ein umfassendes Rechtsschutzsystem zugänglich zu machen. Liegt keine wirksame Schiedsabrede vor oder entschließen sich die Parteien, sich auf diese nicht zu berufen, muss die staatliche Gerichtsbarkeit letztverbindlich entscheiden. Diese darf nicht anstelle der Parteien über die Zuständigkeit eines Schiedsgerichts entscheiden und den Parteien auf diesem Wege ein solches aufdrängen. Die teilweise in der Literatur vorgenommene Differenzierung zwischen den Begriffen „Verzicht" auf die staatliche Gerichtsbarkeit im Gegensatz zu deren vertraglicher „Nichtinanspruchnahme"[73] ist rechtlich nicht nachvollziehbar. Zuzugeben ist in diesem Zusammenhang zwar, dass ein Verzicht auf ein Recht grundsätzlich nur demgegenüber erklärt werden kann, der für die Gewährung dieses Rechts zuständig ist. Es ist aber unklar, wieso die Erhebung der Schiedseinrede nach § 1032 ZPO nicht als solche Erklärung gelten können soll. Auch wenn in diesem Fall nur eine der beiden Parteien eine solche Erklärung abgibt, verweist diese jedoch auf die bereits in der Schiedsvereinbarung übereinstimmend abgegebene Erklärung, die staatliche Gerichtsbarkeit in Bezug auf diese Streitigkeit nicht in Anspruch zu nehmen, also auf sie zu verzichten. Ob ein Verzicht auf die staatliche Gerichtsbarkeit bzw. den gesetzlichen Richter vorliegt, kann sich nicht nach einer formalistischen Betrachtung daran festmachen, ob dieser Verzicht auch gegenüber den staatlichen Organen erklärt wurde, sondern nur, ob die Erklärung, die in Form der Schiedsabrede gegenüber dem Vertragspartner abgegeben wurde, die staatlichen Einrichtungen insofern bindet, als sie *entgegen* Art. 92 Abs. 1, 101 Abs. 1 GG dem Rechtssuchenden die inhaltliche Entscheidung über seine Rechtsstreitigkeit verwehren muss.

2. Die Schiedsgerichtsbarkeit als Entzug des gesetzlichen Richters

Obgleich die Parteien nach dem oben Gesagten durch die Schiedsvereinbarung auf ihren gesetzlichen Richter verzichten, läge ein Entzug im Sinne

73 *Beckmann*, Statutatorische Schiedsklauseln, S. 19 f.

des Art. 101 Abs. 1 S. 2 GG nur vor, wenn die Verfassung der staatlichen Gerichtsbarkeit ein umfassendes Rechtssprechungsmonopol vorbehalten würde und jegliche alternative gerichtliche Streitbeilegung ausschlösse. Oben wurde bereits dargelegt, dass der Staat der aus dem Justizgewährungsanspruch resultierenden Verpflichtung, seinen Bürgern umfassende Rechtsschutzmöglichkeiten zu gewähren, durch die Errichtung staatlicher Gerichte vollumfänglich nachgekommen ist. Im Weiteren ist also zu prüfen, ob die Unterstellung von Rechtsstreitigkeiten unter die Jurisdiktion privater Schiedsgerichte mit dem von der Verfassung vorgegebenen Ziel, dem Bürger durch Errichtung einer umfassenden staatlichen Gerichtsbarkeit lückenlosen Rechtsschutz zu gewährleisten, vereinbar ist, also ob die Zulassung privater Schiedsgerichtsbarkeit geeignet ist, den Justizgewährungsanspruch des Staates zu gefährden oder gar auszuhöhlen und somit unzulässig ist.

Zunächst ist zu beachten, dass nicht nur dem Justizgewährungsanspruch Verfassungsrang zukommt, sondern auch die Privatautonomie der Parteien zumindest über Art. 2 GG verfassungsrechtlich geschützt ist.[74] Innerhalb dieser Privatautonomie obliegt es den Parteien – selbstverständlich in den (weiten) Grenzen der Gesetze – ihre Angelegenheiten eigenständig und ohne Einflussnahme des Staates zu regeln. Nach der ständigen Rechtsprechung des BVerfG ist diese Gestaltung der Rechtsverhältnisse durch den Einzelnen nach seinem Willen ein Teil der allgemeinen Handlungsfreiheit.[75]Art. 2 Abs. 1 GG gewährleistet die Privatautonomie als „Selbstbestimmung des Einzelnen im Rechtsleben“[76]. Die diesbezüglich geschlossenen Vereinbarungen sind von privaten Dritten, sowie von staatlicher Seite, grundsätzlich nicht in Frage zu stellen. Staatliche Einschränkungen wie etwa Vertragsabschlussverbote bzw. -verpflichtungen[77], inhaltliche Vorgaben[78] oder Genehmigungen[79] stellen Eingriffe in die verfassungsmäßig garantierte Vertragsfreiheit ein und sind ihrerseits rechtfertigungsbe-

74 BVerfG NJW 1986, 243; Maunz/Dürig/*di Fabio*, GG, Art. 2 Rn. 101 f., jew. m. zahlr. w. N.

75 BVerfG NJW 1959, 475, 476 f.; BVerfG NJW 1986, 1859, 1860; BVerfG NJW 1994, 36, 38; Maunz/Dürig/*di Fabio*, GG, 59. Ergänzungslieferung, Art. 2 Rn. 101 f.

76 BVerfG NJW 1994, 36, 38; Isensee/Kirchhof/*Erichsen*, Handbuch des Staatsrecht, 2. Aufl. 2001, Bd. VI, § 152, S. 1210 Rn. 58; Maunz/Dürig/*di Fabio*, Art. 2 Rn. 101 f.

77 BVerfG NJW 2001, 1709.

78 BVerfG NJW 1959, 475, 476 f.; BVerfG NJW 1986, 772.

79 BVerfG NJW 1967, 619, 620.

dürftig.[80] Jedoch ist an dieser Stelle ebenso zu beachten, dass Vertragsfreiheit und Privatautonomie nur im Rahmen der verfassungsmäßigen Ordnung gewährleistet sind und, soweit sich der Schutz (lediglich) aus Art. 2 Abs. 1 GG ergibt, etwa aufgrund des Sozialstaatsprinzips[81] oder kollidierender Rechte Dritter eingeschränkt werden können.[82] Aufgrund des oben beschriebenen hohen Stellenwerts der Privatautonomie im verfassungsrechtlichen Gefüge kann dem Grundgesetz jedoch ein generelles Verbot der Schiedsgerichtsbarkeit nicht entnommen werden. Es stehen der Schiedsgerichtsbarkeit als solcher keine Güter von verfassungsmäßigem Rang oder höher stehende Rechte Dritter entgegen. Für eine solche Auslegung spricht auch, dass es den Parteien grundsätzlich nicht verwehrt werden kann, auf materielle Ansprüche – etwa durch Erlassvertrag nach § 397 BGB[83] – ganz zu verzichten oder deren Leistungsinhalt gem. § 317 BGB durch Dritte bestimmen zu lassen.[84] Zuletzt ist es den Parteien auch nicht verwehrt, etwa durch Rechtsmittelverzicht auf die (weitere) prozessuale Geltendmachung etwaiger Ansprüche zu verzichten.[85] Selbst eine vorab geschlossene Vereinbarung, bezüglich eines Anspruchs überhaupt keine Klage zu erheben, ist in engen Grenzen möglich.[86] Wenn es den Parteien also in materieller Hinsicht unstreitig nicht verwehrt ist, Ansprüche aufzugeben oder deren Leistungsinhalt von außerhalb des Rechtsverhältnisses stehenden Dritten bestimmen zu lassen, und sie ferner auch auf die prozessuale Geltendmachung verzichten können, so kann ihnen die verpflichtende vertragliche Unterstellung eines Rechtsstreits unter die Jurisdiktion eines privaten Schiedsgerichts zumindest nicht generell von Verfassungs wegen verwehrt sein.[87] Das Recht auf freie Selbstbestimmung in privatrechtlichen Rechtsbeziehungen zu Dritten muss es den Parteien daher mit verbindlicher Wirkung gegenüber dem Staat – und selbstverständlich auch gegenüber anderen Teilnehmern

80 Maunz/Dürig/*di Fabio*, GG, 59. Ergänzungslieferung, Art. 2, Rn. 102, *Isensee*/Kirchhof, Handbuch des Staatsrechts, 3. Aufl. 2009, Bd. VII, § 150, S. 249 Rn. 91; *Canaris*, Übermaßverbot, JZ 1987, 993, 995.

81 BVerfG NJW 2001, 1709, 1711.

82 Maunz/Dürig/*di Fabio*, GG, Art. 2, Rn. 102.

83 Vgl. hierzu MünchKommBGB/*Schlüter*, § 397 Rn. 1.

84 BGH NJW 1999, 2662, 2663; s. hierzu auch MünchKommBGB/*Würdinger*, § 317 Rn. 1.

85 BGH NJW 1986, 198; BGH NJW 1958, 1397, 1397 f.; MünchKommZPO/*Rimmelspacher*, § 515, Rn. 8.

86 BVerwG NVwZ-RR 1990, 581; BVerwGE 55, 355, 357; Maunz/Dürig/*Schmidt-Aßmann*, GG, Art. 19 Abs. 4 Rn. 247, zur Akten öffentlicher Gewalt, m. w. N.; OLG Celle, OLGZ 1969, 1, 1 f.

87 MünchKommZPO/*Münch*, § 1029 Rn. 5 f. m. w. N.; ähnlich Musielak/*Voit*, ZPO, § 1025 Rn. 1.

des Rechtsverkehrs – erlauben, entsprechende Vereinbarungen abzuschließen.

Das eben Gesagte bedeutet jedoch nicht, dass die Vereinbarung von Schiedsklauseln ohne Vorbehalt möglich ist. Eine Grenze, die das Grundgesetz zieht, besteht darin, dass die Schiedsvereinbarung freiwillig zustande gekommen sein muss.[88] Wobei mit Freiwilligkeit in diesem Sinne gemeint ist, dass sich eine vertraglich begründete Schiedsvereinbarung auf den Parteien zurechenbare, übereinstimmende Willenserklärungen zurückführen lassen muss.[89] Fehlt es hieran, ist der Verzicht auf den gesetzlichen Richter und eine Bindung an ein privates Schiedsgericht nicht möglich.[90] Auch im oben genannten ähnlich gelagerten Fall des prozessualen Klageverzichts besteht Einigkeit darüber, dass dieser grundsätzlich nicht vermutet werden kann, sondern eine ausdrückliche Erklärung der verzichtenden Partei erfordert.[91] Ob eine wirksame Schiedsvereinbarung vorliegt, haben – bei Meinungsverschiedenheiten hierüber – die staatlichen Gerichte gem. § 1040 Abs. 3 ZPO zwingend und abschließend zu entscheiden.[92]

3. Inhaltliche Ausgestaltung

Die grundsätzliche Zulässigkeit der Schiedsvereinbarung bedeutet jedoch keine Ausklammerung aus der staatlichen Rechtsordnung im Sinne rechtsfreier Räume. Denn von der generellen verfassungsrechtlichen Zulässigkeit

---

88 BGH NJW 1978, 1744, 1745; BGH NJW 2000, 1713; BGH NJW 1977, 1397, 1399; BAG NJW 1964, 268, 269; vgl. auch OLG Celle SchiedsVZ 2004, 165, 168; *Habscheid*, Aus der höchstrichterlichen Rechtsprechung zur Schiedsgerichtsbarkeit, KTS 1966, 1 f.; *Habscheid*, Schiedsgerichtsbarkeit und Staatsaufsicht, KTS 1959, 113, 114; *Müller/Keilmann*, Beteiligung am Schiedsverfahren wider Willen?, SchiedsVZ 2007, 113, 113 f.; vgl. hierzu Maunz/Dürig/*Hillgruber*, GG, Art. 92 Rn. 88.

89 An der Freiwilligkeit fehlt es nicht schon von vorneherein, wenn eine Partei der anderen wirtschaftlich oder auf andere Art überlegen ist; dies ist eine Frage der Inhaltskontrolle. Vgl. hierzu BT-Drucks. 13/5274, S. 34; *Huber*, Schiedsvereinbarungen im Scheidungsrecht, SchiedsVZ 2004, 280, 284; BVerfG NJW 1994, 36, 38.

90 BGH NJW 1978, 1744, 1745; BGH NJW 2000, 1713; *Habscheid*, Aus der höchstrichterlichen Rechtsprechung zur Schiedsgerichtsbarkeit, KTS 1966, 1 f.; *Habscheid*, Schiedsgerichtsbarkeit und Staatsaufsicht, KTS 1959, 113, 114; *Müller/Keilmann*, Beteiligung am Schiedsverfahren wider Willen?, SchiedsVZ 2007, 113, 113 f.; MünchKommZPO/*Münch*, § 1029 Rn. 4.

91 BVerwG NVwZ-RR 1990, 581; BVerwGE 55, 355, 357; zur Akten öffentlicher Gewalt; BGH NJW 1986, 198 zum vorab erklärten Rechtsmittelverzicht.

92 Vgl. hierzu nur BGH NJW 2005, 1125, 1125 f.

der Schiedsgerichtsbarkeit ist ihre Begründung und inhaltliche Ausgestaltung im konkreten Einzelfall zu trennen. Diesbezüglich ist zu beachten, dass der Justizgewähranspruch des Grundgesetzes nach dem eben Gesagten zwar nicht mit einem staatlichen Rechtssprechungsmonopol gleichzusetzen ist, aber dennoch in jedem Fall materielle Garantien gewährt, die über die staatliche Gerichtsbarkeit hinausgehen. Aus diesen Gründen muss der Staat, der private Schiedsgerichte neben der staatlichen Gerichtsbarkeit anerkennt und sich dem folgend etwa in § 1060 ZPO dazu verpflichtet hat, inländische Schiedssprüche gegebenenfalls auch unter Anwendung staatlicher Zwangsmittel zu vollstrecken, durch die Kontrolle staatlicher Gerichte sicherstellen, dass sowohl das Zustandekommen der Schiedsvereinbarung, als auch das schiedsgerichtliche Verfahren rechtsstaatliche Mindeststandards erfüllt. So hat das staatliche Gericht hierbei insbesondere zu prüfen, ob der Streitgegenstand nach deutschem Recht schiedsfähig ist und dem „ordre public" entspricht, §§ 1060 Abs. 2, 1059 Abs. 2 ZPO. Auch würde es die Intention des Verfassungsgebers, durch den Justizgewähranspruch umfassenden Rechtsschutz durch faire, mit materiellen Garantien abgesicherte Verfahren zu bieten, konterkarieren, wenn zwar die staatlichen Gerichte die durch das Grundgesetz hoch gesteckten Voraussetzungen erfüllen müssten, aber unproblematisch durch die Vereinbarung private Gerichte abbedungen werden könnten, die sich dann generell nicht an diesen Wertungen des Grundgesetzes messen lassen müssten. Daher muss die Privatautonomie der Parteien bezüglich der Ausgestaltung der Schiedsvereinbarung bzw. des Schiedsverfahrens Einschränkungen hinnehmen. Auch für das Verfahren vor Schiedsgerichten müssen daher vor allem folgende Grundsätzen gelten[93]: Die sachliche und persönliche Unabhängigkeit des Richters, die für die staatliche Gerichtsbarkeit in Art. 97 Abs. 1 GG und Art. 92 Abs. 2 GG festgeschrieben ist[94], die ebenfalls hierunter fallende Neutralität und Distanz des Richters[95] und der Anspruch auf rechtliches Gehör.[96]

---

93 Vgl. hierzu Maunz/Dürig/*Hillgruber*, GG, Art. 92 Rn. 88.

94 BVerfGE 27, 312, 322, BVerfGE 14, 156, 163.

95 BVerfGE 21, 139, 145 für staatliche Gerichte.

96 BGH NJW 1992, 2299; OLG Frankfurt/Main, SchiedsVZ 2006, 219, 223; BVerG NJW 1993, 2229, 2229 f. für staatliche Gerichte.

III. Artikel 6 EMRK

Zuletzt könnte sich aus Art. 6 EMRK eine andere rechtliche Betrachtung ergeben.

1. Rang und Geltung der EMRK

Art. 6 EMRK hat in Deutschland durch die Ratifizierung[97] nach Art. 59 Abs. 2 GG den Rang eines einfachen Bundesgesetzes und begründet eine unmittelbare Verpflichtung des ratifizierenden Staates sowie seiner Organe.[98] Dies bedeutet, dass sich Rechtssuchende vor Gericht direkt auf die Vorschriften der EMRK berufen können.[99] Zudem sind nationale Vorschriften, einschließlich der Grundrechte des Grundgesetzes, nach dem Grundsatz der völkerrechtsfreundlichen Auslegung in Inhalt und Reichweite zu bestimmen.[100] In der Praxis ist Art. 6 EMRK in seiner Tragweite für die Auslegung nationaler Vorschriften mittlerweile nicht zu unterschätzen. Im Jahr 2011 betraf über ein Drittel aller Fälle, in denen der Europäische Gerichtshof für Menschenrechte (EGMR) eine Verletzung der EMRK feststellte, diese Vorschrift.[101]

---

97 Gesetz über die Konvention zum Schutze der Menschenrechte und Grundfreiheiten vom 07.08.1952, BGBl 1952 II, 685; die Konvention ist gemäß der Bekanntmachung vom 15.12.1953, BGBl II 1954, 14, am 03.09.1953 für die Bundesrepublik Deutschland in Kraft getreten; Neubekanntmachung der Konvention am 22.10.2010 in der Fassung des 14. Zusatzprotokolls in BGBl II 2010, 1198.

98 BVerfG NJW 2004, 3407, 3408; *Meyer-Ladewig*, EMRK, Einleitung Rn. 32 f, Art. 1 Rn. 4.

99 Eine Verfassungsbeschwerde kann auf die EMRK allein aufgrund deren Ranges als einfaches Bundesgesetz jedoch nicht gestützt werden, BVerfG NVwZ 2004, 852, 853; BVerfG NJW 2004, 3407, 3408. Zur völkerrechtsfreundlichen Auslegung bezüglich Inhalt und Umfang der Grundrechte jedoch sogleich.

100 BVerfG NJW 2004, 3407, 3408; *Meyer-Ladewig*, EMRK, Einleitung Rn. 32 f., Art. 46 Rn. 19.

101 The European Court of Human Rights in Facts and Figures 2011, S. 9; http://www.echr.coe.int/ECHR/EN/Header/The+Court/Introduction/Information+documents/.

2. Anwendungsbereich des Art. 6 EMRK

Nach Art. 6 EMRK hat jede Person ein Recht darauf, dass über Streitigkeiten in Bezug auf ihre zivilrechtlichen Ansprüche und Verpflichtungen von einem unabhängigen und unparteiischen, auf Gesetz beruhenden Gericht in einem fairen Verfahren, öffentlich und innerhalb angemessener Frist verhandelt wird. Kontrovers diskutiert wird im europäischen Schrifttum im Zusammenhang mit Schiedsgerichten hauptsächlich die Frage, ob und inwieweit aus Art. 6 EMRK Verpflichtungen bezüglich der *Ausgestaltung* des Schiedsverfahrens abzuleiten sind und ob die Parteien auf diese Verfahrensrechte ggf. auch wirksam verzichten können.[102] Was nun die generelle Zulässigkeit der Schiedsgerichtsbarkeit anbelangt, so werden private Schiedsgerichte teilweise schon gar nicht als Gerichte im Sinne der Vorschrift angesehen, da Art. 6 EMRK nur von „auf Gesetz beruhenden Gericht[en]" spreche, private Schiedsgerichte jedoch auf dem Willen der Parteien beruhten.[103] Anderer Ansicht nach sollen auch private Schiedsgerichte in den Anwendungsbereich der Norm fallen.[104] Der Schutzbereich des Art. 6 EMRK ist jedoch nach der hier vertretenen Ansicht schon an weit früherer Stelle tangiert; nämlich bei der Frage, ob neben der staatlichen Gerichtsbarkeit auch private Schiedsgerichte überhaupt zugelassen werden können. Hierüber lässt sich der Konvention, die die Schiedsgerichtsbarkeit in ihrem Wortlaut gar nicht erwähnt, keine Aussage entnehmen. Auch die Materialien zur Entstehungsgeschichte der Konvention sind diesbezüglich unergiebig.[105] Jedoch steht es nach Ansicht von EGMR und der Europäischen Kommission für Menschenrechte (EKMR) außer Frage, dass auf den von

102 Hierzu etwa EGMR (23.02.1999) *Suovaniemiandothers v. Finland* (Application no. 31737/96); Überblick bei *Haas*, Internationale Sportschiedsgerichtsbarkeit und EMRK, SchiedsVZ 2009, 73.

103 *Grothe/Frohn*, Rechtsstaatliche Verfahrensgarantien in der Sportgerichtsbarkeit CaS 2/2008, 104, 107 Fn. 39; *Landrove*, European Convention on Human Rights' Impact on Consensual Arbitration, in: Human Rights at the Center, 73, 80; *Jarosson*, L'arbitrage et la Convention Européenne des Droits de l'Homme, Rev. arb., 1989, 573, 592; vgl. Auch BGE (22.7.1986) 112 Ia 166, 168.

104 *Lambert*, L'arbitrage et l'article 6, 1° de la Convention Européenne des Droits de l'Homme, S. 7, 18 f.; *Knoepfler*, Les droits de l'homme et l'arbitrage, RSDIE 2007, 463, 467; *Favre-Bulle*, L'Etat de la Jurisprudence en Suisse, in: L'arbitrage et la Convention Européenne des Droits de l'Homme, 2001, S. 69, 73.

105 *Haas*, Internationale Sportschiedsgerichtsbarkeit und EMRK, SchiedsVZ 2009, 73, 74; *Landrove*, European Convention on Human Rights' Impact on Consensual Arbitration, in: Human Rights at the Center, S. 73, 74; *Jarosson*, L'arbitrage et la Convention Européenne des Droits de l'Homme, Rev. arb. 1989, 573, 574; *Knoepfler*, Les droits de l'homme et l'arbitrage, RSDIE 2007, 463, 466.

Art. 6 EMRK garantierten Zugang zu den staatlichen Gerichten durch privatautonome Vereinbarung der Parteien, ihre Rechtsstreitigkeit einem Schiedsgericht zu unterstellen, wirksam verzichtet werden kann.[106] Demnach lasse sich der Konvention nicht entnehmen, dass die Mitgliedsstaaten aufgrund von Art. 6 EMRK gehalten wären, ihren Bürgern den privatautonomen Abschluss von Schiedsvereinbarungen zu verwehren. Voraussetzung einer solchen Schiedsvereinbarung sei jedoch, dass diese nicht unter Zwang zustande käme.[107]

3. Schlussfolgerung

Auch aus Art. 6 EMRK ergibt sich demnach kein generelles Verbot der Schiedsgerichtsbarkeit. Bezüglich der materiellen Garantien des Art. 6 EMRK gilt Ähnliches wie bei den materiellen Garantien des Justizgewähranspruchs nach dem Grundgesetz.[108]Aufgrund der bestehenden Parallelen kann daher auf die obigen Ausführungen verwiesen werden. Auch wenn die EMRK nicht direkt auf private Schiedsgerichte anwendbar ist, haben die Parteien Anspruch auf ein faires Verfahren vor einem unparteiischen und unabhängigen Gericht[109], das ihre Rechtsstreitigkeit innerhalb

---

106 S. hierzu EGMR (28.10.2010) *SUDA v. République Tchèque* (Application no. 1643/06); EGMR (23.02.1999) *Suovaniemi and others v. Finland* (Application no. 31737/96); EGMR (27.02.1980) *Deweer v. Belgium* (Application no. 6903/75) Rdnr. 49; EKMR (05.03.1962) *X v. République fédérale de l'Allemagne* (Application no. 1197/61); EKMR (02.12.1991) *Jakob Boss Söhne KG v. Federal Republic of Germany* (Application no. 18479/91); EKMR (04.03.1987) *Rytchetsky v. Switzerland* (Application no. 10881/84); EKMR (22.10.1996) *Molin v. Turqie* (Application no. 23173/94); EKMR (27.11.1996) *Lila Marianne Nordström-Janzon und Aira Marja Nordström-Lehtinen v. Netherlands* (Application no. 28101/95); so auch *Landrove*, European Convention on Human Rights' Impact on Consensual Arbitration, in: Human Rights at the Center, S. 73, 80 f.

107 EGMR (28.10.2010) *SUDA v. République Tchèque* (Application no. 1643/06); EKMR (05.03.1962) *X v. République fédérale de l'Allemagne* (Application no. 1197/61); EKMR (04.03.1987) *Rytchetsky v. Switzerland* (Application no. 10881/84); EKMR (22.10.1996) *Molin v. Turqie* (Application no. 23173/94); EKMR (27.11.1996) *Lila Marianne Nordström-Janzon und Aira Marja Nordström-Lehtinen v. Netherlands* (Application no. 28101/95).

108 Vgl. hierzu *Haas*, Internationale Sportschiedsgerichtsbarkeit und EMRK, SchiedsVZ 2009, 73, 77 f.

109 *Bangert*, Die Schiedsgerichtsbarkeit, in: Menschenrechte, Demokratie und Rechtsstaat, S. 41, 50; *Dal*, L'arbitrage et la Convention Européenne des Droits de l'Homme, 2001, S. 57, 66; *Landrove*, European Convention on Human Rights' Im-

angemessener Frist entscheidet[110] und ihnen umfassend rechtliches Gehör gewährt.[111] Sind diese Voraussetzungen jedoch gewährleistet, steht auch Art. 6 EMRK der Zulässigkeit privater Schiedsgerichte nicht entgegen.

C. Zwischenergebnis

Die private Schiedsgerichtsbarkeit ist nicht nur seit Jahrhunderten fest neben oder sogar anstelle der staatlichen Gerichtsbarkeit etabliert; darüber hinaus stehen dieser weder die Garantien des Grundgesetzes, namentlich Art. 92 und Art. 101 Abs. 1, noch Art. 6 EMRKentgegen. Voraussetzung hierfür ist jedoch, dass die Schiedsvereinbarung auf dem freien, privatautonomen Entschluss der Parteien beruht und die oben näher beschriebenen rechtlichen Mindeststandards erfüllt.

---

pact on Consensual Arbitration, in: Human Rights at the Center, S. 73, 86 ff.; *Favre-Bulle*, in: L'arbitrage et la Convention Européenne des Droits de l'Homme, 2001, S. 69, 72, 74; *Briner/von Schlabrendorff*, Article 6 of the European Convention on Human Rights and its Bearing upon International Arbitration, in: liber amicorum Böckstiegel, S. 89, 94; *Knoepfler*, Les droits de l'homme et l'arbitrage, RSDIE 2007, 463, 471.

110 *Bangert*, Die Schiedsgerichtsbarkeit, in: Menschenrechte, Demokratie und Rechtsstaat, S. 41, 50; *Briner/von Schlabrendorff*, Article 6 of the European Convention on Human Rights and its Bearing upon International Arbitration, in: liber amicorum Böckstiegel, S. 89, 97; einschränkend *Knoepfler*, Les droits de l'homme et l'arbitrage, RSDIE 2007, 463, 474.

111 EKMR (02.12.1991) *Jakob Boss Söhne KG v. Federal Republic of Germany* (Application no. 18479/91); *Landrove*, European Convention on Human Rights' Impact on Consensual Arbitration, in: Human Rights at the Center, S. 73, 86 ff.; *Bangert*, Die Schiedsgerichtsbarkeit, in: Menschenrechte, Demokratie und Rechtsstaat, S. 41, 50; *Briner/von Schlabrendorff*, Article 6 of the European Convention on Human Rights and its Bearing upon International Arbitration, in: liber amicorum Böckstiegel, S. 89, 97; *Knoepfler*, Les droits de l'homme et l'arbitrage, RSDIE 2007, 463, 473 f.

§ 5 Zustandekommen und Rechtsnatur der Schiedsvereinbarung

A. Zustandekommen der Schiedsvereinbarung

I. Regelungen in ZPO und BGB

Nach § 1029 Abs. 1 ZPO versteht man unter einer Schiedsvereinbarung eine Vereinbarung der Parteien, eine Streitigkeit, die zwischen ihnen in Bezug auf ein bestimmtes Rechtsverhältnis entstanden ist oder künftig entsteht, der Entscheidung durch ein Schiedsgericht zu unterwerfen. Diese kann nach Abs. 2 der Vorschrift in Form einer selbständigen Vereinbarung (Schiedsabrede) oder in Form einer Vertragsklausel (Schiedsklausel) geschehen, wobei die Schiedsabrede für bereits entstandene, die Schiedsklausel für noch entstehende Rechtsstreitigkeiten als der Regelfall angesehen wird.[112] Die Unterscheidung von Schiedsabrede und Schiedsklausel ist an Art. 7 Abs. 1 S. 2 des UNCITRAL-Modellgesetzes angelehnt und entzerrt den Begriff der Schiedsvereinbarung im Vergleich zu § 1025 ZPO a. F., der nur vom „Schiedsvertrag" sprach.[113] Der Gesetzgeber sah das Erfordernis der begrifflichen Neufassung darin, dass das neue Recht im Entwurfstext den Begriff des Vertrags nur noch in Bezug auf den Hauptvertrag verwendete und ansonsten durchgehend auf den Begriff der „Schiedsvereinbarung" abstellte. Nach Ansicht des Gesetzgebers war eine entsprechende Klarstellung daher aufgrund der Rechtsklarheit geboten; eine inhaltliche Änderung sollte mit der sprachlichen Neufassung nicht einhergehen.[114] Zur Derogation der staatlichen Gerichtsbarkeit ist also in beiden Fällen des § 1029 Abs. 2 ZPO eine einvernehmliche Vereinbarung der Parteien erforderlich. Somit ist § 1029 ZPO neben der Legaldefinition der Schiedsvereinbarung auch zu entnehmen, dass es ohne eine solche Vereinbarung, also ohne gegenseitiges Einverständnis der Parteien, kein von der Rechtsordnung anerkanntes Schiedsgericht geben kann.[115]

Die Vorschriften der §§ 1025 ff. ZPO sehen jedoch keine Regelung darüber vor, wie die Schiedsvereinbarung zustande kommt, also nach welchen Vorschriften sich die Wirksamkeit der oben verlangten einvernehmlichen Vereinbarung bestimmt, geschweige denn, wen sie bindet.[116] Die „Verein-

---

112 BT-Drucks. 13/5274, S. 33; MünchKommZPO/*Münch*, § 1029 Rn. 9.

113 MünchKommZPO/*Münch*, § 1029 Rn. 7.

114 BT-Drucks. 13/5275, S. 33.

115 MünchKommZPO/*Münch*, § 1029 Rn. 4 f.

116 Vgl. hierzu *Haas/Oberhammer*, „Drittwirkung" von Schiedsvereinbarungen, in: FS K. Schmidt, S. 493, 500.

barung“ zwischen den Parteien im Sinne des § 1029 ZPO wird für die Anwendung der §§ 1025 ff. ZPO vom Gesetz vielmehr vorausgesetzt. Es finden sich hierzu auch keine Angaben in den Gesetzesmaterialien.[117] Lediglich im „Entwurf einer Zivilprozessordnung“ des Reichsjustizministeriums aus dem Jahr 1931 findet sich zu § 738 die Bemerkung: „Für Schiedsverträge gelten die Vorschriften des Bürgerlichen Gesetzbuchs, also auch § 138 BGB.“[118] Dieser Entwurf wurde zwar nie Gesetz, entspricht aber der heutigen allgemeinen Meinung. Demnach ist für das Zustandekommen der Schiedsvereinbarung generell auf das materielle Recht zurück zu greifen; also insbesondere auf §§ 104 ff., 116 ff., 134, 138, 145 ff. BGB.[119] Gleiches gilt für deren Inhalt und Form, sofern nicht das Prozessrecht Sonderregelungen trifft oder die Anwendung materieller Normen nicht zu einer angemessenen Lösung führen kann.[120] Eine solche Regelung findet sich etwa in § 1031 ZPO, nach dem Schiedsvereinbarungen grundsätzlich schriftlich abzuschließen sind. Hierbei sind nach § 1031 Abs. 5 ZPO – je nach Status der Beteiligten – unterschiedliche Anforderungen zu erfüllen. Ferner ist in inhaltlicher Hinsicht nach § 1030 ZPO erforderlich, dass sich die Schiedsvereinbarung auf vermögensrechtliche Streitigkeiten bezieht.

II. Rechtsgeschäftlicher Abschluss der Schiedsvereinbarung durch den Zessionar

Erforderlich für das rechtsgeschäftliche Zustandekommen einer wirksamen Schiedsvereinbarung ist neben zahlreichen weiteren Voraussetzungen also zumindest das Vorliegen übereinstimmender Willenserklärungen der Parteien.[121] Um eine Bindung an ein Angebot herzustellen ist nach der allgemeinen Rechtsgeschäftslehre erforderlich, dass sich die Annahme des Vertragspartners auf sämtliche essentialia negotii bezieht; namentlich also zu-

---

117 Vgl. hierzu Gesetzesentwurf zur Neuregelung des Schiedsverfahrensrechts vom 12.07.1996, BT-Drucks. 13/5274.

118 Reichsjustizministerium, Entwurf einer Zivilprozessordnung 1931, S. 393.

119 MünchKommZPO/*Münch*, § 1029 Rn. 16; *Musielak/Voit,* ZPO, § 1029 Rn. 3 f., 7; *Schwab/Walter*, Schiedsgerichtsbarkeit, Kap. 7 IV, S. 65 f.; *Prütting*/Gehrlein, ZPO, § 1029 Rn. 2; insgesamt zu diesem Themenkomplex, *Wagner,* Prozessverträge, S. 278 ff., insbes. S. 279 f., 343 ff.

120 MünchKommZPO/*Münch*, § 1029 Rn. 16; *Musielak/Voit,* ZPO, § 1029 Rn. 3 f., 7; *Schwab/Walter*, Schiedsgerichtsbarkeit, Kap. 7 IV, S. 65 f.; *Prütting*/Gehrlein, ZPO, § 1029 Rn. 2; insgesamt zu diesem Themenkomplex, *Wagner*, Prozessverträge, S. 278 ff., insbes. S. 279 f., 343 ff.

121 Generell *Rüthers/Stadler*, BGB AT, § 19 I, Rn. 1.

mindest auf die Identität der Vertragspartner, den Vertragsgegenstand und bei gegenseitigen Verträgen auch die Gegenleistung. Im Ausgangsfall erfüllte die ursprüngliche Vereinbarung zwischen Schuldner und Zedent diese Voraussetzungen. Der Zessionar hingegen hatte im Beispielsfall zum Zeitpunkt des Vertragsschlusses mit dem Zedenten, also dem Forderungskauf, von der für die Forderung bestehenden Schiedsvereinbarung keine Kenntnis. Mithin fehlte ihm zumindest in Bezug auf die Schiedsvereinbarung die Kenntnis von Vertragsgegenstand und Vertragspartner. Daher liegt eine Willenserklärung des Zessionars nur in Bezug auf den Kauf und den Übergang der Forderung, nicht aber in Bezug auf die Schiedsvereinbarung vor; eine ausdrückliche Willenserklärung über dem Vertragspartner unbekannte Umstände ist logisch und rechtlich ausgeschlossen. Zudem ist zu beachten, dass der Vertragspartner der Schiedsvereinbarung, also der Schuldner, gegenüber dem Zessionar auch gar kein ausdrückliches Angebot abgegeben hat, das dieser hätte annehmen können. Die vertraglichen Beziehungen des Zessionars beschränken sich bei der Forderungsabtretung im oben genannten Beispielsfall auf den Zedenten.[122] Eine vertragliche Bindung des Zessionars an die Schiedsvereinbarung ist also nicht durch die Regelungen der allgemeinen Rechtsgeschäftslehre begründbar.

Zudem ist die nach § 1031 ZPO geforderte Schriftform nicht eingehalten. Denn liegen in Bezug auf die Schiedsvereinbarung schon gar keine übereinstimmenden Willenserklärungen von Zedent und Zessionar vor, so ist auch das Schriftformerfordernis in keinem Fall erfüllt, selbst wenn ansonsten der Vertrag zwischen ihnen diesen Anforderungen genügen sollte.[123]

---

122 Sicherlich könnte diskutiert werden, ob der Schuldner den (späteren) Zedenten für den Fall der Forderungsabtretung nicht zum Empfang der Willenserklärung ermächtigt hat. Das jedoch eine Willenserklärung des Zessionars schon gar nicht vorliegt, erübrigt sich diese Frage.

123 Damit soll der Frage, ob in den Fällen der Forderungszession die Schriftform nach § 1031 ZPO überhaupt eingehalten werden muss, um eine Bindung des Zessionars an die Schiedsvereinbarung zu begründen, nicht vorgegriffen werden. An dieser Stelle soll lediglich festgestellt werden, dass Zessionar und Schuldner für ihr Rechtsverhältnis keine Schiedsvereinbarung abgeschlossen haben, die den Anforderungen der allgemeinen Rechtsgeschäftslehre und den Formvorgaben des § 1031 ZPO entspricht.

III. Begründung der schiedsgerichtlichen Bindung nach § 1066 ZPO

Außerhalb der rechtsgeschäftlichen Vereinbarung kennt § 1066 ZPO ferner Schiedsgerichte, die in gesetzlich statthafter Weise durch letztwillige oder andere nicht auf Vereinbarung beruhende Verfügungen angeordnet werden. In diesen Fällen kommt es zu einer entsprechenden Anwendung der Vorschriften des 10. Buchs der ZPO. In den Anwendungsbereich des § 1066 ZPO fallen also in jedem Fall testamentarisch angeordnete Schiedsgerichte. Die h. M. hat die Vorschrift in der Vergangenheit zudem insbesondere auf Schiedsvereinbarungen in Satzungen juristischer Personen und nichtrechtsfähiger Vereine ausgedehnt.[124] Welche Schiedsgerichte darüber hinaus „nicht auf Vereinbarung" im Sinne der Vorschrift beruhen, ist unklar. Der Gesetzeswortlaut selbst sieht keine Einschränkung des Anwendungsbereichs vor, sofern das Schiedsgericht nur ohne Vertragsgrundlage auf einseitiger privatrechtlicher Anordnung beruht.

Jedoch ist zu beachten, dass § 1066 ZPO keine Rechtsgrundlage für die einseitige Errichtung eines Schiedsgerichts ist, sondern eine solche Möglichkeit vielmehr voraussetzt. Die Vorschrift ist lediglich klarstellender Natur, so dass sich eine Rechtsgrundlage aus anderen, außerhalb des 10. Buchs der ZPO liegenden Vorschriften ergeben muss.[125] § 1066 ZPO kann daher allein keine Rechtfertigung für die Bindung des Zessionars an die zwischen Schuldner und Zedenten abgeschlossenen Schiedsvereinbarung darstellen.

IV. Zwischenergebnis

Es bleibt festzuhalten, dass die Schiedsvereinbarung zwischen Zedent und Schuldner auf rechtsgeschäftlichem Wege begründet wurde, zwischen Zessionar und Schuldner aber keine solche rechtsgeschäftliche Vereinbarung besteht. Auch kann § 1066 ZPO nicht als Begründung für eine Bindung des Zessionars herangezogen werden. Um eine solche Bindung herbeizuführen müsste daher ein Übertragungstatbestand bzw. Bindungsgrund außerhalb der rechtsgeschäftlichen Begründung bestehen. Im vorliegenden Fall könn-

---

124 BGH NJW 2004, 2226; OLG München NZG 1999, 780, 781; *Ebbing*, Satzungsmäßige Schiedsklauseln, NZG 1999, 754; MünchKommZPO/*Münch*, § 1066 Rn. 3; Musielak/*Voit*, ZPO, § 1066 Rn. 7.

125 *Ebbing*, Satzungsmäßige Schiedsklauseln, NZG 1999, 754; *Schwab/Walter*, Schiedsgerichtsbarkeit, Kap. 32 Rn. 1; MünchKommZPO/*Münch*, § 1066 Rn. 2; Musielak/*Voit*, ZPO, § 1066 Rn. 1: „Frage des materiellen Rechts".

te sich eine Übergangsregelung sowohl aus prozessualen als auch materiell-rechtlichen Vorschriften ergeben.

B. Rechtsnatur der Schiedsvereinbarung

Die Frage, ob die Schiedsvereinbarung dem Wesen nach ein materiell-rechtlicher oder prozessualer Vertrag, oder eine Kombination aus beiden Elementen ist, ist höchst umstritten. Die praktischen Auswirkungen des Streits sind in den meisten Fällen jedoch gering.[126] Im vorliegenden Fall könnten sich jedoch gegebenenfalls aus einer solchen Einordnung der Schiedsvereinbarung Rückschlüsse auf die Voraussetzungen derer Übertragung ziehen lassen.

Mit der Schiedsvereinbarung unterstellen die Parteien Streitigkeiten aus einem bestimmten Rechtsverhältnis der Entscheidung durch ein Schiedsgericht, § 1029 Abs. 1 ZPO. Eine solche Vereinbarung hat mehrere Wirkungen. Zum einen bedingen die Parteien die Zuständigkeit der staatlichen Gerichte ab; zum anderen wird durch die Schiedsvereinbarung in der Regel nicht nur eine neue Zuständigkeit des Schiedsgerichts begründet, sondern auch Vorschriften über das Verfahrenvereinbart, wie etwa die Anzahl der zu bestellenden Schiedsrichter, den Schiedsort und das anwendbare Recht.

I. Die Schiedsvereinbarung als materiell-rechtlicher Vertrag

Nach einer älteren Ansicht in der Literatur, soll es sich bei der Schiedsvereinbarung um einen materiell-rechtlichen Vertrag handeln.[127] Dies wurde von den Vertretern dieser Ansicht hauptsächlich damit begründet, dass der Abschluss eines Prozessvertrags keine Prozesshandlung darstelle.[128] Auch die ältere Rechtsprechung sah den Schwerpunkt der Schiedsvereinbarung im materiellen Recht und bezeichnete diese als einen materiell-rechtlichen

126 Ausführlich zum Ganzen und mit zahlreichen weiteren Nachweisen, *Wagner*, Prozeßverträge, S. 578 ff.

127 *Lorenz*, Die Rechtsnatur von Schiedsvertrag und Schiedsspruch, AcP 157, 265, 280; *Rosenberg*, Zivilprozeßrecht, 7. Aufl., § 59 1.2.a., S. 262; *Teubner/Künzel*, Prozeßverträge, MDR 1988, 720, 721.

128 *Lorenz*, Die Rechtsnatur von Schiedsvertrag und Schiedsspruch, AcP 157, 265, 280; *Rosenberg* , Zivilprozeßrecht, 7. Aufl., § 59 1.2.a., S. 262.

Vertrag über einen prozessualen Gegenstand.[129] Diese Standardformulierung sagte zwar „alles und nichts“[130], vereinigte aber die unterschiedlich vertretenen Ansichten über die Wesensart der Schiedsvereinbarung und erlaubte es, pragmatische Lösungen im Einzelfall zu finden. In neueren Entscheidungen verlagert der BGH seine Auffassung weiter ins Prozessuale, ohne jedoch seine bisherige Rechtsprechung ausdrücklich aufzugeben, und sieht nunmehr die Schiedsvereinbarung als einen Unterfall des Prozessvertrags, dem durch das materielle Recht Gültigkeitsgrenzen gezogen werden.[131]

II. Die Schiedsvereinbarung als Prozessvertrag mit Bezügen zum materiellen Recht

Die (zumindest auch) prozessuale Natur der Schiedsvereinbarung wird also heute zwar nicht mehr in Frage gestellt; Unterschiede bestehen jedoch noch in der Frage, ob und in welchem Umfang Bezüge zum materiellen Recht bestehen. Nach einer teilweise vertretenen Ansicht soll der Schiedsvereinbarung eine Doppelnatur zukommen, diese also teils materieller, teils prozessualer Natur sein.[132] Die weit überwiegende Ansicht sieht in der Schiedsvereinbarung jedoch hauptsächlich einen Prozessvertrag.[133] Diese Ansicht ist auch zutreffend. Denn ist der Wille der Parteien auf die Modifikation des gerichtlichen Verfahrens oder eine Disposition über prozessuale Befugnisse gerichtet, so ist der Vertrag prozessrechtlicher Natur.[134] Ob ein Vertrag dem Prozessrecht zugehörig ist, bestimmt sich also nach dem Vertragsinhalt;

---

129 RGZ 144, 96, 98; RGZ 156, 101, 104; BGH, Urteil vom 30.01.1957, NJW BGH 1957, 589, 590; BGH Urteil vom 28.11.1963, NJW 1964, 591, 591.

130 So MünchKommZPO/*Münch*, § 1029 Rn. 12.

131 BGH NJW 2009, 1962, 1964; BGH NJW 1987, 651, 652.

132 Für die „Doppelnatur“ der Schiedsvereinbarung *Musielak/Voit,* ZPO, § 1029 Rn. 3; *Kisch* ZZP 51, 332; *Habscheid* KTS 1955, 36 ff.

133 Rosenberg/Schwab/*Gottwald*, Zivilprozessrecht, § 175 Rn. 7; *Jauernig/Hess*, Zivilprozessrecht, § 92 III Rn. 12; *Wagner,* Prozeßverträge, S. 578 ff.; *Hausmann„* Einheitliche Anknüpfung, FS Werner Lorenz zum siebzigsten Geburtstag, S. 361; *Nagel*, Hanseatische Schiedsklauseln, in: FS Karl Heinz Schwab, S. 369; *Schiedermair,* Vereinbarungen im Zivilprozeß, S. 166 f.; *Baumgärtel*, Wesen und Begriff der Prozeßhandlung, S. 230 ff., insbes. S. 233; *Henckel*, Prozeßrecht und materielles Recht, S. 37; *Hellwig*, Zur Systematik des zivilprozeßrechtlichen Vertrags, S. 52 ff.; Stein/Jonas/*Schlosser*, ZPO, § 1029 Rn. 1.

134 *Wagner*, Prozeßverträge, S. 46.

nicht etwa danach, ob eine Prozesshandlung vorliegt.[135] Der Schwerpunkt einer Schiedsvereinbarung liegt in der Abbedingung der staatlichen zu Gunsten einer privaten Gerichtsbarkeit. Eine Vereinbarung darüber, dass die staatliche Gerichtsbarkeit für einen Rechtsstreit nicht zuständig sein soll und daher deren Verfahrensregeln überhaupt nicht zur Anwendung kommen, stellt sowohl eine Modifikation des gerichtlichen Verfahrens als auch eine Disposition über prozessuale Befugnisse dahingehend dar, dass es den Parteien verwehrt ist, ihre Ansprüche von dem ohne die Schiedsvereinbarung zuständigen staatlichen Gericht nach den dort geltenden Verfahrensregeln entscheiden zu lassen.[136] Gerade diese Übertragung der Entscheidungsbefugnis kann nicht materiell-rechtlich begründet werden. So wäre die Annahme, die Parteien würden durch den Abschluss der Schiedsvereinbarung einen aufschiebend bedingten Vergleich über die Streitigkeit mit dem vom Schiedsgericht noch zu bestimmenden Inhalt schließen, eine unzulässige Fiktion.[137] Die Hauptwirkung der Schiedsvereinbarung ist also prozessualer Natur.[138] Dass einer solchen Vereinbarung immer ein (eventuell nur vermeintlicher) materieller Anspruch – das streitige Rechtsverhältnis – der Parteien zugrunde liegt, kann an dieser prozessualen Wirkung nichts ändern, denn dies ist auch bei regulären Gerichtsverfahren der Fall. Jeder Zivilprozess, der durch Sachurteil endet, hat einen materiell-rechtlichen Streitgegenstand. Dieser prozessualen Sichtweise steht ebenso wenig entgegen, dass bei der Begründung der Schiedsvereinbarung nach ganz herrschender Meinung die Vorschriften des BGB zur allgemeinen Rechtsgeschäftslehre Anwendung finden, sofern sich aus prozessualen Vorschriften nichts anderes ergibt.[139] Aus dem Rückgriff auf das allgemeine Vertragsrecht des BGB – etwa bei der Begründung der Schiedsvereinbarung oder der Anfechtung wegen Willensmängeln – lassen sich schon deswegen keine Rückschlüsse auf deren Rechtsnatur ableiten, da sich im deutschen Recht neben dem Vertragsrecht des BGB keine weiteren Vertragsrechtssysteme entwickelt haben. Das allgemeine Vertragsrecht ist zwar im BGB kodifiziert, seine Vorschriften sind jedoch als allgemeine Rechtsgedanken für alle

---

135 *Wagner*, Prozeßverträge, S. 46; a. A. *Lorenz*, Die Rechtsnatur von Schiedsvertrag und Schiedsspruch, AcP 157, 265, 280; *Rosenberg*, Zivilprozeßrecht, 7. Aufl., § 59 1.2.a., S. 262.

136 Vorausgesetzt, der Prozessgegner erhebt die Einrede nach § 1032 Abs. 1 ZPO.

137 So das einleuchtende Beispiel bei *Hellwig*, Zur Systematik des zivilprozeßrechtlichen Vertrags, S. 54; dagegen aber wohl OLG Hamm, NJW-RR 1987, 1319, 1320.

138 So auch Rosenberg/Schwab/*Gottwald*, Zivilprozessrecht, § 175 Rn. 7; MünchKommZPO/*Münch*, § 1029 Rn. 12.

139 Vgl. hierzu nur MünchKommZPO/*Münch*, § 1029 Rn. 15 ff.; auch *Schwab/Walter*, Schiedsgerichtsbarkeit, Kapitel 7, IV Rn. 37.

Bereiche der Rechtsordnung gültig, soweit Verträge betroffen und keine Sonderregelungen vorgesehen sind.[140] Ferner ist zu beachten, dass sich allein aus der Stellung einer Vorschrift im Gesetz nicht zwingend Rückschlüsse auf deren Wesen ziehen lassen. So finden sich auch im BGB Vorschriften, die als prozessuale Normen einzuordnen sind, wie etwa § 2039 BGB und § 2213 BGB, die die Prozessführungsbefugnis des Miterben und des Testamentsvollstreckers regeln.[141]

---

140 Zum Ganzen überzeugend *Wagner*, Prozeßverträge, S. 279, unter anderem unter Berufung auf *Ehrenzweig, Armin,* Zeitschrift für das Privat- und Öffentliche Recht der Gegenwart, 18, S. 228, 243: *„Andererseits wird sich der Gesetzgeber schwerlich veranlasst sehen, das ganze Vertragsrecht zweifach zu regeln, einmal für die bürgerlichen und dann für die processualistischen Verträge. (…) Was in aller Welt nöthigt uns, für ihre Beurteilung besondere* processrechtliche *Normen zu fordern? Ist denn der private Wille verschieden geartet je nach den Wirkungen, die er erzeugt?"*; vgl. auch MünchKommZPO/*Münch*, § 1029 Rn. 16; *Gottwald*, Internationale Gerichtsstandsvereinbarungen, FS Henckel, S. 295, 299.

141 S. hierzu auch *Konzen*, Rechtsverhältnisse zwischen Prozeßparteien, Berlin 1976, S. 48: „Der Gesetzgeber definiert nicht, er ordnet an."; Im Schweizer Zivilrecht sind prozessuale Normen in materiellen Gesetzen geradezu der Regelfall, s. hierzu nur Art. 927 ZGB, Klage aus Besitzesentziehung.

3. Kapitel
Die Bindung des Zessionars an die Schiedsvereinbarung

§ 7 Bindung des Zessionars an die Schiedsvereinbarung nach prozessualen Vorschriften

Nachdem nun der prozessrechtliche Charakter der Schiedsvereinbarung festgestellt wurde, stellt sich die Frage, ob sich aus dieser Einordnung Rückschlüsse auf die Bindung eines Drittenziehen lassen; ein möglicher Übergang der Schiedsvereinbarung sich also aus dem Prozessrecht ergeben könnte. Dies erscheint schon deshalb problematisch, weil sich weder den §§ 1025 ff. ZPO, noch einer anderen Vorschrift der ZPO Regelungen zum Übergang der Schiedsvereinbarung oder eines anderen Prozessvertrags auf den Rechtsnachfolger entnehmen lassen. Der einzige Regelungskomplex in der ZPO hinsichtlich der prozessualen Einzelrechtsnachfolge findet sich in §§ 265, 325, 727 ZPO. § 265 ZPO sieht die Möglichkeit vor, die streitbefangene Sache oder die geltend gemachte Forderung trotz Rechtshängigkeit zu übertragen und bestimmt, dass diese Rechtsnachfolge keine Auswirkungen auf den Prozess hat; dass insbesondere der Rechtsnachfolger nicht befugt ist, ohne Zustimmung des Prozessgegners den Prozess als Hauptpartei zu übernehmen. Die Wirkungen eines rechtskräftigen Urteils gegen einen solchen Rechtsnachfolger sind in § 325 ZPO geregelt. § 325 Abs. 1 ZPO bestimmt, dass das rechtskräftige Urteil auch für und gegen die Personen wirkt, die nach dem Eintritt der Rechtshängigkeit Rechtsnachfolger der Parteien geworden sind. Jedoch finden nach § 325 Abs. 2 ZPO die Vorschriften des bürgerlichen Rechts zugunsten desjenigen, der Rechte von einem Nichtberechtigten herleitet, entsprechende Anwendung. § 727 ZPO enthält Regelungen zur Erteilung einer vollstreckbaren Ausfertigung des Urteils an den Rechtsnachfolger.

A. Analoge Anwendung der §§ 265, 325, 727 ZPO

Fraglich ist jedoch, ob sich aus diesen Normen – insbesondere aus § 325 ZPO – Rückschlüsse für den Übergang der Schiedsvereinbarung bei der Forderungsabtretung ziehen lassen. Eine unmittelbare Anwendung der Vorschriften kommt von vorneherein nicht in Betracht, da die §§ 265, 325, 727

ZPO nur die Fälle der subjektiven Rechtskrafterstreckung eines Urteils bei der Rechtsnachfolge nach Rechtshängigkeit regeln, nicht aber die Erstrekkung von Prozessverträgen wie der Schiedsvereinbarung auf Rechtsnachfolger, und auch nicht die Fälle der Rechtsnachfolge *vor* Rechtshängigkeit der Streitigkeit. Zu einer Anwendung der Vorschriften käme man demnach nur in Form einer mehrfachen analogen Anwendung der §§ 265, 325, 727 ZPO. Ob diese Voraussetzungen hier vorliegen, erscheint zweifelhaft.

Jede analoge Anwendung einer Norm oder eines Normgefüges setzt zunächst das Bestehen einer Lücke voraus. Ob eine solche vorliegt, ist nach herrschender Meinung nur „vom Boden des geltenden Rechts selbst“[142] aus zu bestimmen. Es kommt also darauf an, ob die Rechtsordnung bzw. die „immanente Teleologie des Gesetzes“[143] eine Regelung erfordert.[144] Von einer Lücke kann daher nicht schon bei einem Schweigen des Gesetzes gesprochen werden, sondern erst, wenn das Gesetz darüber hinaus für diesen bestimmten Bereich eine umfassende Regelung anstrebt.[145] Nicht erforderlich ist es hingegen, dass das Gesetz eine Antwort auf die aufgeworfene Frage überhaupt nicht ermöglicht. Die Antwort muss nach der (lückenhaften) Gesetzeslage lediglich auf Abweisung des Anspruchs mangels einer gesetzlichen Grundlage lauten, obgleich nach der Regelungsabsicht des Gesetzgebers eine Regelung erwartet werden musste und das Gesetz daher in einer Weise unvollständig ist, die dem Gleichheitssatz widerspricht.[146] Abgekürzt wird dieser rechtliche Umstand heute im Allgemeinen mit dem Begriff der „planwidrigen Unvollständigkeit des Gesetzes“ bzw. der „planwidrigen Regelungslücke“ umschrieben.[147] Ob eine Lücke vorliegt, bestimmt sich nach den Wertungen des positiven Rechts, also der Regelungsabsicht und dem verfolgten Zweck des Gesetzgebers, unter besonderer Berücksich-

---

142 *Canaris*, Die Feststellung von Lücken im Gesetz, S. 32.

143 So der Begriff bei *Larenz*, Methodenlehre, 6. Aufl., S. 374; fortgeführt in *Larenz/Canaris*, Methodenlehre, S. 191 ff., S. 195; vgl. auch *Canaris*, Die Feststellung von Lücken im Gesetz, S. 32, 37 f.

144 so auch *Engisch*, Einführung in das juristische Denken, S. 178.

145 *Larenz/Canaris*, Methodenlehre, S. 192; ähnlich: *Heck*, Gesetzesauslegung und Interessenjurisprudenz, S. 161 f.: „ungewollte Lücken“.

146 *Larenz/Canaris*, Methodenlehre, S. 193 f.; etwas anders aber noch *Larenz*, Methodenlehre, 6. Aufl., S. 372: Lücke führt zur „Rechtsverweigerung“.

147 Der Ausdruck der „planwidrigen Regelungslücke“ stammt von *Elze*, Lücken im Gesetz, S. 3 ff.; mittlerweile fester Rechtsbegriff im deutschen Recht, vgl. nur *Bydlinski*, Juristische Methodenlehre und Rechtsbegriff, S. 473; *Engisch*, Einführung in das juristische Denken, S. 182; *Canaris*, Die Feststellung von Lücken im Gesetz, S. 32; *Würdinger*, Die Analogiefähigkeit von Normen, AcP 206 (2006), 946, 949 ff.; BGH NJW 2006, 2601, 2603; BGH NJW 2003, 1932, 1933, jeweils m. w. N.

tigung des Gleichheitssatzes.[148] Die Regelungsabsicht des Gesetzgebers darf demnach jedoch nicht so verstanden werden, dass nur die bewusst getroffenen Entscheidungen des Gesetzgebers bei der späteren Lückenfüllung in die Abwägung mit einzustellen seien. Auch objektive Rechtszwecke und allgemeine Rechtsprinzipien sind hierbei zu beachten.[149]

Da weder die §§ 1025 ff. ZPO, noch die §§ 265, 325, 727 ZPO Regelungen über die Nachfolge in die Rechte und Pflichten aus einer Schiedsvereinbarung enthalten, ist das Gesetz diesbezüglich also lückenhaft. Ferner muss auch von einem Fall der *planwidrigen* Unvollständigkeit des Gesetzes ausgegangen werden. Gerade auch aufgrund ihrer Berührungspunkte zu verfassungsrechtlich geschützten Positionen der Vertragsparteien ist diese Fragestellung regelungsbedürftig. Es kann nicht angenommen werden, dass der Gesetzgeber die Fällc dcr Bindung des Rechtsnachfolgers an eine Schiedsvereinbarung bewusst ungeregelt lassen oder überhaupt nicht zulassen wollte. Zweifelhaft ist jedoch nach den oben entwickelten Grundsätzen zur analogen Anwendung von Normen, ob die §§ 265, 325, 797 ZPO geeignet sind, diese Lücke im Rahmen einer Analogie zu schließen. Nach einer teilweise vertretenen Ansicht ist dies der Fall. Demnach ergeben sich aus den §§ 265, 325, 727 ZPO zwei Grundsätze: Zum einen soll sich aus diesen Vorschriften ablesen lassen, dass der Gesetzgeber von einer Einzelrechtsnachfolge auch im Prozess ausgeht und dies auch auf die Fälle des Prozessvertrags zu erstrecken sei.[150] Zum anderen soll sich aus § 325 Abs. 2 ZPO ergeben, dass der Prozessvertrag dann nicht auf den Rechtsnachfolger übergehe, wenn er von diesem im Zeitpunkt der Rechtsnachfolge keine Kenntnis hatte.[151] Allein schon die nicht zu vertretende Unkenntnis bezüglich des Bestehens einer Schiedsvereinbarung bei der Abtretung einer unter diese fallenden Forderung wäre demnach ausreichend, um eine Bindung des Zessionars an Erstere auszuschließen.

Ob den §§ 265, 325, 727 ZPO jedoch eine solche Wertung zu entnehmen ist und es daher nach den oben entwickelten Grundsätzen zur Voraussetzung

---

148 *Larenz/Canaris*, Methodenlehre, S. 194; *Canaris*, Die Feststellung von Lücken im Gesetz, S. 71; vgl. auch *Engisch*, Einführung in das juristische Denken, S. 183, 190.

149 *Larenz/Canaris*, Methodenlehre, S. 195; ähnlich *Heck*, Gesetzesauslegung und Interessenjurisprudenz, S. 167: „Wertungslücke".

150 *Schiedermair, Gerhard*, Vereinbarungen im Zivilprozeß, S. 158 ff.; Stein/Jonas/*Leipold*, ZPO, vor § 128 Rn. 317; *Teubner/Künzel*, Prozeßverträge, MDR 1988, 720, 726, die allerdings die Bindung des Einzelrechtsnachfolgers nur bei Prozessverträgen mit „unmittelbarer" Wirkung bejahen; also dann, wenn das Gesetz – wie etwa in §§ 38–40 ZPO – eine Vereinbarung ausdrücklich vorsieht.

151 *Schiedermair, Gerhard*, Vereinbarungen im Zivilprozeß, S. 159.

der analogen Anwendung von Normen geboten wäre, diese Vorschriften auch auf die Rechtsnachfolge in Schiedsvereinbarungen anzuwenden, ist äußerst zweifelhaft. Es setzte voraus, dass der Gesetzgeber diese Fälle nicht nur regeln wollte, sondern dies mit den Vorschriften über die Rechtsnachfolge im Prozess gem. §§ 265, 325, 727 ZPO auch umfassend und abschließend anstrebte. Erschwert wird die Beantwortung dieser Frage dadurch, dass es schon höchst umstritten ist, welche Sachverhalte nach dem Willen des Gesetzgebers überhaupt in *direkter* Anwendung von den §§ 265, 325, 727 ZPO, und hier insbesondere von § 325 ZPO erfasst werden. Somit ist zunächst der Anwendungsbereich der genannten Normen zu klären, bevor eine Intention des Gesetzgebers nach einer analogen Anwendung geprüft werden kann.

I. Direkter Anwendungsbereich der §§ 265, 325, 727

Über das richtige Verständnis von § 325 ZPO, der eine Bindung des Rechtsnachfolgers an das ergangene Urteil unter gewissen Voraussetzungen ausschließt, bestehen in Rechtsprechung und Literatur erhebliche Meinungsverschiedenheiten.[152] Einigkeit besteht zunächst darüber, dass es grundsätzlich angemessen ist, nicht nur diejenigen Personen an die Rechtskraft des Urteils zu binden, die auch Parteien im zugrunde liegenden Verfahren waren, sondern dass es im Regelfall nach § 325 Abs. 1 ZPO ebenso angemessen ist, die Rechtskraft des Urteils auch auf den oder die Rechtsnachfolger der Parteien zu erstrecken. Denn anderenfalls könnte sich die unterlegene Partei allein durch Veräußerung des ihr gerichtlich abgesprochenen Rechts der Bindung an das Urteil entziehen und dem Erwerber so die Möglichkeit verschaffen, über dieses Recht erneut gerichtlich entscheiden zu lassen.[153] Ferner ist anerkannt, dass eine solche Erstreckung auf den Rechtsnachfolger unter Umständen durch dessen guten Glauben ausgeschlossen sein kann. Unter welchen Voraussetzungen dies der Fall ist, ist unklar. § 325

152 Vgl. hierzu *v. Olshausen*, Der Schutz des guten Glaubens an die Nicht-Rechtshängigkeit, JZ 1988, 584, 585 ff.

153 Diese Ansicht, die im deutschen Rechtsraum die allgemeine Meinung widerspiegelt, ist keinesfalls selbstverständlich. Zu der oben geschilderten Situation kann es etwa im Schweizer Recht kommen. Hier ist der Erwerber nach Art. 83 Abs. 1 Schweizerische ZPO berechtigt, den Prozess anstelle des Veräußerers zu übernehmen. Geschieht dies nicht, so ist die Klage des bzw. gegen den Veräußerer fortzuführen, jedoch mangels fortbestehender Legitimation abzuweisen, so dass dem Rechtsnachfolger der Weg für einen neuen Prozess offen steht, vgl. BK ZPO/*Frei*, Art. 83, Rn. 4.

Abs. 2 ZPO bestimmt hierzu lediglich, dass die Vorschriften des bürgerlichen Rechts zugunsten derjenigen, die Rechte von einem Nichtberechtigten herleiten, entsprechende Anwendung finden. Aus dem Wortlaut der Vorschrift geht selbst jedoch nicht hervor, auf welche Umstände sich der gute Glaube des Rechtsnachfolgers beziehen muss. Während also das Verständnis des § 325 Abs. 1 ZPO keine Schwierigkeiten bereitet, gehen die Ansichten über die korrekte Auslegung des § 325 Abs. 2 ZPO in Rechtsprechung und Literatur weit auseinander.

Nach einer teilweise vertretenen Ansicht ist es für die Anwendung des § 325 Abs. 2 ZPO lediglich erforderlich, dass der Rechtsnachfolger der unterliegenden Partei bei Erwerb des Rechts in Bezug auf die nicht bestehende Rechtshängigkeit des Rechtsstreits gutgläubig war.[154] Ob auch die materiellen Voraussetzungen für den gutgläubigen Erwerb vorliegen, wird nach dieser Ansicht erst in einem gegebenenfalls zu führenden Folgeprozess des bzw. gegen den Rechtsnachfolger virulent, hat aber keinerlei Bezüge zu der – dieser Ansicht nach – rein prozessualen Wirkung des § 325 Abs. 2 ZPO.[155] Nach einer weiteren Ansicht soll es für die Anwendbarkeit des § 325 Abs. 2 ZPO erforderlich, aber auch ausreichend sein, wenn der Erwerber im Hinblick auf das materielle Recht gutgläubig ist.[156] Nach der heute herrschenden Meinung ist hingegen eine doppelte Gutgläubigkeit des Rechtsnachfolgers erforderlich. Um der Erstreckung der Rechtskraft zu entgehen, müssen also in der Person des Rechtsnachfolgers nicht nur alle materiellen Voraussetzungen des gutgläubigen Rechtserwerbs an der streitbefangenen Sache, sondern es muss zusätzlich auch Gutgläubigkeit bezüglich der fehlenden Rechtshängigkeit des Rechtsstreits vorliegen.[157] Eine Begründung wird von der herrschenden Meinung jedoch selten gegeben. Einer Ansicht zufolge soll die Gutgläubigkeit bezüglich der Rechtshängigkeit die Anforderungen des guten Glaubens nach bürgerlichem Recht erhöhen.[158] War dem Erwerber die Rechtshängigkeit demnach also bekannt oder grob fahrlässig unbekannt, verhindert dies nach dieser Ansicht den materiellen gutgläubigen Er-

---

154 *Grunsky, Die Veräußerung der Streitbefangenen Sache, S. 261, Fn. 142; Grunsky, Grundlagen des Verfahrensrechts,* § 47 VI 2b bb; *de Boor/Erkel*, Zivilprozessrecht, S. 154; *Calavros*, Urteilswirkungen zu Lasten Dritter, S. 103 f.; *Nikisch*, Zivilprozeßrecht, § 108 II 3, 3b, S. 427 f., 429; früher auch *Blomeyer*, Zivilprozeßrecht, 1. Aufl. 1963, § 92 III 2a, S. 488; anders nunmehr 2. Aufl. 1985, § 92 III 2, S. 515.

155 Vgl. nur *Nikisch*, Zivilprozeßrecht, § 108 II 3, 3b, S. 427 f.

156 *Endemann*, Der deutsche Civilprozeß II, 1879, Anm. 3 zu § 238 CPO; *Gaupp/Stein*, CPO, § 238 Anm. I 3; *v. Sarwey*, CPO, § 238 Anm. 2, *Struckmann/Koch*, CPO, § 325 Anm. 2; wohl auch *Freudenthal*, CPO, § 325 Anm. 1b; Petersen/*Anger*, CPO, § 325 Anm. 8; *Reincke*, ZPO, 5. Aufl. 1904, §§ 325–327, Anm. zu § 325 Abs. 2; *Weismann*, Zivilprozeßrecht I, S. 242.

werb, was wiederum die Erstreckung der Rechtskraft des Erstprozesses auf den Erwerber zur Folge hat.

B. Stellungnahme

I. Gutgläubigkeit lediglich bezüglich der Rechtshängigkeit

Die zuerst genannte Ansicht, wonach allein die Gutgläubigkeit in Bezug auf die fehlende Rechtshängigkeit ausreichend sein soll, um den Wirkungen des gegenüber dem Rechtsvorgänger erlassenen Urteils entgehen zu können, ist abzulehnen. Hätte der Gesetzgeber dies bezweckt, hätte er diese Rechtsfolge anordnen können; eines Verweises auf die Gutglaubensvorschriften des materiellen Rechts hätte es dann nicht bedurft.[159] Ferner wäre es auch erklärungsbedürftig, wieso der Umstand, dass der Erwerber davon ausgegangen war, dass die von ihm erworbene Sache nicht im Streit befangen war, unabhängig von den Gutglaubensvorschriften des materiellen Rechts ein schutzwürdiges Interesse an deren Erwerb begründen sollte. Denn die Nichterstrekkung der Rechtskraft nach § 325 Abs. 2 ZPO stellt ja keinen Selbstzweck dar. Vielmehr geht es bei der Frage der Rechtskrafterstreckung darum, ob der Erwerber Rechtsinhaber der streitbefangenen Sache werden konnte, also ob dieser (gutgläubig) erworben hat. Zu Problemen kann es in diesem Zusammenhang nur dann kommen, wenn das Prozessrecht nach § 325 Abs. 1 ZPO die Erstreckung der Rechtskraft auf den Rechtsnachfolger zu dessen Lasten vorsieht, während nach materiellem Recht im gleichen Fall ein gutgläubiger Erwerb der im Streit befangenen Sache vorliegt. In diesem Fall käme die Anwendung von BGB und ZPO zu unterschiedlichen

---

157 RGZ 79, 165, 166 ff.; 88, 267, 268; BGHZ 4, 283, 285; BGHZ 114, 305, 309 f.; BGH NJW-RR 2002, 516, 517 f.; Baumbach/Lauterbach/Albers/*Hartmann*, ZPO, § 325 Rn. 8; *Bruns*, Zivilprozeßrecht, Rn. 242b; Zöller/*Vollkommer*, ZPO, § 325 Rn. 45; HK-ZPO/*Saenger*, § 325 Rn. 32; *Hellwig*, System des Deutschen Zivilprozeßrechts, 1. Teil, S. 820 f.; MünchKommZPO/*Gottwald*, § 325 Rn. 99; Prütting/Gehrlein/*Völzmann-Stickelbrock*, ZPO, § 325 Rn. 56; Rosenberg/Schwab/*Gottwald*, Zivilprozessrecht, § 100 Rn. 23; *Stein/Jonas/Leipold, ZPO, § 325,* Rn. 38 ff., 42 f.

158 MünchKommZPO/*Gottwald*, § 325 Rn. 99; *Stein/Jonas/Leipold*, ZPO, § 325, Rn. 39; Zöller/*Vollkommer*, ZPO, § 325 Rn. 46.

159 So im Ergebnis auch MünchKommZPO/*Gottwald*, § 325 Rn. 99; *Stein/Jonas/Leipold*, ZPO, § 325, Rn. 38, 42f.; Zöller/*Vollkommer*, ZPO, § 325 Rn. 45; *Musielak*, ZPO, § 325 Rn. 23 f. m. w. N.; die Einzelheiten variieren innerhalb dieser Ansicht stark, ohne dass dies jedoch für die hier zu klärende Frage Bedeutung hat.

Ergebnissen. Dies ist dem Umstand geschuldet, dass § 325 Abs. 1 ZPO zwar eine prozessuale Norm darstellt, jedoch insoweit materielle Wirkungen zeitigt, als dass sie auch dem Rechtsnachfolger durch die Erstreckung der Rechtskraft Rechtspositionen versagen kann. Diese widersprüchlichen Ergebnisse zu verhindern, ist Aufgabe des § 325 Abs. 2 ZPO; nicht aber, unabhängig vom materiellen Recht eine Freistellung von der Rechtskrafterstreckung vorzusehen. Zumal sich dann auch die Frage stellen würde, wieso es dann dort nur zu einer Freistellung von der Rechtskrafterstreckung kommen soll, wo das materielle Recht einen gutgläubigen Erwerb vom Nichtberechtigten vorsieht.[160] Denn während im materiellen Recht ein Gutglaubenserwerb von Forderungen mit dem Argument fehlender Publizität abgelehnt wird, ergibt es was die Gutgläubigkeit bezüglich der fehlenden Rechtshängigkeit anbelangt keinen Unterschied, ob der Rechtsstreit über eine Sache oder eine Forderung geführt wird. Beiden Prozessen kommt – wenn überhaupt – kein unterschiedlicher Rechtsschein in Bezug auf das Bestehen oder Nichtbestehen des Rechts zu.[161] Zuletzt widerspricht eine solche Auslegung der Vorschrift dem Willen des Gesetzgebers, der eine Grenze der Wirksamkeit des Urteils notwendig dort sah, wo die „Rechtsgültigkeit des Erwerbs durch einen Mangel in dem Rechte des Autors nicht berührt [wurde]“[162]. Hierdurch wird unmissverständlich klar, dass der gutgläubige Erwerb nach materiellem Recht Voraussetzung für die Freistellung von der Rechtskraftwirkung des Urteils ist.

---

160 Ohne Erklärung hierzu *Grunsky*, Die Veräußerung der Streitbefangenen Sache, S. 261, Fn. 142; *Grunsky*, Grundlagen des Verfahrensrechts, § 47 VI 2 b bb; *de Boor/Erkel*, Zivilprozessrecht, S. 154; *Nikisch*, Zivilprozessrecht, § 108 II 3, 3b, S. 427 f., 429; ähnlich Thomas/Putzo/*Reichold*, § 325 Rn. 8; früher auch *Blomeyer*, Zivilprozessrecht, 1. Aufl. 1963, § 92 III 2a, S. 488; nur nach Ansicht von *Calavros* soll die Frage, ob der Erwerber tatsächlich erwerben konnte, in einem Folgeprozess geklärt werden, der dann auch zum Ergebnis kommen kann, dass der Veräußerer in Wirklichkeit Berechtigter war. Daher will *Calavros* § 325 ZPO auch auf die Fälle der Forderungsabtretung anwenden; *Calavros*, Urteilswirkungen zu Lasten Dritter, S. 105. Eingehend zu dieser Thematik *v. Olshausen*, Der Schutz des guten Glaubens an die Nicht-Rechtshängigkeit, JZ 1988, 584, 586.

161 *v. Olshausen*, Der Schutz des guten Glaubens an die Nicht-Rechtshängigkeit, JZ 1988, 584, 586.

162 *Mugdan*, Materialien zum Bürgerlichen Gesetzbuch, Band I, S. 559; zu den Motiven des Gesetzgebers sogleich noch ausführlich.

II. Gutgläubigkeit bezüglich des materiellen Rechts

Wenn es nun also nicht auf die Gutgläubigkeit bezüglich der Rechtshängigkeit (allein) ankommen kann, kann der Verweis auf die Vorschriften des bürgerlichen Rechts über den Gutglaubenserwerb – in Übereinstimmung mit dem eben dargelegten Willen des Gesetzgebers – nur bedeuten, dass der Erwerber in Bezug auf das materielle Recht, also die Verfügungsbefugnis des Veräußerers, in jedem Fall gutgläubig sein muss, um der Rechtskrafterstreckung des § 325 Abs. 1 ZPO zu entgehen.

Eine solche Auslegung ergibt sich auch aus den Motiven des Gesetzgebers bei Erlass des § 325 ZPO bzw. dessen Vorgängernormen. Schon die Civilprozeßordnung vom 30. Januar 1877 enthielt in §§ 236, 238 CPO den §§ 265, 325 ZPO vergleichbare Regelungen. § 236 Abs. 1 und 2 CPO entsprachen inhaltlich dem heutigen § 265 Abs. 1 und 2 ZPO. § 236 Abs. 3 CPO regelte – abweichend vom heutigen § 265 Abs. 3 ZPO, aber ähnlich dem heutigen § 325 Abs. 1 ZPO – dass das Urteil bei einer Abtretung der streitbefangenen Sache nach Rechtshängigkeit „in Ansehung der Sache selbst auch gegen den Rechtsnachfolger wirksam und vollstreckbar" sei. Zuletzt regelte § 238 CPO, dass die Regelungen des § 236 Abs. 3 CPO insoweit nicht zur Anwendung kämen, „als ihnen Vorschriften des bürgerlichen Rechts über den Erwerb beweglicher Sachen, über den Erwerb auf Grund des Grund- und Hypothekenbuchs und über den Erwerb in gutem Glauben [entgegenstünden]. In einem solchen Falle [könne] dem Kläger, welcher veräußert oder zedirt [habe], der Einwand der nunmehr mangelnden Sachlegitimation entgegengehalten werden."

Der historische Gesetzgeber hatte sich im Gesetzgebungsverfahren zu einer einheitlichen Zivilprozessordnung mit dem Umstand konfrontiert gesehen, dass die Veräußerung streitbefangener Sachen in den unterschiedlichen Teilen des vereinigten Deutschen Reiches unterschiedlich gehandhabt wurde. So war eine solche nach dem Allgemeinen Preußischen Landrecht ausgeschlossen; nach Art. 327 der württembergischen Prozeß-Ordnung jedoch erlaubt. Der historische Gesetzgeber sah im Zeitpunkt des Gesetzgebungsverfahrens keine legislative Rechtfertigung eines Verbots und entschloss sich zu der oben genannten Regelung. Laut Gesetzesbegründung war bei der diesbezüglichen Ausgestaltung ausschlaggebend, dass durch die Rechtsnachfolge weder die Lage des Prozessgegners zu dessen Nachteil verändert, noch das Ergebnis des Prozesses gegenstandslos werden sollte. Als unbillig sah es der Gesetzgeber insbesondere an, wenn im Falle der Abtretung oder Veräußerung durch den Beklagten der Kläger genötigt wäre, „nach Beendigung des mit Aufwand von Zeit, Mühe und Kosten gegen den Beklagten durchgeführten Prozesses einen neuen Prozeß gegen einen Dritten anzufangen".[163] Dass der Gesetzgeber hiervon in § 238 CPO dennoch eine Ausnahme für den gutgläubigen Rechtsnachfolger machte, lag in einem von diesem als erforderlich angesehenen Gleichlauf des bürgerlichen Rechts und des Zivilprozessrechts begründet. Wörtlich führte der Gesetzgeber aus, dass die Bestimmung des § 228 Abs. 3 der Kommissions-Vorlage (K. V.) von 1874 [später § 236 Abs. 3 CPO] „aus Rücksicht auf Vorschriften, welche große Gebiete des bürgerlichen Rechts beherrschen und durchdringen, einer Einschränkung [bedürfe]"[164]. Weiter führt die Gesetzesbegründung zur Erläuterung aus, dass, soweit es für den rechtsgültigen, wirksamen Erwerb beweglicher oder unbeweglicher Sachen auf einen Mangel im Recht des Veräußerers nicht ankomme, dem Erwerber auch nicht der Umstand entgegengesetzt werden könne, dass der veräußerte Gegenstand oder der abgetretene Anspruch im Streit befangen war.[165] Weitere inhaltliche Ausführungen wurden im Gesetzgebungsverfahren nicht gemacht.[166]

Bezüglich des Erfordernisses der Gutgläubigkeit hinsichtlich des materiellen Rechts, hat auch der Erlass des § 325 ZPO in der heutigen Fassung nichts geändert. So sieht § 325 Abs. 2 ZPO zwar lediglich vor, dass die Vorschriften des bürgerlichen Rechts über den gutgläubigen Erwerb entsprechende Anwendung finden, während eine Rechtskrafterstreckung nach § 238 CPO nur dann möglich war, sofern dieser die Gutglaubensvorschriften des bürgerlichen Rechts nicht *entgegenstünden*, jedoch führt die Gesetzesbegründung zu § 325 ZPO ausdrücklich aus, dass der durch das materielle Recht ermöglichte gutgläubige Erwerb eine „notwendige Begrenzung" der Rechtskraftwirkung darstelle.[167]

Unabhängig von der Frage, ob guter Glaube in Bezug auf die Rechtshängigkeit von § 325 Abs. 2 ZPO zusätzlich hierzu verlangt wird, setzt die Vorschrift in jedem Fall guten Glauben bezüglich des materiellen Rechts voraus.

---

163 *Hahn*, Materialien zur Civilprozeßordnung, Band I, S. 261; so auch *v. Oesfeld*, CPO, § 236 Rn. 1 f., S. 108 f.

164 *Hahn*, Materialien zur Civilprozeßordnung, Band I, S. 262.

165 *Hahn*, Materialien zur Civilprozeßordnung, Band I, S. 262; *v. Oesfeld*, CPO, § 238 Rn. 1, S. 109.

166 *Hahn*, Materialien zur Civilprozeßordnung, Band I, S. 586: 1. Lesung, 11. Sitzung vom 3. Mai 1875: *„Die §§ 228–230 (K. V. §§ 228–230, G. §§ 236–238) werden ohne Debatte angenommen"*; *Hahn*, Materialien zur Civilprozeßordnung, Band II, S. 968: 2. Lesung, 85. Sitzung vom 11. Oktober 1875: *„Die §§ 228–239, 239a, 240–261 (K. V. §§ 228–261, G. §§ 236–271) inkl. gelangen nach den Beschlüssen erster Lesung zur Annahme."*.

167 *Mugdan*, Materialien zum Bürgerlichen Gesetzbuch Band I, S. 559; Motive, Band I, S. 379.

III. Folgen für die analoge Anwendung der §§ 265, 325, 727 ZPO

Entgegen der oben bereits zitierten Ansicht[168] lässt sich dem ursprünglichen Willen des Gesetzgebers nicht entnehmen, dass sich der aus § 325 Abs. 2 ZPO abgeleitete Grundsatz, dass der Rechtsnachfolger bei Gutgläubigkeit in Bezug auf die Rechtshängigkeit des Streits von der Erstreckung der Rechtskraft des Urteils auszunehmen sei, auch auf Prozessverträge zu erstrecken ist. Dem Gesetzgebungsverfahren ist an keiner Stelle überhaupt zu entnehmen, dass der Gesetzgeber mit Erlass der §§ 236, 238 CPO, später §§ 265, 325, 727 ZPO über den Wortlaut der Vorschriften hinausgehende Sachverhalte – wie die Rechtsnachfolge bei Prozessverträgen – regeln wollte. Aber selbst wenn man davon ausginge, dass die §§ 265, 325, 727 ZPO nach dem Willen des Gesetzgebers einer analogen Anwendung zugänglich sein sollten, so kann dies nicht für die Frage der Erstreckung der Schiedsvereinbarung auf den Zessionar gelten. Wie bereits oben dargelegt sollte sich die Frage der Rechtskrafterstreckung des Urteils nach §§ 236, 238 CPO zumindest auch aus den Wertungen des materiellen Rechts über den gutgläubigen Erwerb der streitbefangenen Sache ergeben.[169] Auch mit Erlass der §§ 265, 325, 727 ZPO stellte der Gesetzgeber auf den gutgläubigen Erwerb nach materiellem Recht ab.[170] Dem Gesetzgeber ging es darum, das Spannungsverhältnis von materieller Rechtskrafterstrekkung nach Art. 325 Abs. 1 ZPO und gutgläubigem Erwerb nach den Vorschriften des bürgerlichen Rechts aufzulösen. Prozessrecht und materielles Recht sollten nicht zu unterschiedlichen Ergebnissen führen, wobei der gutgläubige Erwerb nach materiellem Recht den Bezugspunkt für die prozessualen Folgen darstellt. An die Gutgläubigkeit *allein* in Bezug auf die Rechtshängigkeit der Streitsache – diese entspräche die Nichtkenntnis des Zessionars von der Schiedsvereinbarung – wollte der Gesetzgeber keine Rechtsfolgen knüpfen. Diese sollte immer nur im Zusammenhang mit dem gutgläubigen Erwerb der im Streit befangenen Sache relevant werden. Es geht in den Fällen der §§ 265, 325, 727 ZPO darum, ob das materielle Prozess*ergebnis* auf den Rechtsnachfolger erstreckt wird oder ob ein weiterer Prozess geführt werden muss. In den Fällen, in denen eine Forderung abgetreten wird, für die eine Schiedsvereinbarung abgeschlossen wurde, geht es jedoch nicht um

---

168 S. hierzu unter § 7 A.

169 *Hahn*, Carl, Die gesamten Materialien zur Civilprozeßordnung und dem Einführungsgesetze zu derselben, Berlin 1881, Band I, S. 262; s. auch oben unter § 7 B I, II.

170 *Mugdan*, Materialien zum Bürgerlichen Gesetzbuch, Band I, S. 559; Motive, Band I, S. 380; S. auch oben unter § 7 B II.

die Erstreckung eines Prozessergebnisses; ja nicht einmal um den gutgläubigen Erwerb aus dem Grundgeschäft, also der Forderungsabtretung, auf den sich dann die weiteren prozessualen Folgen beziehen könnten. Die Berechtigung der Parteien an der abgetretenen Forderung spielt bei der Frage, ob eine Schiedsvereinbarung auch für den Zessionar gilt, keine Rolle. Entscheidend ist, ob der Zessionar Berechtigter und Verpflichteter aus der von der Forderung rechtlich unabhängigen Schiedsvereinbarung geworden ist, also die Frage, nach welchen Vorschriften sich das prozessuale Verhältnis der Parteien richtet, sollte es zu Streitigkeiten aus dem Rechtsverhältnis kommen. Es geht hingegen nicht darum, ob ein einmal gefundenes materielles (Prozess-) Ergebnis durch einen zweiten Prozess in Frage gestellt werden kann. Es besteht zudem keine Gefahr, dass in den Fällen der Forderungsabtretung materielles Recht und Prozessrecht zu unterschiedlichen Ergebnissen kommen. Denn zum einen ist ein gutgläubiger Erwerb der Forderung nicht möglich[171], so dass schon der Anwendungsbereich des § 325 Abs. 2 ZPO nach h. M. nicht gegeben ist, und ferner kann es mangels eines bereits anhängigen Prozesses auch kein Prozessergebnis geben, das von der materiellen Rechtslage wegen eines zwischenzeitlichen Erwerbs abweichen könnte. Somit ist das Ziel des Gesetzgebers, durch §§ 236, 237, 238 CPO bzw. §§ 265, 325, 727 ZPO sich widersprechende Ergebnisse zu verhindern, im oben beschriebenen Ausgangsfall nicht gefährdet.

IV. Zwischenergebnis

Im Ergebnis kann also nicht davon ausgegangen werden, dass der Gesetzgeber bei Erlass der §§ 236, 238 CPO bzw. §§ 265, 325, 727 ZPO überhaupt

171 Und ferner ja auch nicht nötig, da die abgetretene Forderung im Beispielsfall dem Zedenten zusteht. Dieser wird auch nicht dadurch zum Nichtberechtigten an der Forderung, weil für die Forderung eine Schiedsvereinbarung abgeschlossen wurde und er gehalten ist, die Forderung nur gemeinsam mit der Schiedsvereinbarung zu übertragen. Bei Grundstücken bejaht der BGH hier zwar einen lastenfreien Erwerb vom berechtigten Grundstückseigentümer nach § 325 Abs. 2 ZPO, BGH NJW-RR 2002, 516, 517, dies liegt aber darin begründet, dass das Grundbuch, das eine dingliche Belastung nicht verzeichnet, zugunsten des gutgläubigen Erwerbers nach § 892 BGB als richtig gilt. Dem Grundbuch kommt ein Rechtsschein zu, der bei einer schuldrechtlichen Forderung nicht angenommen werden kann, selbst wenn man die Schiedsvereinbarung als „Belastung" der Forderung ansehen würde. Selbst wenn man die Schiedsvereinbarung und nicht die Hauptforderung als Bezugspunkt für den guten Glauben sähe, wäre das Ergebnis gleich, da auch diese nicht gutgläubig erworben werden kann.

von einer analogen Anwendung auf andere als die im Gesetz genannten Tatbestände ausgegangen ist. Auch wenn man dies unterstellte, so unterschieden sich die Fälle der Rechtskrafterstreckung von Urteilen bei der Veräußerung der im Streit befangenen Sache nach Rechtshängigkeit von der Freistellung von den Verpflichtungen aus einer für eine abgetretene Forderung abgeschlossene Schiedsvereinbarung dergestalt, dass nicht angenommen werden kann, dass der Gesetzgeber auch diese Fälle durch die §§ 236, 238 CPO bzw. §§ 265, 325, 727 ZPO regeln wollte. Die dennoch bestehende planwidrige Regelungslücke ist mithin durch andere Vorschriften zu füllen.

§ 8 Bindung des Zessionars an die Schiedsvereinbarung nach materiellen Vorschriften

Nachdem eine prozessrechtlich begründete Bindung des Zessionars an die Schiedsvereinbarung ausgeschlossen wurde, könnte sich diese aus dem materiellem Recht ergeben. Für den hier vorliegenden Fall der Forderungsabtretung kommen für die Frage der Bindung des Zessionars an die für diese Forderung geltende Schiedsvereinbarung insbesondere die Regelungen der §§ 398 ff. BGB in Betracht. Der letztgenannte Regelungskomplex enthält zahlreiche Vorschriften über das Rechtsverhältnis von Schuldner, Zedent und Zessionar bei und nach der Forderungsabtretung. Ein besonderes Augenmerk liegt hierbei auf den Rechten des Schuldners gegenüber seinem neuen Gläubiger.

A. Bindung des Zessionars nach § 398 BGB

I. Die Schiedsvereinbarung als Bestandteil/Eigenschaft der abgetretenen Forderung

Nach § 398 BGB kann eine Forderung dergestalt vertraglich auf einen Dritten übertragen werden, dass dieser mit Abschluss des Vertrages an die Stelle des neuen Gläubigers tritt. Der Übergang einer zuvor zwischen Zedent und Schuldner für diese Forderung abgeschlossenen Schiedsvereinbarung auf den Zessionar könnte also dann zu bejahen sein, wenn man in dieser einen Bestandteil des abgetretenen Rechts sähe; wenn also die Modalitäten der prozessualen Durchsetzung der Forderung untrennbar mit dieser selbst verbunden wären. Ein Teil der Lehre sieht in der Schiedsvereinbarung eine solche Eigenschaft und will diese zusammen mit der Forderung nach § 398

BGB übergehen lassen.[172] Zur Begründung wird teilweise ausgeführt, dass die Schiedsvereinbarung das Wesen der Forderung präge, zum Inhalt der Forderung gehöre und daher gleichsam mit dieser übergehen müsse.[173] Fraglich ist jedoch, ob man die Schiedsvereinbarung tatsächlich als Eigenschaft der Forderung ansehen kann und – wenn ja – ob eine solche Einordnung den automatischen Übergang der Forderung überhaupt begründen könnte.

Weder der Wortlaut des § 398 BGB, noch die einschlägige Kommentarliteratur äußern sich dazu, was genau zum Bestandteil bzw. zur Eigenschaft einer Forderung i. S. d. § 398 BGB gehören soll. Die (sachen-)rechtliche Definition des (wesentlichen) Bestandteils einer *Sache* in § 93 BGB als etwas, das nicht von der Sache getrennt werden kann, ohne dass der eine oder der andere Teil zerstört oder in seinem Wesen verändert wird, hilft im konkreten Fall nicht weiter, da diese Definition auf räumliche Gegenstände zugeschnitten ist. Hier kann in der Regel nach Augenschein bestimmt werden, ob die Sache durch die Trennung zerstört oder im Wesen verändert wird. Hingegen ist die Frage, ob die Forderung durch Loslösung von der Schiedsvereinbarung in ihrem Wesen verändert wird, genauso abstrakt und von den gleichen Wertungen abhängig wie der Begriff des „Forderungsbestandteils" und gibt daher für die rechtliche Klärung des Problems nichts her. Die Definition des Forderungsbestandteils ist vielmehr davon abhängig, wie weit man den Begriff der Forderung fasst. So wurde beispielsweise im älteren römischen Recht[174] und teilweise auch noch im gemeinen Recht des 19. Jahrhunderts die Möglichkeit eines Forderungsübergangs generell mit der Begründung verneint, dass die Forderung allein durch die Zuordnung zu einer anderen Person in ihrem Wesen verändert würde. In Ermangelung eines körperlichen Gegenstandes wurde die Forderung nicht nur, aber auch, durch die an dieser berechtigten und verpflichteten Personen definiert. Die Forderung wurde demnach als Rechtsbeziehung zwischen bestimmten Personen angesehen. Jede Separierung der Forderung von diesen Personen führte daher nach dieser Ansicht unweigerlich zur Aufhebung des Forderungs-

172 MünchKommZPO/*Münch*, § 1029 Rn. 47; Staudinger/*Busche*, BGB, § 401 Rn. 10.

173 MünchKommZPO/*Münch*, § 1029 Rn. 47; ohne Begründung hingegen Staudinger/*Busche*, BGB, § 401 Rn. 10.

174 *Gaius*, II § 38, S. 39: *„Obligationes quoquo modo contractae nihil eorum recipiunt: nam quod mihi ab aliquo debetur, id si velim tibi deberi, nullo eorum modo, quibus res corporales ad alium transferentur, id efficere possum, sed opus est, ut iubente me tu ab eo stipuleris, quae res efficit, ut a me liberetur et incipiat tibi teneri, quae dicitur novatio obligationis."*; vgl. auch Dauner-Lieb/Langen/*Kreße*/*Eckhard*, BGB, § 398 Rn. 4.

rechts.[175] Noch bis in die neunziger Jahre des 20. Jahrhunderts zweifelte ein Teil der Lehre an, dass Forderungen durch Singularzession ohne weiteres übertragen werden können.[176] Selbst in der aktuellen Auflage des *Staudinger* wird noch darauf verwiesen, dass die Forderung eine Leistungsbeziehung zwischen bestimmten Personen bezeichne und die Auswechslung einer der Parteien notwendig die Identität des Forderungsrechts beinträchtige. Daher sei die Übertragung einer Forderung unter Beibehaltung der Identität begrifflich nur „schwer vorstellbar".[177] Dass das moderne Recht von einem unterschiedlichen, flexibleren, Forderungsbegriff ausgeht, zeigt zwar allein schon der Wortlaut der §§ 398 ff. BGB, jedoch lassen sich allein aus diesem die Grenzen der Forderung nicht trennscharf bestimmen.

Im allgemeinen Sprachgebrauch versteht man unter einer Eigenschaft bzw. der Beschaffenheit ein in einem allgemeinen Verständnis zum Wesen einer Person oder Sache gehörendes Merkmal. Auch hier ist die Frage, ob eine Eigenschaft einer Person oder einer Sache anhaftet, leichter zu beantworten als für abstraktere Sachverhalte wie den Begriff der Forderung. Mit Sicherheit gehören zu den Eigenschaften einer Forderung deren Höhe, ihre Fälligkeit und wohl auch ihre Verjährung, obgleich diese in Form einer Einrede geltend gemacht werden muss. Also im Wesentlichen gegen die Forderung begründete Einwendungen und Einreden. Unter Letztere fällt die Schiedsvereinbarung jedoch nicht, denn es handelt sich nicht eine Einrede gegen die abgetretene Forderung, so wie der Wortlaut des § 404 BGB dies ausdrücklich erfordert.[178] Die Frage, ob eine Rechtsstreitigkeit vor einem Schiedsgericht auszutragen ist, ist aber unabhängig davon, ob überhaupt

175 *Mühlenbruch*, Cession der Forderungsrechte, S. 18 ff.; *Puchta*, Pandekten, S. 426; *v. Vangerow*, Lehrbuch der Pandekten, Band III, S. 100 ff.; zusammenfassend: *Luig*, Zessionslehre, S. 65 ff. und *v. Olshausen*, Gläubigerrecht und Schuldnerschutz, S. 7 ff.

176 Staudinger/*Kaduk*, BGB, 12. Aufl. 1995, Einleitung zu § 389 BGB, Rn. 4 ff., 15; unter Anerkennung der ganz herrschenden Meinung und der entgegenstehenden Regelungen des BGB.

177 Staudinger/*Busche*, BGB, Einleitung zu § 398 BGB, Rn. 2 ff., unter Verweis darauf, dass die moderne Rechtspraxis dieser Konzeption nicht gefolgt ist und aus Gründen der als notwendig betrachteten Verkehrsfähigkeit von Forderungen die Abtretung „objektbezogen" betrachte.

178 Der Umstand, dass es sich bei der Schiedsvereinbarung um eine prozessuale Einrede nach § 1032 ZPO handelt, kann an dieser Stelle auch nicht zu einem anderen Ergebnis führen, denn die Vorschrift setzt voraus, dass zwischen den Parteien bereits eine wirksame Schiedsvereinbarung besteht. § 1032 ZPO kann also deren Entstehung zwischen den Parteien nicht begründen.

und in welcher Höhe die dazugehörige Forderung besteht.[179] Die Erhebung einer Einrede bzw. das Bestehen einer Einwendung gegen die Forderung selbst führt im Erfolgsfalle zur Abweisung der Klage als unbegründet[180]; nicht aber als unzulässig. Der Schuldner kann aber die Erfüllung einer bestehenden und fälligen Forderung nicht mit dem Hinweis darauf verweigern, für diese gelte eine Schiedsvereinbarung; er kann allenfalls verlangen, dass über die Forderung im Falle einer *gerichtlichen* Geltendmachung ein Schiedsgericht entscheidet. Zwar hat der BGH[181] einem Schuldner in einem Einzelfall einmal die Befugnis eingeräumt, sich auf ein Zurückbehaltungsrecht in Bezug auf die Forderung zu berufen, solange für diese Forderung nicht – wie zwischen Schuldner und Zedenten vereinbart – eine Bürgschaft mit bestimmten Inhalt gestellt wurde; der Unterschied zu der hier vorliegenden Konstellation bestand jedoch darin, dass diese Bürgschaft nach der Vereinbarung der Parteien Zug-um-Zug gegen die Zahlungen zu stellen war und die Rückgewähr dieser Zahlungen (im konkreten Fall bei Baumängeln) gewährleisten sollte. Es bestand zwischen der zu stellenden Bürgschaft und der Forderung selbst also eine direkte Verbindung. Daher ist diese Entscheidung auch nicht verallgemeinerungsfähig und kann auf den hiesigen Sachverhalt nicht übertragen werden.

1. Verhältnis von Forderung und Schiedsvereinbarung unter Berücksichtigung des Trennungsprinzips („separability doctrine“)

Um also die Frage zu klären, ob die Schiedsvereinbarung eine Eigenschaft der Forderung im Sinne des § 398 BGB sein kann, ist das Verhältnis der Schiedsvereinbarung zu der ihr zugrunde liegenden Forderung näher zu beleuchten. In Rechtsprechung und Kommentarliteratur wird auf dieses Verhältnis kaum näher eingegangen, obgleich es für die Frage der Bindung des Rechtsnachfolgers von hoher Relevanz ist. Generell wird man sagen können, dass ein automatischer Übergang der Schiedsvereinbarung gemeinsam

179 Nach *Schwintowski/Schantz*, Grenzen der Abtretbarkeit, NJW 2008, 472, 473 f., ist die Trennung von Forderung und ihr zugrunde liegendem Schuldverhältnis im Konzept des § 398 BGB angelegt und rechtlich möglich, was jedoch im Einzelfall dazu führt, dass sich rechtliche Probleme durch §§ 398 ff. BGB selbst nicht befriedigend lösen lassen. S. hierzu noch ausführlich unter § 8 E.

180 Vgl. hierzu nur *Grunsky*, Zivilprozessrecht, Rn. 134 ff.

181 BGH NJW 2001, 3329, 3330.

mit der Forderung desto eher anzunehmen ist, je enger man deren Verhältnis zueinander sieht.[182]

Gem. § 1029 ZPO wird eine Schiedsvereinbarung in Bezug auf Streitigkeiten aus einem bestimmten Rechtsverhältnis abgeschlossen. Im konkreten Beispielsfall besteht dieses Rechtsverhältnis also aus den wechselseitigen Beziehungen der Parteien aus dem geschlossenen Kaufvertrag, der auch die Kaufpreisforderung zum Inhalt hat. Die Beziehung des Rechtsverhältnisses zu der für dieses abgeschlossenen Schiedsvereinbarung wird im Gesetz nicht näher definiert. Rechtsprechung und Literatur bezeichnen dieses Rechtsverhältnis in Abgrenzung zur Schiedsvereinbarung vielfach als „Hauptvertrag".[183] In Rechtsprechung und Lehre ist ferner allgemein anerkannt, dass Schiedsvereinbarung und Hauptvertrag rechtlich voneinander unabhängig sind; es gilt das „Trennungsprinzip".[184] Dies bedeutet insbesondere, dass Fehler bezüglich des Hauptvertrags nur in Ausnahmefällen auf die Wirksamkeit der Schiedsvereinbarung durchschlagen.[185] Im deutschen Recht hat dies nach ständiger Rechtsprechung zur Folge, dass etwa § 139 BGB auf diese Fallgestaltungen grundsätzlich keine Anwendung findet.[186] In den Fällen, in denen der Hauptvertrag nichtig oder aus anderen Gründen unwirksam ist, unterfallen Streitigkeiten aus dem Rechtsverhältnis der Parteien daher dennoch der Schiedsvereinbarung.[187] Eine Schiedsvereinbarung ist nach dem Trennungsprinzip nur dann unwirksam, wenn diese selbst an

---

182 S. hierzu *Girsberger/Hausmaninger*, Assignment of Rights, Arbitration International, Vol. 8, No. 2, 1992, S. 121, 136 ff.

183 BGH NJW 1963, 203, 205; BGH NJW 1964, 591, 592; BGH NJW 1970, 1046, 1046 f.; BGH NJW 1978, 212, 212 f.; BGH NJW 1980, 2022, 2024; BGH NJW 1980, 2136; Stein/Jonas/*Schlosser*, ZPO, § 1029 Rn. 18, § 1040 Rn. 3 f.; MünchKommZPO/*Münch*, § 1029 Rn. 8, 117, § 1040 Rn. 8; Musielak/*Voit*, ZPO, § 1029 Rn. 23, 28, § 1040 Rn. 4; *Schwab/Walter*, Schiedsgerichtsbarkeit, Kapitel 4, Rn. 16; zum Ganzen auch *Martens*, Wirkungen der Schiedsvereinbarung auf Dritte, S. 45 f.

184 *Lachmann*, Schiedsgerichtspraxis, Rn. 532.

185 BGH NJW 1952, 1336; BGH NJW 1970, 1046, 1046 f.; BGH NJW 1978, 212, 212 f.; OLG Frankfurt/Main, NJOZ 2007, 5714, 5715; *Martens*, Wirkungen der Schiedsvereinbarung auf Dritte, S. 46.

186 BGH NJW 1979, 2567, 2568; BGH NJW 1991, 2215, 2216; OLG Frankfurt/Main, NJOZ 2007, 5714, 5715; *Schwab/Walter*, Schiedsgerichtsbarkeit, Kapitel 4, Rn. 19; MünchKommZPO/*Münch*, § 1040 Rn. 8 f.; Zöller/*Geimer*, ZPO, § 1029 Rn. 1; Musielak/*Voit*, ZPO, § 1029 Rn. 23; Thomas/Putzo/*Reichold*, ZPO, § 1040 Rn. 1.

187 BGH NJW 1970, 1046, 1046 f.; OLG München, Beschluss vom 12.02.2008, 34 SchH 006/07, BeckRS 2008, 05441, 2. b) (2) aa); Zöller/*Geimer*, ZPO, § 1029 Rn. 1; Thomas/Putzo/*Reichold*, ZPO, 28. Aufl. § 1040 Rn. 1.

einem Mangel leidet oder aber „Fehleridentität“ vorliegt. In diesen Fällen schlägt ein Mangel des Hauptvertrags ausnahmsweise auch auf die rechtlich selbständige Schiedsvereinbarung durch. Ein Fall der Fehleridentität liegt etwa vor, wenn die Parteien versuchen, mit Hilfe der Schiedsvereinbarung kartellrechtswidrige Vereinbarungen durchzusetzen[188], bei der Täuschung über die Identität des Vertragspartners[189] oder wenn dem Vertragspartner vorgespiegelt wird, das Schiedsverfahren sei nur eine Vorstufe zum staatlichen Verfahren[190]. Die Schiedsvereinbarung ist jedoch nach überwiegender Auffassung in den Fällen (weiterhin) wirksam, in denen der Hauptvertrag gesetzes- oder sittenwidrig ist, bei einem Formmangel des Hauptvertrags, oder bei Willensmängeln, die nicht auch spezifisch die Schiedsvereinbarung betreffen (z. B. beim versteckten Dissens). Dieses Ergebnis folgt auch aus § 1040 Abs. 1 S. 2 ZPO[191], der bestimmt, dass eine Schiedsklausel als eine von den übrigen Vertragsbestimmungen unabhängige Vereinbarung zu betrachten ist. Der Gesetzgeber hat damit nicht nur die bisherige Rechtsprechung ins Gesetz übernommen, sondern ist diesbezüglich auch einer internationalen Tendenz gefolgt.[192] Die Trennung von Hauptvertrag und Schiedsvereinbarung ist unter der Bezeichnung „Separability Doctrine“ auch international überwiegend anerkannt.[193]

188 *Eilmansberger*, Die Bedeutung der Art. 81 und 82 EG für Schiedsverfahren, SchiedsVZ 2006, 5, 8; *Lachmann*, Schiedsgerichtspraxis, Rn. 537.

189 *Schlosser*, Der Grad der Unabhängigkeit einer Schiedsvereinbarung vom Hauptvertrag, in: liber amicorum Böckstiegel, S. 697, 712; *Lachmann*, Schiedsgerichtspraxis, Rn. 542.

190 *Schlosser*, Der Grad der Unabhängigkeit einer Schiedsvereinbarung vom Hauptvertrag, in: liber amicorum Böckstiegel, S. 697, 711; *Lachmann*, Schiedsgerichtspraxis, Rn. 542.

191 Wobei der Wortlaut („hierbei“) eigentlich nur darauf hindeutet, dass die Trennung von Schiedsvereinbarung und Hauptvertrag nur dann gilt, wenn das Schiedsgericht über seine eigene Zuständigkeit entscheidet. Eine solche Einschränkung kann jedoch nicht angenommen werden, vielmehr ist von einem generellen Grundsatz auszugehen, vgl. hierzu *Schlosser*, Der Grad der Unabhängigkeit einer Schiedsvereinbarung vom Hauptvertrag, in: liber amicorum Böckstiegel, S. 697, 700.

192 *Lachmann*, Schiedsgerichtspraxis, Rn. 532.

193 *Weigand*, International Commercial Arbitration, Rn. 1.236, 1.239 f.; *Born*, International Commercial Arbitration, Volume I, S. 312 ff.; *Poudret/Besson*, Comparative Law on International Arbitration, Rn. 162 ff.; s. auch *Girsberger/Hausmaninger*, Assignment of Rights, Arbitration International, Vol. 8, No. 2, 1992, S. 121, 137 ff.

2. Folgerungen aus dem Trennungsprinzip für die Anwendbarkeit des § 398 BGB

Fraglich ist jedoch, ob es die rechtliche Trennung von Hauptvertrag und Schiedsvereinbarung ausschließt, die Schiedsvereinbarung als Bestandteil bzw. Eigenschaft der Forderung im Sinne des § 398 BGB anzusehen.

a) Hintergrund des Trennungsprinzips

Der Grund für die rechtliche Trennung von Hauptvertrag und Schiedsvereinbarung liegt darin, dass mit dem Entfallen des Hauptvertrags nicht zwangsläufig auch die Gründe für den Abschluss der Schiedsvereinbarung gegenstandslos werden. Anders als der Hauptvertrag ist die Schiedsvereinbarung nicht auf ein Rechtsverhältnis gerichtet, kraft dessen der Gläubiger vom Schuldner eine Leistung fordern kann. Die Schiedsvereinbarung hat vielmehr die prozessrechtlichen Beziehungen der Vertragsparteien zum Inhalt.[194] Solche prozessrechtlichen Beziehungen können jedoch auch bestehen, ohne dass zwischen den Parteien ein wirksamer Hauptvertrag vorliegen muss. Streit kann zwischen den Parteien vielmehr auch bezüglich der Frage entstehen, ob der Hauptvertrag überhaupt zustande gekommen ist[195], oder aber im Verneinensfalle, ob aus dieser Unwirksamkeit gegebenenfalls andere Ansprüche resultieren[196]; etwa solche, die auf bereicherungsrechtliche Rückabwicklung gerichtet sind.[197] In diesen Fällen dürfte der Wille der Parteien im Regelfall darauf gerichtet sein, auch diese Streitigkeiten durch ein Schiedsgericht klären zu lassen. Denn haben die Parteien eine Schiedsvereinbarung vereinbart, so ist nicht davon auszugehen, dass sie eventuell aufkommende Streitigkeiten im Fall der Wirksamkeit des Vertrags durch

194 BGH NJW 1952, 1336.

195 BGH NJW 1970, 1046, 1046 f.; OLG München, Beschluss vom 12.02.2008, 34 SchH 006/07, BeckRS 2008, 05441, 2. a); Zöller/*Geimer*, ZPO, § 1029 Rn. 91; Stein/Jonas/*Schlosser*, ZPO, 22. Aufl. 2002, § 1029 Rn. 18, § 1040 Rn. 3 ff.

196 Auf die einzelnen Fallgestaltungen, die im Rahmen der Separability Doctrine entwickelt wurden, soll an dieser Stelle mangels Relevanz für die Fragestellung dieser Arbeit nicht näher eingegangen werden. Ausführlich hierzu etwa *Schlosser*, Der Grad der Unabhängigkeit einer Schiedsvereinbarung vom Hauptvertrag, in: liber amicorum Böckstiegel, S. 697, 704 ff.; Stein/Jonas/*Schlosser*, ZPO, § 1040 Rn. 3 ff.; Beispiele aus der Praxis bei *Schwebel*, International Arbitration, S. 24 ff.

197 BT-Drucks. 13/5274, S. 43; BGH NJW 1970, 1046, 1046 f.; Musielak/*Voit*, ZPO, § 1029 Rn. 23; MünchKommZPO/*Münch*, § 1040 Rn. 9; Zöller/*Geimer*, ZPO, § 1029 Rn. 1, 80.

ein Schiedsgericht, im Falle der Unwirksamkeit aber durch ein staatliches Gericht entscheiden lassen wollen. Dies wird besonders deutlich, wenn man sich die Hauptgründe für den Abschluss von Schiedsvereinbarungen vor Augen hält. Wie bereits oben ausgeführt[198], liegen die Motive der Parteien bei Abschluss einer Schiedsvereinbarung in den meisten Fällen in der Vertraulichkeit des Verfahrens, der (möglichen) besonderen Sachkunde der Schiedsrichter oder – vor allem in internationalen Fällen – im Misstrauen einer oder beider Parteien in die staatliche Gerichtsbarkeit begründet. Diese Beweggründe bleiben jedoch von der (etwaigen) Unwirksamkeit des Hauptvertrags unberührt; die Fortgeltung der Schiedsvereinbarung ist daher in der Regel angemessen und entspricht dem Parteiwillen. Durch die Anwendung des Trennungsprinzips soll keine (künstliche) Trennung der beiden Vereinbarungen herbeigeführt werden, um die Nichtanwendung der Schiedsvereinbarung zu rechtfertigen; vielmehr soll diese im Gegenteil die Kontinuität des Rechtsverhältnisses in prozessualer Hinsicht gewährleisten. Auch regelt das Trennungsprinzip bzw. die „Separability Doctrine" nur das rechtliche Schicksal der Schiedsvereinbarung in den Fällen, in denen der Hauptvertrag unwirksam ist. Die Fälle, in denen der Hauptvertrag wirksam ist oder die Frage der Rechtsnachfolge in die Schiedsvereinbarung, werden vom Trennungsprinzip hingegen nicht erfasst. Diesbezüglich wird es vielmehr als selbstverständlich vorausgesetzt, dass die Schiedsvereinbarung auf das Rechtsverhältnis der Parteien Anwendung findet.[199]

b) Sonstige Auswirkungen der rechtlichen Trennung von Schiedsvereinbarung und Forderung

Möglicherweise lässt dem Umstand, dass Forderung und Schiedsvereinbarung rechtlich voneinander unabhängige sind, dennoch Rückschlüsse darauf zu, ob es sich bei der Schiedsvereinbarung um einen Bestandteil bzw. eine Eigenschaft der Forderung im Sinne des § 398 BGB handeln kann. Wie eben dargelegt ist die Schiedsvereinbarung im Regelfall auch gültig, wenn der Hauptvertrag unwirksam ist; also auch dann, wenn die Forderung, die

198 S. hierzu unter § 3.

199 Teilweise wird in diesem Zusammenhang sogar *ausdrücklich* davon ausgegangen, dass die Schiedsvereinbarung trotz rechtlicher Eigenständigkeit integraler Bestandteil des Hauptvertrags ist, so Thomas/Putzo/*Reichold*, 32. Aufl. 2011, § 1040, Rn. 1; *Schlosser*, Der Grad der Unabhängigkeit einer Schiedsvereinbarung vom Hauptvertrag, in: liber amicorum Böckstiegel, S. 697, 702; Zöller/*Geimer*, § 1040 Rn. 3; *Poudret/Besson*, Comparative Law on International Arbitration, Rn. 164: „akzessorische Natur".

durch den Hauptvertrag hätte begründet werden sollen, nicht (mehr) besteht. Spielt es jedoch für die Gültigkeit der Schiedsvereinbarung keine Rolle, ob die Forderung, die nach dem Willen der Parteien dieser Schiedsvereinbarung unterfallen soll, existiert, kann die Schiedsvereinbarung zumindest auf den ersten Blick keine Eigenschaft der Forderung sein. Dennoch könnte die Verneinung der Forderungseigenschaft, gestützt auf die rechtliche Trennung von Schiedsvereinbarung und Forderung, eine zu spitzfindige, formaljuristische Schlussfolgerung sein. Denn die Schiedsvereinbarung weist selbst in den Fällen enge Beziehungen zur Forderung auf, in denen diese nicht entstanden ist und prägt das Rechtsverhältnis der Parteien entscheidend. Auch nach dem oben dargestellten Trennungsprinzip findet die Schiedsvereinbarung ja nicht grundsätzlich und völlig unabhängig vom Hauptvertrag Anwendung. Sie setzt zwar keinen wirksamen Hauptvertrag voraus, aber zumindest den Anschein eines solchen Vertrags. In allen oben genannten Fällen, in denen die Schiedsvereinbarung trotz Unwirksamkeit des Hauptvertrags wirksam blieb[200], hatten die Parteien zumindest bei Vertragsschluss die Intention, wirksame Verpflichtungen, also die Forderung, zu begründen. Außer in den Fällen des Scheingeschäfts kann im Regelfall angenommen werden, dass sich die Parteien zumindest ursprünglich zu bestimmten Leistungen verpflichten wollten.

Obwohl es nach dem eben Gesagten auch zu einer engen Verbindung von Hauptvertrag und Schiedsvereinbarung kommt, wenn die Forderung letztlich nicht entstanden ist, kann die Schiedsvereinbarung dennoch nicht in den Anwendungsbereich des § 398 BGB eingeordnet werden. Denn der Grund, wieso diese unter den Parteien Anwendung findet, ergibt sich trotz der engen Verbindung von (vermeintlich entstandener) Forderung und Schiedsvereinbarung aus außerhalb der Forderung liegenden Umständen. So besagt schon der Wortlaut des § 1029 ZPO, dass die Parteien Streitigkeiten in Bezug auf ein Rechtsverhältnis der Entscheidung durch ein Schiedsgericht unterwerfen. Anknüpfungspunkt der Schiedsvereinbarung ist also nicht die Forderung selbst, sondern das Rechtsverhältnis der Parteien oder zumindest ein Teil dieses Rechtsverhältnisses.[201] Zu diesem Rechtsverhältnis kann auch die abgetretene Forderung gehören; erforderlich ist dies jedoch nicht. Auch wenn nach dem oben Ausgeführten in diesen Fällen die (auch nur vermeintlich begründete) Forderung immer Ausgangspunkt der Streitigkeiten ist, so wird gerade in den Fällen, in denen die For-

---

200 So etwa bei Gesetzeswidrigkeit/Sittenwidrigkeit, Anfechtung, Formunwirksamkeit, Willensmängel, die nicht die Schiedsvereinbarung selbst betreffen (versteckter Dissens).

201 S. hierzu noch unter § 8 E II.

derung nicht begründet wurde oder nachträglich in Fortfall geraten ist, deutlich, dass die Frage der Bindung an eine Schiedsvereinbarung gerade anderen Regelungen folgt als das materielle Recht. Die Schiedsvereinbarung gilt nicht, weil die Forderung besteht oder nicht besteht, sondern weil zwischen den Parteien aufgrund des Hauptvertrags ein Rechtsverhältnis entstanden ist, für das nach dem Willen der Parteien eine Schiedsvereinbarung gelten soll. Nur Rechtsverhältnis und Schiedsvereinbarung teilen das gleiche rechtliche Schicksal; nicht aber Forderung und Schiedsvereinbarung. Das Rechtsverhältnis wird begründet, sobald zwischen den Parteien hieraus Streitigkeiten entstehen können, und dauert an, solange diese Möglichkeit besteht oder das Rechtsverhältnis sonst abgewickelt werden müsste. Nicht entscheidend ist hingegen das rechtliche Schicksal der Forderung. Daher ist es für die Frage des automatischen Übergangs der Schiedsvereinbarung auch unerheblich, ob diese eine Eigenschaft bzw. ein Bestandteil der abgetretenen Forderung ist. Denn selbst wenn man hiervon ausginge, könnte dies einen automatischen Übergang der Schiedsvereinbarung nicht begründen. Das Trennungsprinzip erfordert, dass die Schiedsvereinbarung auch dann auf das Rechtsverhältnis der Parteien Anwendung findet, wenn die im Streit stehende Forderung nicht (mehr) besteht. Damit ist die Forderungsinhaberschaft für die Frage der Bindung des Rechtsnachfolgers rechtlich irrelevant. Entscheidend ist vielmehr, ob der Zessionar in das Rechtsverhältnis der ursprünglichen Parteien ganz oder teilweise dergestalt eingetreten ist, dass er hierdurch die gleiche Rechtsstellung erlangt hat, die zuvor der Zedent innehatte. Eine solche, von der Forderung unabhängige Rechtsnachfolge kann jedoch nicht über den Eigenschaftsbegriff erzielt werden.

c) Sonstige Erwägungen

Neben den genannten Erwägungen sprechen auch weitere Gesichtspunkte gegen die Einordnung der Schiedsvereinbarung als Eigenschaft der Forderung im Sinne des § 398 BGB. So hat nach § 1032 Abs. 1 ZPO das Gericht in den Fällen, in denen Klage in einer Angelegenheit erhoben wird, die Gegenstand einer Schiedsvereinbarung ist, die Klage auf Rüge des Beklagten hin als unzulässig abzuweisen, es sei denn, die Schiedsvereinbarung ist nichtig, unwirksam oder undurchführbar. Eine solche Undurchführbarkeit liegt schon vor, wenn eine der Parteien nicht in der Lage ist, die Kosten des Schiedsverfahrens aufzubringen und auch anderweitig – etwa durch ein finanzielles Einspringen des Prozessgegners – nicht für Kostendeckung gesorgt ist.[202] Dies gilt nach der Rechtsprechung selbst dann, wenn die in der Mittellosigkeit begründete Undurchführbarkeit bereits bei Abschluss der Schiedsvereinbarung vorlag.[203] Seit der Schiedsgerichtsnovelle von 1997 ist es nicht einmal mehr erforderlich, dass die mittellose Partei die Schiedsvereinbarung kündigt; vielmehr haben die Gerichte die Undurchführbarkeit von Amts wegen zu berücksichtigen.[204] Eine zwischen den Parteien wirksam entstandene Schiedsvereinbarung kann somit aufgrund eintretender oder bereits bei Vertragsschluss bestehender Mittellosigkeit einer Partei per se gegenstandslos werden, ohne dass dies den Bestand der Forderung tangierte.[205] Sogar das Gesetz sieht also eine Möglichkeit der Trennung von Forderung und Schiedsvereinbarung aufgrund von Umständen vor, die vollständig außerhalb der Forderung selbst begründet liegen. Zudem ist zu beachten, dass sich zwar die Zuständigkeit der ordentlichen Gerichte auch aus forderungsbezogenen Umständen wie etwa dem Erfüllungsort oder dem Streitwert ergibt bzw. ergeben kann, aber gleichzeitig auch persönliche Rechte von Kläger und Beklagtem berührt sind. Denn der durch Art. 101 Abs. 1 S. 2 GG garantierte Rechtsschutz durch den gesetzlichen Richter ist ein dem Einzelnen zustehendes persönliches Recht. Bei einer Berührung von verfassungsrechtlich geschützten, persönlichen Rechtspositionen kann aber nicht mehr ohne weiteres pauschal von einer Eigenschaft der Forderung gesprochen werden.[206]

Eine solche Auslegung wird ferner durch den Umstand gestützt, dass auch nach den Befürwortern eines grundsätzlich automatischen Übergangs der Schiedsvereinbarung zusammen mit der Forderung[207] der Übergang der Schiedsvereinbarung auf den Erwerber verneint wird, wenn zwischen

202 BGH, Urteil vom 14.09.2000, NJW 2000, 3720, 3721; zum alten Recht, das noch ein Kündigungserfordernis vorsah: BGH NJW 1964, 1129, 1130; BGH NJW 1980, 2136; BGH NJW 1985, 1903, 1904;

203 BGH NJW 2000, 3720, 3721.

204 BGH NJW 2000, 3720, 3721.

205 Wird die Forderung von der Schiedsvereinbarung getrennt, bleibt diese in Inhalt und Bestand unberührt, während das Rechtsverhältnis nicht von der Schiedsvereinbarung getrennt werden kann, ohne dass es sich ändert; das Rechtsverhältnis wird durch die Anwendung des § 1032 Abs. 1 ZPO vielmehr umgestaltet.

206 Wohl a. A. und ohne Bezug zu verfassungsrechtlichen Problematik *Girsberger/ Hausmaninger*, Assignment of Rights, Arbitration International, Vol. 8, No. 2, 1992, S. 121, 140 f.; vgl. auch BGH NJW 1977, 1397, 1400: *„Denn Schiedsabreden sind im Handelsverkehr in besonderem Maße sachbezogen, weil sie nicht wegen eines besonderen Vertrauensverhältnisses der Parteien vereinbart werden, sondern wegen eines allgemeinen Bedürfnisses nach schneller und sachkundiger Streitentscheidung"*.

207 Hierzu gleich ausführlich unter § 8 C.

Schuldner und Zedenten ein besonderes Vertrauensverhältnis besteht, wie dies z. B. bei der beiderseitigen Zugehörigkeit zu einem Verband der Fall sein kann.[208] Auch dies lässt erkennen, dass die Frage des Übergangs einer Schiedsvereinbarung entscheidend von dem Verhältnis der Parteien untereinander abhängt, nicht aber zwingend von forderungsbezogenen Umständen.

Weiter ist zu beachten, dass die Schiedsvereinbarung regelmäßig Regelungen über die Schiedsrichter, deren Anzahl und die Modalitäten ihrer Benennung, Schiedsort, Schiedssprache, anwendbare Rechtsnormen, Kostentragung etc. enthält. Während es noch möglich erscheint, dass die Art und Weise der prozessualen Durchsetzung zum Kern der Forderung selbst gehören, geben die genannten weiteren Regelungen der Schiedsvereinbarung ein derart von der eigentlichen Forderung zu unterscheidendes, eigenständiges Gepräge, dass nach dem Wortsinn nicht mehr von einer „Eigenschaft" oder eines „Bestandteil" des Rechts gesprochen werden kann. Diese Vereinbarungen mögen zwar das Rechtsverhältnis der Vertragsparteien prägen; an einem hinreichenden Bezug zur Forderung selbst fehlt es jedoch.

Zuletzt hat sich der BGH auch in einem anderen rechtlichen Zusammenhang für eine Trennung von Forderung und Begleitansprüchen ausgesprochen. Bei der Frage, ob bei der Überleitung des Unterhaltsanspruchs auf den vorleistenden Drittleistungsträger auch der unterhaltsrechtliche Auskunftsanspruch nach § 1605 Abs. 1 BGB mit übergehe, lehnte der BGH eine solchen Übergang nach § 401 BGB mit der Begründung ab, dass es sich bei dem Auskunftsanspruch weder um ein Vorzugsrecht mit sicherndem Charakter handele, noch dieser als Nebenpflicht einer Leistungspflicht angesehen werden könne, da der Auskunftsanspruch nach § 1605 Abs. 1 BGB auch dann bestünde, wenn Unterhalt nicht geschuldet sei.[209] Unter konsequenter Anwendung dieses Grundsatzes dürfte der BGH dann aber weder über § 401 BGB, noch über § 398 BGB zu einem automatischen Übergang der Schiedsvereinbarung kommen, da dieser die rechtliche Selbständigkeit von Forderung und Schiedsvereinbarung ja gerade ausdrücklich anerkennt.[210]

---

208 MünchKommZPO/*Münch*, § 1029 Rn. 47; RGZ 146, 52, 55 f., vgl. auch BGH NJW 1976, 872; BGH NJW 1998, 371 m. w. N.

209 BGH NJW 1986, 1688.

210 Dennoch, statt aller, BGH NJW 1998, 371.

II. Zwischenergebnis

Die Schiedsvereinbarung ist somit nicht als Bestandteil bzw. Eigenschaft der Forderung im Sinne des § 398 BGB anzusehen. Es fehlt an einer hinreichenden Verknüpfung beider Rechtsverhältnisses, die deren rechtliche Eigenständigkeit überbrücken könnte.

B. Bindung des Zessionars nach § 404 BGB

§ 404 BGB bestimmt, dass der Schuldner dem neuen Gläubiger die Einwendungen entgegensetzen kann, die zur Zeit der Forderungsabtretung gegen den bisherigen Gläubiger begründet waren. Nach einer in der Literatur vereinzelt vertretenen Ansicht soll § 404 BGB auch die Fälle regeln, in denen die (ursprünglichen Vertragsparteien) ihr Rechtsverhältnis einer Schiedsvereinbarung unterworfen haben.[211] Diese Ansicht übersieht jedoch, dass es sich bei § 404 BGB nicht um einen Übergangstatbestand handelt, sondern hierdurch nur der Verbleib der Einreden beim Schuldner, also dessen Verteidigungsmöglichkeiten, geregelt wird. Die Vorschrift kann daher einen Übergang von Rechten und Pflichten nicht begründen, sondern hat lediglich die Rechtsfolgen des Forderungsübergangs zum Inhalt. Da der Schuldner die Forderung nach § 398 BGB aber nur einredebehaftet erwerben kann, kann es für den hier zu beurteilenden Fall nicht zu Abweichungen von der zu § 398 BGB gefundenen Lösung kommen. Der Übergang der Forderung mit all ihren Bestandteilen und Eigenschaften erfolgt also – mit Ausnahme der gesondert geregelten Nebenrechte in § 401 BGB – nach § 398 BGB.

C. Bindung des Zessionars nach § 401 Abs. 1 BGB

Bei der Frage, ob und inwieweit der Zessionar an eine zwischen Schuldner und Zedenten abgeschlossene Schiedsvereinbarung zu binden ist, spielt § 401 Abs. 1 BGB in Rechtsprechung und Literatur die bedeutendste Rolle. Die Vorschrift bestimmt, dass mit der abgetretenen Forderung die Hypotheken, Schiffshypotheken oder Pfandrechte, die für sie bestehen, sowie die Rechte aus einer für sie bestellten Bürgschaft auf den neuen Gläubiger übergehen. Nach überwiegender Meinung in Rechtsprechung und Literatur soll

211 Stein/Jonas/*Schlosser*, ZPO, § 1029 Rn. 36; a. A. MünchKommZPO/*Münch*, § 1029 Rn. 47.

– gestützt auf diese Vorschrift – eine für ein Rechtsverhältnis abgeschlossene Schiedsvereinbarung mit Abtretung einer Forderung aus diesem Rechtsverhältnis grundsätzlich automatisch auf den Zessionar übergehen; und dies auch, wenn letzterer von der Schiedsvereinbarung keine Kenntnis hat.

I. Übersicht über den Meinungsstand

1. Rechtsprechung des Reichsgerichts

Das Reichsgericht hat sich zu dieser Thematik erstmals mit Entscheidung vom 08.12.1903[212] geäußert und ausgeführt, dass sich die Forderungszession auch auf die zwischen den Parteien vereinbarte Schiedsklausel erstrecke. Ohne hierbei auf Rechtsvorschriften einzugehen oder weitergehende dogmatische Erwägungen anzustellen, hat das Reichsgericht seine Ansicht mit dem mutmaßlichen Willen der *ursprünglichen* Vertragsparteien, die Schiedsvereinbarung auch auf potentielle Rechtsnachfolger zu erstrecken, begründet. Von einem solchen Willen sei grundsätzlich auszugehen. Nur dann, wenn sich aus den Umständen des Vertragsabschluss etwas anderes ergebe, etwa, dass die Schiedsvereinbarung aufgrund des wechselseitigen Vertrauens der Parteien abgeschlossen sei, könne ein Übergang verneint werden.[213] Sei ein solches Vertrauensverhältnis jedoch nicht festzustellen, könne die Gültigkeit der Schiedsvereinbarung nicht in das Belieben des Zedenten gestellt werden.[214] Diese Rechtsprechung führte das Reichsgericht in zwei späteren Entscheidungen fort. Es nahm jedoch an der Begründung eine marginale sprachliche Änderung vor und formulierte, dass ein Übergang der Schiedsvereinbarung nur dann *nicht* erfolge, „wenn die Umstände des einzelnen Falls den Willen der ursprünglichen Vertragsbeteiligten erkennen ließen, daß der Schiedsvertrag nur unter ihnen gelten solle".[215] Zu den eventuell betroffenen Rechten des Zessionars nahm das Reichsgerichtkeine Stellung.

212 RGZ 56, 182, 183.
213 RGZ 56, 182, 183.
214 RGZ 56, 182, 183.
215 RGZ 146, 52, 55 f.; ähnlich RGZ 147, 213, 216.

2. Rechtsprechung des Bundesgerichtshofs

Der Bundesgerichtshof hat sich dieser Rechtsprechung mit Entscheidung vom 26.04.1962[216] angeschlossen. Mittlerweile geht der BGH in ständiger Rechtsprechung davon aus, dass die Rechte und Pflichten aus einer Schiedsvereinbarung „regelmäßig" gemeinsam mit dem zugrunde liegenden Anspruch auf den Rechtsnachfolger übergehen.[217] Eine Ausnahme von dieser Regel könne jedoch dann vorliegen, wenn die Schiedsabrede aufgrund eines besonderen Vertrauensverhältnisses vereinbart werde. So etwa, wenn beide Vertragspartner dem gleichen Verband zugehörig seien und sich dessen Schiedsgerichtsbarkeit unterwerfen.[218] Erstmals berief sich der BGH in der Entscheidung vom 18.12.1975[219] zur Begründung seiner Ansicht auch auf den Grundgedanken des § 401 BGB. Eine nähere Begründung für diese Analogie gab der BGH in dieser Entscheidung jedoch nicht.

Auch in den Folgeentscheidungen verwies der BGH lediglich auf seine bisherige Rechtsprechung, ohne diese jedoch weiter zu erläutern.[220] Nur einmal[221] hat der BGH bislang zur vereinzelt gebliebenen Kritik in der Literatur Stellung bezogen und diesbezüglich ausgeführt, dass es sich bei der Schiedsvereinbarung um eine „Eigenschaft" des abgetretenen Rechts handele. Die Schiedsvereinbarung dann dem Grundgedanken des § 401 BGB entsprechend dem Hauptrecht nachfolgen zu lassen, trüge dem Charakter der Schiedsvereinbarung als „bloßem Hilfsgeschäft" Rechnung, das ungeachtet seiner sonstigen Eigenständigkeit dem abgetretenen Recht zugeordnet sei, dessen verfahrensmäßiger Verwirklichung und Absicherung es in erster Linie diene.[222]

---

216 BGH, Urteil vom 26.04.1962, BeckRS 1962, 31189743.

217 BGH NJW 1976, 852; BGH NJW 1977, 1397, 1398; BGH NJW 1978, 1585, 1586; BGH NJW 1979, 2567, 2568; *BGH* NJW 1986, 2765; BGH NJW 1998, 371; vgl. auch BGH NJW 2000, 2346; BGH NJW 2005, 1125.

218 BGH NJW 1976, 852.

219 BGH NJW 1976, 852.

220 Vgl. hierzu nur BGH NJW 1977, 1397, 1398; BGH NJW 1978, 1585, 1586; BGH NJW 1979, 2567, 2568.

221 BGH NJW 1998, 371.

222 BGH NJW 1998, 371.

3. Ansicht der Literatur

Die juristische Literatur hat sich der Rechtsprechung des BGH im Ergebnis angeschlossen.[223] Lediglich in der Begründung variieren die unterschiedlichen Ansichten. Der automatische Übergang der Schiedsvereinbarung auf den Zessionar selbst wird nicht in Frage gestellt, jedoch wird von Teilen der Literatur neben § 401 BGB hierfür auch § 404 BGB oder § 398 BGB als Rechtsgrundlage herangezogen.[224] Weitere Teile der Literatur sehen eine Anwendung des § 401 BGB zwar generell kritisch, bejahen sie im Ergebnis aber dennoch[225] oder lassen die Frage offen, ohne selbst eine eigene Lösung vorzuschlagen.[226]

Gegen einen automatischen Übergang der Schiedsklausel wurden nur sehr vereinzelt Stimmen laut.[227] So soll nach einer teilweise vertretenen Ansicht eine Bindung des Zessionars an die Schiedsvereinbarung im Rahmen der Abtretung deswegen scheitern, weil diese ein Geflecht aus Rechten und Pflichten darstelle und eine Übertragung daher nur nach den Regeln der Vertragsübernahme erfolgen könne.[228] § 401 BGB soll dem Zessionar hingegen lediglich gewisse Sicherungsrechte erhalten, nicht aber den Übergang der Gesamtheit von Rechten und Pflichten bewirken.[229] Was es nun aber im Ergebnis konkret bedeutet, wenn die Forderung dennoch abgetreten

---

223 Zustimmend: *Baumbach/Lauterbach/Albers/Hartmann*, ZPO, § 1029 Rn. 24; *Eckert,* Kurzkommentar zu BGH Urt. v. 03.05.2000 – XII ZR 42/98, EWiR 2000, 847; *Raeschke-Kessler/Berger,* Recht und Praxis des Schiedsverfahrens, Rn. 384; *Thomas/Putzo/Reichold,* ZPO, 30. Aufl., 2009, § 1029 Rn. 15; *Musielak/Voit,* ZPO, § 1029 Rn. 8, *Müller/Keilmann*, Beteiligung am Schiedsverfahren wider Willen? SchiedsVZ 2007, 113, 114.

224 Für eine Anwendung des § 404 BGB: Stein/Jonas/*Schlosser*, ZPO, § 1029 Rn. 36; für eine Anwendung des § 398 BGB: Staudinger/*Busche*, BGB, § 401 Rn. 10; MünchKommZPO/*Münch*, § 1029 Rn. 47.

225 Zöller/*Geimer*, ZPO, § 1029 Rn. 68.

226 *K. Schmidt*, Schiedsklauseln und Schiedsverfahren im Gesellschaftsrecht, BB 2001, 1857, 1863; *Haas/Oberhammer*, „Drittwirkung" von Schiedsvereinbarungen, in: FS K. Schmidt, S. 493, 511.

227 *Schwab/Walter*, Schiedsgerichtsbarkeit, Kap. 7 Rn. 32 *Martens*, Wirkungen der Schiedsvereinbarung auf Dritte, S. 98 f.; *Baur*, Rechtshängig – Schiedshängig?, in: FS für Hans W. Fasching, S. 81, 91; aus Gründen des Schuldnerschutzes: *Schricker*, Zur Geltung von Schiedsverträgen bei Anspruchsabtretung, in: FS für Karlheinz Quack, S. 99, 103 ff.

228 *Martens*, Wirkungen der Schiedsvereinbarung auf Dritte, S. 98 f.; *Schricker*, Die Geltung von Schiedsverträgen bei Anspruchsabtretung, in: FS für Karlheinz Quack, S. 99, 103 ff.

229 So *Schwab/Walter*, Schiedsgerichtsbarkeit, Kap. 7 Rn. 32.

wird, ohne dass der Zessionar nach den Grundsätzen der Vertragsübernahme an die Schiedsvereinbarung gebunden wird, bleibt weitgehend offen. Teilweise wird diese Frage nicht ausdrücklich behandelt[230]; einer anderen Ansicht nach soll der Zessionar zwar nicht ohne eigene Mitwirkung durch Schuldner und Zedenten an die Schiedsvereinbarung gebunden werden können, diese könnten aber die Abtretbarkeit des Anspruchs an einen Zessionar, der der Schiedsvereinbarung nicht zustimmt, nach § 399 BGB ausschließen. Ob dies jedoch im Regelfall einer ausdrücklichen Parteivereinbarung bedarf oder auch durch Auslegung erreicht werden kann, wird offengelassen.[231]

II. Anwendungsbereich des § 401 BGB

Ein automatischer Übergang der Schiedsvereinbarung nach § 401 BGB anlässlich der Forderungsabtretung scheint für h. M. derart zwingend und offensichtlich zu sein, dass diese jegliche tiefere Auseinandersetzung über die rechtliche Begründung eines solchen Übergangs, insbesondere unter Beachtung der Rechtsstellung des Zessionars, für nicht erforderlich hält. Im Weiteren wird aufzuzeigen sein, dass der automatische Übergang der Schiedsvereinbarung keineswegs als selbstverständlich angesehen werden kann, sondern vielmehr in unterschiedlicher Hinsicht rechtliche Probleme aufwirft.

1. Regelungsinhalt des § 401 BGB

§ 401 BGB ist seinem Wortlaut nach auf wenige Fälle begrenzt und bestimmt lediglich, dass mit der abgetretenen Forderung Hypotheken, Schiffshypotheken, Pfandrechte und Rechte aus einer für diese Forderung bestellten Bürgschaft auf den neuen Gläubiger übergehen. Wie schon die §§ 265, 325, 727 ZPO und § 1025 ZPO, so trifft also auch § 401 BGB keine ausdrückliche Regelung zum rechtlichen Schicksal der Schiedsvereinba-

---

230 *Schwab/Walter*, Schiedsgerichtsbarkeit, Kap. 7 Rn. 32; *Martens* geht wohl davon aus, dass der Zedent trotz eventuell bestehender entgegenlautender Vereinbarung mit dem Schuldner rechtlich in der Lage ist, die Forderung an den Zessionar abzutreten, ohne diesen an die Schiedsvereinbarung zu binden; *Martens*, Wirkungen der Schiedsvereinbarung auf Dritte, S. 87.

231 *Schricker*, Die Geltung von Schiedsverträgen bei Anspruchsabtretung, in: FS für Karlheinz Quack, S. 99, 105.

rung, wenn die der Vereinbarung zugrunde liegende Forderung an einen Dritten durch Rechtsgeschäft abgetreten wird. In Frage kommt aber die analoge Anwendung der Vorschrift. Schon aus den Materialien zum Entwurf des Bürgerlichen Gesetzbuches geht deutlich hervor, dass der historische Gesetzgeber sowohl von der Analogiefähigkeit der Vorschrift ausgegangen ist, als auch davon, dass es erforderlich werden würde, den Anwendungsbereich des § 297 BGB (heute § 401 BGB) auf weitere Sachverhalte zu erstrecken.[232] Nach der ursprünglichen Fassung des § 297 BGB im Gesetzgebungsverfahren sollten noch die „mit der Forderung verbundenen, zu ihrer Verstärkung dienenden Nebenrechte" unter den Anwendungsbereich der Vorschrift fallen. Der Gesetzgeber entschied sich dann jedoch, lediglich die (damals) hauptsächlich in Betracht kommenden Nebenrechte Bürgschaft und Pfandrecht zu erwähnen, um die Anwendung der Vorschrift auf nach Ansicht des Gesetzgebers nicht passende Rechte, wie etwa das kaufmännische Zurückbehaltungsrecht, zu verhindern. Mit der Abkehr von der ursprünglichen Formulierung sollte jedoch keine inhaltliche Änderung einhergehen. Ausdrücklich fand in den Protokollen Erwähnung, dass diese konkretere Fassung der Vorschrift deren analoge Anwendung auf andere Nebenrechte „selbstverständlich" nicht ausschließe.[233] Generell hatte der Gesetzgeber Ende des 19. Jahrhunderts das vormals bestehende Misstrauen gegen die rechtsprechende Gewalt[234] abgelegt und dem folgend auch an anderer Stelle in den Motiven zum Bürgerlichen Gesetzbuch ausgeführt, dass „kein Gesetz [...] in dem Sinne vollständig sein [kann], daß es für jedes denkbare (...) Verhältniß eine unmittelbar anwendbare Vorschrift an die Hand giebt"[235].

Voraussetzung einer analogen Anwendung des § 401 BGB ist neben der Analogiefähigkeit der Norm und dem Bestehen einer ausfüllungsbedürftigen Lücke zudem, dass der Gesetzgeber durch Anwendung der Norm – auf

232 Protokolle, S. 386; *Mugdan,* Materialien zum Bürgerlichen Gesetzbuch, Band II, S. 574; BGH NJW 1972, 437, 438 f.; s. auch BGH NZI 2007, 173, 174.

233 Protokolle, S. 386; *Mugdan,* Materialien zum Bürgerlichen Gesetzbuch, Band II, S. 574.

234 Siehe hierzu *Knieper*, Interpretation, Analogie und Rechtsfortbildung, WiRO 2003, 65, 65 f., unter Verweis auf Montesquieu: „In despotischen Staaten existiert kein Gesetz: der Richter ist sich selbst Richtschnur ... Bei der republikanischen Regierung gehört es zur Natur der Staatsform, dass die Richter dem Wortlaut des Gesetzes folgen. Hier gibt es keinen Bürger, zu dessen Ungunsten man ein Gesetz auslegen dürfte. Die Richter der Nation sind, wie gesagt, lediglich der Mund, der den Wortlaut des Gesetzes spricht, Wesen ohne Seelen gleichsam, die weder die Stärke noch die Strenge des Gesetzes mäßigen können".

235 Motive, Band I, S. 16.

den konkreten Fall bezogen – die Stellung bzw. das Verhältnis von Schuldner und Zessionars bezüglich der Rechtsbeziehungen, in die die Forderung eingebettet wurde, umfassend regeln wollte. Ferner muss es auch die Interessenlage gebieten, die Rechtsfolgen des § 401 BGB auf diese Fälle anzuwenden. Dies ist dem Umstand geschuldet, dass die innere Rechtfertigung der Analogie im Gleichbehandlungsgebot liegt, das vorgibt, dass wesentlich Gleiches von der Rechtsordnung rechtlich auch gleich zu behandeln ist, um Widersprüche zu vermeiden.[236] Die Grenzen der analogen Anwendung von Normen werden dann durch Art. 20 Abs. 3 GG gezogen, der den Vorrang des Gesetzes anordnet. Hierdurch soll den Bürgern ein ausreichendes Maß an Rechtssicherheit gewährt werden, das nach Ansicht des Bundesverfassungsgerichts für die Ausübung der Freiheitsrechte unerlässlich ist. Der Bürger müsse auf die einmal durch den Gesetzgeber getroffene Entscheidung vertrauen und entsprechend disponieren dürfen, ohne Gefahr zu laufen, dass ein Richter ein bestehendes Gesetz durch seine eigenen rechtspolitischen Vorstellungen ersetze.[237] Hieraus lässt sich ablesen, dass die analoge Anwendung einer Norm, und damit der Gewährung des Vorrangs der Gerechtigkeit im Einzelfall vor dem Grundsatz der Rechtssicherheit, nur dann möglich ist, wenn zwischen zwei Sachverhalten erhebliche Ähnlichkeit besteht. Die Gleichbehandlung dieser beiden Sachverhalte muss also erforderlich sein, um dem Geist der Rechtsordnung Rechnung zu tragen, obgleich einer der Sachverhalte dem Wortlaut nach nicht unter den Tatbestand einer bestimmten abstrakten Norm subsumiert werden kann.

Fraglich ist jedoch, ob die in § 401 BGB geregelten Fälle denen der Schiedsvereinbarung rechtlich dergestalt ähnlich sind, dass es gerechtfertigt ist, dessen Rechtsfolgen auf den Übergang der Schiedsvereinbarung auf den Zessionar anzuwenden; ob es also die Einheit der Rechtsordnung erfordert, die Schiedsvereinbarung der Forderung bei deren Abtretung automatisch folgen zu lassen.

Zwischen einer Schiedsvereinbarung und den in § 401 BGB genannten akzessorischen Nebenrechten bestehen Parallelen. § 401 BGB regelt im Wortlaut das Schicksal unselbständiger Rechte bei der Abtretung, die selbst nicht Gegenstand eigenständiger Abtretungen sein können.[238] Mit den in § 401 BGB genannten akzessorischen Nebenrechten hat die Schiedsverein-

236 *Würdinger*, Die Analogiefähigkeit von Normen, AcP 206 (2006), 946, 950; vgl. auch *Canaris*, Die Feststellung von Lücken im Gesetz, S. 183.

237 BVerfG NJW 1990, 1593 m. w. N.; *Würdinger*, Die Analogiefähigkeit von Normen, AcP 206 (2006), 946, 950.

238 MünchKommBGB/*Roth*, § 398 Rn. 95, § 399 Rn. 17, § 401 Rn. 1, Palandt/*Grüneberg*, § 399 Rn. 7, § 401 Rn. 1, BGH, Urteil vom 23.03.2010 – VI ZR327/08, BeckRS 2010, 09669, Rz. 14 m. w. N.

barung gemein, dass diese nicht sinnvoll von dem ihr zugrunde liegenden Rechtsverhältnis getrennt werden und eigenständig fortbestehen kann. Die Schiedsvereinbarung ist jedoch im Verhältnis zur Forderung nicht akzessorisch. Der Begriff der Akzessorietät beschreibt vielmehr die Abhängigkeit eines Nebenrechts von einem Hauptrecht in der Weise, dass das Nebenrecht sowohl in seiner Entstehung als auch in seinem Fortbestand und seiner Durchsetzbarkeit vom Hauptrecht abhängig ist. Die Wirksamkeit einer Schiedsvereinbarung ist jedoch nicht vom Bestehen der Forderung abhängig. Auch wenn diese erloschen oder nicht entstanden ist, ist das Schiedsgericht im Zweifel zuständig, hierüber zu befinden. Der Grund, das Schiedsgericht anzurufen kann gerade in einer solchen Feststellung bestehen.[239] Dies allein schließt die analoge Anwendung des § 401 BGB aber nicht aus, da die Akzessorietät für eine analoge Anwendung der Vorschrift keine zwingende Voraussetzung ist.[240] Eine Beschränkung des Anwendungsbereichs auf solche akzessorischen Rechte ist der Norm nicht zu entnehmen. Wie oben bereits dargelegt sollten nach der ursprünglichen Fassung des § 297 BGB (heute § 401 BGB) im Gesetzgebungsverfahren noch die „mit der Forderung verbundenen, zu ihrer Verstärkung dienenden Nebenrechte" unter den Anwendungsbereich der Vorschrift fallen, die analoge Anwendung auf andere Nebenrechte „selbstverständlich" aber nicht ausgeschlossen sein.[241] Welchen Grad diese Abhängigkeit zu erreichen hat oder weitere Hinweise dazu, auf welche Sachverhalte § 297 BGB (heute § 401 BGB) konkret zu erstrecken ist, finden sich jedoch in den Protokollen des Gesetzgebungsverfahrens nicht. Teilweise wird vertreten, dass die Verbundenheit von Hauptforderung und Nebenrecht so eng sein muss, dass das Nebenrecht eigenständig nicht sinnvoll bestehen könne.[242] In der Rechtsprechung wurde der Anwendungsbereich des § 401 BGB auf zahlreiche weitere, meist akzessorische Sicherungsrechte ausgedehnt. So beispielsweise auf die Vormerkung[243] und die Schuldmitübernahme.[244] Außerhalb der klassischen Sicherungsrechte fand in einigen wenigen Fällen auch die Erstrekkung auf nicht-akzessorische (sonstige) Rechte statt, die im sachlichen Zusammenhang mit dem Hauptrecht standen, sofern sie zu dessen Durchsetzung erforderlich waren oder wenn die Durchsetzung des Rechts bei einer

239 Hierzu schon ausführlich unter § 8 A I.

240 *v. Rintelen*, Der Übergang nicht-akzessorischer Sicherheiten bei der Forderungszession, S. 88.

241 Protokolle, S. 386; *Mugdan,* Materialien zum Bürgerlichen Gesetzbuch, Band II, S. 574.

242 So Staudinger/*Busche*, BGB, § 401 Rn. 28, MünchKommBGB/*Roth*, § 401 Rn. 1.

243 BGH NJW 1957, 1229; BGH NJW 1994, 2947.

244 BGH NJW 1972, 437, 439; BGH NJW 2000, 575.

Trennung oder aber die Rechtssicherheit in anderer Weise gefährdet gewesen wäre.[245] Dies betrifft den Anspruch des Bauhandwerkers auf *Einräumung einer Sicherungshypothek nach § 648 BGB*[246], den Auszahlungsanspruch gegen den Notar bei Zahlung auf Notaranderkonto im Verhältnis zum Kaufpreisanspruch[247] und den Auszahlungsanspruch gegen den Treuhänder nach § 667 BGB.[248] Ferner haben die Gerichte Ansprüche auf Auskunft und Rechnungslegung[249] und die Genehmigungsbefugnis nach § 185 Abs. 2 BGB bei einem Anspruch nach § 816 BGB dem Anwendungsbereich des § 401 BGB unterstellt.[250] Zudem bejahte der BGH auch die analoge Anwendung des § 401 BGB auf forderungsbezogene Gestaltungsrechte.[251]

2. Die Schiedsvereinbarung als Nebenrecht

Im vorliegenden Fall ist es aber schon zweifelhaft, ob die Schiedsvereinbarung überhaupt unter den Begriff des Neben*rechts* im Sinne des § 401 BGB subsumiert werden kann. Denn anders als die eben genannten Nebenrechte handelt es sich bei der Schiedsvereinbarung um einen zweiseitigen Vertrag. Was unter einem Recht zu verstehen ist, definiert das BGB nicht, obgleich der Begriff des „Rechts" an vielen Stellen im Gesetz verwendet wird. So etwa beim „sonstigen Recht" in § 823 BGB, der Definition des Anspruchs in § 194 BGB oder der Verpflichtung der Vertragspartner nach § 241 Abs. 2 BGB, auf die Rechte des anderen Teils Rücksicht zu nehmen. Das Schuldrecht hat hingegen die „Pflicht", bzw. die „Pflichtverletzung" als Ausgangspunkt für den Inhalt des Schuldverhältnisses und die Bestimmung der Rechtsfolgen genommen. Wissenschaftliche Auseinandersetzungen zur Definition des Rechts stammen hauptsächlich aus dem späten 19. und frühen 20. Jahrhundert. Bis heute ist nicht abschließend geklärt, was das Recht inhaltlich ausmacht. Insbesondere besteht Uneinigkeit darüber, ob das Recht durch den Willen des Rechtsinhabers oder durch dessen Interesse bzw. den verfolgten Zweck entscheidend geprägt wird.

245 MünchKommBGB/*Roth*, § 401 Rn. 13; BGH NJW 1973, 1793, 1794.
246 RGZ 126, 383, 384.
247 BGH NJW 1998, 2134, 2135.
248 BGH NZI 2007, 173, 173 f.
249 BGH NJW-RR 2003, 1555; MünchKommBGB/*Roth*, § 401 Rn. 8.
250 BGH NJW 1971, 1452; HK-BGB/*Schulze*, § 401 Rn. 2.
251 BGH NJW 1973, 1793, 1794.

a) Willenstheorie

Nach der sogenannten Willenstheorie versteht man unter einem subjektiven Recht eine „von der Rechtsordnung dem Einzelnen verliehene Willensmacht“.[252] Aus dem Vorhandensein eines Rechts allein sollen dieser Auffassung nach Dritten keine konkreten Verpflichtungen erwachsen. Vielmehr sei erforderlich, dass der Rechtsinhaber diese Verpflichtungen noch aktualisiere. Einem Recht stünden demnach also eine oder mehrere lediglich potentielle Verpflichtungen gegenüber. Der Kritik, dass eine Person, die unbefugt ein Grundstück betritt, das Recht des Eigentümers schon durch das Betreten verletzt, ohne dass der Eigentümer der Person dieses untersagt haben muss oder dass auch Personen, die keinen eigenen Willen bilden können oder von dem ihnen zustehenden Recht gar nicht wissen, Rechte haben können, begegnen die Vertreter der Willenstheorie dadurch, dass sie den dem subjektiven Recht zugrunde liegenden Willen als Willen der Rechtsordnung ansehen. Selbst wenn also die Rechtsordnung den Inhalt ihres Befehls aus dem Wollen einer Person entnehme, bleibe es dennoch ein Befehl der Rechtsordnung, nicht der der Person.[253] Dennoch soll der Befehl der Rechtsordnung der Befehl des Rechtsinhabers sein, denn „sein Wille ist maßgebend für das Verhalten der ihm Gegenüberstehenden, weil er maßgebend ist für einen für ihr Verhalten maßgebenden Rechtsbefehl“[254]. Der „Wille“ der Rechtsordnung bestimmt mithin Existenz und Umfang des Rechts[255] und stellt dem Rechtsinhaber anheim, ob und inwieweit er innerhalb dieser Grenzen durch Willensbetätigung von diesem Recht Gebrauch machen möchte.

b) Zwecktheorie

Eine andere Ansicht scheidet das Willenselement aus der Definition des Rechts ganz aus, da dies in der Konsequenz bedeuten würde, dass Willensunfähige, also Personen, die nicht in der Lage sind, einen rechtsgeschäftli-

252 *Windscheid*, Pandektenrecht, Erster Band, S. 88, fortgeführt in Windscheid/*Kipp*, Pandektenrecht, Erster Band, S. 156.

253 *Windscheid*, Pandektenrecht, Erster Band, S. 88 Fn. 3; fortgeführt in Windscheid/*Kipp*, Pandektenrecht, Erster Band, S. 157 f., Fn. 3.

254 *Windscheid*, Pandektenrecht, aaO; fortgeführt in Windscheid/*Kipp*, Pandektenrecht, aaO.

255 Die Rechtsordnung erlässt einen „Befehl“, Windscheid/*Kipp*, Pandektenrecht, Erster Band, S. 155.

chen Willen zu bilden, keine Rechte haben könnten. Eine Stellvertretung könne – so die Vertreter dieser Ansicht – hier auch keine Abhilfe schaffen, da das Recht dem geschäftsfähigen Rechtsinhaber weit größere Befugnisse zugestehe als dem Stellvertreter. So könne der Rechtsinhaber etwa gefährliche Rechtsgeschäfte tätigen oder das Vermögen für selbstgesetzte Ziele und Zwecke einsetzen, was dem Vertreter nicht gestattet sei.[256] Der zweite Kritikpunkt der Vertreter der Zwecktheorie liegt darin, dass nach dem „Willensdogma“[257] der Zweck des Rechts in der Willensmacht, also der Herrschaft liege, unabhängig davon, ob der Rechtsinhaber einen Nutzen an der Rechtsausübung habe.[258] Dies führe nach den Vertretern der Zwecktheorie zu Auswucherungen und zu Beschränkungen der Freiheit. Jedes Recht fände seine Zweckbestimmung und seine Rechtfertigung darin, dass es das Dasein oder Wohlsein fördere, nicht aber, „um die Idee des abstrakten Rechtswillens“[259] zu verwirklichen. Das Recht diene also dazu, dem Menschen irgendeinen Vorteil zu gewähren, seine Bedürfnisse zu befriedigen, seine Interessen und Zwecke zu fördern.[260] Nicht der Wille oder die Macht bilde die Substanz des Rechts, sondern der Nutzen.[261]

Eine weitere, dieser Auffassung sehr ähnliche Ansicht bestreitet zwar nicht das Vorhandensein eines Willenselements im subjektiven Recht, spricht diesem aber ab, für den Bestand eines Rechts allein charakteristisch zu sein. Ansonsten müsse dem Willensunfähigen, der ja unbestritten Träger eines Rechts sein könne, ein rechtlich relevanter Wille „angedichtet“ werden.[262] Für die Begründung des subjektiven Rechts könne es auch nicht ausreichen, dass ein gesetzlicher oder bestellter Vertreter den Willen für den Willensunfähigen äußere. Denn der Vertreter dürfe nicht im eigenen Interesse wollen, der Vertretene – aufgrund seiner Geschäftsunfähigkeit – aber auch nicht. Folge man also der Willenstheorie, so habe das Recht in diesen Fällen kein Rechtssubjekt.[263] Daher müsse der verfolgte Zweck bzw. das Interesse des Rechtsinhabers im Vordergrund stehen. Der Wille diene hierbei als Mittel zur Erreichung des Zwecks.[264] Der Zweck selbst sei eine Äuße-

256 *Jhering*, Geist des römischen Rechts, Teil 3, S. 334, Fn. 441a.
257 So der Begriff bei *Bernatzik*, Kritische Studien, Archiv für öffentliches Recht V, S. 169, 195.
258 *Jhering*, Geist des römischen Rechts, Teil 3, S. 337, zustimmend *Bernatzik*, Kritische Studien, Archiv für öffentliches Recht V, S. 169, 195.
259 *Jhering*, Geist des römischen Rechts, Teil 3, S. 338.
260 *Jhering*, Geist des römischen Rechts, Teil 3, S. 339 f.
261 *Jhering*, Geist des römischen Rechts, Teil 3, S. 338.
262 *Bernatzik*, Kritische Studien, Archiv für öffentliches Recht V, S. 169, 195.
263 *Bernatzik*, Kritische Studien, Archiv für öffentliches Recht V, S. 169, 200.
264 *Bernatzik*, Kritische Studien, Archiv für öffentliches Recht V, S. 169, 232 f.

rung des Willens dergestalt, dass auch er gewollt sein muss; er könne ohne einen sich hierauf beziehenden Willen nicht erreicht werden.[265] Das Interesse einer Person, einen solchen Zweck zu verfolgen stelle aber selbst dann noch kein Recht dar, wenn es sich um ein rechtlich geschütztes Interesse handele.[266] Zu einem Recht erstarke das Interesse vielmehr nur dann, wenn es durch ein „Wollen-Dürfen" sichergestellt sei, also durch die Anerkennung der Rechtsordnung eines einen Zweck realisierenden Willens.[267] Wesentlich sei, ob die Rechtsordnung dem Rechtsträger die Macht gebe, sein Interesse nach seinem Willen auch durchzusetzen. Rechtssubjekt ist nach dieser Ansicht der Träger eines jeden menschlichen Zweckes, den die herrschende Rechtsordnung als Selbstzweck dadurch anerkennt, dass sie dem zu seiner Realisierung erforderlichen Willen rechtliche Kraft verleiht.[268] Der Wille bzw. die Dispositionsmöglichkeit stelle neben dem Zweck das zweite wesentliche Element des Rechts dar.

c) Normsetzungstheorie

Eine neuere Meinung entwickelt die Willens- und Zwecktheorie weiter[269] und sieht in einem subjektiven Recht eine dem Berechtigten von der Rechtsordnung verliehene Normsetzungsbefugnis.[270] Das subjektive Recht ist demnach die unterste Stufe in der Delegationshierarchie der Rechtserzeugung. Nicht alle Verhaltenspflichten würden vom objektiven Privatrecht abschließend umschrieben, sondern hingen in vielen Fällen von der Entschließung einzelner Privatrechtssubjekte ab.[271] Das objektive Recht könne nur den Rahmen abstecken, innerhalb dessen eine Person von einer anderen Person ein bestimmtes Verhalten verlangen dürfe.[272] Sei deren Wille für eine Rechtsfolge ausschlaggebend, so sei er normerzeugend.[273] Das objektive Recht gewähre dem Einzelnen eine Bandbreite an subjektiven Rechten, die der Berechtigte dann nach seinem Willen und Gutdünken ganz, teilweise oder gar nicht aktualisieren kann. Sein Wille sei entscheidend für das konkrete Verhalten des Verpflichteten; solange der Berechtigte jedoch sein

265 *Bernatzik*, Kritische Studien, Archiv für öffentliches Recht V, S. 169, 232 f.
266 *Bernatzik*, Kritische Studien, Archiv für öffentliches Recht V, S. 169, 233; 262 f.
267 *Bernatzik*, Kritische Studien, Archiv für öffentliches Recht V, S. 169, 232 f., 262 f.
268 *Bernatzik*, Kritische Studien, Archiv für öffentliches Recht V, S. 169, 233.
269 *Bucher*, Das subjektive Recht als Normsetzungsbefugnis, S. 15 f., S. 35.
270 *Bucher*, Das subjektive Recht als Normsetzungsbefugnis, S. 55.
271 *Bucher*, Das subjektive Recht als Normsetzungsbefugnis, S. 56.
272 *Bucher*, Das subjektive Recht als Normsetzungsbefugnis, S. 60.
273 *Bucher*, Das subjektive Recht als Normsetzungsbefugnis, S. 56.

Recht noch nicht aktualisiert habe, entstünden dem anderen Teil auch noch keine aktuellen, sondern lediglich potentielle Verpflichtungen.[274] Diese Ansicht geht also noch einen Schritt weiter als die Willenstheorie, in dem sie den Willen selbst zur Rechtsnorm erhebt.

d) Eigene Wertung

So unterschiedlich der Begriff des Rechts interpretiert wird, so ist allen Theorien dennoch gemein, dass zumindest bei der *Ausübung* des Rechts der Wille des Berechtigten die entscheidende Rolle spielt. Er entscheidet über das Verhalten des Verpflichteten und ist nach der Willenstheorie somit eine „Machterweiterung".[275] Nach einer teilweise vertretenen Ansicht innerhalb der Zwecktheorie erklärt die Rechtsordnung den Willen des Rechtsinhabers für die Realisierung seines Interesses für maßgeblich; der Rechtsinhaber wird hierdurch in der Lage versetzt, seine Zwecke nach seinem Ermessen zu verwirklichen.[276] Nach der Normsetzungstheorie wiederum ist der sich mit dem objektiven Recht vorgegebenen Norm identifizierende Wille conditio sine qua non für die Gültigkeit dieser Norm und kausal für diese.[277] Sogar nach den Vertretern der Zwecktheorie, die keinerlei Willenselement im subjektiven Recht selbst sehen, ist mit dem Recht dessen „Genussmöglichkeit"[278] bzw. „Dispositionsbefugnis"[279] untrennbar verbunden. Der Wille des Rechtsinhabers spielt also auch nach dieser Ansicht insoweit eine Rolle, als dass er den Rechtsinhaber in die Lage versetzt, die Zweckverwendung des Rechts ganz den individuellen Neigungen, Bedürfnissen und den momentanen Umständen anzupassen, sowie, dass er an der Bestimmung des individuellen Zwecks nicht gehindert wird.[280] Zusammenfassend lässt sich somit aus allen dargestellten Theorien ableiten, dass es das Vorliegen eines Rechts zumindest zwingend voraus setzt, dass dieses dem Rechtsinhaber eine Befugnis bzw. Besserstellung verleiht. Der Rechtsinhaber kann dann entscheiden, ob und in welchem Umfang er das Recht in Anspruch nehmen möchte. Er kann auf dessen Geltendmachung aber auch frei verzichten.[281]

274 *Bucher*, Das subjektive Recht als Normsetzungsbefugnis, S. 62.
275 Windscheid/*Kipp*, Pandektenrecht, Erster Band, S. 171.
276 *Bernatzik*, Archiv für öffentliches Recht V, S. 193 ff, 263.
277 *Bucher*, Das subjektive Recht als Normsetzungsbefugnis, S. 57.
278 *Jhering*, Geist des römischen Rechts, Teil 3, S. 346 ff.
279 *Jhering*, Geist des römischen Rechts, Teil 3, S. 349.
280 *Jhering*, Geist des römischen Rechts, Teil 3, S. 350.
281 *Jhering*, Geist des römischen Rechts, Teil 3, S. 350.

Die Schiedsvereinbarung ist daher nach keiner der eben beschriebenen Theorien ein „Recht“. Im Gegenteil geht die Vereinbarung einer Schiedsklausel mit einem Verlust vorher bestehender Rechtspositionen einher. Denn der Verzicht auf die staatliche Gerichtsbarkeit bedeutet gleichzeitig auch den Verzicht auf den ansonsten von der Zivilprozessordnung in §§ 511 ff., 542 ff. ZPO vorgesehenen Instanzenzug, sowie auf die Möglichkeit, für das Verfahren gem. §§ 114 ff. ZPO Prozesskostenhilfe zu beantragen. Zudem schafft die Schiedsvereinbarung für beide Seiten Verpflichtungen. § 1029 ZPO definiert die Schiedsvereinbarung als eine Vereinbarung der Parteien, alle oder einzelne Streitigkeiten, die zwischen ihnen in Bezug auf ein bestimmtes Rechtsverhältnis vertraglicher oder nichtvertraglicher Art entstanden sind oder künftig entstehen, der Entscheidung durch ein Schiedsgericht zu unterwerfen. Es ist anerkannt, dass die Parteien einer Schiedsvereinbarung die Pflicht trifft, alles zu tun, um das Zustandekommen des Schiedsspruchs zu fördern (Förderungspflicht)[282] und alles zu unterlassen, was die Umsetzung der Schiedsvereinbarung zu gefährden vermag (Loyalitätspflicht)[283]. Die aus dem Rechtsverhältnis entstehenden Streitigkeiten sind somit zwingend vor dem Schiedsgericht auszutragen.[284] Gelangt also eine Schiedsvereinbarung zwischen den Parteien zur Wirksamkeit, so sind die hieraus resultierenden Verpflichtungen von diesem Zeitpunkt an vom Willen und Interesse der einen Vertragspartei unabhängig, wenn und solange die andere Partei an der Vereinbarung festhalten möchte. Das staatliche Gericht ist an die privatautonome Vereinbarung der Parteien gebunden und muss nach § 1032 Abs. 1 ZPO die Klage auch gegen den Willen oder das Interesse einer Prozesspartei als unzulässig abweisen, sofern sich die andere Partei in Form einer prozesshindernden Einrede auf

282 BGH NJW 1957, 589, 590; BGH NJW 1964, 1129, 1139; BGH NJW 1971, 888, 890; BGH NJW 1980, 2136; BGH NJW 1988, 1215; BGH NJW 1999, 647, 648; MünchKommZPO/Münch, § 1029 Rn. 117; *Musielak/Voit,* ZPO, § 1029 Rn. 26; *Schwab/Walter*, Schiedsgerichtsbarkeit, Kap. 7 Rn. 20 f.

283 BGH NJW 1963, 243; im Ergebnis auch BGH SchiedsVZ 2008, 94, 95.

284 Ob es sich um eine echte Verpflichtung, so MünchKommZPO/*Münch*, § 1029 Rn. 118; *Musielak/Voit,* ZPO, § 1029 Rn. 26 m. w. N. oder lediglich eine prozessuale Last handelt, so *Schwab/Walter*, Schiedsgerichtsbarkeit, Kap. 7 Rn. 20, kann dahingestellt bleiben, da es an dieser Stelle ausschließlich um die Abgrenzung vom Begriff des „Rechts“ geht. Die dem Vertragspartner durch die Schiedsvereinbarungen auferlegten Bindungen, wie etwa der nicht mehr bestehenden Möglichkeit, den Rechtsstreit vor einem staatlichen Gericht auszutragen, sind jedoch zweifelsohne belastend und somit kein „Recht“. Ferner stellt zumindest die Pflicht der Vertragspartner, einen Prozesskostenvorschuss für das Schiedsgericht zu leisten (vgl. hierzu nur BGH NJW 1985, 1903, 1904), eine echte materielle Verpflichtung dar.

die Schiedsvereinbarung beruft.[285] Somit fehlt es der Schiedsvereinbarung an einem wesentlichen Element des „Rechts“; nämlich der Verzichtbarkeit. Eine Aufhebung der Schiedsvereinbarung ist – von der Ausnahme des § 1032 Abs. 1 ZPO abgesehen – nur durch Mitwirkung des Vertragspartners möglich. Es stellt für den Zessionar hier auch keine Alternative dar, das Schiedsgericht nicht von sich aus in Anspruch zu nehmen[286], denn es steht dem Vertragspartner ja auch weiterhin frei, etwa eine negative Feststellungsklage auf das Nichtbestehen der Forderung zu erheben, ohne dass der Zessionar hierauf Einfluss nehmen könnte. Selbst in den Fällen, in denen der Gläubiger bereit wäre, auf die Forderung zu verzichten[287], würde die schiedsgerichtliche Zuständigkeit nicht endgültig entfallen, da das Schiedsgericht aufgrund der rechtlichen Selbständigkeit der Schiedsvereinbarung von der Forderung zuständig bleibt, solange sich noch Streitigkeiten aus dem Rechtsverhältnis ergeben können. Hierfür ist es aber schon ausreichend, dass der Zessionar zu irgendeinem Zeitpunkt Forderungsinhaber war; im Einzelfall kann hierfür auch schon der Anschein der Forderungsinhaberschaft ausreichend sein.[288] Selbst wenn also die Forderung nicht besteht oder der Zessionar auf diese verzichtet, kann eine gerichtliche Klärung notwendig sein, wenn bereits Zahlungen des Schuldners an den Zessionar geleistet wurden und gegebenenfalls rückabgewickelt werden müssen. Der Zessionar bleibt also, solange das Rechtsverhältnis zum Schuldner besteht und die Streitigkeit im konkreten Fall hieraus auch resultiert, an die Schiedsvereinbarung gebunden. Unerheblich ist in diesem Zusammenhang, dass der Zessionar an der Geltung der Schiedsvereinbarung ein Interesse haben kann und daher an ihr festhalten möchte. Dies ändert nichts an dem Umstand, dass der Zessionar rechtlich nicht in der Lage ist, sich von der Schiedsvereinbarung zu lösen. Nur dann, wenn lediglich das Recht, die Durchführung eines Schiedsverfahrens zu verlangen, auf den Zessionar übergehen würde, nicht aber auch die damit korrespondierende Pflicht,

---

285 MünchKommZPO/*Münch*, § 1032 Rn. 19 ff.; *Musielak/Voit*, ZPO, § 1032 Rn. 1.

286 Hier müsste man sich dann ohnehin die Frage stellen, ob es rechtlich vertretbar ist, dem Zessionar entgegenzuhalten, er könne der Bindung an die Schiedsvereinbarung ja dadurch entgehen, dass er seine Rechte prozessual nicht geltend macht. Denn in diesem Fall wäre er ja von jedem Rechtsschutz ausgeschlossen.

287 Abgesehen davon, dass ein solcher Verzicht grundsätzlich nicht einseitig erklärt werden kann, sondern nach § 397 BGB eines zweiseitigen Erlassvertrags bedarf, vgl. hierzu MünchKommBGB/*Schlüter*, § 397 Rn. 1, m. w. N.

288 Ein solcher Anschein kann etwa entstehen, wenn die abgetretene Forderung nie zur Entstehung gelangt ist, hierüber aber zwischen Schuldner und Zessionar Uneinigkeiten bestehen.

könnte diese als „Nebenrecht" der Forderung im Sinne des § 401 BGB angesehen werden. Dies ist indes nicht der Fall.

Die Schiedsvereinbarung stellt mithin eine vertragliche Zusammenfassung von Rechten *und* Pflichten dar. Selbst wenn der Zessionar auf die ihm durch die Schiedsvereinbarung gewährten Rechte verzichten kann bzw. diese nicht geltend machen muss, so gilt dies nicht für die ebenfalls aus der Schiedsvereinbarung folgenden Verpflichtungen. In diesem Punkt unterscheidet sich die Schiedsvereinbarung wesentlich von den in § 401 BGB genannten Nebenrechten.[289]

3. Regelungszweck des § 401 BGB

Das eben gefundene Ergebnis wird zudem bestätigt, wenn man es dem Regelungszweck des § 401 BGB gegenüberstellt. Dieser besteht darin, das Hauptrecht und die dazu gehörigen Nebenrechte in einer Rechtszuständigkeit zu belassen und dem Zessionar auf diese Weise die mit der Forderung verbundenen rechtlichen Vorteile und Vergünstigungen bzw. deren wirtschaftlichen Vollwert zu erhalten.[290] Denn die Intention des Gesetzgebers[291], eine Forderung durch Zession verwerten zu können, wäre in einer Vielzahl von Fällen nur theoretischer Natur, wenn Zedent und Zessionar fürchten müssten, dass sich durch die Zession die ursprünglichen Verwirklichungschancen der Forderung verschlechterten.[292] Dies macht deutlich, dass die Norm darauf ausgerichtet ist, den Zessionar zu begünstigen. Es ist daher zweifelhaft, ob eine Bindung des Zessionars auch an Verpflichtungen über § 401 BGB begründet werden kann. Dies könnte der Fall sein, wenn der wirtschaftliche Vollwert der Forderung gefährdet oder es aus anderen Gründen zwingend erforderlich wäre, Hauptforderung und Schiedsvereinbarung in einer Forderungszuständigkeit zu belassen.

289 So gehen nach § 401 BGB beispielsweise nur die *Rechte* aus einer Bürgschaft auf den Zessionar über. Beim Pfandrecht entstehen die Pflichten aus der Stellung als Pfandrechtsgläubiger gem. § 1251 BGB erst mit der Inbesitznahme des Pfandgegenstands durch den Zessionars; also einer von diesem selbstbestimmten Handlung. Zuletzt sind in den Fällen der Hypothek Pflichten des Zessionars gegenüber dem Hypothekenschuldner allein durch den Erwerb der Rechtsstellung als Hypothekengläubiger schwer denkbar.

290 Vgl. hierzu MünchKommBGB/*Roth*, § 401 BGB Rn. 1, Staudinger/*Busche*, BGB, § 401 Rn. 2; BeckOK/*Rohe*, BGB, § 401 Rn. 1.

291 S. hierzu unten unter § 8 E II, § 9 B I.

292 *v. Olshausen*, Gläubigerrecht und Schuldnerschutz, S. 29.

a) Erhalt des wirtschaftlichen Vollwerts

Ist für die abgetretene Forderung ein klassisches Sicherungsrecht (z. B. eine Hypothek oder Bürgschaft) bestellt, erhält der Zessionar neben der Inanspruchnahme des Hauptschuldners die Möglichkeit, weitere Personen (Bürgen) oder Haftungsobjekte (durch die Hypothek belastetes Grundstück) in Anspruch zu nehmen und so die Erfüllung seiner Forderung sicherzustellen. Er hat also bei Nichtleistung durch den Schuldner die Wahl, entweder seinen Anspruch gegen den Schuldner im Klagewege geltend zu machen, oder aber zu versuchen, über das bestehende Sicherungsrecht Befriedigung zu erlangen. Dies gilt in ähnlicher Weise für Nebenrechte in Form der Gestaltungsrechte, die dem Gläubiger die Möglichkeit verschaffen, von der ursprünglichen Leistung auf Sekundäransprüche überzugehen. Die Sicherungs- und sonstigen Nebenrechte des § 401 BGB geben dem Zessionar also eine Alternative und somit eine Erweiterung seiner rechtlichen Möglichkeiten. Dies erhöht die Wertigkeit der Forderung auch dann, wenn die Inanspruchnahme des Sicherungsrechts noch an weitere Anforderungen geknüpft ist; z. B. der Vorausklage bei der Bürgschaft.[293] Neben der mit der Bestellung der Sicherungsrechte eingehenden Werterhöhung, sind diese Nebenrechte jedoch nicht geeignet, die Forderung in ihrem Inhalt zu berühren, zu ändern oder gar zu verschlechtern. Sie geben dem Gläubiger vielmehr eine „zweite Möglichkeit" der Forderungsrealisierung neben und unabhängig von der eigentlichen Hauptforderung. Eine solche weitere Realisierungsmöglichkeit gewährt die Schiedsvereinbarung dem Forderungsinhaber indes nicht. Im Gegenteil fehlt dem Gläubiger die Möglichkeit, seinen Anspruch gegen den Schuldner zwangsweise durchzusetzen und Befriedigung aus seiner Forderung zu verlangen, wenn er nicht gleichzeitig auch das vermeintliche Nebenrecht in Anspruch nimmt. Die Schiedsvereinbarung stellt daher keine Wahlmöglichkeit in Form eines „Entweder-Oders", sondern vielmehr eine Einschränkung in Form eines zwingenden „Sowohl-als-Auch" dar. Während also das bloße Bestehen eines Nebenrechts – etwa einer Hypothek oder dem Recht, auf Schadensersatz statt der Leistung überzugehen – keinen Einfluss auf die Hauptforderung hat, wenn der Gläubiger sich entscheidet, (ausschließlich) letztere geltend zu machen, so gilt dies nicht für die Schiedsvereinbarung. Zumindest bei der *gerichtlichen* Geltendmachung der Forderung kann der Forderungsinhaber dieser nicht entgehen.

293 Solchen Bindungen an Belastungen kann der Forderungsinhaber durch den Verzicht auf die Geltendmachung des Rechts entgehen, s. § 8 C II 2 d.

Die Schiedsvereinbarung könnte jedoch aus anderem Grund erforderlich sein, den Vollwert der abgetretenen Forderung zu erhalten. Dies wäre der Fall, wenn der Zessionar die Forderung ohne die Schiedsvereinbarung gegenüber dem Schuldner nicht durchsetzen könnte.

Der BGH hat im Einzelfall auch außerhalb der klassischen Sicherungsrechte § 401 BGB analog auf Rechte angewendet, die im sachlichen Zusammenhang mit dem Hauptrecht stehen und zu dessen Durchsetzung entweder erforderlich sind, oder aber bei einer Trennung die Durchsetzung des Rechts bzw. die Rechtssicherheit in andere Weise gefährdet wäre.[294] Einen Übergang nach § 401 BGB innerhalb dieser Fallgruppe hat der BGH etwa angenommen beim Anspruch des Zessionars gegen den Notar auf Auszahlung der (abgetretenen) Kaufpreissumme von dessen Notaranderkonto[295] oder dem Herausgabeanspruch gegen den Treuhänder nach § 667 BGB.[296] Der BGH führte aus, dass die Einschaltung des Notars zur Abwicklung des Kaufpreises dem Zweck diente, sicher zu stellen, dass der Kaufvertrag Zug-um-Zug erfüllt wurde. Da der Verkäufer vom Käufer nicht Zahlung der Kaufpreissumme an sich selbst verlangen könne, sei der Auszahlungsanspruch gegen den Notar untrennbar mit der Kaufpreisforderung verknüpft und könne nicht selbständig abgetreten werden. Diese Erwägungen gälten gleichermaßen auch für den Treuhänder.[297] Weiter ließ der BGH auch die oben bereits angesprochenen forderungsbezogenen Gestaltungsrechte wie Fälligkeitskündigung, Mängelgewährleistung und Wahlrecht des Gläubigers in diese Fallgruppe fallen, da auch diese der Durchsetzung der Forderung dienten bzw. dem Gläubiger zumindest die Möglichkeit gäben, das Schuldverhältnis umzugestalten und etwa vom ursprünglichen Erfüllungsanspruch auf ein Surrogat (Nacherfüllung, Schadensersatz) überzugehen.[298]

Fraglich ist, ob diese Erwägungen auch auf die Schiedsvereinbarung zutreffen. Ähnlich zu den hier angesprochenen Rechten ist auch die Forderung bei Geltung einer Schiedsvereinbarung zumindest in ihrer prozessualen Durchsetzbarkeit von dieser abhängig, da die Schiedsvereinbarung auf den Einwand einer Partei hin auch von den staatlichen Gerichten zu respektieren ist. Im Unterschied zur Schiedsvereinbarung ging es in den bislang durch den BGH entschiedenen Fällen jedoch immer darum, dass ohne das Nebenrecht schon die *materielle* Durchsetzung der Forderung nicht möglich war. Bei der Geltung der Schiedsvereinbarung geht es hingegen nur um die pro-

294 MünchKommBGB/*Roth*, § 401 Rn. 13; BGH NJW 1973, 1793, 1794.
295 BGH NJW 1998, 2134, 2135.
296 BGH NZI 2007, 173, 173 f.
297 BGH NZI 2007, 173, 174.
298 Vgl. hierzu BGH NJW 1973, 1793, 1794, s. auch *Schürnbrand*, Gestaltungsrechte als Verfügungsgegenstand, AcP 204 (2004), 177, 189.

zessuale Durchsetzung der Forderung. Hier ist jedoch zu beachten, dass bei Nichtgeltung der Schiedsvereinbarung auf das Rechtsverhältnis subsidiär immer die staatliche Gerichtsbarkeit zuständig ist.[299] Damit ist die Schiedsvereinbarung zur prozessualen Durchsetzung der Hauptforderung überhaupt nur erforderlich, wenn sie ohnehin schon auf das Rechtsverhältnis der Parteien Anwendung findet. Die Annahme, dass die Schiedsvereinbarung auf den Zessionar übergehen müsse, damit dieser dann die Forderung prozessual überhaupt durchsetzen könne – und dann konsequenterweise auch müsse, da diese dann ja zwingend auf das Rechtsverhältnis Anwendung fände – wäre also ein Zirkelschluss.

Unabhängig hiervon könnte die Schiedsvereinbarung aber dennoch geeignet sein, die Durchsetzung der Forderung erst zu ermöglichen und so deren Vollwert zu erhalten. Hierzu kann es etwa in den Fällen kommen, in denen die Streitigkeit anderenfalls vor ein staatliches Gericht im Ausland zu bringen wäre. Sei es, dass sich eine Rechtsverfolgung dann finanziell nicht mehr lohnen würde; sei es, dass die Rechtsstreitigkeit dann einer Gerichtsbarkeit unterfallen würde, unter der eine zeitnahe oder faire Entscheidung in der Sache nicht zu erlangen ist. Zudem wird man in der Regel davon ausgehen können, dass die ursprünglichen Parteien ihr Rechtsverhältnis mit gutem Grund einer Schiedsvereinbarung unterstellt haben; diese also für die Parteien vorteilhaft ist.[300] Diese wirtschaftlichen Aspekte lassen sich jedoch nur anhand des jeweiligen Einzelfalls bewerten und sind einer generellen rechtlichen Beurteilung nicht zugänglich. Außerhalb dieser wirtschaftlichen Aspekte handelt es sich bei einem Schiedsverfahren lediglich um eine andere Art und Weise der prozessualen Durchsetzung eines materiellen Anspruchs. Und so gibt der Gesetzgeber ausweislich der Gesetzesbegründung auch weder der staatlichen Gerichtsbarkeit, noch der Schiedsgerichtsbarkeit den Vorzug, sondern sieht beide Rechtsschutzformen – bei Schiedsfähigkeit des Anspruchs – vielmehr als gleichwertig an.[301]

---

299 Zu den Fällen des § 1032 Abs. 1 S. 2 ZPO grundlegend BGH NJW 1964, 1129, 1130 f.; vgl. auch BGH NJW 1969, 277, 277 f.; BGH NJW 1971, 888, 891; BGH NJW 1980, 2136; zum neuen Recht: BGH NJW 1999, 647, 648; in den Fällen, in denen die Schiedsvereinbarung unwirksam ist, ergibt sich diese Folge schon allein aus dem Umstand, dass der Zugang zur staatlichen Gerichtsbarkeit von Verfassungs wegen gewährt ist, s. hierzu schon unter § 4 B I 3.

300 Etwa aus den oben genannten Gründen der Geheimhaltung, der Einflussnahme auf des Verfahren o. Ä.

301 BT-Drucks. 13/5274 vom 12.07.1996, S. 34; s. auch *Haas/Hauptmann*, Schiedsvereinbarungen in „Ungleichgewichtslagen", SchiedsVZ 2004, 175, 181 f., 187; zur mitgliedschaftlichen Sachverhalten *Ebbing*, Satzungsmäßige Schiedsklauseln,

Aufgrund der subsidiären Zuständigkeit der staatlichen Gerichte ist die Schiedsvereinbarung daher auch nicht erforderlich, um die Durchsetzung der Schiedsvereinbarung zu ermöglichen oder deren wirtschaftlichen Vollwert zu erhalten.

b) Beibehalten einer Rechtszuständigkeit

Ferner ist es in den Fällen der Schiedsvereinbarung nicht zwingend erforderlich, diese in einer einzigen Rechtszuständigkeit – nämlich beim Forderungsinhaber – zu belassen. Der Grund für den grundsätzlichen Verbleib der Nebenrechte beim Forderungsinhaber liegt darin, dass sie nur dem Forderungsinhaber nutzen. Für den Zedenten haben sie hingegen bei vollständiger Abtretung der Forderung, für die sie bestellt wurden, keine Bedeutung mehr.[302] Gleiches gilt für die forderungsbezogenen Gestaltungsrechte. Aus Ordnungsgesichtspunkten liegt es hier nahe, das meist akzessorische Nebenrecht der Forderung automatisch folgen zu lassen, um ein Auseinanderfallen der Rechtsinhaberschaft an Forderung und Nebenrecht zu vermeiden.[303] Dies trifft jedoch in dieser Form auf die Schiedsvereinbarung nicht zu.

Der Unterschied besteht zum einen darin, dass die Schiedsvereinbarung weder teilbar ist, noch im eigentlichen Sinne übergeht. Auch in den Fällen, in denen eine Forderung aus einem Rechtsverhältnis mittels Abtretung herausgelöst wird, bleibt zwischen Schuldner und Zedenten ein (Rest-) Rechtsverhältnis bestehen, so dass die Weitergeltung der Schiedsvereinbarung für dieses nicht nur sinnvoll, sondern auch zwingend ist. Die Gültigkeit der Schiedsvereinbarung für das (verbleibende) Rechtsverhältnis der ursprünglichen Parteien bleibt also von der Abtretung einer einzelnen, hieraus stammenden Forderung unberührt. Dieses zwischen Schuldner und Zedenten verbleibende Rechtsverhältnis ist auch der Grund, wieso die h. M beispielsweise einen automatischen Übergang derjenigen Gestaltungsrechte, die sich nicht nur auf die Forderung, sondern das gesamte Schuldverhältnis beziehen – wie etwa Rücktritts- und Anfechtungsrechte –, ablehnt. Lediglich

---

NZG 1999, 754, 755; *Timm*, Beschlußanfechtungsklage und Schiedsfähigkeit, in: FS Fleck, S. 365, 376 f.; *Geimer*, Anmerkung zu BGH, Urteil vom 29.03.1996 – ZR124/95, DZWiR 1997, 119, 120; hierzu noch ausführlich unten unter § 12 B I 2.

302 Staudinger/*Busche*, BGB, § 401 Rn. 2; *v. Rintelen*, Der Übergang nicht-akzessorischer Sicherheiten bei der Forderungszession, S. 152; *Schürnbrand*, Gestaltungsrechte als Verfügungsgegenstand, AcP 204 (2004), 177, 186 f.

303 *Schürnbrand*, Gestaltungsrechte als Verfügungsgegenstand, AcP 204 (2004), 177, 189.

eine ausdrückliche Übertragung soll in diesen Fällen nicht grundsätzlich ausgeschlossen sein.[304] Eine Bindung des Zessionars an die Schiedsvereinbarung kann also nicht aus deren Übergang unter gleichzeitigem Ausscheiden des bisherigen Forderungsinhabers erreicht werden, die Schiedsvereinbarung muss vielmehr zusätzlich auf den Zessionar erstreckt werden. Diese Fallgestaltung ist auch nicht mit der Abtretung eines Teils der Forderung, bei der das (akzessorische) Sicherungsrecht auch nur in der Höhe der abgetretenen Forderung auf den Zessionar übergeht, vergleichbar. Das Sicherungsrecht teilt sich in diesen Fällen anteilig nach Forderungshöhe auf die einzelnen Gläubiger auf. Bei einer Forderung, für die eine Schiedsvereinbarung gilt, müssen aber für beide Rechtsverhältnisse eigenständige und vollständige Schiedsgerichtsverhältnisse begründet werden.

Der BGH sieht allerdings in einer solchen „Vervielfachung" der Schiedsvereinbarung keine rechtliche Problematik, die der Anwendung des § 401 BGB entgegenstehen würde. In einer Entscheidung, in der es um die Frage ging, ob eine Kommanditistin nach der Übertragung ihres Kommanditanteils bei Streitigkeiten zwischen ihr und den verbleibenden Gesellschaftern weiterhin an die im Gesellschaftsvertrag niedergelegte Schiedsvereinbarung gebunden ist, führte der BGH aus, dass die Schiedsvereinbarung zwar mit Übertragung des Kommanditanteils automatisch auf den Erwerber übergehe, dass dies es jedoch eine Vereinbarung nicht ausschlösse, auch die frühere Kommanditistin bei Streitigkeiten aus dem Rechtsverhältnis der Gesellschafter untereinander weiter an die Schiedsvereinbarung zu binden. Ob dies der Fall sei, sei mittels Auslegung der Schiedsvereinbarung unter Zugrundelegung des mutmaßlichen Willens der Gesellschafter zu ermitteln. Von einem solchen Willen sei im Zweifel auszugehen.[305] Eine Begründung, die es rechtfertigt, von einem Übergang der Schiedsvereinbarung auf den Zessionar zu sprechen, obgleich die Schiedsvereinbarung auch beim Zedenten verbleibt, gab der BGH nicht. Dies wäre jedoch geboten gewesen, da der Zessionar – anders als bei der abgetretenen Forderung selbst – in Bezug auf die Schiedsvereinbarung den Zedenten nicht verdrängt. Dies findet seinen Grund darin, dass zwar der Inhalt eines materiellen Rechts – wie etwa einer Forderung – ohne weiteres von den dieses Recht begründenden und gestaltenden Personen getrennt, und somit auch übertragen werden kann, prozessuale Verhältnisse hingegen nicht teilbar bzw. als solche übertragbar sind.

---

304 BGH WM 2002, 649, 649 f.; Staudinger/*Busche*, BGB, § 413 Rn. 13 f.; s. hierzu auch BGH NJW 1973, 1793, 1794, m. w. N.

305 BGH NZG 2002, 955 zur Rechtsstreitigkeit mit Kommanditisten nach Übertragung des Kommanditanteils; so auch OLG Koblenz NJOZ 2007, 5922, 5923 f.; OLG Düsseldorf, SchiedsVZ 2004, 161, 162 f.

Deutlich wird dies bei anhängigen Rechtsstreitigkeiten. Hier ist der (automatische) Übergang des Prozessrechtsverhältnisses im Rahmen der Einzelrechtsnachfolge, das das vollständige Ausscheiden einer der ursprünglichen Parteien vorsieht, gesetzlich nicht vorgesehen. Das Gesetz regelt in §§ 265, 325 ZPO lediglich die Veräußerung der im Streit befangenen Sache und die Rechtskrafterstreckung auf einen Rechtsnachfolger. Zu einem Übergang des Prozessrechtsverhältnisses auf den Rechtsnachfolger kommt es hierbei jedoch nicht. Selbst wenn dieser mit Zustimmung des Prozessgegners den Prozess übernimmt, begründet er ab diesem Zeitpunkt ein eigenes Prozessverhältnis zu Prozessgegner und Gericht.[306] Wie § 265 Abs. 2 ZPO verdeutlicht, wird ein prozessrechtliches Verhältnis zweier Personen auch nicht zwingend dadurch beendet, dass in der gleichen Angelegenheit ein Prozessrechtsverhältnis zum Rechtsnachfolger des Inhabers des materiellen Rechts begründet wird. Der Bestand eines Prozessverhältnisses ist nicht vom materiellen Recht abhängig, sondern personengebunden. Ist es einmal begründet worden, haben Änderungen im materiellen Recht hierauf keinen Einfluss mehr. Die jeweiligen Prozessrechtsverhältnisse von Zedent und Zessionar zum Schuldner sind voneinander unabhängig. Zwar handelt es sich im hier vorliegenden Ausgangsfall um ein noch nicht aktualisiertes Prozessrechtsverhältnis, bei dem die Lossagung des Zedenten von potentiellen prozessualen Pflichten näher liegt als bei bereits aktualisierten. Jedoch kommt es auch bei noch nicht aktualisierten Prozessrechtsverhältnissen durch die Forderungsabtretung nicht zu einem Ausscheiden des Zedenten aus dem Rechtsverhältnis, so dass für jede am Rechtsverhältnis beteiligte Person ohnehin ein eigenes Prozessrechtsverhältnis begründet werden muss. Eine Erstreckung der Schiedsvereinbarung auf den Zessionar erscheint daher nicht als zwingend.

III. Zwischenergebnis

Nach dem oben Gesagten gebietet es also die Interessenlage nicht, die planwidrig bestehende Regelungslücke über die analoge Anwendung des § 401 BGB auf die Schiedsvereinbarung zu schließen; die Unterschiede zwischen der Schiedsvereinbarung und den Nebenrechten des § 401 BGB sind zu

306 In diesen Fällen ist er aber zumindest an die bestehende Prozesslage und alle Prozessergebnisse (z. B. das Ergebnis einer Beweisaufnahme) gebunden; vgl. hierzu nur MünchKommZPO/*Becker-Eberhard*, § 265 Rn. 93. Jedoch ist dies dadurch gerechtfertigt, da die Übernahme des Prozesses dem ausdrücklich erklärten Willen des Zessionars entspricht.

groß. § 401 BGB soll dem Schutz des Zessionars insoweit dienen, dass diesem auch bei der Forderungsabtretung die Vorzüge der mit der Forderung einhergehenden Nebenrechte erhalten bleiben. Dies spricht dagegen, den Zessionar gestützt auf diese Vorschrift auch an Verpflichtungen zu binden. Dies kann auch nicht dadurch gerechtfertigt werden, dass die Bindung des Zessionars an die Schiedsvereinbarung zwingend erforderlich wäre, um diesem den wirtschaftlichen Vollwert der Forderung zu erhalten und die die Forderung betreffenden Nebenrechte in einer Rechtszuständigkeit zu belassen. Der automatische Übergang der Schiedsvereinbarung auf den Zessionar kann also nur auf anderem Wege begründet werden.

D. Genereller Ausschluss des automatischen Übergangs der Schiedsvereinbarung

Scheidet nun eine Bindung des Zessionars über § 398 BGB und § 401 BGB aus und findet sich auch sonst weder im Zivilrecht, noch im Zivilprozessrecht eine ausdrückliche Regelung über die Bindung des Zessionars an die Schiedsvereinbarung im Rahmen der Forderungsabtretung, so stellt sich die Frage, ob eine solche Bindung nicht scheitern muss. Denn die Schiedsvereinbarung sieht neben Rechten auch Verpflichtungen für den Zessionar vor. Die Bindung eines Rechtssubjekts an Verpflichtungen bedarf im Zivilrecht jedoch einer rechtlichen Grundlage. Diese kann vertraglicher oder gesetzlicher Natur sein. Eine automatische Bindung an Verpflichtungen ist dem Gesetz hingegen fremd.

I. Vertrag zu Lasten Dritter

Die automatische Bindung des Zessionars an die Schiedsvereinbarung könnte etwa dann zu verneinen sein, wenn es sich hierbei um einen Vertrag zu Lasten Dritter handeln würde. Eine solche Drittverpflichtung ist mit der Privatautonomie nicht vereinbar und im Gesetz nicht vorgesehen.[307] Ein Vertrag zu Lasten Dritter liegt vor, wenn die Parteien der dritten Person ohne deren Beteiligung Verpflichtungen auferlegen. Hierfür ist jedoch erforderlich, dass die Parteien den Dritten *unmittelbar* vertraglich verpflichten.[308] An dieser von der Rechtsprechung geforderten Unmittelbarkeit der

---

307 MünchKommBGB/*Gottwald*, § 328 Rn. 250.

308 BGH NJW 1995, 3181, 3184; BGH NJW 1974, 96; BGH NJW 1972, 942; BGH NJW 1970, 2157.

Verpflichtung fehlt es im hier. Denn bei Abschluss der Schiedsvereinbarung verpflichten sich nur Schuldner und (späterer) Zedent. Eine Verpflichtung des Zessionars kann erst mit der Abtretung der Forderung eintreten und wäre somit nur mittelbar auf den Vertragsschluss zwischen Schuldner und Zedent zurückzuführen. Es liegt in der hier in Rede stehenden Sachverhaltsgestaltung also kein Vertrag zu Lasten Dritter vor[309], der eine automatische Bindung des Zessionars an die Schiedsvereinbarung ausschließt.

II. Wertungen der Regelungen zur Vertragsübernahme

Eine Bindung des Zessionars an die Schiedsvereinbarung könnte ferner nach den Wertungen der Regelungen zur Vertrags- bzw. Schuldübernahme ausgeschlossen sein.

Unter einer Vertragsübernahme versteht man die Übertragung eines Schuldverhältnisses als Ganzes.[310] Im Gegensatz zur Forderungsabtretung oder der Schuldübernahme wird bei der Vertragsübernahme nicht nur ein isolierbarer Teil aus dem Schuldverhältnis herausgelöst, sondern es findet die Auswechslung einer Vertragspartei statt.[311] Im BGB finden sich neben den gesetzlichen Fällen der Vertragsübernahme – wie etwa dem Eintritt des rechtsgeschäftlichen Erwerbers des vermieteten Grundstücks in den Mietvertrag, § 566 BGB oder des Betriebsübernehmers in die Verpflichtungen aus dem Arbeitsverhältnis, § 613a BGB – jedoch lediglich Regelungen zur Abtretung einzelner Forderungen nach §§ 398 ff. oder zur Schuldübernahme nach §§ 414 ff. BGB. Es handelt sich bei der Vertragsübernahme aber nicht lediglich um eine Kombination dieser Vorschriften, sie ist vielmehr ein eigenes, einheitliches Rechtsgeschäft.[312] Aufgrund der allgemeinen Rechtsfortbildung durch Rechtsprechung und Lehre ist das Institut der Vertragsübernahme jedoch auch ohne gesetzliche Kodifizierung allgemein an-

309 Vgl. hierzu auch BGH NJW-RR 2003, 577, 578.

310 Palandt/*Grüneberg*, BGB, § 398 Rn. 41.

311 MünchKommBGB/*Bydlinski*, Vorbemerkung § 414 Rn. 7.

312 *Maurer*, Die rechtsgeschäftliche Vertragsübernahme, BWNotZ 2005, 114; BGH NJW 1996, 918; aber noch BGH NJW 1961, 453, 454; vgl. auch Larenz, Schuldrecht I, S. 617: „Der Fortschritt der wissenschaftlichen Erkenntnis, der uns gelehrt hat, in dem gesamten Schuldverhältnis noch etwas mehr, nämlich ein „Gefüge" von Rechten, Rechtslagen und Pflichten zu sehen, erlaubt es, in dem Übergang des gesamten Schuldverhältnisses noch etwas anderes und mehr zu sehen als nur die Übertragung einzelner Forderungen und die Übernahme einzelner Verpflichtungen."

erkannt.[313] Eine solche ist auf zwei verschiedene Arten möglich. Entweder kann diese im Rahmen eines dreiseitigen Vertrags zwischen der ausscheidenden, der übernehmenden und der verbleibenden Partei erfolgen, oder aber durch Vertrag zwischen der ursprünglichen und der neuen Partei, sofern der verbleibende Teil dem zustimmt.[314] Im Ergebnis ist also die Übertragung von Verpflichtungen auf einen Dritten nur in den Fällen möglich, in denen der verbleibende Vertragspartner mit der Übertragung einverstanden ist; eine Vereinbarung zwischen der übernehmenden und der ausscheidenden Partei ist nicht ausreichend. Gleiches gilt nach §§ 414 ff. BGB auch für die Schuldübernahme. Fraglich ist aber, ob sich aus diesen Regelungen generell Rückschlüsse auf die Zulässigkeit der Übertragung von Verpflichtungen auf den Rechtsnachfolger ergeben. Denn nur dann könnten diese Rückschlüsse für die Frage fruchtbar gemacht werden, ob durch die Abtretung einer Forderung auch Verpflichtungen aus einer für diese Forderung abgeschlossene Schiedsvereinbarung automatisch auf den Zessionar übergehen können.

Unabhängig davon, ob der Übergang der Rechte und Pflichten aus einer Schiedsvereinbarung durch Abtretung der zugrunde liegenden Forderung mit den Fällen der Vertragsübernahme vergleichbar ist, ist eine Anwendung der §§ 414 ff. auf den hier vorliegenden Beispielsfall im Ergebnis zu verneinen. Zunächst tritt der Zessionar in Bezug auf die Schiedsvereinbarung – wie bereits dargelegt – nicht vollständig in die Rechtsposition des Zedenten ein, sondern kommt ergänzend hinzu und begründet ein eigenes prozessuales Verhältnis zum Schuldner.[315] Und obgleich dies die Vergleichbarkeit mit einer „Übernahme“ noch nicht zwingend ausschließt, so fällt hier entscheidend ins Gewicht, dass das Zustimmungserfordernis des verbleibenden Teils bzw. des Gläubigers im Fall der Schuldübernahme ausschließlich dessen eigenem Schutz dient, nicht aber den übernehmenden Teil vor der Übernahme von Verpflichtungen schützen soll. Anders als die Gläubigerstellung ist die Schuldnerstellung ein prägender Bestandteil des Schuldverhältnisses. Der Gläubiger muss daher davor geschützt werden, einen unter Umständen weniger zuverlässigen oder solventen Vertragspartner aufgebürdet zu bekommen. Zudem stellt sich die Frage entgegenstehender Rechte des Zessionars auch in den Fällen, in denen der Schuldner der For-

---

313 BGH NJW 1985, 2528, 2530, BGH NJW 1961, 453, 454; BGH NJW 1966, 499, 500; BGH NJW 1978, 2504, 2504 f.; NJW 1979, 369, 370, *Larenz*, Schuldrecht I, S. § 617; Palandt/*Grüneberg*, BGB, § 389 Rn. 41.

314 BGH NJW 1985, 1518, 1530; BGH NJW 1996, 918; BGH NJW 1998, 531, 532; *Maurer*, Die rechtsgeschäftliche Vertragsübernahme, BWNotZ 2005, 114, 116 f.; MünchKommBGB/*Bydlinski*, Vorbemerkung § 414 Rn. 8.

315 Vgl. hierzu oben unter § 8 C II 3 b.

derungsabtretung bzw. der Erstreckung der Schiedsvereinbarung auf den Zessionar zustimmt. Der Umstand, dass bei der Vertrags- bzw. Schuldübernahme eine Vereinbarung zwischen ausscheidendem und übernehmendem Teil also nicht ausreichend ist, und hierdurch daher auch keine Verpflichtungen des übernehmenden Teils wirksam begründet werden können, lässt also keine generellen Rückschlüsse darauf zu, ob eine automatische Bindung des Zessionars an die zwischen den ursprünglichen Parteien geschlossene Schiedsvereinbarung rechtlich möglich ist.

III. Zwischenergebnis

Findet sich also im Gesetz keine ausdrückliche Regelung, ob und inwieweit der Zessionar im Rahmen der Forderungsabtretung an die Schiedsvereinbarung gebunden werden kann, so lässt sich ein Verbot einer solchen Bindung dem Gesetz ebenso nicht entnehmen.

E. Bindung des Zessionars im Rahmen einer Gesamtanalogie nach §§ 398 ff. BGB

Zu überprüfen bleibt, ob sich die Lücke im Gesetz, die dadurch entstanden ist, dass es der Gesetzgeber versäumt hat, die automatische Bindung des Zessionars an die Schiedsvereinbarung bei Abtretung der Forderung ausdrücklich zu regeln, durch eine Gesamtanalogie schließen lässt; eine solche Bindung des Zessionars – wenn also nicht isoliert über § 398 BGB oder § 401 BGB analog – dann zumindest aus den Wertungen der §§ 398 ff. BGB, insbesondere der §§ 398, 399, 401, 404, 406, 407, 408, 410 BGB begründet werden kann.

I. Begriff der Gesamtanalogie

Als Gesamtanalogie bezeichnet man die Gewinnung eines allgemeinen Rechtsgrundsatzes aus der Verallgemeinerung der allen Einzelvorschriften gemeinsamen ratio legis.[316] Es wird also zur Bestimmung der Gleichwertigkeit der Sachverhalte an mehrere Normen angeknüpft und aus diesen ein

---

316 *Rüthers/Fischer/Birk*, Rechtstheorie, Rn. 891 f.; *Canaris*, Die Feststellung von Lücken im Gesetz, S. 137, allerdings unter Verwendung des Begriffes „Induktion".

übergeordnetes Prinzip abgeleitet. Ein bedeutendes, wenngleich mittlerweile historisches Beispiel für die Gesamtanalogie war die Haftung einer Vertragspartei für culpa in contrahendo. Hier leitete die Rechtsprechung aus einer Reihe von Einzelvorschriften des BGB, die eine Schadensersatzverpflichtung für schuldhaftes Verhalten gegenüber Vertragspartnern im Stadium der Vertragsverhandlung vorsahen[317], den allgemeinen Grundsatz ab, dass bereits der Eintritt der Parteien in Vertragsverhandlungen Pflichten begründet, die über das reine Unterlassen von schädigenden Handlungen hinausgehen und bei Nichtbeachten zu vertraglichen Schadensersatzansprüchen führen können.[318] Ein weiteres Beispiel stellt die Erstreckung des Rechts zur fristlosen Kündigung auf alle Dauerschuldverhältnisse dar.[319] Wenn auch der Begriff der Gesamtanalogie im Regelfall für solche Fallgestaltungen verwendet wird, in denen ein Rechtsgrundsatz aus Einzelvorschriften abgeleitet wird, die unterschiedlichen rechtlichen Sachverhalten entstammen, spricht nichts dagegen, die dort entwickelten Grundsätze auch auf den hier vorliegenden Sachverhalt zu übertragen, obgleich alle für die Gesamtanalogie heranzuziehenden Vorschriften ausschließlich dem Regelungskomplex der Forderungsabtretung entstammt. Denn die Gewinnung eines allgemeinen Grundsatzes aus verschiedenen Einzelvorschriften beruht auf der Erkenntnis, dass deren gemeinsame „ratio legis“ nicht auf die geregelten Einzelfälle begrenzt ist, sondern auch dann schon greift, wenn eine allgemeine Voraussetzung (wie etwa das Bestehen eines Dauerschuldverhältnisses) vorliegt.[320] Der Unterschied zur Einzelanalogie besteht lediglich darin, dass die Basis für die Anknüpfung breiter ist.[321] Auch die Identitätswahrung der Forderung bei der Abtretung und die damit verbundene Stellung des Schuldners kann daher eine solche allgemeine Voraussetzung darstellen.

II. Anwendung auf die Vorschriften der Forderungsabtretung

Den Vorschriften über die Forderungsabtretung sind mehrere übergeordnete Prinzipien zu entnehmen. Das erste Prinzip besteht in der Verkehrsfähigkeit

317 So §§ 122, 179, 523 Abs. 1, 524 Abs. 1, 600, 663 BGB; §§ 307, 309, 463 S. 2 BGB a. F.

318 S. hierzu *Larenz*, Methodenlehre, 6. Aufl., S. 422 ff.; *Engisch*, Einführung in das juristische Denken, S. 194 ff.

319 BGHZ 9, 157, 161.

320 *Larenz*, Methodenlehre, 6. Aufl., S. 384.

321 *Engisch*, Einführung in das juristische Denken, S. 196; *Würdinger*, Die Analogiefähigkeit von Normen, AcP 206 (2006), S. 946, 954.

der Forderung, die nach Ansicht des Bundesverfassungsgerichts sogar einen für die Privatrechtsordnung wesentlichen Allgemeinbelang darstellt.[322] Über die Möglichkeit der Einziehung hinaus soll sie dem Vermögen des Forderungsinhabers als Verfügungsobjekt dienen. Im modernen Wirtschaftsverkehr ist ein solches Interesse unverkennbar. Der Zedent hat ein begründetes Interesse an der möglichst uneingeschränkten Abtretbarkeit der ihm zustehenden Forderung. Denn ist die Fälligkeit seiner Forderung entgegen § 271 Abs. 1 BGB hinausgeschoben, stellt die Forderungsabtretung für ihn eine effiziente Möglichkeit dar, Barmittel von dritter Seite zu erlangen.[323] Er erhält durch diese die Gelegenheit, einen bislang nur als Buchwert bestehenden Vermögenswert zu kapitalisieren und wirtschaftlich zu nutzen. Jede Einschränkung dieser Möglichkeit stellt für den Zessionar grundsätzlich eine Beeinträchtigung seiner wirtschaftlichen Betätigung und Vermögensverwaltung dar. Der Zedent soll nach dem Leitbild des § 398 BGB in der Lage sein, die Forderung durch Abtretung wirtschaftlich zu nutzen, um sich zu refinanzieren oder geschäftliche Risiken zu streuen.[324] Dies hat auch der historische Gesetzgeber bei Erlass des BGB so gesehen und diesem Interesse gegenüber dem Interesse des Schuldners an der Beibehaltung seines ursprünglichen Vertragspartners den Vorzug eingeräumt.[325] Hierin liegt es begründet, dass die Abtretung einer Forderung ohne Mitwirkung oder gar Kenntnis des Schuldners erfolgen kann und eine Vereinbarung zwischen Zedent und Zessionar für die Vollwirksamkeit einer Abtretung ausreichend ist. Der Gesetzgeber hat selbst den im Gesetzgebungsverfahren gestellten Antrag, die Wirksamkeit der Abtretung zumindest von einer Anzeige an den Schuldner abhängig zu machen, ausdrücklich abgelehnt.[326] Ein Zustimmungserfordernis des Schuldners stand bei Erlass des

---

322 BVerfG, NJW 2007, 3707, 3708.

323 *Hadding/van Look*, Vertraglicher Abtretungsausschluß, WM 1988, Sonderbeilage 7, S. 2, 10.

324 Vgl. hierzu nur BGH NJW 2007, 2106, 2107; OLG Köln NJW-RR 2006, 263, 265; LG Frankfurt a. M. BKR 2005, 67, 70 f.; LG Koblenz BKR 2005, 108, 110; *Langenbucher*, Anmerkung zu OLG Frankfurt a. M. 8 U 84/04, BKR 2004, 333, 334; *Bruchner*, Kein „stillschweigender" Abtretungsausschluss bei Bankforderungen, BKR 2004, 394, 395 f.; *Rögner*, Bankgeheimnis im Spannungsverhältnis mit dem Kapitalmarktrecht?, NJW 2004, 3230, 3232; *Nobbe*, Bankgeheimnis, Datenschutz und Abtretung von Darlehensforderungen, WM 2005, 1537, 1541; *Cahn*, Bankgeheimnis und Forderungsverwertung, WM 2004, 2041, 2048.

325 Motive, Band II, S. 118.

326 *Mugdan*, Materialien zum Bürgerlichen Gesetzbuch, Band II, S. 569 ff.

BGB ohnehin nie zur Diskussion[327]; zumindest schweigen die Gesetzesmaterialien hierzu vollständig. Zweites und mit dem ersten Prinzip korrelierendes Prinzip des Regelungskomplexes zur Forderungsabtretung ist der Schuldnerschutz. Die Rechtsstellung des Schuldners soll durch die Abtretung der Forderung nicht verschlechtert werden. Dies ist die logische Konsequenz daraus, dass dieser nicht einmal Kenntnis von der Abtretung an den Zessionar haben muss. Deutlich wird diese Wertung schon im Wortlaut des § 398 BGB, wonach der neue Gläubiger „an die Stelle" des alten Gläubigers tritt. Die Wertungen der §§ 398 ff. BGB reichen jedoch weiter. Nicht nur die Forderung selbst, sondern auch weitere Bestandteile des Schuldverhältnisses sollen durch die Abtretung nicht verändert werden. Dies kommt zum einen durch § 401 BGB zum Ausdruck, der den automatischen Übergang von Hypotheken, Schiffshypotheken, Pfandrechten, Rechten aus Bürgschaften, sowie aus Zwangsvollstreckung und Insolvenz resultierende Vorzugsrechte und darüber hinaus in analoger Anwendung[328] noch zahlreicher weiterer Neben- und Vorzugsrechte auf den neuen Gläubiger vorsieht. Zum anderen sollen §§ 404, 406, 407, 408, 410 BGB dafür sorgen, dass sich die Stellung des Schuldners durch die Abtretung nicht verändert; insbesondere also nicht verschlechtert und einen angemessenen Ausgleich dafür schaffen, dass der Schuldner ohne eigenes Zutun einem neuen Gläubiger gegenüber steht. So bestimmt etwa § 404 BGB, dass sich der neue Gläubiger die Einwendungen entgegen halten lassen muss, die schon zum Zeitpunkt der Abtretung begründet waren. Nach § 406 BGB kann der Schuldner eine ihm gegen den bisherigen Gläubiger zustehende Forderung auch dem neuen Gläubiger gegenüber aufrechnen, es sei denn, dass er bei Erwerb der Forderung Kenntnis von der Abtretung hatte oder die Forderung erst nach Erlangung der Kenntnis und später als die abgetretene Forderung fällig geworden ist. Zuletzt bestimmt § 410 BGB, dass der Schuldner nur gegen Aushändigung einer vom bisherigen Gläubiger über die Abtretung ausgestellten Urkunde verpflichtet ist, an den neuen Gläubiger zu leisten, sofern der bisherige Gläubiger dem Schuldner die Abtretung nicht zuvor schriftlich angezeigt hat. Noch weitergehende Schutzvorschriften enthalten §§ 407, 408 BGB in den Fällen, in denen der Schuldner von der Abtretung keine Kenntnis hat. Nach § 407 BGB muss der neue Gläubiger dann eine Leistung des Schuldners an den neuen Gläubiger, sowie jedes Rechtsgeschäft, das nach der Abtretung zwischen dem Schuldner und dem bisherigen Gläubiger in Anse-

---

327 Anders noch im römischen Recht, das keine Einzelrechtsnachfolge in Forderungen kannte, S. hierzu schon oben unter § 8 A I; vgl. auch *Mugdan*, Materialien zum Bürgerlichen Gesetzbuch, Band II, S. 65.

328 Hierzu schon ausführlich oben unter § 8 C II 1.

hung der Forderung vorgenommen wird, gegen sich gelten lassen. Gleiches gilt für ein zwischen dem Schuldner und bisherigen Gläubiger ergangenen rechtskräftigen Urteil, sofern der Schuldner die Abtretung nicht bei Eintritt der Rechtshängigkeit gekannt hat. Über § 408 BGB ist § 407 BGB ferner analog anwendbar, wenn die abgetretene Forderung nochmals an einen Dritten abgetreten wird, der Schuldner an diesen Dritten leistet, oder wenn zwischen dem Schuldner und dem Dritten ein Rechtsgeschäft vorgenommen oder ein Rechtsstreit anhängig wird. Ferner, wenn die bereits abgetretene Forderung durch gerichtlichen Beschluss einem Dritten überwiesen wird oder wenn der bisherige Gläubiger dem Dritten gegenüber anerkennt, dass die bereits abgetretene Forderung kraft Gesetzes auf den Dritten übergegangen ist.

Aus den eben dargestellten Vorschriften lässt sich entnehmen, dass der Gesetzgeber den Schuldner in den Fällen der Forderungsabtretung umfassend schützen wollte und dieser Schutz weit über die Identität der Forderung als solche hinausgeht und sich auch auf weite Teile des zwischen Schuldner und Zedenten bestehenden Schuldverhältnisses erstreckt.[329] Der Schuldner soll nicht mit Veränderungen des Schuldverhältnisses konfrontiert werden, wenn ohne sein Zutun ein Gläubigerwechsel an einer Forderung aus diesem Schuldverhältnis stattfindet. Gestützt auf diese Erwägungen hat die Rechtsprechung in der Vergangenheit den Schuldnerschutz neben den bereits oben zitierten Vorschriften auch auf außerhalb der eigentlichen Forderung liegende Sachverhalte ausgedehnt. Exemplarisch genannt seien hier der Verzögerungsschaden bei der Sicherungsabtretung, der sich anders als in den Fällen der „gewöhnlichen" Abtretung weiterhin nach der Person des Zedenten berechnet[330] und die Möglichkeit des gutgläubigen Schuldners bei der verdeckten Abtretung, nach der Zahlung an den Zedenten zu Lasten des Zessionars eine nachträgliche Tilgungsbestimmung zu treffen.[331]

Dieser sich aus den §§ 398 ff. BGB ergebende Wille des Gesetzgebers, den Schuldner durch die Forderungsabtretung vor Veränderungen zu schützen, kann auch auf die Schiedsvereinbarung übertragen werden. Denn auch wenn die Forderung durch die Schiedsvereinbarung in ihrem Bestand selbst nicht unmittelbar tangiert wird[332], ist zu beachten, dass diese vor der Abtretung kein isoliertes Schuldverhältnis darstellt. Sie entstammt in der Regel einem umfassenderem Rechtsverhältnis – meistens einem gegenseitigen

329 Vgl. zum Ganzen auch *Wagner*, Prozeßverträge, S. 311 ff.

330 BGH NJW 2006, 1662.

331 BGH NJW 2006, 284.

332 Dazu schon unter § 8 A I.

Vertrag, der seinerseits in Gänze einer Schiedsvereinbarung unterliegt – aus dem sie durch die Abtretung „herausgerissen" wurde. Im Rahmen solcher komplexerer Rechtsbeziehungen, in denen sich die Rechte und Pflichten der Parteien nicht nur aus dem Inhalt der Forderung selbst, sondern aus (zahlreichen) weiteren Regelungen ergeben, gewähren die Vorschriften der §§ 398 ff. BGB zumindest in direkter Anwendung und ihrem Wortlaut nach nicht immer hinreichenden Schutz.[333] Im hier vorliegenden Fall war vor der Abtretung zwischen Schuldner und Zedenten für das Rechtsverhältnis, und somit auch für die Forderung, eine Schiedsvereinbarung abgeschlossen worden. Dies rechtfertigt es, in Bezug auf die gegenseitigen Verpflichtungen von Schuldner und Zessionar die Forderung nicht nur isoliert zu betrachten, sondern auch das übrige Vertragsverhältnis mit einzubeziehen. Auch dieses prägt die Forderung entscheidend.[334] Würde die Schiedsvereinbarung im Verhältnis von Schuldner und Zessionar keine Anwendung finden, sondern durch die isolierte Abtretung der Forderung zumindest in Bezug auf diesen Teilbereich des Schuldverhältnisses gegenstandslos werden, so würde sich der Schuldner im Vergleich zum Rechtszustand vor der Abtretung rechtlich schlechter stellen. Durch die Vereinbarung mit dem Zedenten hat der Schuldner zum Ausdruck gebracht, das Rechtsverhältnis, und somit auch die abgetretene Forderung, der Beurteilung durch ein Schiedsgericht zu unterstellen. Es ist ferner davon auszugehen, dass dieses Interesse auf Schuldnerseite weiterhin besteht, so dass es für den Schuldner mit einem Verlust seiner Rechtsposition einherginge, müsste er Rechtsstreitigkeiten mit dem Zessionar künftig vor den ordentlichen Gerichten austragen. Das für den Übergang der Schiedsvereinbarung nach § 401 BGB (oder anderer Abtretungsvorschriften) vorgebrachte Argument, dass nach der Rechtsprechung Schiedsgerichte einen zu den staatlichen Gerichten vergleichbaren Rechtsschutz bieten und sich der Zessionar daher nicht schlechter stelle und ein automatischer Übergang daher keinen Eingriff darstelle[335], könnte man hier zwar im umgekehrten Fall zur Anwendung bringen. Jedoch greift dieses Argument – dort wie hier – zu kurz. Denn es kommt nicht darauf an, ob sich ein Vertragspartner durch die Geltung bzw.

333 *Schwintowski/Schanz*, Grenzen der Abtretbarkeit, NJW 2008, 472, 473 f.; vgl. auch MünchKommBGB/*Roth*, § 398 Rn. 99a.

334 Vgl. hierzu *Nörr/Scheyhing/Pöggeler*, Sukzessionen, S. 36 ff.; MünchKommZPO/*Münch*, § 1029 Rn. 47; Staudinger/*Busche*, BGB, § 401 Rn. 10; diese gehen jedoch alle lediglich von der Identität der Forderung, nicht des Schuldverhältnisses aus.

335 So zur mitgliedschaftlichen Bindung *Ebbing*, Satzungsmäßige Schiedsklauseln, NZG 1999, 754, 755; *Timm*, Beschlußanfechtungsklage und Schiedsfähigkeit, in: FS Fleck, S. 365, 376 f.; ähnlich *Geimer*, Anmerkung zu BGH DZWiR 1997, 119, 120.

Nichtgeltung der Schiedsvereinbarung qualitativ schlechter stellt. Es kommt vielmehr entscheidend darauf an, was die Vertragspartner wollen und vereinbart haben. Bekommt ein Vertragspartner ein im Vergleich zum ursprünglich Vereinbarten ein – wenn auch gleichwertiges – *aliud*, stellt er sich rechtlich immer schlechter, da er nicht das vertraglich Geschuldete erhält.[336]

Der Schutz, den die §§ 398 ff. BGB dem Schuldner gewähren, kann auch auf die Fälle ausgedehnt werden, in denen die Abtretung etwa wegen Nichtbestehens der Forderung scheitert. Denn aus dem eben dargelegten Verschlechterungsverbot ergibt sich nicht nur, dass der Schuldner darauf bestehen kann, dass eine einmal zwischen ihm und dem Zedenten abgeschlossene Schiedsvereinbarung in den Fällen Gültigkeit behalten muss, in denen die Forderung auf den Zessionar übergeht.[337] Gleiches muss nach §§ 398 ff. BGB auch gelten, wenn die Forderung nicht entstanden ist. Denn kommt es zu Streitigkeiten bezüglich des Bestands der Forderung, ergibt sich für den Schuldner kein Unterschied, ob er diesen mit dem Zedenten führt, in dessen Person die Forderung nicht entstanden ist, oder dem (vermeintlichen) Zessionar, der die Forderung mangels Bestehen dann auch nicht erwerben konnte. Für die (gesamt-) analoge Anwendung der §§ 398 ff. BGB reicht es daher aus, wenn sich der Scheinzessionar gegenüber dem Schuldner der Forderung berühmt und sich hierbei auf den zwischen ihm und dem Zedenten geschlossenen Abtretungsvertrag beruft.[338] Denn durch das Berufen auf den Abtretungsvertrag macht der Scheinzessionar deutlich, dass er diesbezüglich in die Rechtsstellung des Scheinzedenten[339] eintreten und die Regelungen über die Abtretung nach §§ 398 ff. BGB gegen sich gelten lassen möchte. Sehen diese bei Bestehen der Forderung – von der der (vermeintliche) Zessionar ja durch die Geltendmachung der Forderung offensichtlich

336 Im Bereich der Sachmängelgewährleistung ist dies in § 434 Abs. 3 BGB mittlerweile auch ausdrücklich gesetzlich normiert. An dieser Stelle soll aber noch keine Aussage getroffen werden, ob es das Gesetz gebietet, den Zessionar nach §§ 398 ff. BGB aus diesen Gründen an die Schiedsvereinbarung zu binden. Es soll lediglich festgestellt werden, dass sich der Schuldner ohne den Übergang der Schiedsvereinbarung auf den Zessionar rechtlich schlechter stellen würde.

337 An dieser Stelle soll dem Ergebnis nicht vorgegriffen werden. Es soll lediglich klargestellt werden, dass ein Forderungsübergang auf den Zessionar nur unter gleichzeitiger Bindung des Zessionars an die Schiedsvereinbarung möglich ist. Andernfalls muss die Forderung beim Zedenten verbleiben.

338 Ob die Schiedsvereinbarung auch dann zwischen den Parteien Geltung findet, wenn sich ein Dritter ohne Berufung auf eine (vermeintlich) erfolgte Abtretung der Forderungsinhaberschaft berühmt, ist zweifelhaft; kann hier aber dahingestellt bleiben.

339 Vgl. hierzu § 398 S. 2 BGB: „an die Stelle des bisherigen Gläubigers“.

ausgeht – die Erstreckung der Schiedsvereinbarung auf den Zessionar aus Schuldnerschutzgründen vor, so muss der Scheinzessionar diese ebenfalls gegen sich gelten lassen. Auf die tatsächliche Rechtsnachfolge in die Forderungsinhaberschaft kommt es nicht an.[340] Die Lösung des aufgeworfenen Problems über die Gesamtanalogie nach §§ 398 ff. BGB ist daher auch geeignet, der Selbständigkeit von Forderung und Schiedsvereinbarung hinreichend gerecht zu werden. Der dennoch notwendige Bezug zur Forderung ist dadurch sichergestellt, dass die Anwendbarkeit der §§ 398 ff. BGB zumindest voraussetzt, dass mindestens eine der Parteien vom Bestehen der Forderung ausgeht; also der Anschein einer Forderung besteht.

III. Zwischenergebnis

Aus den eben dargestellten Wertungen des Gesetzgebers zur Forderungszession ergibt sich, dass dem Schuldner durch die Abtretung keine Rechtsposition genommen werden darf. Durch eine Rechtshandlung des Zedenten, auf die er keinen Einfluss hat, darf der Schuldner der Schiedsvereinbarung nicht verlustig gehen. Wenn die Forderung durch Abtretung auf den Zessionar übergeht, muss die Schiedsvereinbarung ebenfalls übergehen. Das ausbalancierte Konzept des Gesetzgebers, den Schuldner im Gegenzug dafür, dass Abtretungen des Gläubigers ohne seine Mitwirkung ihm gegenüber wirksam sind, die weitgehende Identität des zwischen ihm und dem Gläubiger bestehenden Schuldverhältnisses auch nach der Abtretung zu gewährleisten, geriete ins Wanken, würde die Schiedsvereinbarung bei der Forderungsabtretung zumindest in den Fällen gegenstandslos, in denen der Zessionar von dieser keine Kenntnis hatte und diese folglich auch nicht von seiner Willenserklärung bezüglich der Abtretung umfasst war. Der Zessionar träte dann entgegen dem Wortlaut des § 398 BGB nicht „an die Stelle“ des Zedenten.

IV. Mögliche entgegenstehende Rechte des Zessionars

Fraglich ist jedoch, ob dies im Ergebnis bedeutet, dass die Schiedsvereinbarung der Forderung in den Fällen der Abtretung immer auch automatisch folgt oder ob ein solcher Automatismus nicht durch die Rechtspositionen des Zessionars wieder in Frage gestellt werden muss. Wie oben bereits dar-

340 Zum Verhältnis von Forderung und Schiedsvereinbarung s. auch § 8 A I 1, 2 a b.

gelegt liegt zumindest im Zeitpunkt der Abtretung keine Willenserklärung des Zessionars vor, die eine rechtsgeschäftliche Begründung der Schiedsvereinbarung zwischen diesem und dem Schuldner rechtfertigen könnte. Da es sich bei der Schiedsvereinbarung nicht um einen Bestandteil oder eine Eigenschaft der Forderung handelt, kann die Willenserklärung des Zessionars bezüglich der Abtretungsvereinbarung die ausdrückliche Willenserklärung in Bezug auf die ebenfalls abgeschlossene Schiedsvereinbarung auch nicht ersetzen. Es kann zudem nicht unterstellt werden, dass der Zessionar mit der Erklärung, die Forderung erwerben zu wollen, stets miterklärt, alle bezüglich der Forderung geschlossenen Vereinbarungen mit zu übernehmen. Es spielt in diesem Zusammenhang ferner keine Rolle, dass Forderungen in der Regel nicht gutgläubig erworben werden können. Den Vertragsparteien kommt die beinahe uneingeschränkte Möglichkeit zu, die zwischen ihnen bestehende oder noch zu entstehende Forderung inhaltlich zu gestalten; z. B. etwa Höhe und Fälligkeit zu bestimmen. Dass sich ein etwaiger Zessionar diese inhaltlichen Gestaltungen der eigentlichen Forderung auch entgegen halten lassen muss, selbst wenn er nicht von ihnen weiß, liegt auf der Hand. Dies muss allein schon deswegen gelten, weil Forderungen, anders als Sachen, keinen Publizitätstatbestand außerhalb des Anwendungsbereichs des § 405 BGB begründen können. Der Zessionar erwirbt die Forderung so, wie sie bei der Abtretung besteht. Da jedoch die Forderung nicht unmittelbar in ihrem Bestand betroffen ist, lassen sich die Grundsätze nicht auf deren prozessuale Einbettung übertragen. Eine automatische Erstreckung der Schiedsvereinbarung mit den damit einhergehenden Rechtsverlusten müsste also allein durch eine analoge Anwendung der §§ 398 ff. BGB gerechtfertigt werden können. Eine Bindung des Zessionars an die Schiedsvereinbarung kann daher nur bejaht werden, wenn aufgrund der Wertungen der §§ 398 ff. BGB den Rechten des Zessionars der Vorzug gegeben werden müsste; wenn also die Wertungen der §§ 398 ff. BGB tatsächlich das Erfordernis einer ausdrücklichen rechtsgeschäftlichen Erklärung überflüssig machen könnten bzw. diese rechtsgeschäftliche Erklärung zu einem späteren Zeitpunkt abgegeben oder durch eine anders geartete Erklärung ersetzt werden könnte. Berücksichtigt man, dass die einzig tragfähige Rechtfertigung für den Verzicht auf den gesetzlichen Richter, und somit für die Vereinbarung einer Schiedsklausel, in der Privatautonomie der Parteien liegt[341], erscheint der Verzicht auf die Abgabe einer ausdrücklichen Willenserklärung des Zessionars rechtlich problematisch. Denn die Beteiligten können nur dann auf die ihnen von Verfassungs wegen zustehenden gerichtlichen Garantien wie den gesetzlichen Richter und den damit im Zusammenhang ste-

341 Vgl. hierzu schon die Ausführungen unter § 4 B II 2.

henden Instanzenzug verzichten, wenn sie sich auch über die Tragweite ihrer Entscheidung bewusst sind. Es stellt sich somit die Frage, ob nicht eine Lösung denkbar ist, die weder das Rechtsverhältnis des Schuldners ändert, noch die Rechte des Zessionars berührt. Eine mögliche Lösung, die dem Schuldner die Schiedsvereinbarung erhalten und den Zessionar nicht an die Schiedsvereinbarung binden würde, könnte darin bestehen, es dem Zedenten erst gar nicht zu ermöglichen, die Forderung ohne die hierfür abgeschlossene Schiedsvereinbarung zu übertragen.

§ 9 Unübertragbarkeit der Forderung

A. Unabtretbarkeit der Forderung nach § 399 Alt. 1 BGB

Zu erwägen ist, ob eine Forderung, die in den Geltungsbereich einer Schiedsvereinbarung fällt, überhaupt frei abtretbar ist. Eine solche Übertragung könnte nach § 399 Alt. 1 BGB ausgeschlossen sein. Dieser sieht vor, dass eine Forderung nicht abgetreten werden kann, wenn sich ihr Inhalt durch die Abtretung ändert. Eine solche Inhaltsänderung kommt allerdings nur in Betracht, wenn man davon ausgeht, dass eine Abtretung der Forderung ohne gleichzeitige Bindung des Zessionars an die Schiedsvereinbarung rechtlich möglich ist. Denn verneint man dies und bindet den Zessionar im Rahmen der Abtretung folgerichtig auch an die Schiedsvereinbarung, so ändert sich das Rechtsverhältnis des Schuldners nicht. Um also feststellen zu können, ob die Anwendung des § 399 BGB auf die hiesige Problematik zu einer rechtlich tragfähigen Lösung führen kann, ist für die Prüfung von der generellen isolierten Übertragbarkeit der Forderung auf den Zessionar auszugehen, ohne dass hierdurch das Ergebnis vorweggenommen werden soll.

Eine die Abtretung ausschließende Inhaltsänderung im Sinne des § 399 Alt. 1 BGB liegt vor bei höchstpersönlichen bzw. personengebundenen Forderungen oder Rechten, ferner bei unselbständigen Ansprüchen, und zuletzt auch dann, wenn ein Verbleib der Forderung beim ursprünglichen Gläubiger im Hinblick auf die besondere Natur des Schuldverhältnisses oder der Forderung geboten ist.[342] Unter die unselbständigen Ansprüche fallen neben den Nebenrechten im Sinne des § 401 BGB auch die sich aus absoluten Rechten ergebenden Ansprüche, wie etwa der Herausgabeanspruch nach § 985 BGB oder die quasi-negatorischen Ansprüche nach § 1004 BGB, aber etwa auch wettbewerbsrechtliche Unterlassungsansprüche nach §§ 3,

342 MünchKommBGB/*Roth*, § 399 Rn. 1; Staudinger/*Busche*, BGB, § 399 Rn. 4.

8 UWG. Unter die Fallgruppe der besonderen Natur des Rechtsverhältnisses werden in der Regel Fallgestaltungen subsumiert, bei denen sich durch einen Gläubigerwechsel der Leistungsinhalt als solcher zwar nicht zwingend ändert, es aber eine Rolle spielt, an wen die Leistung erbracht wird.[343] Exemplarisch genannt werden können hier Rechte aus Mitgliedschaften an Vereinigungen[344], Dienstleistungen[345] und Ansprüche aus einem Vorvertrag[346].

Bei einer Kaufpreisforderung handelt es sich weder um eine höchstpersönliche Forderung, noch um einen unselbständigen Anspruch. Auch ist es für den Inhalt der Kaufpreisforderung irrelevant, an wen diese erbracht wird. Fraglich ist jedoch, ob sich an dieser Betrachtung etwas ändert, wenn man zugrunde legt, dass Schuldner und Zedent die Forderung einer Schiedsvereinbarung unterstellt haben. Denn geht man davon aus, dass der Zessionar bei Unkenntnis von der Schiedsvereinbarung an diese auch nicht gebunden wird, aber dennoch die Forderung erhält, ändert sich zwar aufgrund der Trennung von Forderung und Schiedsvereinbarung nicht die Forderung, wohl aber das Rechtsposition des Schuldners. War bislang das vollständige Rechtsverhältnis zwischen Schuldner und Zedent, und somit auch die in Rede stehende Forderung, einer Schiedsvereinbarung unterstellt, so wäre nach der Abtretung für letztere die staatliche Gerichtsbarkeit zuständig. Eine solche Abtretung seitens des Zedenten ohne gleichzeitige Bindung des Zessionars an die Schiedsvereinbarung stellte zwar die Verletzung einer vertraglichen Verpflichtung dar, fraglich ist jedoch, ob dies allein schon zur dinglichen Unabtretbarkeit nach § 399 Alt. 1 BGB führen muss. Da die Forderung durch eine solch abredewidrige Verfügung nicht tangiert wird, ist bei der Beantwortung der Frage entscheidend, wie weit der Begriff Inhaltsänderung der Forderung in § 399 Alt. 1 BGB zu fassen ist. Die Anwendung des § 399 Alt. 1 BGB setzt nicht zwingend voraus, dass die Forderung unmittelbar selbst betroffen ist. Bei näherer Betrachtung der Fälle, in denen § 399 Alt. 1 BGB auch ohne unmittelbaren Bezug zur Forderung angewendet wurde, wird aber deutlich, dass der Schuldner über die Identität der Forderung hinaus ein schutzwürdiges Interesse an der *Person* seines Gläubigers hatte. Die Inhaltsänderung bezog sich in diesen Fällen also nicht auf die Erfüllung des Anspruches selbst, jedoch ändert sich die Leistungserbringung durch die Person des Empfängers. Hierzu kann es nicht nur bei den höchst-

343 Staudinger/*Busche*, BGB, § 399 Rn. 22; MünchKommBGB/*Roth*, § 399 Rn. 8.

344 MünchKommBGB/*Roth*, § 399 Rn. 13; Staudinger/*Busche*, BGB, § 399 Rn. 25; *Schürnbrand*, Gestaltungsrechte als Verfügungsgegenstand, AcP 204 (2004), 177, 178 f.; vgl. auch §§ 38, 717, 719 BGB.

345 Staudinger/*Busche*, BGB, § 399 Rn. 24: „im Zweifel".

346 Staudinger/*Busche*, BGB, § 399 Rn. 13; MünchKommBGB/*Roth*, § 399 Rn. 11.

persönlichen Rechten, sondern auch in denjenigen Fällen kommen, in denen die Natur des Rechtsverhältnisses den Verbleib der Forderung beim Schuldner bedingt. So macht es etwa für den Arzt einen Unterschied, an wem er eine Operation vornimmt.[347] Ein solches Interesse an der Person des Leistungsempfängers kann sich auch in den Fällen der Zweckbindung der Leistung ergeben. Dies gilt beispielsweise für öffentliche Beihilfen[348] oder Bauspardarlehen[349]. Auch für den Schenker ist die Person des Beschenkten aus diesen Gründen erheblich.[350]

In den Fällen der Schiedsvereinbarung geht es jedoch nicht darum, den Schuldner vor einem neuen Gläubiger zu schützen, weil sich der Zweck der Leistung, oder die Leistung selbst änderte. Er ist lediglich in Bezug auf die Identität des Rechtsverhältnisses schutzbedürftig, nicht aber bezüglich eines Gläubigerwechsels. Ferner liegt auch kein Fall der Untrennbarkeit von Forderung und Schiedsvereinbarung dahingehend vor, dass die Forderung aufgrund ihrer Unselbständigkeit bei der Schiedsvereinbarung verbleiben müsste. Nicht einmal die Schiedsvereinbarung konnte in Bezug auf die Kaufpreisforderung unter den Begriff des unselbständigen Nebenrechts im Sinne des § 401 BGB subsumiert werden.[351] Für die Kaufpreisforderung kann daher nichts anderes gelten. Der hier zugrunde liegende Fall ist auch nicht mit den anderen Fällen vergleichbar, in denen Untrennbarkeit im Sinne des § 399 BGB angenommen wird. So liegt die Unabtretbarkeit etwa des Herausgabeanspruchs nach § 985 BGB darin begründet, dass dort Eigentümerstellung und Herausgabeanspruch zwingend zusammenfallen. Letzterer ist die Manifestierung der Ausschlussfunktion des Eigentums, die nicht teilbar ist.[352] Gleiches gilt für die quasi-negatorischen Ansprüche nach § 1004 BGB.[353] Ähnlich ist die rechtliche Situation bei den wettbewerbsrechtlichen Unterlassungsansprüchen nach §§ 3, 8 UWG; auch diese sind untrennbarer Bestandteil des verletzten Rechts bzw. Unternehmens.[354] Vor-

347 Staudinger/*Busche*, BGB, § 399 Rn. 7.

348 BGH NJW 1957, 1759, 1759 f.; BGH, Urteil vom 29.10.1969, I ZR 72/67, Entscheidungsgründe II 3; MünchKommBGB/*Roth*, § 399 Rn. 14; Staudinger/*Busche*, BGB, § 399 Rn. 32.

349 Staudinger/*Busche*, BGB, § 399 Rn. 20; MünchKommBGB/*Roth*, § 399 Rn. 14.

350 Staudinger/*Busche*, BGB, § 399 Rn. 14.

351 S. oben unter § 8 C II.

352 Staudinger/*Busche*, BGB, § 399 Rn. 45; s. auch Prütting/Wegen/Weinrich/*Müller*, BGB, § 399 Rn. 7; MünchKommBGB/*Roth*, § 399 Rn. 20.

353 Staudinger/*Busche*, BGB, § 399 Rn. 45.

354 BGH NJW 2007, 3570, 3573; BGH NJW 1996, 122, 123; BGH NJW 1993, 1559, 1561; Staudinger/*Busche*, BGB, § 399 Rn. 30; MünchKommBGB/*Roth*, § 399 Rn. 21; Prütting/Wegen/Weinrich/*Müller*, BGB, § 399 Rn. 8.

liegend sind aber der Inhalt der Kaufpreisforderung und der Schiedsvereinbarung nicht auf das Gleiche gerichtet, sondern verfolgen unterschiedliche Ziele.

Im Ergebnis ist die Anwendbarkeit des § 399 Alt. 1 BGB also zu verneinen. Dieser sieht einen Abtretungsausschluss nur für die Fälle vor, in denen sich die Art und Weise der Leistungserbringung für den Schuldner ändert oder in denen der Schuldner ein schutzwürdiges Interesse an der Person des Gläubigers hat. Die Schiedsvereinbarung verändert jedoch weder die Art und Weise der Leistungserbringung, noch macht sie die Kaufpreisforderung zu einem personengebundenen Anspruch. Schließlich sind auch Forderung und Schiedsvereinbarung nicht untrennbar.

B. Unabtretbarkeit der Forderung nach § 399 Alt. 2 BGB

Die Abtretbarkeit der Forderung könnte aber durch den Abschluss der Schiedsvereinbarung vertraglich ausgeschlossen worden sein.

I. Rechtsgeschäftliche Verfügungsbeschränkungen

Das Gesetz steht rechtsgeschäftlichen Verfügungsbeschränkungen generell kritisch gegenüber und erklärt in § 137 BGB rechtsgeschäftliche Verfügungsbeschränkungen Dritten gegenüber für unwirksam. Der Hauptgrund für diese restriktive Haltung des Gesetzgebers liegt in der Sicherung der Marktfreiheit zur Gewährung des freien Güterumsatzes. Die Schaffung einer *res extra commercium* soll verhindert werden.[355] Verfügungsbeschränkungen mit Wirkung gegenüber jedermann können die Parteien daher nur dann vereinbaren, wenn das Gesetz dies ausdrücklich vorsieht.[356] Eine dieser Ausnahmevorschriften stellt § 399 Alt. 2 BGB dar. In Abweichung von der ansonsten geltenden freien Abtretbarkeit von Forderungen ermöglicht es die Vorschrift den Parteien, einen dinglichen Abtretungsausschluss abzuschließen.[357] § 399 Alt. 2 BGB bestimmt, dass eine Forderung nicht ab-

---

355 S. nur Staudinger/*Kohler*, BGB, § 137 Rn. 6 f. m. zahlr. w. N.

356 MünchKommBGB/*Armbrüster*, § 137 Rn. 1; Staudinger/*Kohler*, BGB, § 137 Rn. 15, 17 f.

357 MünchKommBGB/*Roth*, § 399 Rn. 36; nach heute h. M. liegt in den Fällen des § 399 BGB keine Ausnahme vom Prinzip des § 137 BGB, sondern vielmehr schon kein veräußerliches Recht im Sinne der Vorschrift vor, BGH NJW 1990, 109, 110; BGH NJW 1978, 813, 814; BGH NJW 1964, 243.

tretbar ist, wenn die Abtretung durch Vereinbarung mit dem Schuldner ausgeschlossen ist. Rechtsprechung und Literatur stellen an einen solchen vertraglichen Abtretungsausschluss nach § 399 Alt. 2 BGB generell hohe Anforderungen. Der Grund für diese Zurückhaltung[358] liegt auch im Rahmen des § 399 Alt. 2 BGB hauptsächlich im anerkennenswerten Interesse des Gläubigers (Zedenten), die ihm gegen den Schuldner zustehende Forderung wirtschaftlich zu nutzen.[359] Nach Rechtsprechung und Literatur muss daher im Interesse der Rechtssicherheit ein solches Abtretungsverbot „in der Regel" ausdrücklich vereinbart werden[360] bzw. klar und unmissverständlich zum Ausdruck kommen[361]. Ein stillschweigend vereinbartes Abtretungsverbot ist im Einzelfall möglich[362], kann den Parteien aber nicht ohne weiteres unterstellt werden.

Wie oben bereits dargelegt und begründet wurde, ist die Schiedsvereinbarung rechtlich von der Forderung unabhängig und berührt diese nicht in ihrem Bestand oder Inhalt. Allerdings wurde ebenfalls schon festgestellt, dass die Schiedsvereinbarung trotz ihrer rechtlichen Unabhängigkeit von der Forderung als solcher das Rechtsverhältnis von Schuldner und Zedenten prägt und dieses ohne die abgeschlossene Schiedsvereinbarung ein anderes wäre. Die Schiedsvereinbarung begründet für die Parteien Förderungs- und Loyalitätsverpflichtungen[363], die es den Parteien auferlegen, alles zu tun, um das Zustandekommen des Schiedsspruchs zu fördern[364] und alles zu unterlassen, was die Umsetzung der Schiedsvereinbarung gefährden könnte.[365] Hätte der Zedent aber die Möglichkeit, die Forderung zu übertragen, ohne dass der Zessionar automatisch an diese gebunden würde[366], stellte dies eine Verletzung der Förderungs- und Loyalitätsverpflichtungen aus dem Schuldverhältnis dar, die insbesondere den Interessen des Schuldners

358 Kritisch hierzu *Berger*, Rechtsgeschäftliche Verfügungsbeschränkungen, S. 252 f.

359 Hierzu *Hadding/van Look*, Vertraglicher Abtretungsausschluß, WM 1988, Sonderbeilage 7, S. 2, 10 f.

360 *Larenz*, Schuldrecht I, S. 581; Staudinger/*Busche*, BGB, § 399, Rn. 54; wohl auch MünchKommBGB/*Roth*, § 399 Rn. 3.

361 BGH NJW 1957, 498; für die Sicherungsabrede bei der Grundschuld auch BGH NJW-RR 1991, 305.

362 BGH NJW 1957, 498; OLG Düsseldorf, NJW-RR 1994, 438; MünchKommBGB/*Roth*, § 399 Rn. 3, 30; *Hadding/van Look*, Vertraglicher Abtretungsausschluß, WM 1988, Sonderbeilage 7, S. 2.

363 S. hierzu schon unter § 8 C II 2 d.

364 BGH NJW 1957, 589, 590; BGH NJW 1964, 1129, 1139; BGH NJW 1971, 888, 890; BGH NJW 1980, 2136; BGH NJW 1988, 1215; BGH NJW 1999, 647, 648; MünchKommZPO/Münch, § 1029 Rn. 117.

365 BGH NJW 1963, 243; BGH SchiedsVZ 2008, 94, 95.

366 Wovon hier ja bei der Prüfung des § 399 BGB erst einmal ausgegangen wird.

zuwider liefe. Es erscheint daher möglich, in der Schiedsvereinbarung selbst einen (konkludenten) vertraglichen Abtretungsausschluss der ihr zugrunde liegenden Forderung gem. § 399 Alt. 2 BGB zu sehen. Hierbei ist jedoch zu beachten, dass die aus der Schiedsvereinbarung resultierenden Förderungs- und Loyalitätsverpflichtungen von vorneherein kein absolutes Abtretungsverbot begründen können. Denn Inhalt der Schiedsvereinbarung kann es allenfalls sein, eine Forderungsabtretung ohne gleichzeitige Übertragung der Schiedsvereinbarung auf den Zedenten zu verhindern. Darüber hinausgehende Beschränkungen bis hin zu einem generellen Abtretungsverbot können hingegen mit den aus der Schiedsvereinbarung resultierenden Förderungs- und Loyalitätspflichten nicht gerechtfertigt werden.

II. Dingliche Wirkung der Verfügungsbeschränkung

Die Vereinbarung eines solchen eingeschränkten Abtretungsverbots ist rechtlich möglich. Es unterscheidet sich von einem absoluten Abtretungsverbot dadurch, dass die Abtretung der Forderung zwar generell möglich, aber an weitere Voraussetzungen, wie etwa an die Zustimmung des Gläubigers, eine Abtretungsanzeige an diesen oder die Beschränkung der Abtretung an einen bestimmten Personenkreis, geknüpft ist. Es ist jedoch fraglich, ob auch einer solchen Abtretungsbeschränkung dingliche Wirkung i. S. d. § 399 Alt. 2 BGB zukommt.

Gegen eine solche dingliche und für eine lediglich schuldrechtlich wirkende Vereinbarung sprechen vereinzelte Entscheidungen des BGH. So verpflichtet etwa die Sicherungsabrede bei der Grundschuld den Gläubiger, die Forderung nur gemeinsam mit der bestellten Grundschuld zu übertragen, um so den Sicherungszweck der Grundschuld zu erhalten, ein dinglich wirkendes Abtretungsverbot soll damit jedoch nicht einher gehen. In einer Entscheidung des BGH[367] hatte eine Bank dem Beklagten ein Darlehen gewährt und sich als Sicherheit im Gegenzug zwei Briefgrundschulden übertragen lassen. Die Sicherungsabrede, die durch die Allgemeinen Geschäftsbedingungen der Bank geregelt war, enthielt folgende Regelung: „Grund- und Rentenschulden wird die Bank freihändig mangels Zustimmung des Sicherungsbestellers nur zusammen mit der gesicherten Forderung (...) verkaufen." Nachdem der Beklagte mit der Tilgung des Darlehens in Verzug geraten war, trat die Bank die nunmehr fällige Darlehensforderung an den Kläger, die Grundschulden jedoch an die W-Bank ab. Dem Zahlungsbegeh-

367 BGH WM 1982, 839, 840 m. w. N; so auch BGH NJW-RR 1991, 305; vgl. ferner BGH NJW-RR 1987, 139, 141.

ren des Klägers trat die Beklagte im Prozess mit der Begründung entgegen, das ersterem die Forderung nicht zustehe, da die Abtretung aufgrund oben zitierter Sicherungsabrede unwirksam sei. Der BGH folgte den Ausführungen des Klägers nicht und verurteilte diesen zur Zahlung. Der BGH erkannte zwar an, dass die Klausel die fiduziarische Zweckbindung zwischen Grundschuld und gesicherter Forderung erhalten und die mit einer Trennung von beiden verbundenen rechtlichen Komplikationen mit ihren Gefahren für den Schuldner vermieden werden solle, die von der Bank jedoch dennoch vorgenommene isolierte Abtretung von Forderung und Grundschuld sah der BGH als dinglich wirksam an.[368] Die seitens der Bank begangene Vertragsverletzung könne vielmehr nur Schadensersatzansprüche des Bankkunden nach sich ziehen. Eine Begründung für dieses Ergebnis gab der BGH nicht. In der Literatur wird jedoch dennoch unter Bezugnahme auf die Entscheidungen des BGH darauf verwiesen, dass zwischen dinglich und lediglich schuldrechtlich wirkenden Abtretungsverboten unterschieden werden müsse, ohne jedoch taugliche Abgrenzungskriterien zu nennen.[369] Im Ergebnis ist jedoch kein rechtlicher Grund ersichtlich, wieso Abtretungsbeschränkungen der oben bezeichneten Art lediglich schuldrechtliche Wirkung haben sollten.[370] Im Gegenteil ist die Möglichkeit, eingeschränkte Abtretungsverbote mit dinglicher Wirkung zu vereinbaren, in Rechtsprechung und Literatur allgemein anerkannt.[371] Nur wenn es (auch) im Interesse des Schuldners ist, dem Abtretungsverbot eine lediglich schuldrechtliche Wirkung zukommen zu lassen, beschränkt sich das Abtretungsverbot auf eine Unterlassungspflicht.[372] Ein solcher Sachverhalt liegt hier jedoch nicht vor, denn die Rechtsposition des Schuldners kann vor einer von ihm nicht gewünschten oder beeinflussbaren Veränderung nur bei einer dinglich wirkenden Abtretungsbeschränkung geschützt werden. Es kann also davon ausgegangen werden, dass im konkreten Fall eine Abtretungsbeschränkung mit dinglicher Wirkung im Interesse des Schuldners wäre. Andere rechtli-

---

368 BGH WM 1982, 839, 840.

369 MünchKommBGB/*Roth*, § 399 Rn. 30; MünchKommHGB/*K. Schmidt*, § 354a Rn. 11; vgl. hierzu auch Koller/*Roth*/Morck, HGB, § 354a Rn. 2.

370 Ähnlich Staudinger/*Wolfsteiner*, BGB, § 1153 Rn. 20.

371 RGZ 136, 395, 398 f.; BGH NJW 1964, 243, 243 f.; BGH NJW-RR 1989, 1104, 1104 f.; BGH NJW 1990, 109, 110; BGH NJW 1991, 559, 559 f.; vgl. auch BGH NJW 2006, 3486, 3487; MünchKommBGB/*Roth*, § 399 Rn. 33; Staudinger/*Coester*, BGB, § 307 Rn. 378; Staudinger/*Kohler*, BGB, § 137 Rn. 25 ff.; *Berger*, Rechtsgeschäftliche Verfügungsbeschränkungen, S. 253.

372 *Berger*, Rechtsgeschäftliche Verfügungsbeschränkungen, S. 253; *Willoweit*, Das obligatorisch wirkende Zessionsverbot, in: FS Gernhuber, S. 549, 560.

che Gesichtspunkte, die einer dinglichen Wirkung entgegenstehen könnten, sind nicht ersichtlich.

III. Konkludentes Abtretungsverbot

Oben wurde bereits festgestellt, dass in dem dieser Arbeit zugrundeliegenden Fall keine ausdrückliche Vereinbarung einer Abtretungsbeschränkung vorliegt und sich diese daher allein und konkludent aus dem Abschluss der Schiedsvereinbarung ergeben müsste. Da der BGH in ständiger Rechtsprechung von einem automatischen Übergang der Schiedsvereinbarung bei der Forderungsabtretung ausgeht, gibt es zu der Frage, ob in der Vereinbarung einer Schiedsvereinbarung gleichzeitig ein Abtretungsausschluss der ihr zugrunde liegenden Forderung gesehen werden kann, keine Rechtsprechung. Jedoch hatte sich der BGH in anders gelagerten Fällen schon mehrfach mit der Frage zu beschäftigen, unter welchen Voraussetzungen ein (konkludentes) Abtretungsverbot der Forderung nach § 399 BGB vorliegt.

Besondere Bedeutung für die hier vorliegende Problematik hat ein Urteil des BGH vom 27.02.2007.[373] In dieser viel beachteten Entscheidung sprach sich der BGH dagegen aus, aus dem Bankgeheimnis ein Abtretungsverbot bezüglich einer Darlehensforderung gem. § 399 Alt. 2 BGB abzuleiten.[374] Im zu beurteilenden Fall hatte die Bank den Beklagten zu 1 und 2 ein Darlehen gewährt. In den Allgemeinen Geschäftsbedingungen der Bank fand sich folgende Klausel: „Die Bank ist berechtigt, im Fall der Refinanzierung die Darlehensforderung abzutreten und die vom Darlehensnehmer bestellten Sicherheiten an die Refinanzierungsstelle zu übertragen." Nachdem die Beklagten zu 1 und 2 mit der Tilgung des Darlehens in Verzug geraten waren, stellte die Bank die Darlehenssumme fällig und trat ihre Forderungen gegen die Beklagten, sowie die eingeräumten Sicherheiten an die Klägerin ab. Die Beklagten beriefen sich auf ein Abtretungsverbot der Darlehensforderung und bestritten demzufolge die Aktivlegitimation der Klägerin. Der BGH verurteilte die Beklagten zur Zahlung und stellte zunächst fest, dass eine Vereinbarung der Parteien nach § 399 Alt. 2 BGB nicht vorliege. Hierfür sei nach einhelliger Ansicht in Rechtsprechung und Schrifttum eine zumindest stillschweigende Übereinkunft erforderlich, die jedoch den Parteien nicht lediglich unterstellt werden dürfe, da ansonsten dem Regelfall der Abtretbarkeit einer Forderung nach § 398 BGB nicht Rechnung getragen werden könne. Im konkreten Fall fehle es jedoch an jeglichem Anhalts-

373 BGH NJW 2007, 2106.
374 BGH NJW 2007, 2106, 2107 f.

punkt für eine solche Vereinbarung. Vielmehr sei in den Allgemeinen Geschäftsbedingungen eine Abtretung der Forderung zur Refinanzierung ausdrücklich vorgesehen, und es widerspreche ferner den erkennbaren berechtigten Interessen der Bank, sich über die Abtretung der Forderung zu refinanzieren oder wirtschaftliche Risiken zu streuen.[375] Ein solcher vertraglicher Abtretungsausschluss ergebe sich auch nicht aus dem Bankgeheimnis.[376] Einer diesbezüglich vereinzelt gebliebenen Entscheidung des OLG Frankfurt am Main[377] erteilte der BGH in Übereinstimmung mit der nahezu einhelligen Auffassung in der Instanzrechtsprechung und Literatur[378] eine Absage. Der BGH begründete dies damit, dass die Verschwiegenheitspflicht der Banken rein schuldrechtlichen Charakter habe und daher lediglich Schadensersatzansprüche begründen könne. Der BGH gestand zwar zu, dass diese Verschwiegenheitspflicht mit den Auskunftspflichten des Zedenten nach § 402 BGB in Konflikt geraten könne, dies sei jedoch nicht geeignet, zu einem Abtretungsverbot mit dinglicher Wirkung zu führen. Ferner sei zu beachten, dass § 402 BGB zwar eine typisierende, aber keine zwingende Regelung enthalte und daher auch eingeschränkt oder abbedungen werden könne. So könne der Zedent – im konkreten Fall die Bank – etwa weiter zur Einziehung der abgetretenen Forderung verpflichtet werden, so dass das Bankgeheimnis von vorneherein nicht betroffen sei.[379]

Die Literatur hat sich diesem Ergebnis beinahe einhellig angeschlossen.[380] Die herrschende Meinung geht also davon aus, dass ein vertraglicher Abtretungsausschluss auch dann nicht angenommen werden kann, wenn

---

375 BGH NJW 2007, 2106, 2107.

376 Diesbezüglich bleibt unklar, wieso der BGH im Weiteren einen *vertraglichen* Abtretungsausschluss aufgrund des Bankgeheimnisses prüft, obwohl er zuvor eine Vereinbarung nach § 399 BGB ausdrücklich abgelehnt hatte.

377 OLG Frankfurt a. M. NJW 2004, 1386, 1387; vgl. jedoch mittlerweile OLG Frankfurt a. M., Urteil vom 16.12.2010, BeckRS 2011, 01665.

378 S. hierzu nur KG NZG 2006, 706; OLG Köln NJW-RR 2006, 263, 265; OLG Frankfurt a. M., Urteil vom 16.12.2010, BeckRS 2011, 01665; LG Frankfurt a. M. BKR 2005, 67, 70 f.; LG Koblenz BKR 2005, 108; *Bruchner*, Kein stillschweigender Abtretungsausschluss bei Bankforderungen, BKR 2004, 394, 395 f.; *Langenbucher*, Anmerkung zu OLG Frankfurt a. M. NJW 8 U 84/04, BKR 2004, 333, 334; *Rögner*, Bankgeheimnis im Spannungsverhältnis mit dem Kapitalmarktrecht?, NJW 2004, 3230, 3232; abl. *Vorwerk*, Schutz in der Finanzmarktkrise, NJW 2009, 1777, 1778 f.; Staudinger/*Wolfsteiner*, § 1153 Rn. 20.

379 BGH NJW 2007, 2106, 2107.

380 Gegen ein solches vertragliches Abtretungsverbot aufgrund des Bankgeheimnisses, *Langenbucher*, Anmerkung zu OLG Frankfurt a. M. 8 U 84/04, BKR 2004, 333, 334; *Bruchner*, Kein „stillschweigender" Abtretungsausschluss bei Bankforderungen, BKR 2004, 394, 395 f.; *Rögner*, Bankgeheimnis im Spannungsverhält-

eine Bank gegen eine vertraglich ausdrücklich festgelegte Verpflichtung, Grundschuld und zu sichernde Forderung nicht getrennt zu übertragen, verstößt[381], oder die Abtretung die aus dem Bankgeheimnis resultierende Verschwiegenheitsverpflichtung der Bank verletzt[382]; also bei klaren vertraglichen Pflichtverletzungen des Zedenten aus dem Schuldverhältnis der Parteien. Überträgt man dies auf den hier zu betrachtenden Fall, in dem die Übertragung der Forderung ohne die hierfür abgeschlossene Schiedsvereinbarung ebenfalls eine Vertragsverletzung aus dem Schuldverhältnis darstellt[383], ist nicht davon auszugehen, dass Rechtsprechung und die herrschende Meinung in der Literatur bei der Frage, ob im Abschluss einer Schiedsvereinbarung allein in der Regel gleichzeitig ein Abtretungsausschluss der zugrunde liegenden Forderung zu sehen ist, eine andere Auffassung vertreten würden. Es ließe sich daher aus § 399 Alt. 2 BGB keine konkludente, dinglich wirkende Abtretungsbeschränkung für die der Schiedsvereinbarung zugrunde liegenden Forderung entnehmen. Der Zessionar würde mithin Forderungsinhaber, so dass sich die Frage nach dessen Bindung an die Schiedsvereinbarung erneut stellte.

IV. Bewertung anhand der allgemeinen Rechtsgeschäftslehre

Fraglich ist jedoch, ob die von Rechtsprechung und herrschender Meinung in der Literatur zu § 399 Alt. 2 BGB gefundenen Ergebnisse hier tatsächlich zwingend sind. Denn trotz der nicht zu verkennenden Parallelen der zitierten Entscheidungen zum hier zugrunde liegenden Beispielsfall, stellt sich die Frage, ob die bestehenden Unterschiede in der Fallgestaltung nicht eine andere Beurteilung rechtfertigen oder sogar erfordern.

Letztlich ist die Beantwortung der Frage, ob und inwieweit die Parteien die Abtretbarkeit der Forderung einschränken wollten, in der allgemeinen Rechtsgeschäftslehre zu suchen. Entscheidend ist, ob allein der Erklärung der Parteien, ihr Rechtsverhältnis einer Schiedsvereinbarung zu unterstellen, ein darüber hinausgehender Erklärungswert – konkret: die Vereinba-

---

nis mit dem Kapitalmarktrecht?, NJW 2004, 3230, 3232; *Bredow/Vogel*, Kreditverkäufe in der Praxis, BKR 2008, 271, 274 f.; *Kristen/Kreppel*, NPL-Transaktionen aus Sicht des Verkäufers, BKR 2005, 123, 131 ff.; *Büttner/Aigner*, Notleidende Darlehensforderungen, BB 2005, 119, 121 f.; *Nobbe*, Bankgeheimnis, Datenschutz und Abtretung von Darlehensforderungen, WM 2005, 1537, 1541; *Cahn*, Bankgeheimnis und Forderungsverwertung, WM 2004, 2041, 2048.

381 BGH WM 1982, 839, 840.

382 BGH NJW 2007, 2106, 2107 f.

383 Hierzu oben unter § 9 B I.

rung einer Abtretungsbeschränkung – zukommen kann. Die Annahme eines solchen notwendigen Zusammenhangs zwischen dem Abschluss einer Schiedsvereinbarung und einem konkludenten Abtretungsausschluss bedarf einer eingehenden Begründung, um sich nicht dem Einwand unzulässiger Fiktion auszusetzen.[384]

Nach § 133 BGB ist bei der Auslegung einer Willenserklärung der wirkliche Wille zu erforschen und nicht am buchstäblichen Sinne des Ausdrucks zu haften. Da jedoch bei gegenseitigen Verträgen nicht nur die Interessen des Erklärenden, sondern auch die des Erklärungsempfängers zu berücksichtigen sind, sind neben dieser subjektiv-individuellen Betrachtung noch weitere Umstände in die Auslegung der gegenseitigen Willenserklärungen mit einzubeziehen.[385] So kommt es für die Auslegung der jeweiligen Willenserklärung maßgeblich darauf an, welchen Sinn diese nach objektiver Betrachtung für den Erklärungsempfänger im Zeitpunkt des Zugangs hat; wie dieser die Erklärung also verstehen durfte (normative Betrachtung).[386] Zudem bestimmt die logisch-systematische Auslegung den Kontext, innerhalb dessen die Erklärung abgegeben wurde. Sie bewertet die Begleitumstände und das Gesamtverhalten der Beteiligten und stellt auch deren sonstige Rechtsbeziehungen zueinander ins Verhältnis.[387] So kann auch das sozialtypische, faktische Verhalten eines Vertragspartners eine gültige Willenserklärung darstellen, selbst wenn diese im Widerspruch zu einem ausdrücklich geäußerten Willen des Erklärenden steht. Im viel zitierten Hamburger Parkplatzfall[388] hat der BGH entgegen der durch den „parklustigen Kraftfahrer" sogar ausdrücklich geäußerten Erklärung, keine Bewachung seines Fahrzeugs zu wünschen, einen rechtsgeschäftlichen Bewachungsvertrag durch sozialtypisches Verhalten angenommen.[389] Zuletzt achtet die teleologische Auslegung auf den Zweck der rechtsgeschäftlichen Regelung und die bestehende Interessenlage, durch die eine Abrede auf einen vertretbaren Sinngehalt zurückzuführen ist.[390] Der von den Parteien ins Auge gefasste wirtschaftliche Zweck des Vertrags darf nicht zum Nachteil einer Par-

384 So zum Bankgeheimnis *Langenbucher*, Anmerkung zu OLG Frankfurt a. M., 8 U 84/04, BKR 2004, 333, 334.

385 Staudinger/*Singer*, § 133 Rn. 18; Palandt/*Ellenberger*, § 133 Rn. 9.

386 BGH NJW 1988, 1378, 1379 f.; BGH NJW 1961, 2251, 2253; MünchKommBGB/*Busche*, § 133 Rn. 6.

387 BAG NJW 1971, 639, 639 f.; MünchKommBGB/*Busche*, § 133 Rn. 6.

388 BGH NJW 1956, 1475.

389 BGH NJW 1956, 1475, 1476.

390 BGH Urteil vom 26.10.2010, VI ZR 307/09, BeckRS 2010 29494, Rn. 8; BGH NJW 2000, 2508, 2509 f.; BGH NJW 1996, 248, BGH NJW 1981, 1549, 1550; BGH NJW 1956, 665.

tei einseitig durch den Willen der anderen Partei oder an einem zu stark am Wortlaut orientierten Auslegung der Willenserklärung ausgehebelt werden. So ist nach Ansicht des BGH „grundsätzlich von dem Erfahrungssatz auszugehen, daß die Vertragsschließenden auch bei einem unzulänglichen oder widerspruchsvollen Wortlaut mit dem Vertragsschluß einen bestimmten wirtschaftlichen Zweck ins Auge gefaßt und verfolgt haben (...)."[391]

Da die Parteien im zugrunde liegenden Fall keine ausdrückliche Vereinbarung über die Abtretbarkeit der Forderung getroffen haben, sind deren Willenserklärungen nach den oben dargelegten Grundsätzen auszulegen. Hierbei kommen insbesondere der Zweck der Schiedsvereinbarung und die Interessenlage der Parteien im Zeitpunkt des Abschlusses der Schiedsvereinbarung in Betracht.

1. Zweck der Schiedsvereinbarung

Zweck der Schiedsvereinbarung ist die Unterstellung einer eventuell in der Zukunft entstehenden Rechtsstreitigkeit unter die Jurisdiktion eines privaten Schiedsgerichts unter gleichzeitiger Abbedingung der staatlichen Gerichtsbarkeit. Es kann vorausgesetzt werden, dass diese Vereinbarung nach dem Willen der Vertragsparteien im Zeitpunkt des Zustandekommens nachträglich nicht einseitig durch eine Partei abgeändert werden können soll. Wie oben bereits angesprochen stellt die Abtretung der Forderung ohne gleichzeitige Übertragung der Schiedsvereinbarung zumindest eine vertragliche Pflichtverletzung dar, die den Zweck der Schiedsvereinbarung vereiteln würde.[392] Der Zweck, den die Parteien mit der Schiedsvereinbarung verfolgen, spräche daher also für eine (dinglich wirkende) Unwirksamkeit der Abtretung. Jedoch ist zweifelhaft, ob dies allein ausreichend ist. Denn die Rechtsordnung sanktioniert nicht jede Rechts- und Vertragsverletzung mit derer dinglicher Unwirksamkeit. Auch wenn also die isolierte Übertragung der Forderung eine Pflichtverletzung darstellt, die dem Zweck der Schiedsvereinbarung entgegenläuft, kann hieraus nicht automatisch auf ein konkludent vereinbartes dingliches Abtretungsverbot geschlossen werden, denn es ist nicht zulässig, eine Willenserklärung immer so auszulegen, dass sie der Rechtsordnung genügt; dass also nicht sein kann, was nicht sein darf. Vorliegend könnte nämlich die Interessenlage der Parteien bei Vornahme der Abtretung – insbesondere die des Zedenten – die

391 BGH NJW 1956, 665.

392 Selbstverständlich vorausgesetzt, man geht hier nicht mit der h. M. von einem automatischen Übergang der Schiedsvereinbarung aus.

ja bei der Auslegung der Willenserklärung ebenfalls mit einzufließen hat, entgegenstehen.

2. Interessenlage der Parteien

Wie bereits dargelegt hat der Zedent ein begründetes Interesse an der möglichst uneingeschränkten Abtretbarkeit der Forderung, da dies für ein eine Möglichkeit darstellt, die Forderung noch vor deren Fälligkeit zu kapitalisieren. Auf die oben gemachten Ausführungen[393] kann an dieser Stelle vollumfänglich verwiesen werden. Obgleich dieser Umstand auf den ersten Blick gegen ein Abtretungsverbot spricht, ergibt sich ein anderes Bild, wenn man den hier vorliegenden Sachverhalt näher darauf untersucht, welche Reichweite eine dinglich wirkende Abtretungsbeschränkung für den Zedenten hätte. Denn es ist fraglich, ob diese im konkreten Fall geeignet wäre, den Zedenten in seiner wirtschaftlichen Betätigungsfreiheit und somit in seinen rechtlichen Interessen zu beeinträchtigen. Eine solche Beeinträchtigung kann nur in den Fällen angenommen werden, in denen der Zedent es selbst nicht in der Hand hat, auf für ihn zumutbare Weise die Voraussetzungen für eine wirksame Abtretung herbeizuführen. Dies liegt etwa bei einem absoluten Abtretungsverbot oder einem Zustimmungsvorbehalt des Schuldners vor. Oben wurde bereits dargelegt, dass die aus der Schiedsvereinbarung resultierenden Förderungs- und Loyalitätspflichten der Parteien lediglich ein eingeschränktes Abtretungsverbot rechtfertigen können. Beschränkt man jedoch das Abtretungsverbot auf die Fälle, in denen die Vereinbarung zwischen Zedent und Zessionar eine gleichzeitige Bindung des letzteren an die Schiedsvereinbarung nicht vorsieht, so sind auch die Interessen des Zedenten nicht verletzt. Denn zum einen kann ein berechtigtes Interesse desselben, sich vertragswidrig zu verhalten, nicht anerkannt werden[394]; zum anderen hat es der Zedent selbst durch eigenes – vertragsgemäßes – Verhalten in der Hand, eine vollwirksame Abtretung und somit auch die wirtschaftliche Verwertung der Forderung herbeizuführen, indem er den Zessionar anlässlich der Abtretung an die Schiedsvereinbarung bindet. Er wird hierbei auch deswegen nicht in seiner wirtschaftlichen Betätigungsfreiheit beschränkt, da ihm die Forderung mit Abschluss der Schiedsverein-

393 S. hierzu unter § 8 E II.

394 Im Ergebnis anders BGH WM 1982, 839, 840 und BGH NJW 2007, 2106, 2107 f, der die Forderungsabtretung auch bei Verstoß gegen ein ausdrücklich vereinbartes Abtretungsverbot bzw. gegen das Bankgeheimnis als dinglich wirksam ansieht; s. hierzu schon oben unter § 9 B II.

barung von vorneherein nur im Zusammenspiel mit dieser zustand. Durch die Verpflichtung, die Forderung nur gemeinsam mit der Schiedsvereinbarung zu übertragen, wird der Zedent also nicht in seinen Rechten verletzt oder auch nur in seiner wirtschaftlichen Betätigungsfreiheit, die ihm § 398 BGB gewährt, beeinträchtigt, da von ihm ohnehin nur das verlangt wird, zu was er sich durch den Abschluss der Schiedsvereinbarung gegenüber dem Schuldner freiwillig vertraglich verpflichtet hat: nämlich insbesondere nichts zu unternehmen, was der Durchsetzung der Schiedsvereinbarung abträglich sein könnte. Durch den Abschluss der Schiedsvereinbarung hatte der Zedent – zumindest im Innenverhältnis – zu keinem Zeitpunkt ein „Mehr“ an rechtlichen und wirtschaftlichen Möglichkeiten, so dass von einer Einschränkung oder Beschränkung nicht die Rede sein kann. Das Argument, dass der Forderungsinhaber das Recht nur so übertragen kann, wie es ihm selbst zusteht, führt auch die h. M. zur Begründung des automatischen Übergangs der Schiedsvereinbarung bei der Forderungsabtretung an.[395] Auf der anderen Seite hat der Schuldner ein Interesse an der dinglichen Unwirksamkeit einer abredewidrigen Abtretung. Dessen Kontinuitätsinteresse bezieht sich auf weit mehr als nur die Identität des Gläubigers, sondern betrifft das Schuldverhältnis in einem wesentlichen Punkt; nämlich den Voraussetzungen an die gerichtliche Durchsetzung der Forderung. An dieser Stelle fällt ins Gewicht, dass der Schuldner das Rechtsverhältnis zwischen Zedent und Zessionar und die von diesen getroffenen Entscheidungen nicht beeinflussen kann und in der Regel nicht einmal Kenntnis von diesen Vorgängen haben wird. Vor nachteiligen Veränderungen des Rechtsverhältnisses durch eine später vorgenommene Abtretung kann sich der Schuldner nur schützen, wenn man diesem erlaubt, schon bei der Begründung der Forderung, spätestens aber bei Abschluss der Schiedsvereinbarung dinglich rechtsverbindliche Regelungen für diese Forderung zu vereinbaren, die auch für einen eventuellen Rechtsnachfolger Gültigkeit haben. Dies kann erreicht werden, indem man den Parteien erlaubt, ihre Forderung durch den Abschluss der Schiedsvereinbarung mit dinglicher Wirkung als nur eingeschränkt abtretbar im Sinne des § 399 BGB zu gestalten.[396]

Das Hauptargument der h. M. gegen ein Abtretungsverbot kann daher im konkreten Fall nicht durchgreifen: Den Interessen des Schuldners dient die

395 S. hierzu nur MünchKommZPO/*Münch*, § 1029 Rn. 47: „die Forderung ist gleichsam nur vinkuliert zu übertragen“; ähnlich BGH NJW 1998, 371; BGH NJW 2000, 2346.

396 Diese Interessenlage ergibt sich selbstverständlich nur dann, wenn man davon ausgeht, der Zedent könne die Forderung ohne die Schiedsvereinbarung übertragen. Ist dies schon nicht der Fall, hat der Schuldner natürlich auch nicht das eben beschriebene Interesse am Verbleib der Forderung beim Zedenten.

dingliche Abtretungsbeschränkung, während die berechtigten Interessen des Zedenten an einer möglichst unbeschränkten Abtretbarkeit der Forderung nicht berührt werden.

3. Wille der Parteien

Wenn der Zweck der Schiedsvereinbarung für ein Abtretungsverbot spricht, und die Interessen der Parteien nicht entgegenstehen, so muss das Abtretungsverbot auch dem Willen der Parteien bei Abgabe der Willenserklärung entsprechen. Dies ist deshalb nicht unproblematisch, da den Parteien eine zukünftige Abtretung einer Forderung aus ihrem Schuldverhältnis bei Abschluss der Schiedsvereinbarung in der Regel nicht präsent sein dürfte. Die Feststellung eines nicht ausdrücklich geäußerten, übereinstimmenden Willens erscheint schwierig. Ein konkludent vereinbarten Abtretungsverbot kann nur dann bejaht werden, wenn man unterstellt, dass der Erklärungswille der Parteien all diejenigen Dinge umfasst, die zur Erreichung des oben beschriebenen Zwecks erforderlich sind und nicht den (für den Erklärungsgegner) erkennbaren Interessen der anderen Vertragspartei widersprechen. Zu klären ist hier daher, wie die Vertragsparteien die gegenseitigen Erklärungen nach der normativen Betrachtung verstehen durften.

Die Frage, inwieweit aus der verobjektivierten Interessenlage der Parteien auf einen von diesen geäußerten Willen geschlossen werden könne, lag dem BGH in einer neueren Entscheidung zur Beurteilung vor.[397] In dem der Entscheidung zugrunde liegenden Sachverhalt hatte die Schuldnerin durch notariell beglaubigte Urkunde der Bank – der späteren Zedentin – eine Grundschuld an ihrem Grundstück zur Sicherung einer Darlehensverbindlichkeit gewährt. Gleichzeitig unterwarf sie sich in derselben Urkunde formularmäßig der sofortigen Zwangsvollstreckung wegen Forderungen aus dem Darlehensvertrag. Die Bank trat sowohl die Forderung als auch die hierfür bestellte Grundschuld an die Zessionarin ab, ohne diese jedoch gleichzeitig an die zwischen ihr und der Schuldnerin bestehende Sicherungsabrede zu binden. Auf diese Weise erlangte die Zessionarin die Grundschuld nach §§ 1192 Abs. 1, 1157 BGB einredefrei. Gegen die Zwangsvollstreckungsmaßnahmen der Zessionarin wandte sich die Schuldnerin mit der Begründung, die Unterwerfung in die sofortige Zwangsvollstreckung sei wegen unangemessener Benachteiligung nach § 9 Abs. 1 AGBG (§ 307 BGB n. F.) unwirksam. Der BGH lehnte gemäß seiner stän-

397 BGH NJW 2010, 2041, für Neufälle wegen § 1192 Abs. 1a BGB überholt.

digen Rechtsprechung[398] und der herrschenden Ansicht in der Literatur[399] die Unwirksamkeit der formularmäßigen Unterwerfung in die sofortige Zwangsvollstrekkung ab.[400] Jedoch ließ er die Zwangsvollstreckung dennoch scheitern. Der BGH führte diesbezüglich aus, dass der einredefreie Erwerb der Grundschuld nach §§ 1192 Abs. 1, 1157 BGB dem Zessionar im Vergleich zum ursprünglichen Gläubiger insoweit einen Vorteil verschaffe, als dass dieser ohne Bindung an die Sicherungsabrede in das Grundstück des Schuldners vollstrecken könne; also auch unabhängig davon, ob und in welcher Höhe die Forderung gegen den Schuldner überhaupt (noch) bestehe. Ein solches vom Sicherungscharakter der Grundschuld losgelöstes Verständnis der Vollstreckungsunterwerfung ließe nach Ansicht des BGH jedoch außer Acht, dass sich die Rechtsposition des Schuldners durch die Forderungszession erheblich verschlechtere, da die Abtretung nicht ohne Weiteres auch die stillschweigende Vereinbarung einer Übernahme der Verbindlichkeiten aus dem Sicherungsvertrag enthalte.[401] So lehnte der BGH

---

398 BGH NJW 1987, 904, 906 f.; BGH NJW 2008, 3208, 3210; BGH NJW 2003, 885, 886; BGH NJW 2004, 59, 61; BGH NJW 2004, 158, 159; BGH NJW 2005, 1576, 1578; BGH NJW-RR 2006, 490, 490 f.

399 *Bachner*, Notarrelevante Änderungen durch das Risikobegrenzungsgesetz, DNotZ 2008, 644, 649 ff.; *Binder/Piekenbrock*, Formularmäßige Unterwerfung unter die sofortige Zwangsvollstreckung, WM 2008, 1816, 1821 ff.; *Bork*, Die Wirksamkeit von Unterwerfungsklauseln, ZIP 2008, 2049, 2053 ff.; *ders.*, Neues zur Wirksamkeit von Unterwerfungsklauseln? ZIP 2009, 1261, 1262; *Buschmann*, Unterwerfung unter die sofortige Zwangsvollstreckung, BKR 2008, 415, 416 f.; *Freitag*, Wirksamkeit vorformulierter Vollstreckungsunterwerfungen, WM 2008, 1813, 1813 ff.; *Habersack*, Die Vollstreckungsunterwerfung des Kreditnehmers, NJW 2008, 3173, 3175 f.; *Koch*, Kurzkommentar zu BGH, Beschl. v. 16.04.2009 – VII ZB 62/08, EWiR 2009, 359, 360; *Koser/Werner-Jensen*, Anmerkung zu LG Hamburg vom 09.07.2008 (BKR 2008, 338), BKR 2008, 340; *Langenbucher*, Kredithandel nach dem Risikobegrenzungsgesetz, NJW 2008, 3169, 3172; *Lehleiter/Hoppe*, Freie Abtretbarkeit von Kreditforderungen, BKR 2008, 363, 364 ff.; *Schalast*, Das Risikobegrenzungsgesetz, BB 2008, 2190, 2194; *Schelske*, Kurzkommentar zu OLG Celle, Urt. v. 27.05.2009 – 3 U 292/08, EWiR 2009, 501, 502; *Schulz*, Kreditverkauf, ZIP 2008, 1858, 1863; *ders.*, Kurzkommentar zu OLG Schleswig, Urt. v. 26.02.2009 – 5 U 71/08, EWiR 2009, 469, 470; *Selke*, Kurzkommentar zu LG Hamburg, Beschl. v. 9.7.2008 – 318 T 183/07, EWiR 2008, 543, 544.

400 BGH NJW 2010, 2041, 2043 f.

401 BGH NJW 2010, 2041, 2045 f.; die Ausführungen des BGH, dass durch die Abtretung einer Forderung Verpflichtungen aus einer für diese Forderung bestehenden Nebenabrede nicht ohne Weiteres auf den Zessionar übergehen, sind im Hinblick auf die oben zitierte Rechtsprechung zum automatischen Übergang der Schiedsvereinbarung bemerkenswert. So allerdings auch schon BGH NJW 1997, 461, 463; BGH NJW 1988, 1375, 1377 f.; BGH NJW-RR 2001, 1097, 1098.

zwar den automatischen Übergang von Verpflichtungen aus dem Sicherungsvertrag aufgrund der §§ 1192 Abs. 1, 1157, 892 BGB im zu entscheidenden Fall ab, legte jedoch die Unterwerfungserklärung des Schuldners unter die sofortige Zwangsvollstreckung – auch im Hinblick auf § 305c Abs. 2 BGB – dahingehend aus, dass diese nur im Rahmen der ursprünglichen Zweckbindung der Grundschuld erfolgen dürfe.[402] Einem solchen Verständnis der Unterwerfungserklärung stünden dem BGH zufolge auch keine berechtigten Interessen der Bank an der Abtretbarkeit der Kreditforderungen nebst Sicherheiten entgegen. Ganz im Gegenteil sei diese als Sicherungsnehmerin wegen des Treuhandcharakters der Sicherungsgrundschuld sogar verpflichtet, die ihr durch den Sicherungsvertrag auferlegten Bedingungen an den Erwerber der Grundschuld weiterzugeben.[403] Eine Zwangsvollstreckung in das Grundstück seitens des Zessionars könne daher nur dann erfolgen, wenn sich dieser zuvor zu einer Bindung an die Sicherungsabrede bereiterklärt habe. Diese Bindung habe der Urkundsbeamte der Geschäftsstelle bei der Titelumschreibung zu berücksichtigen. Liege eine solche nicht vor, so sei die Umschreibung zu verweigern.[404]

Anders als noch in der Entscheidung vom 27.02.2007[405] räumte der BGH der normativen Auslegung der Willenserklärung ein größeres und im Endeffekt entscheidendes Gewicht ein.[406] Im oben zitierten Urteil aus dem Jahr 2007 zur Frage, ob sich aus dem Bankgeheimnis ein konkludentes Abtretungsverbot ergeben könne, hatte es der BGH unterlassen, die Willenserklärungen von Schuldner und Zedenten anhand dessen auszulegen, was eine Partei in der Gesamtschau des Rechtsverhältnisses und der gegenseitigen Interessenlage von der anderen Partei redlicherweise in der konkreten Situation erwarten durfte. Der BGH ließ somit die verobjektivierte Interessenlage der Parteien bei der Urteilsfindung unbeachtet. Schon hier hätte sich der BGH aber mit der Frage auseinandersetzen müssen, ob das Interesse der Bank an der freien Abtretbarkeit der Darlehensforderung im Hin-

402 BGH NJW 2010, 2041, 2045.

403 BGH NJW 2010, 2041, 2045. Ein Umstand, der noch nach BGH in BGH NJW 2007, 2106 lediglich schuldrechtliche Wirkungen zeitigen und Schadensersatzverpflichtungen begründen konnte, bei der Auslegung von Willenserklärungen aber keine Rolle spielen sollte.

404 BGH NJW 2010, 2041, 2045.

405 BGH NJW 2007, 2106.

406 Auch *Bolkart*, Prozessuale Rechtsnachfolge in titulierte Grundpfandrechte, DNotZ 2010, 483, 489 und *Herrler*, Zwangsvollstreckung aus titulierter (Sicherungs-) Grundschuld, BB 2010, 1931, 1939 ff., weisen darauf hin, dass es für den BGH hier durchaus nahe gelegen hätte, stattdessen ein vertragliches Abtretungsverbot nach § 399 Alt. 2 BGB anzunehmen.

blick auf das dadurch verletzte Bankgeheimnis denn auch ein *berechtigtes* Interesse sei und in die Auslegung der Willenserklärung mit einfließen dürfe. Im späteren Urteil aus dem Jahr 2010 war für den BGH dann jedoch genau dieses berechtigte Interesse des Schuldners entscheidend. Obgleich die Grundschuld nach §§ 1192 Abs. 1, 1157, 892 BGB sogar nach dem Gesetz einredefrei erworben werden kann, verhinderte der Sicherungscharakter der Grundschuld in diesem Fall im Ergebnis die Zwangsvollstreckung in das Grundstück, obgleich keine Beschränkung im Grundbuch eingetragen war.

Anhaltspunkte für die Annahme eines stillschweigenden Abtretungsausschlusses geben ferner die Rechtsprechung von BGH und Reichsgericht zur Aufrechnung im Prozess vor einem staatlichen Gericht mit einer Forderung, für die die Parteien eine Schiedsvereinbarung abgeschlossen haben. Nach h. M. soll hier dem bloßen Abschluss der Schiedsvereinbarung ein Aufrechnungsverbot vor staatlichen Gerichten in Form einer konkludenten Prozessabrede zu entnehmen sein, sofern die zur Aufrechnung gestellte Gegenforderung nicht unstreitig ist oder über diese bereits rechtskräftig entschieden wurde.[407] Nach dieser Ansicht treffen die Parteien durch den Abschluss der (von der Forderung rechtlich zu unterscheidenden) Schiedsvereinbarung Regelungen über die Geltendmachung und den Umgang mit der der Schiedsvereinbarung zugrunde liegenden Forderung. Aus Loyalitätsgründen soll es den Parteien gegenüber der jeweils anderen Partei verwehrt sein, vor einem staatlichen Gericht gegen eine Forderung mit einer bestehenden Forderung aufzurechnen, da dies zur Folge hätte, dass nicht das vereinbarte Schiedsgericht, sondern das staatliche Gericht über die Forderung entscheiden würde.[408] Hierdurch soll verhindert werden, dass eine einmal geschlossene Schiedsvereinbarung durch einseitige Gestaltungserklärung im Prozess gegenstandslos wird. Einer Partei soll also nicht die Möglichkeit gegeben werden, der für die Forderung einmal wirksam abgeschlossenen Schiedsvereinbarung die Wirksamkeit zu nehmen. Die h. M. gibt an dieser Stelle den von den Parteien eingegangenen vertraglichen Verpflichtungen also den Vorzug vor dem materiell richtigen Ergebnis. Auch hier geschieht dies über die normative Auslegung der Willenserklärungen der Parteien bezüglich der Schiedsvereinbarung, obgleich davon auszugehen ist, dass die

---

407 RGZ 123, 348, 249 f.; BGH NJW 1963, 243; BGH SchiedsVZ 2008, 94, 95; BGH SchiedsVZ 2010, 275; zustimmend Schwab/Walter, Schiedsgerichtsbarkeit, Kapitel 3, 4b, Rn. 13; Musielak, ZPO, § 1029 Rn. 25; *Stein/Jonas/Schlosser*, ZPO, § 1029 Rn. 31; *Zöller/Geimer*, ZPO, § 1029 Rn. 89; im Ergebnis identisch zum umgekehrten Fall, dass vor dem Schiedsgericht mit einer nicht schiedsbefangenen Forderung aufgerechnet wird BGH SchiedsVZ 2008, 148, 150; zur Gerichtsstandsvereinbarung, BGH NJW 1973, 421 f.

408 Grundlegend BGH NJW 1963, 243.

Parteien bei Abschluss der Schiedsvereinbarung in der Regel eine spätere Aufrechnung im Prozess nicht ausdrücklich bedenken. Wie in der eben zitierten Entscheidung[409] werden also die Willenserklärungen der Parteien anhand dessen ausgelegt, was die Vertragsparteien redlicher Weise von der jeweils anderen Partei erwarten können. Dies entspricht einer langjährigen Rechtsprechungstradition. Schon nach Ansicht des Reichsgerichts war der Zweck der Schiedsvereinbarung, also die Unterstellung des Rechtsstreits unter die Jurisdiktion eines privaten Schiedsgerichts, allein maßgebend für die Beantwortung der Frage, ob die Parteien dadurch ein konkludentes Abtretungsverbot vereinbart haben.[410]

Geht man also davon aus, dass es dem Zedenten rechtlich möglich wäre, die Forderung isoliert abzutreten, sprechen im Ergebnis die besseren Argumente dafür, schon im Abschluss der Schiedsvereinbarung ein eingeschränktes konkludentes Abtretungsverbot dahingehend zu sehen, dass die Abtretung der Forderung nur dann möglich ist, wenn der Zedent den Zessionar gleichzeitig an die ursprünglich zwischen ihm und dem Schuldner geschlossene Schiedsvereinbarung bindet. Wie oben dargelegt entspricht eine solche Auslegung dem Zweck der Schiedsvereinbarung, und es stehen keine schützenswerten Interessen des Zedenten entgegen, da dieser es selbst in der Hand hat, die Voraussetzungen für eine vollwirksame Abtretung herbeizuführen. Schutz vor Machtmissbrauch durch den Schuldner muss dem Zedenten aber nur dort gewährt werden, wo eine solche Missbrauchsmöglichkeit auch besteht. Den Parteien kann also ein entsprechender Wille unterstellt werden. Dies stellt keine unzulässige Fiktion dar, sondern ergibt sich aus einer Betrachtung der verobjektivierten Interessenlage der Parteien beim Abschluss der Schiedsvereinbarung. Rechtliche Konsequenz dieser Auslegung ist, dass die Forderung von vornherein als ohne die Schiedsvereinbarung unveräußerliches Recht entsteht, mit der Folge, dass eine dieser Vereinbarung zuwiderlaufende Abtretungsvereinbarung gegenüber jedem Dritten schlechthin unwirksam ist.[411]

Auch können die Argumente der oben zitierten Entscheidung des BGH[412] zur lediglich schuldrechtlichen Wirkung des Abtretungsverbots der hiesigen Auslegung nicht entgegen stehen. Zunächst wertet der BGH die Interessen der Bank, sich durch die Abtretung der Forderung zu refinanzieren und Risiken zu streuen, einseitig zu deren Nutzen, ohne sich mit den Interessen des Darlehensschuldners auseinanderzusetzen. Der BGH übersieht

409 BGH NJW 2010, 2041, 2045 f.

410 Vgl. hierzu RGZ 123, 348, 350.

411 Vgl. BGH NJW 1964, 243; BGH NJW 1978, 813, 814; BGH NJW 1990, 109, 110.

412 BGH NJW 2007, 2106.

hierbei, dass nicht nur die grundsätzlich freie Abtretbarkeit der Forderung dem Leitbild der §§ 398 ff. BGB entspricht, sondern dass hierunter auch der Grundsatz fällt, dass sich das Rechtsverhältnis für den Schuldner durch die Abtretung grundsätzlich nicht, und erst recht nicht zu seinen Lasten verändern soll.[413] Die Entscheidung lässt auch den Grundsatz der Identität des Schuldverhältnisses als Begründung für den automatischen Übergang der Schiedsvereinbarung bei der Forderungsabtretung unberücksichtigt. Ferner differenziert der BGH nicht ausreichend zwischen dem theoretisch möglichen rechtmäßigen Verhalten der Bank und deren tatsächlichem Verhalten. Der BGH stellt zunächst fest, dass aus dem Bankgeheimnis als solchem lediglich schuldrechtliche Verpflichtungen der Parteien erwachsen, nicht jedoch ein dingliches Abtretungsverbot. Nicht nachvollziehbar sind diesbezüglich die (hilfsweise angestellten) Erwägungen des BGH[414], die Informationspflichten des Zedenten nach § 402 BGB seien disponibel und es sei daher durchaus möglich, dass die zedierende Bank mit dem Zessionar vereinbare, dass sie weiterhin zum Forderungseinzug berechtigt und verpflichtet sein und keine weitergehende bankrechtsrelevante Weitergabe von Daten erfolgen solle.[415] Eine solche Vereinbarung lag in dem vom BGH zu entscheidenden Fall aber weder vor, noch hatte sich die zedierende Bank bei der vorgenommenen Abtretung an die Vorgaben des Bankgeheimnisses gehalten. Allein mit der theoretischen Möglichkeit des rechtmäßigen Verhaltens der Bank, kann die dingliche Wirksamkeit der Abtretung aber nicht begründet bzw. ein konkludenter vertraglicher Abtretungsausschluss nicht abgelehnt werden.[416] Dies übersieht der BGH in seiner Argumentation, wenn er die Frage, ob eventuell ein Abtretungsverbot der Darlehensforderung vorliegt, nicht davon abhängig macht, ob die Bank sich bei der vorgenommenen Abtretung rechtmäßig verhält, also das Bankgeheimnis achtet. Sodann versäumt es der BGH auch, nachdem er ein Abtretungsverbot aus dem Bankgeheimnis als solchem abgelehnt hat – in einem zweiten Schritt zu überprüfen, ob die Willenserklärungen der Parteien *aufgrund und im Lichte des Bankgeheimnisses* so zu verstehen sind, dass ein konkludentes vertrag-

413 S. hierzu schon oben unter § 8 E II.

414 BGH NJW 2007, 2106, 2107.

415 Bei kritischer Betrachtung stellt sich hier jedoch ohnehin die Frage, wie eine Zession ohne Weitergabe von bankgeheimnisrelevanten Informationen über den Schuldner praktisch überhaupt von statten gehen soll. Es ist nicht davon auszugehen, dass der Zessionar bereit ist, eine Forderung ohne vorherige Risikoprüfung zu kaufen. Eine solche erscheint jedoch ohne Informationen über den Schuldner als nahezu ausgeschlossen.

416 Im Ergebnis ebenso *Schwintowski/Schantz*, Grenzen der Abtretbarkeit, NJW 2008, 472, 474 f.

liches Abtretungsverbot angenommen werden muss.[417] Der BGH beschränkt sich vielmehr darauf, ohne weitere Begründung eine entsprechende Vereinbarung der Parteien abzulehnen.[418]

Im Ergebnis kann also davon ausgegangen werden, dass die Parteien durch den Abschluss der Schiedsvereinbarung den Willen hatten, hierdurch auch eine dinglich wirksame Abtretungsbeschränkung der Forderung zu vereinbaren.

V. Anwendbarkeit des § 354a HGB

Fraglich ist jedoch, ob der Anwendungsbereich des § 399 BGB im zugrunde liegenden Fall durch § 354a HGB ohnehin nicht stark eingeschränkt ist und unabhängig von einem konkludenten Abtretungsverbot in den meisten Fällen zur Wirksamkeit der vorgenommenen Abtretung führte. § 354a HGB bestimmt, dass in den Fällen, in denen die Abtretung einer Geldforderung durch Vereinbarung mit dem Schuldner gemäß § 399 BGB ausgeschlossen und das Rechtsgeschäft für beide Teile ein Handelsgeschäft ist, die Abtretung gleichwohl wirksam ist, sofern es sich nicht um eine Forderung aus einem Darlehensvertrag handelt, deren Gläubiger ein Kreditinstitut im Sinne des Kreditwesengesetzes ist. Dies würde im hier zu betrachtenden Fall dazu führen, dass der Zessionar unabhängig von einer Vereinbarung nach § 399 Alt. 2 BGB Forderungsinhaber würde und sich somit erneut die Frage stellte, ob auch eine Bindung an die für die Forderung abgeschlossene Schiedsvereinbarung vorliegt.

Bei realistischer Betrachtung ist davon auszugehen, dass die meisten durch Rechtsgeschäft abgeschlossenen Schiedsvereinbarungen Fälle beiderseitiger Handelsgeschäfte betreffen.[419] Dies wird zunächst dadurch untermauert, dass Schiedsverfahren zu Rechtsstreitigkeiten, die den Bestand eines Mietverhältnisses über Wohnraum im Inland betreffen, nach § 1030 Abs. 2 ZPO grundsätzlich ausgeschlossen sind und Schiedsvereinbarungen für Rechtsstreitigkeiten aus einem Arbeitsverhältnis nach § 101 ArbGG auf die Fälle beschränkt sind, in denen ein Tarifvertrag den Ausschluss der Arbeitsgerichtsbarkeit für unter diesen Tarifvertrag fallende Arbeitsverhältnisse zu Gunsten eines Schiedsgerichts ausdrücklich bestimmt. Ein nicht unerheblicher Teil an Streitigkeiten, die Nichtkaufleute betreffen, dürfte al-

---

417 So zumindest im Fall von AGB-Klauseln, *Koch*, Abtretbarkeit von Darlehensforderungen, BKR 2006, 182, 186.

418 BGH NJW 2007, 2106, 2107.

419 Belastbare Zahlen hierzu waren nicht zu ermitteln.

lein hiermit abgedeckt sein. Auch ist davon auszugehen, dass Schiedsvereinbarungen unter der Beteiligung von Verbrauchern – und somit Nichtkaufleuten – auch aufgrund der hierfür geltenden verschärften Formvorschriften selten sein dürften. So müssen nach § 1030 Abs. 5 ZPO Schiedsvereinbarungen, an denen ein Verbraucher beteiligt ist, von den Parteien grundsätzlich eigenhändig unterzeichnet werden. Sofern kein Fall der notariellen Beurkundung vorliegt, darf die Urkunde ferner keine weiteren Vereinbarungen enthalten. Bei Verbraucherverträgen im geschäftlichen Massenverkehr dürfte die Schiedsvereinbarung daher keine Rolle spielen. Auch die Vorteile der Schiedsgerichtsbarkeit, wie etwa die Vertraulichkeit des Verfahrens, der größere Einfluss der Parteien auf das Verfahren und die mögliche Kostenersparnis bei hohen Streitwerten[420], treffen für Kaufleute in weit größerem Umfang zu als für Nichtkaufleute. Für letztere dürften Schiedsgerichte nur im Einzelfall attraktiver sein als die staatliche Gerichtsbarkeit.[421] Zuletzt ist davon auszugehen, dass die Abtretung von Geldforderungen im Rahmen der §§ 398 ff. BGB den zahlenmäßig größten Stellenwert einnehmen dürfte. Gleichwohl Belege durch belastbare Zahlen nicht möglich sind, kann zuverlässig unterstellt werden, dass ein Großteil der für diese Arbeit relevanten Fälle unter § 354a HGB fallen würden und somit lediglich eine schuldrechtliche Wirkung des vereinbarten Abtretungsverbots[422] eintreten könnte.

§ 354a HGB findet Anwendung, wenn die Abtretung einer Geldforderung durch Vereinbarung mit dem Schuldner ausgeschlossen ist. Nach der Rechtsprechung des BGH und der überwiegenden Ansicht in der Literatur ergibt es keinen Unterschied, ob es sich um die Vereinbarung eines absoluten oder – wie hier – lediglich eingeschränkten Abtretungsverbots handelt.[423] Vielmehr soll die Vorschrift auch in den Fällen anwendbar sein, in denen die Abtretung lediglich unter Zustimmungsvorbehalt des Schuldners steht[424] oder sogar nur eine Anzeigeverpflichtung enthält.[425] Überträgt man

420 Hierzu und zu den anderen Vorteilen der Schiedsgerichtsbarkeit schon ausführlich unter § 3.

421 So etwa in heiklen familiären Angelegenheiten, vgl. hierzu *Huber*, Schiedsvereinbarungen im Scheidungsrecht, SchiedsVZ 2004, 280 ff.

422 Ginge man entgegen der h. M. von einem solchen aus.

423 BGH NJW-RR 2005, 624, 626; Baumbach/*Hopt*, HGB; MünchKommHGB/*K. Schmidt*, § 354a Rn. 11; § 354a HGB Rn. 1; Ebenroth/Boujong/Joost/Strohn/*Wagner*, HGB, § 354a Rn. 6.

424 BGH NJW-RR 2005, 624, 626; BGH, Urteil vom 25.11.2010, VII ZR 16/10, BeckRS 2011 00023 Rn. 16; BGH NJW 2009, 438, 439.

425 BGH, Beschluss vom 22.01.2004, VII ZR 170/03, BeckRS 2004 01468 (nicht entscheidungstragend); OLG Celle, Urteil vom 19.02.2004; 14 U 134/03, aus den

diese Rechtsprechung auf die Fallgestaltung des eingeschränkten Abtretungsverbots bei Vorliegen einer Schiedsvereinbarung, ist der Anwendungsbereich des § 354a HGB eröffnet und die Abtretung der Forderung gleichwohl wirksam. Dies hätte zur Folge, dass sich die Frage erneut stellte, wie eine für alle Parteien sachgerechte Lösung der Problematik gefunden werden kann, ohne durch einen Automatismus[426] die Rechte von Schuldner oder Zessionar zu schmälern.

Fraglich ist jedoch, ob es geboten ist, die hier vorliegende Konstellation in den Anwendungsbereich des § 354a HGB fallen zu lassen. Wie bereits ausgeführt differenziert der Wortlaut der Vorschrift selbst nicht nach eingeschränktem und vollständigem Abtretungsverbot. Eine solche Differenzierung könnte im vorliegenden Fall hingegen angemessen sein. Nach der Gesetzesbegründung zu § 354a HGB[427] sollte dieser dafür sorgen, dass Forderungen von Lieferanten selbst dann zu Finanzierungszwecken genutzt werden können, wenn diese einem vertraglichen Abtretungsverbot unterliegen. Der Gesetzgeber hatte ein entsprechendes Defizit festgestellt, da insbesondere Großunternehmen in ihren Allgemeinen Geschäftsbedingungen die Abtretbarkeit der gegen sie gerichteten Forderungen generell ausgeschlossen hatten. Dieses nach § 399 Alt. 2 BGB dinglich wirkende Abtretungsverbot war nach Ansicht des Gesetzgebers – zumindest theoretisch – geeignet, Liquiditätsschwierigkeiten der Lieferanten zu steigern und Marktmacht, insbesondere auf den Mittelstand, auszuüben und gegebenenfalls auch zu missbrauchen. Durch Ausnutzen der häufig eingeräumten Zahlungsziele sei das Bedürfnis der Lieferanten nach einer Zwischenfinanzierung ihrer Forderungen zudem noch gestiegen.[428] Diesen beiden Umständen sollte durch die gesetzlich angeordnete Wirksamkeit der Forderungsabtretung entgegengewirkt werden. Die Rechte des Schuldners werden insoweit gewahrt, als dass dieser im Gegenzug nach § 354a Abs. 1 S. 2 HGB an den Zedenten mit befreiender Wirkung leisten kann. Er muss sich daher – trotz abredewidrig vorgenommener Abtretung – nicht auf wechselnde Gläubiger einstellen.[429] Nichts hiervon trifft jedoch auf den hier vorliegenden Fall zu. Wie bereits oben dargelegt hat es der Zedent selbst in der Hand, durch Bindung des Zessionars an die Schiedsvereinbarung, die Voraussetzungen für eine vollwirksame Abtretung selbst herbei zu führen. Er wird hierdurch auch in keiner Weise in seinen Rechten beeinträchtigt, da ihm die Forderung

---

Gründen II 2a; noch offengelassen BGH NJW 2002, 1488, 1489; a. A. OLG Schleswig NJW-RR 2001, 818, 819 f.; Koller/*Roth*/Morck, HGB, § 354a Rn. 2.

426 S. hierzu unter § 8 E IV.

427 BT-Drucks. 12/7912, S. 24 f.

428 BT-Drucks. 12/7912, S. 24.

429 BT-Drucks. 12/7912, S. 25.

von vorneherein nicht ohne die hierfür abgeschlossene Schiedsvereinbarung zustand und er gegenüber dem Schuldner vertraglich auch verpflichtet ist, für eine Bindung des Zessionars zu sorgen.[430] Er kann somit die Voraussetzungen für eine Zwischenfinanzierung seiner Forderung selbst schaffen und bedarf des Schutzes des § 354a HGB nicht. Kann der Zedent aber unproblematisch und einseitig die Voraussetzungen für eine vertragsgemäße Abtretung herbeiführen, so ist nicht einzusehen, wieso er darüber hinaus auch die Möglichkeit erhalten solle, die Forderung abredewidrig abzutreten. Diese Auslegung deckt sich auch mit der von Teilen von Rechtsprechung und Literatur geäußerten Kritik[431] an der h. M., die auch bei bloßen Anzeigeverpflichtungen den Anwendungsbereich des § 354a HGB eröffnet sieht.[432] Denn auch durch eine bloße Anzeige habe es der Schuldner selbst in der Hand, die Voraussetzungen für eine Abtretung herbeizuführen. Diese hindere ihn daher nicht, seine Forderung für Refinanzierungszwecke zu nutzen.[433] Eine teleologische Reduktion der Vorschrift ist daher entgegen der h. M. geboten, und zwar sowohl für Anzeigepflichten als auch für den hier vorliegenden Fall der Schiedsvereinbarung. Die diesbezüglich ablehnende Rechtsprechung hat es bislang versäumt, eine Begründung dafür zu geben, wieso im Anwendungsbereich des § 354a HGB nicht zwischen Abtretungsverbot und Abtretungsbeschränkungen in Form von Anzeigeverpflichtungen differenziert werden müsse und verweist – wenn überhaupt – lediglich auf die so auch überwiegend in der Literatur vertretene Ansicht.[434] Hier findet sich jedoch ebenfalls keine hinreichende Begründung, wieso bloße Anzeigeverpflichtungen vom Schutzzweck des § 354a HGB umfasst sein sollen. Entweder wird gar keine Begründung gegeben[435] oder diese ist unzu-

430 Vgl. hierzu § 8 C II 2 d, § 9 B I.

431 OLG Schleswig NJW-RR 2001, 818, 819 f.; Koller/*Roth*/Morck, HGB, § 354a Rn. 2.

432 OLG Celle, Urteil vom 19.02.2004 – 14 U 134/03, Gründe II 2 a; OLG Oldenburg, Urteil vom 27.05.2003 – 12 U 12/03, Leitsatz 1 und 2; Baumbach/Hopt, HGB, § 354a HGB Rn. 1; Ebenroth/Boujong/Joost/Strohn/*Wagner*, HGB, § 354a Rn. 6; MünchKommHGB/*K. Schmidt*, § 354a Rn. 11; s. auch BGH, Beschluss vom 22.01.2004, VII ZR 170/03, BeckRS 2004 01468 (nicht entscheidungstragend); noch offengelassen BGH NJW 2002, 1488, 1489.

433 OLG Schleswig NJW-RR 2001, 818, 819 f.; Koller/*Roth*/Morck, HGB, § 354a Rn. 2.

434 Vgl. hierzu OLG Celle, Urteil vom 19.02.2004 – 14 U 134/03, Gründe II 2 a; OLG Oldenburg, Urteil vom 27.05.2003 – 12 U 12/03, Leitsatz 1 und 2; BGH, Beschluss vom 22.01.2004, VII ZR 170/03, BeckRS 2004 01468 (nicht entscheidungstragend).

435 Baumbach/*Hopt*, HGB, § 354a HGB Rn. 1; MünchKommHGB/*K. Schmidt*, § 354a Rn. 11; Ebenroth/Boujong/Joost/Strohn/*Wagner*, HGB, § 354a Rn. 6.

reichend und nicht auf das Problem bezogen.[436] Im Ergebnis ist also die Anwendung des § 354a HGB auf die eingeschränkten Abtretungsverbote bei Anzeigeverpflichtung oder bei Vorliegen einer Schiedsvereinbarung weder vom Wortlaut der Vorschrift zwingend, noch von der (ausdrücklichen) Intention des Gesetzgebers umfasst. Es ist auch kein rechtlicher Grund ersichtlich, diese Fälle unter den Anwendungsbereich der Norm zu fassen.

VI. Zwischenergebnis

Nach dem oben Gesagten kann aus dem Abschluss einer Schiedsvereinbarung im Regelfall ein eingeschränktes, dinglich wirkendes Abtretungsverbot für Forderungen abgeleitet werden, sofern der Zedent den Zessionar nicht gleichzeitig auch an die Schiedsvereinbarung bindet. Dies gilt auch bei Abtretungsverboten von Geldforderungen aus beiderseitigen Handelsgeschäften, denen ansonsten nach § 354a HGB lediglich schuldrechtliche Wirkung zukäme; der Anwendungsbereich der Norm ist in der hier interessierenden Fallgestaltung nicht eröffnet.

§ 10 Ergebnisse der § 8und § 9 und Schlussfolgerungen hieraus

A. Zusammenfassung

1. Den Vorschriften über die Forderungsabtretung lässt sich entnehmen, dass nicht nur die Forderung, sondern auch die Rechtsstellung des Schuldners durch die Abtretung nicht verändert werden darf. Nach der Intention des Gesetzgebers soll der Schuldner bei der Forderungsabtretung weitestgehend vor Veränderungen des Schuldverhältnisses geschützt werden. Dies kann auf zwei Wegen erfolgen. Zum Einen lässt sich der Schutz des Schuldners dadurch erreichen, dass der Zessionar mit Übergang der Forderung automatisch an die Schiedsvereinbarung gebunden wird; zum anderen da-

436 So *Seggewiße*, Das Kaufmännische Abtretungsverbot und seine Rechtsfolgen, NJW 2008, 3256, 3257, der aus dem Umstand, dass der Gesetzgeber über § 354a HGB sogar unabtretbare Forderungen der Abtretung zugänglich gemacht hat, einen pauschalen Erst-Recht-Schluss für Abtretungsbeschränkungen zieht. *Wagner*, Materiellrechtliche und prozessuale Probleme des § 354a HGB, WM 1996, Sonderbeilage 1, S. 1, 6, stellt pauschal auf dieselbe Rechtswirkung (Unwirksamkeit) von eingeschränktem und absolutem Abtretungsverbot ab, ohne auf die konkrete Schutzbedürftigkeit des Zedenten einzugehen.

durch, dass die Forderung als nach § 399 BGB unabtretbar angesehen wird und beim Zedenten verbleibt.

2. Das Grundgesetz garantiert, dass Rechtsstreitigkeiten zumindest dann ausschließlich durch den gesetzlichen Richter eines staatlichen Gerichts entschieden wird, wenn die Parteien des Rechtsstreits dieses Recht zuvor nicht vertraglich abbedungen hat. Auf den ersten Blick ist dies mit einer automatischen Bindung des Zessionars an die Schiedsvereinbarung unvereinbar.

3. Im Abschluss der Schiedsvereinbarung ein dinglich wirkendes, vertragliches Abtretungsverbot nach § 399 BGB zu sehen, ist rechtlich begründbar. Insbesondere stehen Sinn und Zweck des § 354a HGB einer solchen Auslegung nicht entgegen, obgleich eine solche Auslegung der Rechtsprechung und überwiegenden Meinung in der Literatur widerspricht.

4. Durch die Annahme eines dinglich wirkenden Abtretungsverbots könnte der Zessionar mithin dogmatisch begründbar vor der Bindung an die Schiedsvereinbarung geschützt werden, ohne dass der Zessionar einen Rechtsverlust erlitte.

B. Schlussfolgerungen

Es liegt nahe, die automatische Bindung des Zessionars an die Schiedsvereinbarung aufgrund dessen entgegenstehender Rechte zu verneinen und die Forderung nach den Grundsätzen des § 399 Alt. 2 BGB scheitern zu lassen. Auf diese Weise wird der Zessionar nicht an eine Vereinbarung gebunden, von der er keine Kenntnis hat, während sich das Rechtsverhältnis für den Schuldner nicht verändert. Fraglich ist jedoch, ob sich die in dieser Arbeit aufgeworfene Problematik durch dieses Ergebnis für alle Seiten interessengerecht lösen lässt. Für dieses Ergebnis spricht – neben dessen dogmatischer Begründbarkeit – dass es zumindest formal sowohl den Rechten des Schuldners als auch denen des Zessionars gerecht wird. Beide verlieren nach dieser Konstellation keine Rechtspositionen. Geht man jedoch zum Ausgangspunkt dieser Arbeit zurück, so war eine kritische Betrachtung des von der h. M. gefundenen Ergebnisses deshalb nötig geworden, weil die berechtigten Interessen und Rechte des Zessionars bei einer automatischen Bindung an die Schiedsvereinbarung bei der Forderungsabtretung gerade im Hinblick auf den Verlust des gesetzlichen Richters und des Grundsatzes, dass generell niemand ohne sein Zutun vertraglichen Verpflichtungen unterworfen werden darf, bei der Argumentation der h. M. unberücksichtigt geblieben waren. Das von der h. M. gefundene Ergebnis ist nicht nur fragwürdig, es lässt sich vielmehr rechtlich auch nicht mit den von dieser Ansicht vertretenen Argumenten begründen. Dem Zessionar wäre jedoch durch ein rechtlich korrektes Ergebnis nicht gedient, würde er sich hierdurch nicht auch tatsächlich besser oder zumindest gleich stellen. Eine solche Besser- bzw. Gleichstellung ist hier aber fraglich, da der Zessionar bei der Annahme einer konkludenten Abtretungsbeschränkung zwar nicht automatisch an die Schiedsvereinbarung gebunden und somit seinem gesetzlichen Richter auch nicht entzogen wird, er jedoch die Forderung auch nicht erhält. Selbst wenn er also mit der Bindung an die Schiedsvereinbarung einverstanden wäre oder vor die Wahl gestellt lieber die Schiedsvereinbarung in Kauf nehmen würde, als die Forderung gar nicht zu erlangen, verbliebe die Forderung beim Zedenten, ohne dass es auf die Schutzbedürftigkeit und Interessenlage des Zessionars im konkreten Einzelfall ankäme.

Bei der Frage, ob das oben gefunden Ergebnis über § 399 BGB den Interessen des Zessionars also eher dient als eine automatische Bindung an die Schiedsvereinbarung, kommt es daher maßgeblich auf die Frage an, welche Ansprüche dem Zessionar nach beiden Lösungswegen zustehen.

4. Kapitel
Rechtsstellung des Zessionars nach beiden Lösungswegen

§ 11 Ansprüche des Zessionars gegen den Schuldner bei Annahme der Unabtretbarkeit der Forderung gem. § 399 Alt. 2 BGB

A. Primäransprüche

I. Anspruch des Zessionars auf Übertragung der Forderung ohne Bindung an die Schiedsvereinbarung gem. §§ 453 Abs. 1, 433 Abs. 1 BGB

Nach §§ 453 Abs. 1, 433 Abs. 1 BGB hat der Forderungskäufer einen Anspruch gegen den Verkäufer auf Übertragung der Forderung. Mangels Kenntnis des Zessionars von der Schiedsvereinbarung richtet sich dessen vertraglicher Anspruch auf die Übertragung der Forderung ohne die hierfür abgeschlossene Schiedsvereinbarung. Da die Forderung aufgrund der dinglich wirkenden Abtretungsbeschränkung jedoch von Anfang an als nicht ohne die Schiedsvereinbarung veräußerliches Recht entstanden ist und auch § 354a HGB nach der hier vertretenen Auffassung nicht auf den Fall anwendbar ist[437], kann der Zedent den Forderungsübergang nicht herbeiführen.[438] Es könnte daher ein Fall der Unmöglichkeit der Leistung vorliegen. § 275 Abs. 1 BGB bestimmt hierzu, dass der Anspruch auf eine Leistung ausgeschlossen ist, wenn diese für den Schuldner oder jedermann unmöglich ist. Vorliegend ist die Leistung jedoch nicht schlechthin ausgeschlossen, sondern für den Zedenten nur rechtlich nicht einseitig zu bewirken. Die Forderung ist hingegen übertragbar, wenn der Schuldner zu einem solchen Vorgehen seine Genehmigung erteilt und sich mit dem Zedenten auf die Aufhebung der Abtretungsbeschränkung einigt. Mit Zustimmung des Schuldners könnte der Zedent seinen vertraglichen Verpflichtungen also nachkommen. § 275 Abs. 2 BGB bestimmt hierzu, dass der Schuldner die Leistung dann verweigern kann, soweit diese einen Aufwand erfordert, der unter Beachtung des Inhalts des Schuldverhältnisses und der Gebote von Treu und Glauben in einem groben Missverhältnis zu dem Leistungsinter-

---

437 S. hierzu schon unter § 9 B V.

438 BGH NJW 1990, 109, 110; BGH NJW 1997, 3434, 3435; MünchKommBGB/*Roth*, § 399 Rn. 37; Staudinger/*Busche*, BGB, § 399 Rn. 63.

esse des Gläubigers steht. Aus dieser Vorschrift lässt sich ableiten, dass der Schuldner sich darum zu bemühen hat, die für ihn (persönlich) unmögliche Leistung dennoch möglich zu machen; etwa dadurch, dass er die Zustimmung der berechtigten Person einholt. Aus der Vorschrift ergibt sich jedoch auch, dass dieses Bemühen Grenzen hat. Selbst wenn es möglich ist, die Wirksamkeit der Abtretung im vorliegenden Fall durch die Zustimmung des Gläubigers herbeizuführen, beschränken sich die hierfür erforderlichen Bemühungen des Zedenten auf das nach § 275 Abs. 2 BGB Zumutbare. Es wäre also im konkreten Einzelfall zu prüfen, ob und unter welchen Bedingungen eine Zustimmung des Schuldners zu erlangen ist. In der folgenden Prüfung wird davon ausgegangen, dass der Schuldner an der geschlossenen Schiedsvereinbarung festhalten möchte, also dessen Zustimmung zur Übertragung der Forderung nicht zu zumutbaren Bedingungen zu erlangen und die Übertragung der Forderung daher unmöglich ist.

II. Anspruch des Zessionars auf Übertragung der Forderung ohne Bindung an die Schiedsvereinbarung gem. §§ 453 Abs. 1, 433 Abs. 1, 405 BGB

Fraglich ist, ob sich an dieser Betrachtung etwas ändert, wenn der Schuldner nach § 405 BGB eine Urkunde über die Schuld ausgestellt hat. § 405 BGB bestimmt, dass sich der Schuldner dem neuen Gläubiger gegenüber nicht darauf berufen kann, dass die Eingehung oder Anerkennung des Schuldverhältnisses nur zum Schein erfolgt oder dass die Abtretung durch Vereinbarung mit dem ursprünglichen Gläubiger ausgeschlossen ist, wenn er eine Urkunde über die Schuld ausgestellt hat und die Forderung unter Vorlegung der Urkunde abgetreten wird. In diesen Fällen entsteht die Forderung in der Person des Erwerbenden unter Ausschluss der in § 405 BGB genannten Einwendungen.[439] Im konkreten Fall müsste eine Anwendung der Vorschrift dann konsequenterweise zur Folge haben, dass die Forderung ohne die Schiedsvereinbarung in der Person des Zessionars entsteht. Denn wenn der Schuldner dem Zessionar die mangelnde Abtretbarkeit der Forderung nicht entgegenhalten kann, so muss dies auch für die Gründe gelten, weswegen die Forderung ursprünglich als unabtretbar angesehen wurde. Im Ergebnis ist jedoch eine Anwendung des § 405 BGB auf die hier vorliegende Fallgestaltung zu verneinen. § 405 BGB gilt ausschließlich für Ab-

439 Staudinger/*Busche*, BGB, § 405 Rn. 13; MünchKommBGB/*Roth*, § 405 Rn. 9; Prütting/Wegen/Weinreich/*Müller*, BGB, § 405 Rn. 5; Erman/*Westermann*, BGB, § 405 Rn. 3.

tretungsverbote nach § 399 BGB; nicht aber für sonstige, ebenfalls unter § 399 BGB fallende Abtretungs*beschränkungen.*[440] Dies liegt darin begründet, dass die nach § 405 BGB ausgestellte Urkunde nicht über das Abtretungsverbot bzw. die Abtretungsbeschränkung ausgestellt wird, sondern über die Schuld, also die Forderung selbst. Eine solche Urkunde hat aber für den Rechtsverkehr nur dann einen Sinn und einen Wert, wenn aus ihr auch geschlossen werden kann, dass die Forderung nicht nur besteht, sondern generell auch abtretbar ist. Eine entsprechende Urkunde nach § 405 BGB ist daher in den Fällen des generellen Abtretungs*verbots* geeignet, diesbezüglich einen Rechtsschein zu begründen. Erklärt der Schuldner gegenüber dem Rechtsverkehr, dass eine Forderung, die vereinbarungsgemäß nicht abtretbar ist, besteht, so kann dieser Erklärung neben dem Bestand der Forderung entnommen werden, dass diese auch übertragbar ist.

Im Falle der Abtretungsbeschränkung ist dies jedoch anders. Denn hier ist die grundsätzliche Möglichkeit der Abtretbarkeit von vorneherein schon gegeben, so dass die Urkunde über das Bestehen der Schuld keinen weiteren Rechtsschein begründen kann. Die Abtretbarkeit ist nur vom Einhalten der Voraussetzungen – wie etwa der Anzeige der Abtretung an den Schuldner – abhängig. Aus einer Erklärung des Schuldners über das Bestehen der Schuld ergibt sich jedoch nicht, dass diese Voraussetzungen eingehalten wurden, zumal die letztere ja auch frühestens im Zeitpunkt der Abtretung vorliegen müssen.

Selbst wenn also der Schuldner eine Urkunde nach § 405 BGB ausgestellt hat, verbleicht es bei der Unmöglichkeit der Forderungsübertragung auf den Zessionar. Die Forderung verbleibt daher gem. § 399 Alt. 2 BGB auch in diesen Fällen beim Zedenten.

B. Sekundäransprüche

I. Schadensersatz statt der Leistung gem. §§ 280, 275, 311a BGB

Der Zessionar könnte berechtigt sein, aufgrund der Nichtleistung des Zedenten Schadensersatz statt der Leistung nach §§ 280, 275, 311a BGB wegen Unmöglichkeit der Leistung zu verlangen. Wie eben ausgeführt, kann der Zessionar vorliegend aufgrund der dinglich wirkenden Abtretungsbe-

---

440 MünchKommBGB/*Roth*, § 405 Rn. 10; wohl auch *Kuhn*, Scheinvertrag und verdeckter Vertrag, AcP 208 (2008), 101, 106 ff.; sowie Palandt/*Grüneberg*, BGB, § 405 Rn. 4.

schränkung die Forderung ohne die Schiedsvereinbarung nicht übertragen, so dass zumindest die Voraussetzungen des § 275 Abs. 2 BGB erfüllt sind.

Ist die Leistung unmöglich, richten sich die Rechtsfolgen gem. § 275 Abs. 4 BGB nach §§ 280, 283–285, 311a und 326 BGB. So wird der Zessionar nach § 326 Abs. 1 BGB von seiner Gegenleistungspflicht frei und kann nach § 326 Abs. 5 BGB ohne Fristsetzung vom Vertrag zurücktreten. Ferner könnten ihm Schadensersatzansprüche nach §§ 280, 275 BGB zustehen. Bezüglich der Rechtsfolgen ist hierbei erheblich, ob es sich um einen Fall der anfänglichen oder nachträglichen Unmöglichkeit handelt.

Nach § 311a Abs. 1 BGB liegt anfängliche Unmöglichkeit vor, wenn das Leistungshindernis schon bei Vertragsschluss besteht. Dies ist hier zwar unzweifelhaft gegeben; es stellt sich jedoch die Frage, ob hier ein Unterschied besteht, wenn die endgültige Verweigerung des Schuldners, von der Schiedsvereinbarung zu vertretbaren Konditionen Abstand zu nehmen, erst nach der Abtretung erklärt wurde.[441] So hat der BGH etwa in den Fällen, in denen das Grundgeschäft wirksam war, und lediglich das Erfüllungsgeschäft der Genehmigung bedurfte[442], die Unmöglichkeit der Leistung erst in dem Zeitpunkt angenommen, in dem die Genehmigung endgültig verweigert worden war.[443] Ein solcher Fall liegt hier jedoch nicht vor. Dies ergibt sich allein daraus, dass die Unmöglichkeit schon das Grundgeschäft betrifft. Denn die Abtretung der Forderung ohne gleichzeitige Übertragung der Schiedsvereinbarung ist ausgeschlossen und unterliegt nicht etwa nur einem Zustimmungsvorbehalt des Schuldners, der die Abtretung bzw. den Abtretungsvertrag lediglich schwebend unwirksam machen würde. Vorliegend soll durch die Abtretungsbeschränkung auch nicht nur die Übertragung der Forderung, also das Erfüllungsgeschäft verhindert werden. Vielmehr wurde die Forderung von vorneherein als (so) nicht übertragbares Recht begründet. Um eine Abtretung der Forderung ohne die Schiedsvereinbarung im hier vorliegenden Fall zu ermöglichen, ist es erforderlich, dass der zwischen Zedenten und Schuldner bestehende Vertrag einvernehmlich geändert wird. Dies ist jedoch grundsätzlich nur für die Zukunft möglich und unterfällt nicht dem für Genehmigungen geltenden Anwendungsbereich der §§ 182, 184 BGB. Einer solchen Vertragsänderung kommt

441 Dass eine solche Erklärung schon vor Abtretung der Forderung abgegeben wird, ist praktisch kaum denkbar.

442 In den Fällen, in denen die Wirksamkeit des *Grundgeschäfts* von der Genehmigung – etwa einer Behörde – abhängt, stellt sich die Frage der Unmöglichkeit schon nicht, da das Grundgeschäft mit endgültiger Genehmigungsversagung von Anfang an unwirksam ist; vgl. MünchKommBGB/*Ernst*, § 275 Rn. 57.

443 BGH NJW 1981, 2687, 2689; BGH NJW 1978, 1262, 1263.

keine Rückwirkung zu.[444] Ist die rechtliche Möglichkeit einer Leistung nur durch eine für die Zukunft wirkende Vertragsänderung mit einem Dritten erreichbar, war die Leistung davor – und somit auch schon bei Vertragsschluss – unmöglich.

Bei anfänglicher Unmöglichkeit hat der Zessionar nach § 311a Abs. 2 BGB das Recht, Schadensersatz statt der Leistung oder Ersatz vergeblicher Aufwendungen nach § 284 BGB verlangen, es sei denn, der Schuldner – hier der Zedent – kannte das Leistungshindernis bei Vertragsschluss nicht und hat seine Unkenntnis auch nicht zu vertreten. Im konkreten Fall ist Anknüpfungspunkt der Kenntnis, ob der Zedent im Zeitpunkt der Abtretung von der Unübertragbarkeit des Rechts und der nicht vorliegenden bzw. nicht zu erlangenden Zustimmung des Schuldners zu deren Übertragung weiß bzw. sich der Umstände bewusst ist, aus denen sich das „grobe Missverhältnis" im Sinne des § 275 Abs. 2 BGB ergibt. Dies liegt etwa vor, wenn dem Zedent bekannt ist, dass eine Zustimmung des Schuldners zur Übertragung der Forderung ohne die hierfür abgeschlossenen Schiedsvereinbarung nur unter erheblichen Kosten zu erlangen ist. Nicht erforderlich ist hingegen, dass er auch den hieraus resultierenden rechtlichen Schluss zieht, sich also bewusst ist, dass diese Umstände zum Entfallen seiner Leistungspflicht führen.[445]

Eine solche Kenntnis des Zedenten dürfte im Regelfall vorliegen. Der Zedent hat keinen ersichtlichen Grund zur Annahme, dass der Schuldner einer Übertragung der Forderung ohne gleichzeitige Bindung des Zessionars an diese zustimmen wird. Er kann nicht davon ausgehen, dass eine solche Zustimmung überhaupt zu erlangen ist und muss sich daher bewusst sein, dass die Übertragung der Forderung wohl scheitern wird. Wenn der Zedent aber von einer Zustimmung des Schuldners schon nicht ausgehen kann, dann müssen ihm auch die Umstände bewusst sein, aus denen sich das „grobe Missverhältnis" i. S. d. § 275 Abs. 2 BGB ergibt. Etwas anderes kann gelten, wenn der Zedent selbst keine Kenntnis vom Bestehen der Schiedsvereinbarung hatte. Dies dürfte jedoch die Ausnahme darstellen und wäre im konkreten Einzelfall zu klären. Der Zessionar hat nach den Grundsätzen des „großen Schadensersatzes" im Regelfall somit einen Anspruch darauf, so gestellt zu werden, als sei die geschuldete Leistung bewirkt worden, wahlweise kann er Ersatz seiner im Hinblick auf die Leistung getätig-

444 BGH NJW 1988, 1210, 1211; BGH NJW 1978, 813, 814; BGH NJW 1990, 109, 110; Prütting/Wegen/Weinreich/*Müller*, BGB, § 399 Rn. 17; Soergel/*Zeiss*, BGB, § 399 Rn. 9; *Larenz, Schuldrecht* I, S. 581 f.; a. A. RGRK/*Weber*, BGB, § 399 Rn. 15; *Serick*, Eigentumsvorbehalt und Sicherungsübertragung, Band IV § 51 I 2.

445 MünchKommBGB/*Ernst*, § 311a Rn. 44.

ten Aufwendungen verlangen. Diese Verpflichtung wird von § 249 BGB dahingehend konkretisiert, dass der Zedent den Zustand herzustellen hat, der bestehen würde, wenn der zum Ersatz verpflichtende Umstand nicht eingetreten wäre. Im vorliegenden Fall liegt dieser Umstand darin, dass der Zedent dem Zessionar die Forderung ohne die hierfür abgeschlossenen Schiedsvereinbarung nicht abtreten konnte, der Anspruch auf die Leistung von vorneherein unmöglich war. Der Zessionar ist also so zu stellen, als sei die Abtretung ohne die hierfür abgeschlossene Schiedsvereinbarung wirksam erfolgt.

Fraglich ist, wie dieser Zustand hergestellt werden kann, welchen Inhalt der Schadensersatz also hat. § 249 Abs. 1 BGB ist vorrangig auf Schadensersatz in Form der Naturalrestitution ausgerichtet.[446] Es ist jedoch zweifelhaft, ob hierfür im konkreten Fall überhaupt Raum ist. Unabhängig von der hier vorliegenden Unmöglichkeit der Leistung, die die Kompensation in Form der Naturalrestitution zumindest auf den ersten Blick als ausgeschlossen erscheinen lässt, wird diese in den Fällen des Schadensersatzes statt der Leistung von einer teilweise vertretenen Ansicht grundsätzlich abgelehnt[447]; nach anderer Ansicht soll Schadensersatz in Form der Naturalrestitution auch in diesen Fällen möglich sein.[448] Die erste Ansicht stützt sich zur Begründung hauptsächlich auf den Wortlaut des § 281 Abs. 4 BGB, der bestimmt, dass der Anspruch auf Leistung ausgeschlossen ist, sobald der Gläubiger statt der Leistung Schadensersatz verlangt hat, da hierdurch die Pflicht zur (Nach-) Erfüllung erlischt.[449] Dies könnte im Fall der Unmöglichkeit der Leistung jedoch anders zu sehen sein. Zunächst verweist der

446 BGH NJW 1997, 520, 521; Prütting/Wegen/Weinreich/*Medicus*, BGB, § 249 Rn. 3; MünchKommBGB/*Oetker*, § 249 Rn. 320; Staudinger/*Schiemann*, BGB, § 249, Rn. 178.

447 *Hirsch,* Schadensersatz statt der Leistung, Jura 2003, 289; *Huber/Faust,* Schuldrechtsmodernisierung, Kapitel 3 Rn. 181 f. (S. 137); *Lorenz/Riehm,* Schuldrecht, S. 107 Rn. 207; *Staudinger/Otto/Schwarze*, BGB, § 281 Rn. B128; BeckOKBGB/*Faust*, § 437 Rn. 134.

448 MünchKommBGB/*Emmerich*, Vorbemerkung § 281 Rn. 5; *Schmidt, K.*, Zivilprozessuale und materiellrechtliche Aspekte des § 283 BGB, ZZP 87 (1974), 49, 59; *Gebauer,* Naturalrestitution beim Schadensersatz wegen Nichterfüllung, S. 43 ff.; *Motzer,* Die „positive Vertragsverletzung" des Arbeitnehmers, S. 226 f.; *Pieper,* Der Anspruch auf Schadensersatz wegen Nichterfüllung, JuS 1962, 409, 412 ff.; *Lange/Schiemann*, Schadensersatz, S. 215 ff.; in Ausnahmefällen Palandt/*Grüneberg*, BGB, § 281 Rn. 17; offen gelassen *Bardo, Ulrike,* Schadensersatz wegen Nichterfüllung, S. 86 f., soll zu erwägen sein, wenn Gläubiger „Geldersatz nichts nützt".

449 *Staudinger/Otto/Schwarze*, BGB, § 281 Rn. B128; BeckOKBGB/*Faust*, § 437 Rn. 134.

hier einschlägige § 311a Abs. 2 S. 3 BGB nur auf § 281 Abs. 1 S. 2 und 3, sowie Abs. 5 BGB; nicht aber auf § 281 Abs. 4 BGB. Es stellt sich jedoch die Frage, ob § 281 Abs. 4 BGB nicht dennoch Anwendung finden muss, da in den Fällen der anfänglichen Unmöglichkeit der Leistungsanspruch zwar nicht erlischt, aber zumindest bei objektiver Unmöglichkeit nach § 275 Abs. 1 BGB gar nicht erst entsteht. Ein solcher Gleichlauf ist jedoch nicht zwingend. Denn kann man dem Gläubiger in den Fällen des § 281 Abs. 4 BGB noch das Interesse auf Naturalrestitution mit der Begründung absprechen, dieser habe ja aus freien Stücken auf die Leistung verzichtet, indem er Schadensersatz verlangt hat, so ist dies bei einem Entfallen der Leistungspflicht aufgrund bestehender Unmöglichkeit nicht gegeben. Besonders in den Fällen der subjektiven Unmöglichkeit nach § 275 Abs. 2 BGB, der bei an sich möglicher Leistungspflicht dem Schuldner lediglich ein Einrederecht zugesteht, hat der Gläubiger ein Interesse an der (Nach-) Erfüllung. Hiervon zu trennen ist die Frage, ob in den Fällen der anfänglichen Unmöglichkeit der Leistungspflicht überhaupt die Möglichkeit der Naturalrestitution besteht. Auf den ersten Blick erscheint dies ausgeschlossen; jedoch hat die Rechtsprechung dem Gläubiger insbesondere in den Fällen, in denen er an einem Ersatz in Geld kein Interesse hatte, auch die Bewirkung einer *entsprechenden* Leistung im Rahmen der Naturalrestitution zugestanden[450], etwa bei Handelsware (vertretbare Sachen)[451] und in den Fällen der Angebotsverknappung[452]. Hauptsächlich handelte es sich um Sachverhalte, in denen dem Gläubiger selbst bei voller Entschädigung in Geld nicht ausreichend gedient war.[453] Zudem bejahte der BGH die Naturalrestitution mit einer lediglich entsprechenden Leistung in einem Fall, in dem der von den Parteien ins Auge gefasste Vertragserfolg zwar nicht mit der ursprünglich geschuldeten Leistung erreicht werden konnte, wohl aber mit einer anderen – entsprechenden – Leistung.[454] Ausschlaggebend war für die Gerichte im letzteren Fall bei der Entscheidungsfindung die Interessenlage von Schuldner und Gläubiger.

Im vorliegenden Fall käme eine Entschädigung in Form der Naturalrestitution dann in Frage, wenn man hierfür wie in den eben geschilderten Fällen die Bewirkung einer *entsprechenden* Leistung ausreichen ließe und in der Übertragung der Forderung unter Bindung an die Schiedsvereinbarung

---

450 BGH WM 1971, 1412, 1414; RGZ 106, 86, 88; OLG Hamm MDR 1948, 178, 180; RGZ 96, 20, 22 ff.; RGZ 73, 21, 23; BGH NJW 1962, 390; ähnlich BGH NJW 1962, 1344.

451 RGZ 106, 86, 88.

452 OLG Hamm MDR 1948, 178, 180.

453 Vgl. hierzu BGH WM 1971, 1412, 1414; ähnlich RGZ 96, 20, 25; RGZ 73, 21, 23.

454 BGH NJW 1962, 390.

eine solche entsprechende Leistung läge. Denn die identische Leistung lässt sich hier im Rahmen der Naturalrestitution aus den gleichen Gründen nicht erbringen, wie die ursprünglich geschuldete Leistung. Auch in den Fällen, in denen zumindest die theoretische Möglichkeit besteht, die Unmöglichkeit zu überwinden, scheidet Naturalrestitution aus. Wie oben bereits beschrieben hat der Zedent hier die Möglichkeit, gemeinsam mit dem Schuldner die Geltung der Schiedsvereinbarung aufzuheben, und so den Übergang der Forderung auf den Zessionar möglich zu machen. Wurde aber diese Möglichkeit bereits im Rahmen des § 275 Abs. 2 BGB geprüft und aus Gründen der Unverhältnismäßigkeit verneint, kann für die Frage des Schadensersatzes nichts Anderes gelten. Umgekehrt ist bei Verneinung der Unverhältnismäßigkeit bereits keine Unmöglichkeit gegeben, so dass die ursprüngliche Leistungspflicht nicht erlischt und sich die Frage nach Schadensersatz statt der Leistung nicht stellt. Lässt man jedoch im Rahmen des Schadensersatzes statt der Leistung eine lediglich entsprechende Leistung ausreichend sein, so ist es denkbar, eine solche Leistung in der Übertragung der Forderung unter gleichzeitiger Bindung des Zessionars an die Schiedsvereinbarung zu sehen.

Vorliegend stellt sich jedoch die Frage, wieso der Zessionar überhaupt Schadensersatz in Form einer entsprechenden Leistung verlangen sollte. Im Beispielsfall konnte der Zessionar eine auf Geld gerichtete Forderung aufgrund einer bestehenden Abtretungsbeschränkung nicht erwerben. In diesen Fällen ist der dadurch entstandene Schaden für den Zessionar vollumfänglich in Geld kompensierbar. Es ist kein Fall denkbar, in dem der Zessionar an der Inhaberschaft einer Geldforderung ein rechtlich schützenswertes Interesse hat. Selbst in den Fällen, in denen der Zessionar die Forderung hätte gewinnbringend weiterveräußern (entgangener Gewinn)[455] oder zu einem Wert realisieren können, der über dem gezahlten Kaufpreis liegt, ist eine Kompensation in Geld unter Berücksichtigung aller denkbaren Gesichtspunkte ausreichend. Dies gilt sogar in den Fällen, in denen der Zessionar die Forderung erworben hat, um gegenüber dem Schuldner eine Aufrechnungslage herbeizuführen, da der Zessionar die gegen ihn bestehende Forderung auch mit dem als Schadensersatz erlangten Geld und dem ersparten Kaufpreis für die Forderung ablösen könnte und ihm aus der Auf-

455 Staudinger/*Otto*, BGB, § 280 Rn. E5; MünchKommBGB/*Emmerich*, Vorbemerkung § 281 Rn. 8 f.; vgl. zur Schadensberechnung (nach altem Schuldrecht) auch BGH NJW 1997, 2378, 2378 f.; BGH NJW 1994, 2480, 2480 f.

rechnungslage als solcher keine sonstigen Vorteile erwachsen.[456] Zuletzt könnte der Zessionar die Übertragung der Forderung mit der hierfür abgeschlossenen Schiedsvereinbarung ohnehin nur in den Fällen verlangen, in denen die Forderung noch im Vermögen des Zedenten vorhanden ist und dieser auch über sie verfügen kann.[457] Ist dies aber der Fall, ist es dem Zessionar unbenommen, diese Forderung zur Sicherung seines Schadensersatzanspruchs in Geld nach §§ 829, 835 ZPO zu pfänden und sich zur Einziehung überweisen zu lassen.[458]

Im Ergebnis kann der Zessionar die Forderung unter Geltung der Schiedsvereinbarung nicht im Rahmen des Schadensersatzes statt der Leistung nach §§ 311a Abs. 2, 249 Abs. 1 BGB verlangen[459]; eine Kompensation in Geld ist ausreichend.

Exkurs:

Der dieser Arbeit zugrunde liegende Beispielsfall behandelt die Abtretung einer Geldforderung. Diese ist – wie eben dargelegt – in den Fällen der Unmöglichkeit unproblematisch in Geld kompensierbar. Jedoch können nach § 398 ff. BGB auch andere Ansprüche, wie etwa der Anspruch auf Übereignung einer beweglichen Sache aus einem Kaufvertrag abgetreten werden. Je nach Einzelfall ist dem Zessionar hier unter Umständen nicht mit einer Entschädigung in Geld gedient. Da diese Arbeit jedoch anstrebt, für die Abtretung im Allgemeinen Lösungswege aufzuzeigen, soll im Folgenden daher beleuchtet werden, ob in den nicht durch Geld uneingeschränkt kompensierbaren Fällen die Möglichkeit besteht, über den Schadensersatz statt der Leistung den Forderungsübergang auf den Zessionar – wenn auch unter Bindung an die Schiedsvereinbarung – herbeizuführen.

---

456 Im Gegenteil hätte er bei der Aufrechnung mit einer schiedsbefangenen Forderung vielmehr noch zu beachten, dass die ihm zustehende Forderung rechtskräftig festgestellt oder unbestritten ist, vgl. hierzu nur Musielak/*Voit*, ZPO, § 1032 Rn. 6; vgl. auch MünchKommZPO/*Münch*, § 1046 Rn. 36.

457 So etwa nicht in den Fällen, in denen in Zwischenzeit das Insolvenzverfahren über das Vermögen des Zedenten eröffnet wurde.

458 In diesen Fällen stünde ihm dann ebenfalls die Möglichkeit offen, mit der gepfändeten Forderung gegenüber dem (Dritt-)Schuldner aufzurechnen; vgl. hierzu nur MünchKommZPO/*Smid*, § 835 Rn. 12; Musielak/*Becker*, ZPO, § 835 Rn. 8. Allerdings hätte er dann natürlich auch die Schranken der Aufrechnung mit einer schiedsgebundenen Forderung zu beachten, vgl. hierzu nur Musielak/*Voit*, ZPO, § 1032 Rn. 6; MünchKommZPO/*Münch*, § 1046 Rn. 36.

459 Vgl. zu den Grenzen der Naturalrestitution auch BGH NJW-RR 2003, 1042.

Ein solches Vorgehen ist im vorliegenden Fall fraglich. Weder sind in den heutigen Zeiten Fälle wahrscheinlich, die denen der nachkriegsbedingten Angebotsverknappung[460] ähneln, noch ist der beschriebene Fall mit dem Verkauf vertretbarer Sachen[461] vergleichbar. Der Zedent erhielte auf diesem Wege zuletzt auch nicht den vertraglich ins Auge gefassten Erfolg[462], sondern etwas anderes. Er würde zwar Rechteinhaber, jedoch erhielte er nicht die ursprünglich vereinbarte Rechtsstellung, da hiermit die Bindung an die Schiedsvereinbarung einhergeht. Eine Übertragung des Anspruchs unter Bindung an die Schiedsvereinbarung im Rahmen der Naturalrestitution ist also auch in dem eben geschilderten Fall zweifelhaft. Erwägt man ein solches Vorgehen im begründeten Einzelfall dennoch, so hat bei der Abwägung in jedem Fall auch eine Rolle zu spielen, dass der Zedent kein erkennbares Interesse daran hat, den Zessionar nicht an die Schiedsvereinbarung zu binden. Denn er verliert hierdurch keine eigene Rechtsstellung.

III. Ansprüche aus culpa in contrahendo (cic) gem. §§ 249, 280 Abs. 1, 311 Abs. 2, 241 Abs. 2 BGB

Der Zessionar könnte aufgrund der fehlgeschlagenen Abtretung ferner Ansprüche gegen den Zedenten nach den Grundsätzen der culpa in contrahendo gem. § 311 BGB haben. § 311 Abs. 2 BGB sieht vor, dass ein Schuldverhältnis mit Pflichten nach § 241 Abs. 2 BGB nicht erst mit Vertragsschluss entstehen kann, sondern auch schon durch die Aufnahme von Vertragsverhandlungen, die Anbahnung eines Vertrags, bei der der eine Teil im Hinblick auf eine etwaige rechtsgeschäftliche Beziehung dem anderen Teil die Möglichkeit zur Einwirkung auf seine Rechte, Rechtsgüter und Interessen gewährt oder ihm diese anvertraut, oder durch ähnliche geschäftliche Kontakte. Da im vorliegenden Fall sogar ein Vertragsabschluss erfolgt ist, ist die erste Variante des § 311 Abs. 2 BGB erfüllt, so dass die Parteien gegenüber dem jeweils anderen Vertragspartner die von § 241 Abs. 2 BGB normierten Schutz- und Rücksichtnahmepflichten treffen. § 241 Abs. 2 BGB bestimmt wiederum, dass ein Schuldverhältnis nach seinem Inhalt jeden Teil zur Rücksicht auf die Rechte, Rechtsgüter und Interessen des anderen Teils verpflichten kann. Diese weit formulierten Regelungen orientieren sich weitestgehend an der vor der Kodifikation des Rechtsinstituts er-

460 So der Fall in OLG Hamm MDR 1948, 178, 180.
461 So der Fall in RGZ 106, 86, 88.
462 So der Fall in BGH NJW 1962, 390.

lassenen langjährigen Rechtsprechung der Gerichte.[463] Eine immer größere Rolle spielt hierbei die kontinuierliche Ausdehnung der culpa in contrahendo wegen Verletzung von Aufklärungs- und Informationspflichten.[464] Da es jedoch zur ureigenen Aufgabe jeder Partei gehört, sich selbst über die wesentlichen Umstände des Vertragsgegenstands zu informieren, kommt eine Haftung eines Vertragspartners nach diesen Grundsätzen nur dann in Betracht, wenn es sich um Umstände handelt, die nur einer Partei bekannt sind und von denen sie zudem zumindest wissen muss, dass sie geeignet sind, den Entschluss der anderen Partei zu beeinflussen.[465] Liegt ein solcher Fall aber vor, so besteht für jeden Vertragspartner die Pflicht, den anderen Teil über solche Umstände aufzuklären, die den Vertragszweck des anderen vereiteln können und daher für seinen Entschluss von wesentlicher Bedeutung sind, sofern er die Mitteilung nach der Verkehrsauffassung erwarten konnte.[466]

1. Verletzung von Aufklärungspflichten

Vorliegend kommt für eine Verletzung der Aufklärungspflichten des Zedenten gegenüber dem Zessionar der Umstand in Betracht, dass die Forderung aufgrund der für diese abgeschlossenen Schiedsvereinbarung einer vertraglichen Abtretungsbeschränkung dahingehend unterliegt, dass sie nur gemeinsam mit der Schiedsvereinbarung übertragen werden kann.[467] Eine solche vorvertragliche Aufklärungspflicht kann hier bejaht werden. Dies ergibt sich daraus, dass die Leistung schon im Zeitpunkt des Vertragsabschlusses im Sinne des § 275 Abs. 1 BGB oder aber zumindest nach § 275 Abs. 2 BGB unmöglich war.[468] Obgleich die anfängliche Unmöglichkeit

463 MünchKommBGB/*Emmerich*, § 311 Rn. 36; Prütting/Wegen/Weinreich/*Medicus/Stürner*, BGB, § 311 Rn. 33 f.

464 MünchKommBGB/*Emmerich*, § 311 Rn. 38, 68.

465 BGH NZG 2002, 644, 645; MünchKommBGB/*Emmerich*, § 311 Rn. 72.

466 BGH NJW 2007, 3057, 3059; BGH NJW 2001, 2163, 2164.

467 Der Umstand, dass die Forderung überhaupt einer Schiedsvereinbarung unterliegt, kann an dieser Stelle keine Rolle spielen. Denn kann der Zessionar die Forderung aufgrund § 399 BGB gar nicht erst erwerben, so ist das Bestehen einer Schiedsvereinbarung für ihn irrelevant. Dass zwischen Zessionar und Schuldner eventuell entstehende Streitigkeiten über das Bestehen der Forderung bzw. die Wirksamkeit der Abtretung aufgrund der „separability doctrine" ggf. vor einem Schiedsgericht auszutragen wären, soll an dieser Stelle außer Betracht bleiben. Vgl. zu einem ähnlichen Fall aber § 8 E II a. E.

468 S. hierzu oben unter § 11 A I, § 11 B I.

nach der jetzigen Rechtslage nicht mehr die Nichtigkeit des Vertrags zur Folge hat[469], steht diese zwar nicht der Wirksamkeit des Vertrages, aber dennoch dessen Erfüllung entgegen. Selbst in den Fällen, in denen der Zedent davon ausgeht, dass unter Umständen die Leistung etwa mit Hilfe eines Dritten noch erfüllt werden kann, ist die Durchführung des Vertrags zumindest stark gefährdet. Dieser Fall, in dem es ein Dritter – der Schuldner – in der Hand hat, die Leistung für den Zedenten doch noch möglich zu machen, ist mithin mit den Fällen vergleichbar, in denen eine Partei nicht von ihrem Vertragspartner im Vorfeld darauf aufmerksam gemacht wurde, dass der Wirksamkeit des abgeschlossenen Vertrags zumindest Bedenken entgegenstehen. So liegt nach ständiger Rechtsprechung eine Verletzung von Informations- und Aufklärungspflichten etwa dann vor, wenn der Vertrag aufgrund fehlender behördlicher Genehmigung schwebend Unwirksamkeit ist.[470]

Und auch wenn der Fall der Unmöglichkeit ein Umstand ist, der beide Parteien trifft und somit zumindest keine allgemeine Pflicht einer Vertragspartei bestehen kann, die Unwirksamkeit oder Nichterfüllbarkeit eines Vertrags zu verhindern[471], ist eine andere Bewertung im vorliegenden Fall deswegen gefordert, da hier ein für eine Partei kritisches Informationsgefälle[472] vorliegt. Dass die Forderung aufgrund der Schiedsvereinbarung einer dinglich wirkenden Abtretungsbeschränkung unterliegt, entspringt ausschließlich der Sphäre des Zedenten. Es gibt für den Zessionar keine Möglichkeit, vor Vertragsschluss aus eigenen Informationsquellen von der Schiedsvereinbarung und dem hieraus resultierenden Abtretungsverbot zu erfahren, während dem Zedent und Forderungsinhaber diese Informationen vorliegen.[473] Hierbei ist auch zu beachten, dass Schiedsverfahren in Deutschland nach Schätzungen weniger als 1% aller Gerichtsverfahren ausmachen[474] und die Geltung einer Schiedsvereinbarung auf ein Rechtsverhältnis daher statistisch betrachtet derart selten ist[475], dass vom Zessionar unter gewöhn-

469 So noch § 306 BGB a. F.

470 BGH NJW 1999, 3335, 3338; BGH NVwZ 2001, 116, 118; OLG Rostock OLG-NL 2002, 99, 100; s. auch MünchKommBGB/*Emmerich*, § 311 Rn. 79, 82 und Prütting/Wegen/Weinreich/*Medicus/Stürner*, BGB, § 311 Rn. 42 ff.

471 Vgl. hierzu Prütting/Wegen/Weinreich/*Medicus/Stürner*, BGB, § 311 Rn. 43 f.

472 S. hierzu BGH NJW 1999, 3335, 3338; BGH NVwZ 2001, 116, 118; OLG Rostock OLG-NL 2002, 99, 100.

473 Vgl. hierzu MünchKommBGB/*Emmerich*, § 311 Rn. 74 ff.

474 S. hierzu unter § 3.

475 Trotz fehlender Statistiken kann davon ausgegangen werden, dass der prozentuale Anteil von Schieds*vereinbarungen* nicht höher liegt als der für Schieds*verfahren* genannte Anteil von 1 %.

lichen Umständen auch nicht erwartet werden kann, dass sich dieser aus freien Stücken nach dem Abschluss einer solchen erkundigt.

2. Vertretenmüssen

Ferner muss der Zedent für eine Haftung aus culpa in contrahendo die Pflichtverletzung auch zu vertreten haben. Diesbezüglich gilt der Maßstab des § 276 BGB, wonach der Schuldner für Vorsatz und Fahrlässigkeit einzustehen hat.[476] Verschulden liegt also zumindest dann vor, wenn sich der Zedent bewusst ist oder es ihm hätte bewusst sein müssen, dass die Forderung aufgrund der Schiedsvereinbarung der oben beschriebenen Abtretungsbeschränkung unterliegt. Im begründeten Einzelfall könnte der Zedent hier noch einem Rechtsirrtum unterliegen[477], etwa bezüglich der Möglichkeit, die Forderung isoliert übertragen zu können oder eines automatischen Übergangs der Schiedsvereinbarung. An einen unverschuldeten Rechtsirrtum sind jedoch strenge Anforderungen zu stellen. Der Geltungsanspruch des Rechts erfordert es, dass der Schuldner das Risiko eines Rechtsirrtums in der Regel selbst trägt und es nicht dem Gläubiger überbürden kann.[478] Das Vorliegen und die Entschuldbarkeit[479] eines solchen Irrtums, wären im Einzelfall zu klären. Ferner ist es auch denkbar, dass der Zedent selbst keine Kenntnis von der Geltung der Schiedsvereinbarung hatte. Etwa bei einer Gesamtrechtsnachfolge in einen ungeordneten Nachlass. Allerdings wird auch in den Fällen der culpa in contrahendo das Verschulden nach § 280 Abs. 1 BGB vermutet.[480]

3. Schadensersatz durch Vertragsanpassung?

Der Schadensersatz ist bei der culpa in contrahendo grundsätzlich nur auf das negative Interesse, also den Vertrauensschaden gerichtet.[481] Der Zessio-

---

476 S. hierzu nur Prütting/Wegen/Weinreich/*Medicus/Stürner*, BGB, § 311 Rn. 62.

477 Dieser Rechtsirrtum müsste obendrein noch entschuldbar sein. Zu den Voraussetzungen vgl. BAG NZA 1993, 500.

478 BAG NZA 2008, 1285, 1289; Prütting/Wegen/Weinreich/*Schmidt-Kessel*, BGB, § 276 Rn. 11, m. w. N.

479 S. auch hier BAG NZA 1993, 500.

480 Prütting/Wegen/Weinreich/*Medicus/Stürner*, BGB, § 311 Rn. 71; *Staudinger/Otto, BGB,* § 280 Rn. F33.

481 BGH NJW 2006, 3139, 3141 m. zahlreichen w. N.

nar kann nach § 249 BGB vom Zedenten verlangen, so gestellt zu werden, als sei die Pflichtverletzung nicht begangen worden. Rechtsfolge dieses Anspruchs ist daher in den Fällen der Verletzung von Informations- und Aufklärungspflichten in erster Linie die Vertragsaufhebung. Hierfür ist ferner erforderlich, dass die Pflichtverletzung für den Vertragsabschluss kausal gewesen ist. Da der Zessionar durch die Vertragsaufhebung jedoch auch nicht anders oder gar besser steht, als sei er wegen der oben bereits bejahten Unmöglichkeit (einseitig) vom Vertrag zurückgetreten, stellt sich die Frage, ob nicht weitere Schadenspositionen gestützt auf § 311 BGB geltend gemacht werden können. Interessant für den Zessionar wäre hier vor allem die Möglichkeit der Vertragsanpassung. Denn es ist denkbar, dass der Zessionar bei Kenntnis von der Schiedsvereinbarung vom Vertrag nicht Abstand genommen, sondern mit dem Zedenten deren Geltung vereinbart und so auch die Wirksamkeit der Abtretung herbeigeführt hätte. Ob eine solche Vertragsanpassung im Rahmen der culpa in contrahendo verlangt werden kann, ist jedoch fraglich.

Die Rechtsprechung hat der geschädigten Partei in der Vergangenheit unter Anwendung der Grundsätze der culpa in contrahendo im Einzelfall die Minderung der Gegenleistung zugestanden.[482] Der Geschädigte ist in den Fällen, in denen er bei Kenntnis der wahren Sachlage den Vertrag nicht abgeschlossen hätte, aber dennoch an ihm festhalten möchte, so zu behandeln, als sei der Vertrag bei Kenntnis der Sachlage unter günstigeren Bedingungen abgeschlossen worden.[483] Hierfür ist nach Ansicht des BGH nicht einmal erforderlich, dass der Vertragspartner den Vertrag zu diesen Bedingungen tatsächlich abgeschlossen hätte, denn es gehe lediglich um die Berechnung des auf diese Weise reduzierten Vertrauensschadens. Entscheidend soll vielmehr sein, wie sich der Geschädigte bei tatsächlicher Kenntnis der Sachlage verhalten hätte; verbleibende Unklarheiten gehen zu Lasten der aufklärungspflichtigen Vertragspartei.[484] Dies kann auf vorliegenden Fall jedoch nicht vollumfänglich übertragen werden. Denn der Zessionar möchte zwar ebenfalls am einmal geschlossenen Vertrag festhalten, er macht jedoch nicht geltend, dass er den Vertrag bei Kenntnis der Sachlage zu (finanziell) günstigeren Konditionen abgeschlossen hätte. Vielmehr wäre dem Zessionar im vorliegenden Fall nur mit einer Änderung des beste-

482 BGH NJW 1977, 1536, 1538, BGH NJW 1999, 2032, 2034; BGH NJW 2001, 2875, 2876 f.

483 BGH NJW 1977, 1536, 1538, BGH NJW 1999, 2032, 2034; BGH NJW 2001, 2875, 2876 f.

484 BGH NJW 2001, 2875, 2877; BGH NJW 1991, 1819, 1820; kritisch hierzu *Kersting*, Die Rechtsfolge vorvertraglicher Informationspflichtverletzungen, JZ 2008, 714, 716 ff.

henden Vertrags gedient, die über die Herabsetzung der Gegenleistung hinausgeht. Eine solche Änderung kommt nach einer neueren Entscheidung des BGH[485] jedoch zumindest unter den eben genannten Voraussetzungen nicht in Betracht, sondern soll vielmehr nur dann verlangt werden können, wenn bei erfolgter Aufklärung der für den Zessionar günstigere Vertrag tatsächlich zu den geänderten Bedingungen zustande gekommen wäre. Dies hat der Zessionar aber darzulegen und zu beweisen.[486] Denn anders als bei der eben zitierten Rechtsprechung zur Minderung der Gegenleistung, geht es hier nicht um die Berechnung des Vertrauensschadens, sondern um die Feststellung, ob der Geschädigte durch die Pflichtverletzung einen Erfüllungsschaden erlitten hat, weil ihm ein günstigerer Vertrag entgangen ist.[487] Hiervon kann jedoch schon deswegen nicht generell ausgegangen werden, weil die aufklärungspflichtige Partei – hier der Zedent – auch nach erfolgter Aufklärung nicht daran gehindert gewesen wäre, vom Vertragsschluss Abstand zu nehmen.[488]

Einen solchen Beweis zu führen, dürfte dem Geschädigten in der Regel schwer fallen. Denn auch wenn der Nachweis, dass der Vertrag zumindest nicht mit dem vereinbarten Inhalt zustande gekommen wäre, möglich ist[489], so ist der Nachweis, dass der Vertrag stattdessen mit einem bestimmten anderen Inhalt zustande gekommen wäre, einseitig kaum zu führen. Im hier vorliegenden Fall könnte dies jedoch anders sein. Denn es geht nicht primär um die Frage, ob Leistung und Gegenleistung in einem angemessenen Verhältnis stehen und – verneint man dies denn – zu welchen Bedingungen die Vertragsparteien den Vertrag bei ordnungsgemäßer Erfüllung der Aufklärungspflichten abgeschlossen hätten, wenn sie ihn denn abgeschlossen hätten. Es geht lediglich darum, ob die Parteien bei entsprechender Aufklärung durch den Zedenten die Bindung des Zessionars an die Schiedsvereinbarung vereinbart hätten. Kann der Zessionar in diesem Zusammenhang einen entsprechenden Willen glaubhaft darlegen, so ist die Beantwortung der Frage davon abhängig, wieso der Zedent in Kenntnis der Schiedsvereinbarung[490] diese nicht zum Vertragsinhalt mit dem Zessionar gemacht hat. Liegt dies nur darin begründet, dass er befürchtete, der Zessionar würde dann von seiner Kaufentscheidung Abstand nehmen, ist der Nachweis, die Schieds-

485 BGH NJW 2006, 3139.
486 BGH NJW 2006, 3139, 3141.
487 BGH NJW 2006, 3139, 3141.
488 BGH NJW 2006, 3139, 3141.
489 So kann nicht davon ausgegangen werden, dass der Zessionar den Vertrag in Kenntnis der Unmöglichkeit der Leistung geschlossen hätte.
490 Bei Unkenntnis läge schon kein Verschulden vor, so dass es gar nicht erst zu einer Vertragsanpassung käme.

vereinbarung wäre bei ordnungsgemäßer Aufklärung Bestandteil des geschlossenen Vertrags geworden, durchaus führbar. Allerdings werden sich weitere Änderungen des Vertrags – etwa in Bezug auf Leistung und Gegenleistung – nur unter den eben schon beschriebenen hohen Hürden durchsetzen lassen. Jedoch ist hierbei zu beachten, dass der Zedent kaum ein erkennbares Interesse darlegen können wird, den Zessionar nicht an die Schiedsvereinbarung zu binden. Ferner ist zu berücksichtigen, dass die eben beschriebene Vorgehensweise tatsächlich nur in den Fällen möglich ist, in denen der Zessionar bei Kenntnis der Schiedsvereinbarung tatsächlich weiterhin am Kauf der Forderung festgehalten hätte. Die Fälle, in denen der Zessionar vom Kauf der Forderung abgesehen hätte, nun aber im Nachhinein lieber die Schiedsvereinbarung akzeptieren würde, als die Forderung endgültig nicht zu erhalten, können nicht über die culpa in contrahendo kompensiert werden.

Zuletzt ist aber auch an dieser Stelle darauf hinzuweisen, dass es für den Zessionar in den Fällen einer Geldforderung nicht sinnvoll ist, seinen Schaden über eine Vertragsänderung im Rahmen der culpa in contrahendo geltend zu machen, da dieser auch vollumfänglich in Geld kompensierbar ist. Diesbezüglich gilt das schon oben Gesagte. Geht es hingegen etwa um die Abtretung eines Herausgabeanspruchs, stellt der hier aufgezeigte Weg über die Schadensersatzhaftung nach culpa in contrahendo eine echte Alternative dar. Anders als in den Fällen des Schadensersatzes statt der Leistung muss für die Haftung nach culpa in contrahendo auch nicht mit Billigkeitserwägungen argumentiert werden, um die Übertragung der Schiedsvereinbarung auf den Zessionar zu ermöglichen. Kompensiert wird hier vielmehr tatsächlich der durch die Pflichtverletzung kausal entstandene Schaden des Zessionars.

Im Ergebnis ist eine Herbeiführung des Forderungsübergangs unter gleichzeitiger Bindung an die Schiedsvereinbarung nach den Grundsätzen der culpa in contrahendo daher im Einzelfall denkbar.

C. Sonstige Möglichkeiten, den Forderungsübergang herbeizuführen

Fraglich ist, ob es außerhalb der Sekundäransprüche weitere Möglichkeiten für den Zessionar gibt, den Übergang der Schiedsvereinbarung unter gleichzeitiger Bindung an die Schiedsvereinbarung auf sich herbei zu führen. Selbst in den Fällen, in denen es sich – wie im Beispielsfall – um die Abtretung einer Geldforderung handelt, kann diese Frage Bedeutung erlangen.

So etwa, wenn mangels Verschulden kein Schadensersatz über § 311 Abs. 2, 241 Abs. 2 BGB zu erlangen ist, oder im Rahmen des § 311a Abs. 2 BGB nicht nachgewiesen werden kann, dass die Parteien bei ordnungsgemäßer Aufklärung durch den Zedenten den Vertrag mit einem bestimmten anderen Inhalt abgeschlossen hätten.

I. Übergang durch Erklärung des Zessionars ggü dem Zedenten und/ oder dem Schuldner, an die Schiedsvereinbarung gebunden sein zu wollen

Dass der Zessionar durch einseitige Erklärung den Übergang der Forderung auf sich geltend machen kann, kann von vorneherein ausgeschlossen werden. Bei einem vertraglichen Abtretungsausschluss nach § 399 Alt. 2 BGB verbleibt die Forderung beim Zedenten als sei sie niemals abgetreten worden.[491] Da die Forderung als von vorneherein unabtretbar ausgestaltet wurde, kann ein Übergang ohne Mitwirkung beider Parteien nicht vollzogen werden. Die von den Parteien schon bei Vertragsschluss getroffene Festlegung kann auch nur von diesen wieder aufgehoben werden. Insofern kann auch nicht auf das oben bereits zitierte Urteil des BGH[492] zurückgegriffen werden, in dem dieser ausführte, dass eine Zwangsvollstreckung aufgrund der Unterwerfung des Schuldners in die sofortige Zwangsvollstreckung möglich sei, wenn der Zessionar auch dem Sicherungsvertrag beitrete. Denn auch wenn man hierfür eine einseitige Erklärung des Zessionars ausreichen ließe[493], besteht der wesentliche Unterschied des eben zitierten BGH-Urteils zum hier zu betrachtenden Fall darin, dass dort die Abtretung bereits vollzogen war und es nur noch auf die Bindung an den Sicherungsvertrag ankam, während im hiesigen Fall nicht nur eine Bindung an die Schiedsvereinbarung erforderlich wäre[494], sondern der Übergang der Forderung ebenfalls noch vollzogen werden müsste.

---

491 Staudinger/*Busche*, BGB, § 399 Rn. 74; MünchKommBGB/*Roth*, § 399 Rn. 36.

492 BGH NJW 2010, 2041.

493 So *Herrler*, Zwangsvollstreckung aus titulierter (Sicherungs-)Grundschuld, BB 2010, 1931, 1938; *Heinze*, Die Rechtsnachfolge auf Gläubigerseite, ZIP 2010, 2030, 2035; auch unter zutreffendem Verweis auf das Verbot des „venire contra factum proprium".

494 Die zumindest unter Heranziehung des Verbots des „venire contra factum proprium" ebenfalls einseitig erfolgen könnte.

II. Übertragung der Forderung auf den Zessionar unter Bindung an die Schiedsvereinbarung im Rahmen der Vertragsanpassung nach § 313 BGB

Der Zessionar könnte jedoch einen Anspruch auf Anpassung des Vertrags nach den Regelungen über die Störung der Geschäftsgrundlage gem. § 313 BGB haben.

Nach § 313 Abs. 1 BGB kann Anpassung des Vertrags verlangt werden, wenn sich die Umstände, die zur Grundlage des Vertrags geworden sind, nach Vertragsschluss schwerwiegend verändert haben und die Parteien den Vertrag nicht oder mit anderem Inhalt geschlossen hätten, wenn diese Veränderung von ihnen vorausgesehen worden wäre. Ein solcher Fall liegt hier jedoch nicht vor, da die Unübertragbarkeit der Forderung bereits bei Vertragsschluss bestand; es sich also nicht um einen nachträglich eingetretenen Umstand im Sinne der Vorschrift handelt.

In Frage käme jedoch eine Anpassung des Vertrags nach § 313 Abs. 2 BGB. Demnach steht es einer Veränderung der Umstände gleich, wenn wesentliche Vorstellungen, die zur Grundlage des Vertrags geworden sind, sich als falsch herausstellen.

Bezweifelt muss allerdings schon werden, ob die Übertragbarkeit der Forderung tatsächlich zur Grundlage des Vertrags zwischen Zedent und Zessionar geworden ist. Selbst wenn man davon ausgeht, dass beide Parteien[495] bei Abschluss des Vertrages übereinstimmend von der Übertragbarkeit der Forderung ausgegangen sind, ist die Möglichkeit der Vertragserfüllung nicht Grundlage des Vertrags im Sinne des § 313 Abs. 2 BGB. Vereinfacht dargestellt soll § 313 BGB sicherstellen, dass eine Partei nicht an einen Vertrag gebunden wird, der sie später einseitig benachteiligt, ohne dass dies bei Vertragsschluss absehbar gewesen wäre. Eine solche Benachteiligung kann entweder durch eine nachträgliche Veränderung der Umstände nach § 313 Abs. 1 BGB oder eine gemeinsame Fehlvorstellung über die Grundlagen des Vertrags nach § 313 Abs. 2 BGB eintreten. Liegt jedoch die Unmöglichkeit der Leistung vor, weil die Forderung nicht übertragbar ist, kann sich der Zedent auch ohne die Anwendung des § 313 BGB von seinen vertraglichen Verpflichtungen befreien. Der Vertrag ist zwar, anders als dies § 306 BGB a. F. vorsah, nicht nichtig, aber es entfällt vorliegend für den Zessionar bei Unmöglichkeit der Forderungsübertragung nicht nur die Gegenleistungspflicht nach § 326 Abs. 1 BGB, er kann nach § 326 Abs. 5 BGB auch ohne vorherige Fristsetzung vom Vertrag zurücktreten. Hat aber eine Vertragspartei durch Rücktritt einseitig die Möglichkeit, den Rechts-

495 Bezüglich des Zedenten ist dies ja durchaus zweifelhaft.

folgen eines abgeschlossenen Vertrags zu entgehen, ist für eine Vertragsanpassung nach § 313 BGB kein Raum.[496] Diese Auslegung ergibt sich auch aus dem Wortlaut des § 313 Abs. 1 S. 1 BGB a. E., der eine Anpassung des Vertrags zusätzlich unter die Voraussetzung stellt, dass einer Partei unter Berücksichtigung aller Umstände des Einzelfalls, insbesondere der vertraglichen oder gesetzlichen Risikoverteilung das Festhalten am unveränderten Vertrag nicht zugemutet werden kann. Der einmal abgeschlossene Vertrag muss für die Anwendung des § 313 BGB also in seiner ursprünglichen Form bezüglich der Leistungsverpflichtungen der Parteien wirksam bleiben. Für die Anwendung des § 313 Abs. 2 BGB muss es sich bei den Vorstellungen der Parteien, die zur Grundlage des Vertrags geworden sind, um Umstände handeln, die bei Nichtverwirklichung keinen Rücktritts-, Anfechtungs- oder Kündigungsgrund darstellen.

III. Anspruch des Zessionars auf Vertragsanpassung nach § 242 BGB

Denkbar ist ferner, dem Zessionar einen Anspruch auf Vertragsanpassung dahingehend zuzugestehen, dass er an die Schiedsvereinbarung gebunden wird, um so die Übertragung der Forderung zu ermöglichen. Der BGH hat im Einzelfall einen Anspruch des einen Vertragspartners auf Veränderung bzw. Neuabschluss eines Vertrags auch außerhalb der Grundsätze über den Wegfall der Geschäftsgrundlage bejaht. Etwa in den Fällen, in denen die Parteien eine gegen § 3 WährG[497] verstoßende bzw. nicht genehmigungsfähige Wertklausel vereinbart hatten, hat der BGH den beklagten Vertragspartner dazu verurteilt, seine Zustimmung zu einer Vertragsänderung zu geben, der dem Vertrag zur Wirksamkeit verhilft.[498] Voraussetzung zu einer solchen Änderung des Vertrags ist nach Ansicht des BGH, dass der Vertrag durch den zu ändernden Teil nicht nichtig wird und dass durch die Änderung keine berechtigten Interessen des dahingehend in Anspruch genommenen Vertragspartners beeinträchtigt werden.[499] In einer späteren Entscheidung erstreckte der BGH diese Rechtsprechung auch auf die Fälle, in denen das Verpflichtungsgeschäft wirksam war, das Erfüllungsgeschäft jedoch

496 Die Regeln zur Unmöglichkeit der Leistung gehen vor, s. hierzu MünchKomm BGB/*Finkenauer*, § 313 Rn. 154.

497 Aufgehoben durch Art. 9 EuroEG vom 9. Juni 1998.

498 S. hierzu BGH NJW 1967, 830, 830 f.; BGH, Urteil vom 15.05.1963, BeckRS 1963, 31190320, 3. der Entscheidungsgründe.

499 BGH NJW 1967, 830, 830 f.; BGH, Urteil vom 15.05.1963, BeckRS 1963, 31190320, 3b der Entscheidungsgründe.

nicht wirksam vorgenommen werden konnte.[500] In jenem Fall war ein Grundstück als „Industriebaugelände“ verkauft worden, konnte aber wegen der verweigerten Genehmigung des zuständigen Landkreises gem. § 19 Abs. 2 Nr. 1 BBauG[501] nicht aufgelassen werden. Der BGH bejahte eine Verpflichtung zur Vertragsänderung mit der Begründung, dass der Beklagte dem Kläger das Grundstück zwar nicht als „Industriebaugelände“, wohl aber Eigentum am Grundstück als solches, ohne Angabe des Bebauungszwecks, verschaffen könne. Es läge auch keine Unmöglichkeit der Leistung vor, da die Verpflichtung des Schuldners in anderer Weise als ursprünglich vorgesehen erfüllbar, und diese Art der Erfüllung dem Schuldner auch zumutbar sei.

Diesem Urteil des BGH ist zuzustimmen, wenngleich größere Zweifel bezüglich dessen dogmatischer Begründbarkeit bestehen. So führt der BGH aus, dass die Leistung „als solche“ nicht unmöglich sei, und dass die Übereignung des Grundstücks daher noch in Frage käme. Die Leistung „als solche“ sieht der BGH im entschiedenen Fall offenbar in der Übertragung des Grundstücks. Jedoch kennt das Leistungs- und Leistungsstörungsrecht lediglich die vertragsgemäße bzw. die nicht-vertragsgemäße Leistung; nicht jedoch die Leistung „als solche“. Vorliegend fehlte dem verkauften Grundstück die Eigenschaft des „Industriebaugeländes“, obgleich es als solches verkauft worden war. Das Grundstück war als Industriebaugelände nach dem zu diesem Zeitpunkt geltenden Recht nicht auflassungsfähig und somit nicht übertragbar. Die Übereignung des Grundstücks ohne diese Zweckbestimmung war zwar möglich, aber nicht vertraglich vereinbart, so dass es sich hier um eine andere, nicht-vertragsgemäße Leistung handelt, nicht aber um die Leistung „als solche“. Dass der BGH hier die Unmöglichkeit der Leistung verneint hat, liegt mutmaßlich wohl darin begründet, dass der Vertrag nach § 306 BGB a. F. nichtig und dessen Änderung nicht mehr möglich gewesen wäre. In Frage gekommen wäre nur noch ein Neuabschluss des Vertrags, der jedoch nicht auf § 242 BGB hätte gestützt werden können[502], so dass der Käufer bezüglich der Übereignung des Grundstücks schutzlos gestanden hätte.

Da nach gegenwärtiger Rechtslage aber selbst die anfängliche, objektive Unmöglichkeit nicht mehr die Nichtigkeit des Vertrags zur Folge hat, bleibt auch im hier zugrunde liegenden Beispielsfall Raum für eine Vertragsände-

500 BGH NJW 1976, 1939.

501 § 19 Abs. 2 Nr. 1 BBauG sah eine Genehmigungspflicht für die Auflassung von Grundstücken im Außenbereich vor; die Vorschrift wurde im Jahr 1979 aufgehoben; vgl. hierzu Battis/*Krautzberger*/Löhr, BauGB, § 19 Rn. 1.

502 BGH, Urteil vom 15.05.1963, BeckRS 1963, 31190320, 3b der Entscheidungsgründe.

rung nach § 242 BGB, auch wenn man das Konstrukt des BGH der „Leistung als solcher“ ablehnt. Der Argumentation des BGH folgend ist die Übertragung der Forderung unter Bindung an die Schiedsvereinbarung im hiesigen Fall aufgrund der rechtlichen Eigenständigkeit von Forderung und Schiedsvereinbarung dogmatisch sogar noch leichter zu bejahen als im eben zitierten Urteil. Denn die Forderung ist tatsächlich ohne Änderung ihres eigentlichen Inhalts übertragbar, sofern nur der Zessionar zusätzlich auch an die Schiedsvereinbarung gebunden wird. Einfacher ist der vorliegende Fall auch insoweit, als es um die Zumutbarkeit einer solchen Vertragsänderung für den Zedenten geht. Dieser hat – wie oben schon unter § 311a BGB dargelegt – keinerlei erkennbares Interesse daran, den Zessionar nicht an die Schiedsvereinbarung zu binden. Er selbst verliert keine eigene Rechtsstellung, da die zwischen ihm und dem Schuldner geschlossene Schiedsvereinbarung für das noch zwischen den Parteien bestehende Rechtsverhältnis unberührt bleibt, er wird seinen Verpflichtungen gegenüber dem Schuldner gerecht, die Forderung nicht ohne Schiedsvereinbarung zu übertragen, und er verschafft dem Zedenten die ihm vertraglich versprochene Rechtsstellung des Forderungsinhabers.

Die Anwendung des § 242 BGB erscheint im vorliegenden Fall auch angemessen. § 242 BGB soll sicherstellen, dass die berechtigten Interessen einer Vertragspartei auch dort Berücksichtigung finden können, wo das Gesetz diesen selbst nicht hinreichend Rechnung trägt.[503] In diesen Fällen sind die Maßstäbe für die Rechtsfindung aus ethischen Prinzipien[504] zu entnehmen, die der gesamten Rechtsordnung zugrunde liegen, ohne jedoch abschließend im Recht positiviert zu sein.[505] Vorliegend hatte sich der Zedent gegenüber dem Zessionar zur Übertragung der Forderung vertraglich verpflichtet, was aus einem in der Sphäre des Zedenten liegenden Grundes scheiterte. Hat der Zedent nun aber ohne Rechtsverlust oder anderweitige Schwierigkeiten die Möglichkeit, die Übertragung der Forderung – unter Bindung an die Schiedsvereinbarung – doch noch herbeizuführen, und ist dies auch im erklärten Interesse des Zessionars, so ist bei Abwägung der gegenseitigen Interessen kein Grund ersichtlich, den Zedenten hierzu nicht auch zu verpflichten. Trifft den Zedenten hier kein Verschulden, wird dessen zwangsweise Verpflichtung zur Vertragsänderung ohnehin kaum vorkommen. Wurde der Zedent aber bewusst vertragsbrüchig, so kann es ihm nicht zugutekommen, dass das Gesetz bezüglich der automatischen Bin-

503 MünchKommBGB/*Roth/Schubert*, § 242 Rn. 11.
504 Erman/*Hohloch*, § 242 Rn. 3.
505 MünchKommBGB/*Roth/Schubert*, § 242 Rn. 11.

dung des Zessionars an die Schiedsvereinbarung anlässlich einer Forderungsabtretung lückenhaft ist.

D. Zwischenergebnis

1. Der Zessionar kann aufgrund der Unmöglichkeit der Forderungsübertragung ohne vorherige Fristsetzung gem. §§ 326 Abs. 5, 275 Abs. 4, 311a BGB vom Vertrag zurücktreten. Ferner steht ihm Schadensersatz statt der Leistung gem. §§ 280, 275 Abs. 4, 311a BGB zu. In der Regel ist dieser auf eine Kompensation in Geld gerichtet. Es sind jedoch Ausnahmefälle denkbar, in denen der Zessionar Naturalrestitution in Form einer lediglich entsprechenden Leistung verlangen kann. So etwa, wenn sein Schaden in Geld nicht ausreichend kompensiert ist.

2. Zudem steht dem Zessionar im Rahmen der culpa in contrahendo aufgrund von Informationspflichtverletzungen auch das Recht zu, nach §§ 249, 280 Abs. 1, 311 Abs. 2, 241 Abs. 2 BGB die Herstellung des Zustands zu verlangen, der ohne die Pflichtverletzung bestehen würde. In der Regel wird dies in der Rückgängigmachung des Vertrags liegen; diese Vorgehensweise stellt jedoch gegenüber der ebenfalls schon bejahten Möglichkeit, einseitig vom Vertrag zurückzutreten, keinen rechtlichen Vorteil dar. Ferner kann der Zessionar die Anpassung des Vertrags verlangen, sofern er belegen kann, dass der Vertrag bei Kenntnis der Sachlage tatsächlich mit anderem Inhalt zustande gekommen wäre.

3. Für den Zessionar besteht zuletzt die Möglichkeit, nach § 242 BGB die Änderung des Vertrags dahingehend zu verlangen, dass er an die Schiedsvereinbarung gebunden wird, um so den Übergang der Forderung dennoch zu ermöglichen.

E. Schlussfolgerungen

Der Zessionar erscheint durch die eben bejahten Sekundäransprüche umfassend in seinen Rechten geschützt. Gerade in den Fällen der Abtretung einer Geldforderung ist der Schaden, den der Zessionar durch den Nichterhalt der Forderung erleidet, vollumfänglich in Geld kompensierbar. Selbst in den Fällen, in denen dem Zedenten kein Verschulden nachgewiesen und daher auch kein Schadensersatz verlangt werden kann, besteht die Möglichkeit, dass der Zessionar gestützt auf § 242 BGB den Forderungsübergang unter Bindung an die Schiedsvereinbarung auf sich herbeiführt.

Auf den zweiten Blick stellt sich bei dieser Vorgehensweise jedoch ein praktisches Problem. Ein Forderungsübergang kann nicht rückwirkend erfolgen; auch Ansprüche auf Schadensersatz in Geld wird der Zessionar erst geltend machen können, nachdem sich für ihn die rechtliche und tatsächliche Lage aufgeklärt hat. Dieser Zeitpunkt kann deutlich nach der Abtretung liegen, so dass der Zessionar das Risiko der Verschlechterung der wirtschaftlichen Lage des Zedenten bis hin zu dessen Insolvenz trägt. In den Fällen, in denen es tatsächlich auf die Übertragung des Anspruchs ankommt[506], also keine Geldforderung betroffen ist, stellt sich zusätzlich das Problem zwischenzeitlich erfolgter Verfügungen, Pfändungen oder sonstiger Belastungen der Forderung. Und auch wenn dies lediglich tatsächliche Erwägungen sind die gegen ein dogmatisch richtiges Ergebnis nicht direkt abgewogen werden können, so muss sich jegliche rechtliche Betrachtung, insbesondere jedes gerichtliche Urteil, auch daran messen lassen, ob sie den Interessen der als schützenswert erkannten Partei dienen kann.

Zu prüfen ist daher, ob die schützenswerten Interessen des Zessionars nicht auch bei der Bejahung eines automatischen Übergangs der Schiedsvereinbarung gewahrt werden können.

§ 12 Ansprüche des Zessionars gegen den Schuldner bei Annahme einer automatischen Bindung des Zessionars an die Schiedsvereinbarung anlässlich der Forderungsabtretung gem. §§ 398 ff. BGB

A. Undurchführbarkeit der Schiedsvereinbarung

Es stellt sich zunächst die Frage, ob der Zessionar die Möglichkeit hat, sich gegenüber dem Schuldner von der Geltung der Schiedsvereinbarung loszusagen. Selbst wenn die Schiedsvereinbarung zuvor zwischen den Parteien rechtswirksam vereinbart wurde, sieht das Gesetz eine solche Möglichkeit vor. § 1032 Abs. 1 ZPO bestimmt zwar zunächst, dass das staatliche Gericht auf Einwand des Beklagten die Klage als unzulässig abzuweisen hat, wenn sie in einer Angelegenheit erhoben wurde, für die eine Schiedsvereinbarung abgeschlossen wurde, dies gilt jedoch nicht in den Fällen, in denen die Schiedsvereinbarung nichtig, unwirksam oder undurchführbar ist. Für die

506 Etwa bei der Abtretung eines Herausgabeanspruchs.

Annahme von Nichtigkeit oder Unwirksamkeit besteht hier kein Anlass, jedoch könnte die Schiedsvereinbarung unter Umständen undurchführbar sein. Jedoch ist zu beachten, dass § 1032 Abs. 1 ZPO eine wirksame Schiedsvereinbarung nur im begründeten Ausnahmefall gegenstandslos macht. Zweck der Vorschrift ist es nicht, eine der Parteien generell vor einer für diese unter Umständen ungewünschten Bindung an die Schiedsvereinbarung zu schützen.

§ 1032 Abs. 1 ZPO kennt zwei Fallgruppen der Undurchführbarkeit einer Schiedsvereinbarung. Zum einen kann bei schweren Verstößen einer Partei gegen Treu und Glauben dieser die Berufung auf die Schiedsvereinbarung versagt sein[507]; also bei einem Fehlverhalten einer Partei. Dies kann vorliegen, wenn sich eine Partei vor dem Schiedsgericht auf die Unwirksamkeit der Schiedsvereinbarung beruft, und danach vor dem staatlichen Gericht die Schiedseinrede erhebt.[508] Zum anderen, wenn eine Partei verarmt und nicht in der Lage ist, für die Kosten des Schiedsverfahrens aufzukommen.[509] Letzteres liegt darin begründet, dass es der verarmten Partei anderenfalls nicht möglich wäre, überhaupt Rechtsschutz zu erlangen.[510] Die Unkenntnis des Zessionars von der Schiedsvereinbarung fällt in keine dieser Kategorien. Eine analoge Anwendung der Vorschrift erscheint hier auch nicht angemessen. Es ist schon keine Regelungslücke erkennbar, die durch die Anwendung des § 1032 Abs. 1 ZPO geschlossen werden müsste. Durch § 1032 Abs. 1 ZPO kommt der Gesetzgeber zum einen seiner verfassungsrechtlichen Verpflichtung nach, dem Bürger für dessen Streitigkeiten Zugang zur Gerichtsbarkeit zu verschaffen. Kann eine Partei jedoch die Kosten für ein schiedsgerichtliches Verfahren nicht aufbringen, muss die staatliche Gerichtsbarkeit subsidiär einspringen, um effektiven Rechtsschutz zu gewähren. Wird der Zessionar jedoch wirksam an die Schiedsvereinbarung gebunden und kann er die Kosten für das Verfahren aufbringen, ist für die subsidiäre Zuständigkeit der staatlichen Gerichte kein Raum. Zum anderen ist § 1032 Abs. 1 ZPO Ausfluss des Grundsatzes von Treu und Glauben und regelt das Verbot widersprüchlichen, und somit treuwidrigen Verhaltens. Der Schuldner besteht jedoch lediglich darauf, dass die zwischen ihm und dem Zedenten getroffene Vereinbarung auch vom Zessionar eingehalten

---

507 *Kreindler/Schäfer/Wolff*, Schiedsgerichtsbarkeit, Rn. 201; *Illmer*, Der Arglisteinwand, S. 21 f.

508 BGH NJW 1968, 1928, 1929; Musielak/*Voit*, ZPO, § 1032 Rn. 3; *Illmer*, Der Arglisteinwand, S. 21 f.; *Kreindler/Schäfer/Wolff*, Schiedsgerichtsbarkeit, Rn. 201.

509 BGH NJW 2000, 3720, 3721; MünchKommZPO/*Münch*, § 1032 Rn. 10; Musielak/*Voit*, ZPO, § 1032 Rn. 4; Zöller/*Geimer*, ZPO, § 1032 Rn. 20; zum alten Recht BGH NJW 1988, 1215.

510 BGH NJW 2000, 3720, 3722.

wird; ein treuwidriges Verhalten seinerseits ist nicht ersichtlich. Der Zessionar kann sich daher nicht auf § 1032 Abs. 1 ZPO berufen, um der Bindung an die Schiedsvereinbarung zu entgehen.

B. Sonstige Ansprüche des Zessionars aufgrund der Bindung an die Schiedsvereinbarung

I. Anspruch des Zessionars nach den Vorschriften über die Mängelgewährleistung beim Forderungskauf gem. §§ 453 Abs. 1, 433 Abs. 1, 434 Abs. 1, 435 BGB

Kann sich der Zessionar also nicht einseitig von der Schiedsvereinbarung lossagen, so könnten ihm jedoch Gewährleistungsansprüche gegen den Zedenten aufgrund der eingetretenen Bindung zustehen. In Frage kämen hier Ansprüche wegen Mangelhaftigkeit der Forderung nach §§ 453 Abs. 1, 433 Abs. 1, 434 Abs. 1, 435 BGB.

Nach § 433 Abs. 1 S. 2 BGB hat der Verkäufer dem Käufer die Sache frei von Sach- und Rechtsmängeln zu verschaffen. Über § 453 Abs. 1 BGB findet die Vorschrift auf den Kauf von Rechten entsprechende Anwendung. Auch der Forderungskauf fällt demnach in den Anwendungsbereich der Vorschrift. Der Verkäufer hat den Käufer zunächst zum Inhaber der Forderung zu machen und ist ferner verpflichtet, diesem die Forderung ohne Sach- und Rechtsmängel zu verschaffen. Liegt ein Mangel vor, bestimmen sich die Rechtsfolgen nach § 437 BGB. Demnach kann der Verkäufer Nacherfüllung verlangen, vom Vertrag zurücktreten oder Schadensersatz geltend machen.

1. Vorliegen eines Rechtsmangels

Nach § 435 BGB ist eine Sache bzw. eine Forderung frei von Rechtsmängeln, wenn Dritte in Bezug auf diese keine oder nur die im Kaufvertrag übernommenen Rechte gegen den Käufer geltend machen können. Hierbei ist ein objektiver Maßstab anzulegen. Es kommt weder auf den vom Käufer beabsichtigten Verwendungszweck an[511], noch ist es erforderlich, dass der

511 Prütting/Wegen/Weinrich/*Schmidt*, BGB, § 435 Rn. 7; BT-Drucks. 14/6040, S. 218; Jauernig/*Berger*, BGB, § 435 Rn. 3.

Dritte das Recht auch geltend macht.[512] § 435 BGB schützt also primär die Forderungszuständigkeit des Käufers. Unter den Rechtsmängelbegriff subsumiert werden können daher in jedem Fall beschränkt dingliche, aber auch obligatorische Rechte, sofern diese auch dem Käufer gegenüber geltend gemacht werden können.[513]

Fraglich ist nun, ob das Vorhandensein einer Schiedsvereinbarung einen Mangel der Forderung darstellt, wenn der Erwerber im Zeitpunkt des Vertragsschlusses von deren Bestehen nichts weiß. Geht man zu den bereits oben gemachten Ausführungen zurück, wonach die Schiedsvereinbarung bzw. jede Art der prozessualen Durchsetzung einer Forderung rechtlich von dieser unabhängig ist und insbesondere keine Eigenschaft derselben darstellt, kann im konkreten Fall zumindest auf den ersten Blick kein Sach- oder Rechtsmangel vorliegen. Insbesondere ein Rechtsmangel ist zumindest in direkter Anwendung des § 435 BGB ausgeschlossen, da die Forderung selbst im Beispielsfall frei von Einreden Dritter und sonstigen Beschränkungen ist. Durch die Abtretung wird dem Zessionar die umfassende und andauernde Forderungszuständigkeit verschafft; es liegen in Bezug auf die Forderung weder dingliche, noch obligatorische Rechte vor. Auch wenn man – zutreffender Ansicht nach – die Haftung des Verkäufers aus Gründen einer angemessenen Risikoverteilung nach Käufer- und Verkäufersphären im begründeten Einzelfall auch auf Umstände erstreckt[514], die außerhalb der Beeinträchtigung der Forderungszuständigkeit selbst liegen, so ist der Anwendungsbereich des § 435 BGB im vorliegenden Fall nicht eröffnet. Denn der Käufer und Zessionar muss sich keine vergleichbaren rechtlichen Verstrickungen der Forderung, wie z. B. eine dauerhafte Einrede, entgegen halten lassen. Es handelt sich bei der Schiedsvereinbarung zwar um eine *prozessuale* Einrede, jedoch ist diese grundsätzlich nicht geeignet – wie etwa die Einrede der Verjährung – die Forderung selbst in ihrer Wertigkeit zu tangieren.[515] Eine Ausnahme könnte man in den Fällen diskutieren, in denen selbst bei vollständigem Obsiegen und Erlangen der Forderung durch den

512 BGH NJW-RR 1993, 396.

513 *Haedicke*, Rechtskauf und Rechtsmangelhaftung, S. 162 ff.; Erman/*Grunewald*, BGB, § 435 Rn. 5 ff.; Prütting/Wegen/Weinrich/*Schmidt*, BGB, 5. Aufl. 2010, § 435 Rn. 7 ff.

514 Den Rechtsmangel für dauerhafte und vorübergehende Einreden bejahend: *Haedicke*, Rechtskauf und Rechtsmangelhaftung, S. 164.

515 Dies kann im Einzelfall anders sein; etwa, wenn aufgrund kriegerischer Handlungen in einem Land die Rechtspflege zum Stillstand kommt und die Forderung in diesem Land daher gar nicht geltend gemacht werden kann. Dieser Fall dürfte allerdings vorranging § 1032 Abs. 2 ZPO unterfallen, der die Undurchführbarkeit der Schiedsvereinbarung regelt.

Käufer, die Kosten für die Durchführung des hierfür erforderlichen Schiedsverfahrens in jedem Fall höher sind. Solche Kosten sind etwa denkbar bei einem ausländischen Schiedsort und einem aus mehreren Personen bestehenden Spruchkörper. Wird dann nur ein geringer Teil der Gesamtforderung abgetreten und sieht die Schiedsvereinbarung vor, dass jede Partei die ihr entstehenden Rechtsverfolgungskosten selbst zu tragen hat, kann es schnell zu der Situation kommen, in denen die Kosten der Rechtsverfolgung einer Partei den Nennbetrag der Forderung übersteigen. In diesen Fällen wäre der Käufer auf freiwillige Zahlung durch den Schuldner angewiesen, wollte er nicht einen wirtschaftlich unsinnigen Prozess führen.[516] Dennoch ist auch hier zu beachten, dass die Erhebung der Schiedseinrede in diesem Fall die Forderung nicht rechtlich undurchsetzbar macht, wie dies etwa bei der Verjährung der Fall ist, sondern diese „nur" faktisch wertlos wird. Jedoch ist auch bei Ausdehnung der Haftung des Verkäufers für Mängel außerhalb der Forderungszuständigkeit zumindest in den Fällen des Rechtsmangels erforderlich, dass das Recht durch die Geltendmachung des Drittrechts direkt betroffen ist.[517] Wurde das Recht frei von Rechten Dritter verschafft und ist dieses rechtlich auch durchsetzbar, so liegt ein Rechtsmangel nicht vor, unabhängig davon, ob die rechtliche Durchsetzbarkeit im konkreten Fall (wirtschaftlich) sinnvoll ist. Der Fall ist auch nicht mit den Fällen vergleichbar, in denen eine hoheitliche Beschlagnahme der Sache[518], oder eine ähnliche öffentliche oder private Beschränkung[519] vorliegt. Denn im ersteren Fall erhält der Käufer – obgleich er Rechtsinhaber geworden ist – die Forderung (zunächst) nicht zu seiner freien Verfügung[520] und läuft zusätzlich Gefahr, dass diese später endgültig dem Verfall oder der Einziehung un-

516 In der Praxis ist grundsätzlich nicht davon auszugehen, dass Prozesse unabhängig von deren wirtschaftlichen Nutzen aus rein prinzipiellen Erwägungen heraus geführt werden, obgleich dies im Einzelfall vorkommen mag. So wurde nach den Regelungen der Deutschen Institution für Schiedsgerichtsbarkeit e. V. im Jahr 2009 ein Schiedsverfahren mit einem Streitwert von 30 € durchgeführt, das selbst für die obsiegende Partei nicht kostendeckend gewesen sein kann; http://www.disarb.de/de/58/content/2009-id22, abgerufen am 18.03.2011.

517 Zu der Frage, ob die faktische Wertlosigkeit der Forderung durch die Durchführung eines Schiedsverfahrens einen Sachmangel darstellen kann, S. unten unter § 12 B I 2.

518 Rechtsmangel wegen Beschlagnahme nach § 111b StPO bejaht von BGH NJW 2004, 1802 f.; a. A. für die Beschlagnahme nach § 94 StPO jedoch LG Bonn NJW 1977, 1822, 1822 f.

519 Rechtsmangel wegen Sozialbindung einer Wohnung bejaht von BGH NJW 2000, 1256.

520 Die Beschlagnahme nach § 111b StPO begründet unter anderem ein Veräußerungsverbot nach § 111c Abs. 5 StPO.

terliegt. Im zweiten Fall darf der Käufer mit der Forderung zumindest nicht so verfahren, wie es einem Vollrechtsinhaber gewöhnlich zusteht. Im hier zugrunde liegenden Fall erhält der Käufer aber die Forderung als Vollrechtsinhaber und kann diese – vor dem Schiedsgericht – geltend machen. Dass diese Art und Weise der Geltendmachung unter Umständen wirtschaftlich nicht lohnend ist, ist keine Frage des Bestehens oder der Durchsetzbarkeit des Rechts.

2. Vorliegen eines Sachmangels

Es könnte hier jedoch ein Sachmangel vorliegen. Nach § 434 Abs. 1 BGB ist eine Sache frei von Sachmängeln, wenn sie bei Gefahrübergang die vereinbarte Beschaffenheit hat, oder sich in Abwesenheit einer solchen Vereinbarung für die nach dem Vertrag vorausgesetzte Verwendung, sonst für die gewöhnliche Verwendung eignet und eine Beschaffenheit aufweist, die bei Sachen der gleichen Art üblich ist und die der Käufer nach der Art der Sache erwarten kann. Die erste und wichtigste Fallgruppe des Mangels ist das Fehlen einer vereinbarten Beschaffenheit. Die subjektiven Vorstellungen der Parteien über die Kaufsache erhalten hierdurch Vorrang vor einem objektiven Fehlerbegriff. Diese subjektive Komponente schlägt sich auch noch in der zweiten Variante nieder, die in Abwesenheit einer Beschaffenheitsvereinbarung auf die nach dem Vertrag vorausgesetzte Verwendung abstellt. Erst wenn beide Varianten nicht einschlägig sind, ist für die Mangelhaftigkeit einer Sache entscheidend, ob sich die Kaufsache für die gewöhnliche Verwendung eignet und eine Beschaffenheit aufweist, die bei Sachen der gleichen Art üblich ist und die der Käufer nach der Art der Sache erwarten kann. Ob die Kaufsache mangelhaft ist, obliegt also zunächst dem Primat der Parteien.

a) Die Schiedsvereinbarung als Beschaffenheit der Forderung

Hierfür müsste es sich bei der Schiedsvereinbarung aber überhaupt um eine Beschaffenheit der Forderung im Sinne des § 434 Abs. 1 BGB handeln. Dies ist jedoch fraglich und davon abhängig, wie weit man den Begriff der Beschaffenheit fasst. Der Gesetzgeber hat im Rahmen der Schuldrechtsreform die Definition der „Beschaffenheit“ bewusst offen gelassen. Das Gesetz sollte keine abschließende Entscheidung darüber treffen, inwieweit es für den Begriff der Beschaffenheit erforderlich ist, dass diese der Sache physisch und auf Dauer anhaften muss – wie es die ältere Rechtsprechung zum Eigenschaftsbegriff in § 459 BGB a. F. grundsätzlich verlangte[521] – oder ob auch Beziehungen der Sache zur Umwelt für die Einordnung als „Beschaffenheit" der Sache ausreichen.[522] Von diesem offenen Gesetzeswortlaut ausgehend haben sich drei Ansichten zum Begriff der Beschaffenheit herausgebildet. Nach dem engen Beschaffenheitsbegriff soll die Beschaffenheit einer Sache auf Umstände begrenzt sein, die dieser unmittelbar, also physisch, auf eine gewisse Dauer anhaften.[523] Dem steht auf der anderen Seite der weite Beschaffenheitsbegriff gegenüber, wonach zur Beschaffenheit jede von den Parteien vereinbarte Anforderung an die Kaufsache zählt.[524] Hierunter sollen auch vorübergehende, vergangene und zukünftige Umstände gehören, soweit dies dem Willen der Parteien an die Kaufsache entspricht; nicht jedoch Anforderungen, die sich ausschließlich auf eine Partei, Dritte oder Umstände außerhalb der Kaufsache beziehen.[525]

---

521 Vgl. hierzu nur BGH NJW 1970, 653, 655; BGH NJW 1984, 2289; BGH NJW 1992, 2564, 2565; ausführlich zur Thematik *Schmidt*, Die Beschaffenheit der Kaufsache, BB 2005, 2763, 2763 f.; *Berger*, Der Beschaffenheitsbegriff des § 434 Abs. 1 BGB, JZ 2004, 276, 277 f. u. 280; MünchKommBGB/*Westermann*, § 434 Rn. 9 ff.

522 BT-Drucks. 14/6040, S. 213; zur gesamten Problematik vgl. BT-Drucks. 14/6040, S. 212 ff.

523 OLG Hamm NJW-RR 2003, 1360, 1360 f.; OLG Hamm, Urteil vom 03.03.2005, 28 U 125/04, aus den Gründen RN. 25 (juris); *Huber*, Die Praxis des Unternehmenskaufs, AcP 202 (2002), 179, 225–229; *Grigoleit/Herresthal*, Grundlagen der Sachmängelgewährleistung, JZ 2003, 118, 124 ff.

524 *Schmidt*, Die Beschaffenheit der Kaufsache, BB 2005, 2763, 2766; Prütting/Wegen/Weinrich/*Schmidt*, BGB, § 434 Rn. 15 m. zahlreichen w. N. und Überblick über den Meinungsstand; auch Jauernig/*Berger*, BGB, § 434 Rn. 7; *Roth, Herbert*, Standzeiten von Kraftfahrzeugen als Sachmangel, NJW 2004, 330, 331; *Berger*, Der Beschaffenheitsbegriff des § 434 Abs. 1 BGB, JZ 2004, 276, 278 ff.; *Reinicke/Tiedtke*, Kaufrecht, Rn. 301–314.; *Dauner-Lieb/Thiessen*, Garantiebeschränkungen in Unternehmenskaufverträgen, ZIP 2002, 108, 110; *Mertens*, Culpa in contrahendo beim zustande gekommenen Kaufvertrag, AcP 203 (2003), 818, 834–839; *Triebel/Hölzle*, Schuldrechtsreform und Unternehmenskaufverträge, BB 2002, 521, 525; *Schröcker*, Unternehmenskauf und Anteilskauf, ZGR 2005, 63, 76 f.; *Wolf/Kaiser*, Die Mängelhaftung beim Unternehmenskauf, DB 2002, 411, 412; *Weiler*, Alte Konkurrenzfragen, ZGS 2002, 249, 255; für die Standzeit eines Neuwagens als Beschaffenheit des Fahrzeugs auch BGH NJW 2006, 2694, 2695.

525 *Schmidt*, Die Beschaffenheit der Kaufsache, BB 2005, 2763, 2765 f.; Prütting/Wegen/Weinrich/*Schmidt*, BGB, § 434 Rn. 16; MünchKommBGB/*Westermann*, § 434 Rn. 6, 9; weitergehend Jauernig/*Berger*, BGB, § 434 Rn. 7; *Berger*, Der Beschaffenheitsbegriff des § 434 Abs. 1 BGB, JZ 2004, 276, 278 ff.; *Barnert*, Mängelgewährleistung beim Unternehmenskauf, WM 2003, 419, 429, 423: Alles, worüber sich die Parteien geeinigt haben, kann Mangel sein.

Vermittelnd orientiert sich eine dritte Ansicht an der früheren Gesetzeslage und Rechtsprechung zu § 459 BGB a. F. und vereinigt die Komponenten des „Fehlers" und der „zugesicherten Eigenschaft" zum Begriff der „Beschaffenheit" nach neuem Schuldrecht.[526]

Folgt man hier dem engen Beschaffenheitsbegriff, so kann die Schiedsvereinbarung keinen Mangel der Forderung darstellen, da die Modalitäten deren gerichtlicher Durchsetzung nicht der Forderung selbst anhaften. Auch wenn man berücksichtigt, dass § 434 BGB über § 453 BGB nur entsprechende Anwendung findet, und es bei Forderungen von vorneherein ausgeschlossen ist, dass diesen ein Umstand „physisch" anhaftet, so ist für die Beschaffenheit einer Forderung nach der engen Auffassung wohl zu verlangen, dass der Umstand Inhalt der Forderung als solcher ist. Dies ist jedoch aufgrund der Eigenständigkeit von Schiedsvereinbarung und Forderung nicht der Fall.

Dieser enge Beschaffenheitsbegriff ist im Anwendungsbereich der §§ 433 ff. BGB jedoch abzulehnen. Mit den §§ 433 ff. BGB setzte der Gesetzgeber die Verbrauchsgüterkaufrichtlinie RiL 1999/44/EG um. Obgleich sich deren Anwendungsbereich auf Verbraucherverträge beschränkt, entschloss sich der deutsche Gesetzgeber zur Vermeidung unterschiedlicher Haftungsregime bekanntlich zu einer „überschießenden" Umsetzung der Richtlinie, die deren Anwendung auch auf Kaufverträge ohne Beteiligung eines Verbrauchers erstreckte. Die richtlinienkonforme Auslegung gilt daher für alle unter §§ 433 ff. fallenden Kaufverträge.[527] Aus der Richtlinie lässt sich jedoch eine Beschränkung des Beschaffenheitsbegriffs auf physische Merkmale der Kaufsache oder auf dauerhafte Beziehungen der Sache zur Umwelt nicht entnehmen.[528] Vielmehr führt die Richtlinie in Art. 3 Abs. 1 lediglich aus, dass der Verkäufer für „jede Vertragswidrigkeit" haften solle. Welche Umstände jedoch diese Vertragswidrigkeit der Kaufsache begründen können, lässt die Richtlinie – anders als etwa die entsprechende Regelung in Art. 35 CISG, die die Vertragsmäßigkeit der Kaufsache aus-

---

526 *Häublein*, Der Beschaffenheitsbegriff, NJW 2003, 388, 389 f.; *Westermann*, Das neue Kaufrecht, NJW 2002, 241, 243; Palandt/*Weidenkaff*, BGB, § 434 Rn. 10–12; Erman/*Grunewald*, BGB, § 434 Rn. 3; *Eidenmüller*, Rechtskauf und Unternehmenskauf, ZGS 2002, 290, 295; *Weitnauer*, Der Unternehmenskauf, NJW 2002, 2511, 2513 f.

527 Siehe hierzu nur *Berger*, Der Beschaffenheitsbegriff des § 434 Abs. 1 BGB, JZ 2004, 276, 278 m. w. N.

528 *Lehmann*, Informationsverantwortung und Gewährleistung für Werbeangaben, JZ 2000, 280, 282 (im Ergebnis aber offen gelassen); *Berger*, Der Beschaffenheitsbegriff des § 434 Abs. 1 BGB, JZ 2004, 276; a. A. *Canaris*, in: E. Lorenz (Hrsg.), Karlsruher Forum 2000: Schuldrechtsmodernisierung, S. 61.

drücklich auf Menge, Qualität und Art beschränkt – offen.[529] Auch lässt die Geschichte der Sachmängelgewährleistung keine Rückschlüsse darauf zu, dass der Beschaffenheitsbegriff eng auszulegen wäre. Obgleich nach früherem Recht streng zwischen fehlerbegründender Beschaffenheit nach § 459 Abs. 1 BGB a. F., zusicherungsfähiger Eigenschaft nach § 459 Abs. 2 BGB a. F. und sonstigen, allenfalls einer Garantie zugänglichen Eigenschaften unterschieden werden musste, hat sich diese Unterscheidung durch § 434 BGB, der von einem einheitlichen Beschaffenheitsbegriff ausgeht, weitgehend überholt. Interessant ist daher nur noch die Abgrenzung der Beschaffenheit zu den sonstigen, nicht zusicherungsfähigen Umständen. Nach altem Recht konnten nach § 459 Abs. 2 BGB a. F. neben den physischen Eigenschaften der Sache nur solche Umstände zugesichert werden, die die wirtschaftlichen und rechtlichen Beziehungen der Kaufsache zur Umwelt regelten und Einfluss auf die Brauchbarkeit und den Wert der Sache hatten. Diese Umstände mussten in der Sache selbst ihren Grund haben und durften insbesondere nicht an die Person des Erwerbers anknüpfen.[530] Steuervorteile, die ihren Grund in der Sache des Käufers hatten bzw. hätten haben sollen, waren daher etwa nicht zusicherungsfähig[531]; genauso wenig wie Umsätze eines Unternehmens.[532] Letztere, weil diese dem Unternehmen nach Ansicht des BGH nicht auf Dauer anhafteten und oftmals vom jeweiligen Geschäftsinhaber abhingen.[533]

Nach dem vermittelnden bzw. weiten Beschaffenheitsbegriff ist es hingegen denkbar, dass die prozessualen Durchsetzungsmodalitäten eine Beschaffenheit der Forderung darstellen. Fraglich ist aber, wie eng die Beziehungen der Forderung zu ihrer Umwelt sein müssen, um noch als Beschaffenheit dieser gelten zu können. Nach h. M. ist hierfür erforderlich, dass es sich bei der Schiedsvereinbarung nicht um einen Umstand handelte, der ausschließlich außerhalb der Kaufsache, also der Forderung, anzusiedeln ist.

Zu klären ist in diesem Zusammenhang zunächst, ob der Umstand, dass die Schiedsvereinbarung rechtlich von dem ihr zugrunde liegenden Rechtsverhältnis unabhängig ist, schon generell deren Einordnung als Beschaffenheit der Forderung im Sinne des Sachmängelgewährleistungsrecht entgegensteht. Bei dieser Prüfung kann jedoch nicht unbeachtet bleiben, dass sich die Frage nach einer möglichen Mängelgewährleistung des Verkäufers

529 *Berger*, Der Beschaffenheitsbegriff des § 434 Abs. 1 BGB, JZ 2004, 276, 278.
530 BGH NJW 1992, 2556 m. zahlreichen w. N.
531 BGH NJW 1992, 2556.
532 BGH NJW 1970, 653, 655.
533 BGH NJW 1970, 653, 655.

und Zedenten überhaupt nur stellt, weil aufgrund der Wertungen der §§ 398 ff. BGB von einer automatischen Bindung des Zessionars an die Schiedsvereinbarung ausgegangen wurde. Konnte jedoch die rechtliche Selbständigkeit der Schiedsvereinbarung von der Forderung eine solche automatische Bindung des Zessionars rechtlich nicht hindern, so wäre es widersprüchlich, die Sachmängelgewährleistung in diesem Sonderfall allein mit einem pauschalen Hinweis auf diese rechtliche Selbständigkeit scheitern zu lassen.

Die Schiedsvereinbarung knüpft an das Rechtsverhältnis der Parteien im Allgemeinen, nicht aber an einzelne Elemente dieses Rechtsverhältnisses an, so dass der Geltungsgrund der Schiedsvereinbarung auch nicht vom Bestehen dieser einzelnen Elemente – wie etwa der Forderung – abhängig sein kann.[534] Hat also die Schiedsvereinbarung Gültigkeit, dann deswegen, weil die Parteien ihr mit der Forderung in Verbindung stehende *Rechtsverhältnis* der Beurteilung durch ein Schiedsgericht unterworfen haben. Die Einordnung der Schiedsvereinbarung als „Beschaffenheit“, „Eigenschaft“, bzw. „Bestandteil“ der Forderung im Sinne des § 398 BGB ist daher für die Frage des Übergangs nicht tauglich, da die Schiedsvereinbarung auch unabhängig vom Bestehen der Forderung auf das Rechtsverhältnis Anwendung findet. Dass die Schiedsvereinbarung für den Zessionar Wirkung entfaltet, ist also dem Umstand geschuldet, dass dieser in das Rechtsverhältnis des Zedenten eintritt. Diese Rechtsposition erhält er jedoch nicht etwa aufgrund einer tatsächlich erfolgten Forderungsabtretung, sondern aufgrund des im Abtretungsvertrag kundgetanen Willens, in Teilbereichen in die Rechtsstellung des Zedenten eintreten zu wollen, die dieser vor der (wirksamen, oder aber auch unwirksamen) Abtretung innehatte. Die Bindung des (vermeintlichen) Zessionars an die Schiedsvereinbarung kann damit schon vor und unabhängig von der Forderungsabtretung eintreten. So etwa schon zu dem Zeitpunkt, in dem sich der (vermeintliche) Zessionar auf die Rechtsnachfolge beruft.

Es stellt sich jedoch die Frage, ob diese Erwägungen der Einordnung der Schiedsvereinbarung als Beschaffenheit der Forderung entgegenstehen können. Entgegen dem ersten Anschein ist dies nicht der Fall. Insbesondere das zu § 398 BGB gefundene Ergebnis – also die Ablehnung eines auf § 398 BGB gestützten automatischen Übergangs der Schiedsvereinbarung als Bestandteil der Forderung – steht einer solche Einordnung nicht entgegen. Denn bei dieser Prüfung ging es lediglich darum, eine Begründung für die automatische Bindung des Zessionars an die Schiedsvereinbarung zu fin-

534 An dieser Stelle kann vollumfänglich auf die Ausführungen unter § 8 A I 2 b verwiesen werden.

den. Bei der Frage der Sachmängelgewährleistung geht es jedoch nicht um die Frage, ob und aufgrund welcher Umstände der Zessionar an die Schiedsvereinbarung gebunden ist, sondern vielmehr darum, welche Sekundäransprüche ihm zustehen, wenn es tatsächlich zu einer solchen Bindung kommt. Es wäre also nicht widersprüchlich, einen Übergang der Schiedsvereinbarung nach § 398 BGB abzulehnen, die Schiedsvereinbarung im Bereich der Sachmängelgewährleistung aber als Beschaffenheit der Forderung zu sehen, sofern nur die Bindung des Zessionars an die Schiedsvereinbarung zuvor rechtlich begründbar bejaht werden konnte. Die Schiedsvereinbarung gilt für das Rechtsverhältnis des Zessionars und auch des Scheinzessionars zum Schuldner zwar allein aufgrund der Wertungen der §§ 398 ff. BGB und nicht etwa, weil es sich gegebenenfalls um einen Bestandteil bzw. eine Beschaffenheit der Forderung handelt; besteht die Forderung darüber hinaus aber tatsächlich, kann die Schiedsvereinbarung zu deren Beschaffenheit zählen, denn dann gilt sie ja in jedem Fall für diese.

In der Gesamtschau steht also die rechtliche Selbständigkeit der Schiedsvereinbarung zumindest vom Grundsatz her der Einordnung als Beschaffenheit der Forderung nicht entgegen. Dennoch kann eine solche nur dann angenommen werden, wenn sich die Einbettung der Schiedsvereinbarung in das Rechtsverhältnis von Schuldner und Forderungsinhaber nicht wesentlich von den Fällen unterscheidet, in denen die Gerichte Beziehungen der Kaufsache zur Umwelt unter den Beschaffenheitsbegriff im Sinne des Mängelrechts subsumiert haben. So etwa in den Fällen von Bau- und Nutzungsbeschränkungen für Grundstücke.[535] Beiden Sachverhalten ist gemein, dass das Kaufobjekt bei Übergabe bzw. Übertragung in einen für jeden Erwerber gültigen rechtlichen Kontext eingebettet war. Die Verbindung einer Bau- und Nutzungsbeschränkung zur Kaufsache ist jedoch enger als die der Schiedsvereinbarung zur Forderung. Der entscheidende Unterschied besteht zunächst darin, dass die Beziehung der Sache zu ihrer Umwelt nur dann besteht, wenn auch die Sache existiert; nicht aber von dieser losgelöst. Auch wenn dies der Einordnung als Beschaffenheit nach dem oben Gesagten noch nicht entgegensteht, wird hierdurch deutlich, dass die Verbindung von Kaufsache und rechtlichem Kontext in den Fällen der Schiedsvereinbarung schwächer ist. Die Schiedsvereinbarung hat ein deutlich stärkeres personales Substrat, das nicht nur dadurch zustande kommt, dass deren Geltungsgrund von der Rechtsnachfolge, also dem Eintritt des Zessionars in die Rechtsstellung des Zedenten herrührt, sondern auch daher, dass die

535 Vgl. nur OLG Karlsruhe, NJW-RR 1992, 1104 zur Stellplatzauflage; BGH NJW 2001, 65 zum Verbot der Eigennutzung von Wohnraum, LG Stendal, Urteil vom 16.02.2005, 21 O 106/04, aus den Gründen Rn. 28 ff. (juris) zum Denkmalschutz.

Schiedsvereinbarung keine Regelungen über die Forderung trifft, sondern ausschließlich über das zukünftige prozessuale Verhältnis von Gläubiger und Schuldner. Dies zeigt sich ferner auch darin, dass Bau- und Nutzungsbeschränkungen nicht teilbar, bzw. nur in dem Maße teilbar sind, in dem auch die Kaufsache teilbar ist. Die Schiedsvereinbarung hingegen „vervielfältigt“ sich nach der Anzahl der Beteiligten, die ein Rechtsverhältnis zum Schuldner begründen. Im Ergebnis ist die Einordnung der Schiedsvereinbarung als Beschaffenheit der Forderung also mit großen Zweifeln behaftet.

b) Die Schiedsvereinbarung als Mangel der Forderung

Letztlich kann die Einordung der Schiedsvereinbarung als Beschaffenheit der Forderung an dieser Stelle dahinstehen. Denn selbst wenn man aufgrund der engen Verbindung von Forderung und Schiedsvereinbarung[536] in letzterer eine solche Beschaffenheit sehen wollte, so kann dies im Ergebnis nicht zu einem Mangel der Forderung führen. Keine Alternative des § 434 BGB ist erfüllt. Nach § 434 Abs. 1 BGB ist die Kaufsache frei von Sachmängeln, wenn sie die vereinbarte Beschaffenheit aufweist. In Ermangelung einer solchen Beschaffenheit dann, wenn sie sich für die nach dem Vertrag vorausgesetzte Verwendung eignet, sonst, wenn sie sich für die gewöhnliche Verwendung eignet und eine Beschaffenheit aufweist, die bei Sachen der gleichen Art üblich ist und die der Käufer nach der Art der Sache erwarten kann. Eine Vereinbarung über die Modalitäten der gerichtlichen Geltendmachung der Forderung liegt zwischen Zedent und Zessionar hier offensichtlich nicht vor. Auch ein Fall des § 434 Abs. 1 S. 2 Nr. 1 BGB ist nicht gegeben, da sich die abgetretene Forderung für den vertraglich vorausgesetzten Zweck eignet. Der einzige Verwendungszweck einer Forderung ist deren Realisierung. Letzterer stehen aber keine Hindernisse entgegen, nur weil eine Schiedsvereinbarung existiert. Die außergerichtliche Geltendmachung der Forderung bleibt durch die Schiedsvereinbarung ohnehin unberührt, während die gerichtliche Geltendmachung der Forderung zwar eine andere, nicht aber ungeeignet ist, die Forderung durchzusetzen. Etwas anderes könnte lediglich gelten, wenn der Zessionar es zum ausdrücklichen Vertragsinhalt gemacht hätte, die Forderung im Rahmen einer Aufrechnung gegenüber dem Schuldner zu realisieren. Denn dieser könnte hiergegen die Einrede nach § 1032 Abs. 1 ZPO erheben und die Aufrechnung scheitern lassen.[537] Ob ein solcher Fall vorliegt, ist jedoch eine Frage des jeweiligen

536 Zu dieser schon oben unter § 8 A I 2 b.

537 S. hierzu oben unter § 9 B IV 3; vgl. auch Musielak/*Voit*, ZPO, § 1032 Rn. 6.

Einzelfalls. Zuletzt liegt auch kein Fall des § 434 Abs. 1 S. 2 Nr. 2 BGB vor. Demnach ist ein Mangel nur auszuschließen, wenn sich die Sache bzw. Forderung zur gewöhnlichen Verwendung eignet und eine Beschaffenheit aufweist, die bei Sachen bzw. Forderungen der gleichen Art üblich ist und die der Käufer nach der nach der Art der Sache bzw. Forderung erwarten kann. Anders als bei den Mängeln des § 434 Abs. 1 S. 1 und § 434 Abs. 1 S. 2 Nr. 1 BGB ist der Mangel nach dem Wortlaut der Vorschrift nach rein objektiven Kriterien zu bestimmen. Auf den ersten Blick scheint daher ein Mangel vorzuliegen. Bei der Zuständigkeit der staatlichen Gerichte handelt es sich um einen Umstand, der vom Grundsatz her jedem Rechtsverhältnis automatisch anhaftet, ohne dass es diesbezüglich überhaupt einer Vereinbarung bedarf. Jeder Teilnehmer am Rechtsverkehr kann daher erwarten, dass ein zukünftiger Rechtsstreit der staatlichen Gerichtsbarkeit unterfällt, zumal wie oben schon ausgeführt[538] davon auszugehen ist, dass weniger als 1% aller Verträge Schiedsklauseln unterfallen. Und auch wenn man berücksichtigt, dass der prozentuale Anteil an Schiedsklauseln in bestimmten Bereichen, wie etwa internationalen Verträgen unter Kaufleuten, sicherlich höher liegt, so kann bei realistischer Schätzung selbst in diesen Bereichen nicht davon ausgegangen werden, dass der prozentuale Anteil von Verträgen mit Schiedsvereinbarungen Größen erreicht, bei denen man von „Üblichkeit" oder „Erwartbarkeit" im Sinne des § 434 Abs. 1 S. 2 Nr. 2 BGB ausgehen könnte.[539] Daneben stellt die Vorschrift ihrem Wortlaut nach keine weiteren Voraussetzungen auf.

Es stellt sich jedoch die Frage, ob die in der Vorschrift beschriebene Käufererwartung nicht doch eine Wertung der „Üblichkeit" oder „Erwartbarkeit" erforderlich macht. Wie bereits oben angesprochen, ist die Vorschrift auf eine Umsetzung der Verbrauchsgüterkaufrichtlinie RiL 1999/44/EG zurückzuführen. Art. 2 Abs. 2d der Richtlinie, die durch § 434 Abs. 1 S. 2 Nr. 2 BGB umgesetzt wird, lautet jedoch: „Es wird vermutet, dass Verbrauchsgüter vertragsgemäß sind, wenn sie eine Qualität und Leistung aufweisen, die bei Gütern der gleichen Art üblich sind und die der Verkäufer vernünftigerweise erwarten kann." Das, was § 434 Abs. 1 S. 2 Nr. 2 BGB neutral mit „Beschaffenheit" umschreibt, entspricht in der Richtlinie den Merkmalen „Qualität" und „Leistung" und deutet somit darauf hin, dass der Verkäufer, über seine enttäuschte Erwartung hinaus, zusätzlich in irgend einer Weise durch mangelnde Qualität bzw. Leistung beeinträchtigt sein muss. Nach Art. 2 Abs. 2d der Richtlinie liegt also ein Mangel nur dann vor, wenn die Kaufsache in „Qualität" oder „Leistung" hinter den berechtigten

538 S. hierzu unter § 3.

539 S. zur Käufererwartung BGH NJW 2007, 1351, 1353; BGH NJW 2011, 2872, 2873.

Käufererwartungen zurückbleibt. Ähnlich führte der BGH in einer jüngeren Entscheidung zur Frage, ob es sich bei der Standzeit eines Gebrauchtwagens um einen Sachmangel handelte, aus, dass dies für den Käufer nur im Hinblick auf „standzeitbedingte Schäden" von Interesse sei.[540] Dies ist angesichts des Umstandes, dass der Kaufgegenstand trotz Abweichung vom Üblichen und Erwartbaren vertragsgemäß verwendet werden kann, auch sachgerecht. Und so kann ein Mangel nach § 434 Abs. 1 S. 2 Nr. 2 BGB sicherlich in den Fällen bejaht werden, in denen etwa ein Fahrzeug trotz Möglichkeit des vertragsgemäßen Gebrauchs nicht über den für Fahrzeuge dieser Art gewöhnlichen Ausstattungsstandard verfügt. Diese Erwägungen können auf die Geltung einer Schiedsvereinbarung für das Rechtsverhältnis jedoch nicht übertragen werden. Denn diese ist, von einem objektiven Standpunkt aus betrachtet, neutral. Sie hat gegenüber der staatlichen Gerichtsbarkeit sicherlich Nachteile, etwa im Bereich der Prozesskostenhilfe oder der Beweiserhebung. Auf der anderen Seite kann die Schiedsvereinbarung für die Beteiligten auch mit Vorteilen verbunden sein. Wenn ein besonderes Bedürfnis nach Geheimhaltung besteht, oder wenn es im konkreten Fall auf die besondere Sachkunde der Schiedsrichter entscheidend ankommt, bietet das schiedsrichterliche Verfahren flexiblere Möglichkeiten, das Verfahren zu gestalten. Und so gibt der Gesetzgeber ausweislich der Gesetzesbegründung auch keiner Rechtsschutzform den Vorzug, sondern sieht beide Rechtsschutzformen – bei Schiedsfähigkeit des Anspruchs – vielmehr als gleichwertig an.[541] Dies hat sich auch an mehreren Stellen im Gesetz niedergeschlagen. So muss das staatliche Gericht nach § 1032 Abs. 1 ZPO bei Erheben der Schiedseinrede die Klage als unzulässig abweisen. Zudem hat der Schiedsspruch nach § 1055 ZPO Urteilswirkung und ist nach § 1060 ZPO bei Nichtbefolgen der unterliegenden Partei durch staatliche Organe vollstreckbar. Auch die Gerichte gehen von der Gleichwertigkeit beider Rechtsschutzformen aus.[542] Letztlich wird es nicht möglich sein, Kriterien festzulegen, um festzustellen, ob die Schiedsgerichtsbarkeit hinter der staatlichen Gerichtsbarkeit qualitativ zurückbleibt oder umgekehrt. Dies muss daran scheitern, dass neben der Komplexität der un-

540 BGH NJW 2009, 1588, 1589; vgl. auch OLG Düsseldorf NJOZ 2003, 1819, 1820; AG Rottweil, Urteil vom 28.02.1999, 2 C 104/98, LSK 1999, 280346.

541 BT-Drucks. 13/5274 vom 12.07.1996, S. 34; s. auch *Haas/Hauptmann*, Schiedsvereinbarungen in „Ungleichgewichtslagen", SchiedsVZ 2004, 175, 181 f., 187; zur mitgliedschaftlichen Sachverhalten *Ebbing*, Satzungsmäßige Schiedsklauseln, NZG 1999, 754, 755; *Timm*, Beschlußanfechtungsklage und Schiedsfähigkeit, in: FS Fleck, S. 365, 376 f.; *Geimer*, Anmerkung zu BGH, Urteil vom 29.03.1996 – ZR124/95, DZWiR 1997, 119, 120.

542 S. nur OLG Thüringen, SchiedsVZ 2009, 237, 238.

terschiedlichen Fallkonstellationen diese Frage entscheidend vom subjektiven Empfinden der Vertragsparteien abhängt.[543] Also davon, ob die Schiedsvereinbarung ihren individuellen Bedürfnissen im konkreten Einzelfall gerecht wird. Die Sachmängelgewährleistung, die die Abweichung der Ist-Beschaffenheit von der Soll-Beschaffenheit regelt und sanktioniert, scheint hier also nicht das richtige Instrument zu sein, um den Zessionar vor einer ihm ungewollten Bindung zu schützen. Dieser soll nach dem Willen des Gesetzgebers nicht generell vor Schiedsvereinbarungen geschützt werden, sondern von der Bindung an eine solche, wenn er keinen entsprechenden Willen geäußert hat. Problematisch ist nicht die Geltung der Schiedsvereinbarung, sondern ausschließlich, dass der Zessionar von dieser bei Abschluss des Kaufvertrags keine Kenntnis hat.

c) Ausschluss der Sachmängelgewährleistung (auch) aus systematischen Erwägungen

Die Schiedsvereinbarung lässt sich daher nach dem eben Gesagten mit erheblichen Zweifeln wohl noch als Beschaffenheit, nicht aber als Mangel der Forderung in das System der Sachmängelgewährleistung einordnen. Hinzu kommt, dass es bei einer Anwendung des Sachmängelgewährleistungsrechts zu einer Ungleichbehandlung in den Rechtsfolgen kommen würde, je nachdem, ob die Forderung besteht oder nicht besteht. Denn besteht die abgetretene Forderung schon gar nicht, ist die Leistung von vorneherein unmöglich. Dies bedeutet, dass das kaufrechtliche Mängelgewährleistungsrecht ausgeschlossen ist und sich die Rechtsfolgen nach §§ 275, 280, 283–285, 311a und 326 BGB bestimmen.[544] Da letztere Vorschriften aber ohnehin nur diejenigen Fälle abdecken, in denen es um die rechtlichen Folgen der Unmöglichkeit der Leistung aufgrund nicht bestehender Forderung geht, nicht aber um die Schiedsvereinbarung, verbleiben dem Zessionar bezüglich dieser zunächst nur Ansprüche aus culpa in contrahendo gem. § 311 Abs. 2 BGB.[545] Es ist jedoch schwer zu begründen, wieso diese Schadensersatzansprüche je nach Sachverhalt unterschiedlichen Verjährungsfristen unterfallen, obgleich der (Schein-)Zessionar mit gleicher rechtlicher Wirkung an die Schiedsvereinbarung gebunden wird. Denn während dem Käufer bei bestehender Forderung nach § 438 BGB lediglich zwei Jahre ab

543 So würde niemand behaupten, dass die ursprünglichen Parteien ihre Forderung durch den Abschluss einer Schiedsvereinbarung mangelhaft gemacht haben.

544 Anstatt aller MünchKommBGB/*Westermann*, § 453 Rn. 10.

545 Zu diesen ausführlich unten unter § 12 B III.

Übergang der Forderung zustehen, verbleiben dem Käufer einer nicht bestehenden Forderung bei einer Haftung des Verkäufers etwa aus culpa in contrahendo nach §§ 195, 199 BGB drei Jahre ab Ablauf des Jahres, in dem der Anspruch entstanden ist und der Gläubiger von den den Anspruch begründenden Umständen und der Person des Schuldners Kenntnis erlangt oder ohne grobe Fahrlässigkeit erlangen musste. Dieser Unterschied kann auch nicht damit begründet werden, dass der Verkäufer einer Forderung nach Übergang derselben das Bestehen einer Schiedsvereinbarung besser prüfen könne. Denn ob für eine Forderung eine Schiedsvereinbarung gilt, erkennt der Käufer bei bestehender Forderung nicht besser als bei nicht bestehender Forderung. Zudem spielt auch der für die Anwendbarkeit der Sachmängelgewährleistung und dem Beginn der Verjährungsfristen so wichtige Zeitpunkt der Übergabe bzw. des Übergangs[546] in den Fällen der Schiedsvereinbarung keine entscheidende Rolle. Während der Käufer eines mit einer Bau- und Nutzungsbeschränkung belasteten Grundstücks erst an die Beschränkungen gebunden wird, wenn er tatsächlich Eigentümer des Grundstücks geworden ist[547], so tritt die Bindung des Zessionars im Fall der Schiedsvereinbarung selbst bei Bestehend der Forderung unter Umständen auch unabhängig hiervon ein. Etwa schon, wenn sich der Zessionar gegenüber dem Schuldner auf seine (vermeintliche) Rechtsinhaberschaft beruft. Auch wenn eine Gleichbehandlung beider Fälle also rechtlich nicht zwingend sein mag, so ist es doch zumindest wünschenswert, wenn rechtlich beinahe identische Sachverhalte auch gleiche Rechtsfolgen zeitigen.[548]

In der Gesamtschau fällt daher die automatische Bindung des Zessionars an die Schiedsvereinbarung nicht unter die Vorschriften der Sachmängelgewährleistung.[549] Der Zessionar kann mithin keine Ansprüche gem. §§ 453, 433, 434, 435 BGB gegen den Zedenten geltend machen.

---

546 So laufen ab diesem Zeitpunkt nach § 438 BGB die Verjährungsfristen für kaufrechtliche Mängelansprüche.

547 Und das Grundstück – anders als die Schiedsvereinbarung – hierfür zudem existieren muss.

548 Obgleich also oben der Umstand, dass Forderung und Schiedsvereinbarung voneinander unabhängig sind, einer Einordnung der Schiedsvereinbarung als „Beschaffenheit" der Forderung nicht zwingend entgegenstand, so zeigt sich nun auf der Rechtsfolgenseite, dass diese rechtliche Unabhängigkeit bei der Suche nach einer angemessenen rechtlichen Beurteilung des Problems dennoch eine Rolle spielt.

549 Dies mag anders sein, wenn Zedent und Zessionar die Geltung bzw. die Nichtgeltung einer Schiedsvereinbarung für das Rechtsverhältnis ausdrücklich vereinbaren. Denn hierdurch gäben die Parteien der durch das Gesetz neutral gesehenen Schiedsvereinbarung eine Wertung, die die Einordnung in das Sachmängelgewährleistungsrecht als möglich erscheinen lässt.

II. Ansprüche des Zessionars nach §§ 119 ff. BGB

Dem Zessionar könnte jedoch im vorliegenden Fall ein Anfechtungsrecht nach § 119 Abs. 2 BGB zustehen, da er ohne sein Wissen an die Schiedsvereinbarung gebunden wurde.

Nach § 119 Abs. 1 BGB kann derjenige, der bei Abgabe einer Willenserklärung über deren Inhalt im Irrtum war, die Erklärung anfechten, wenn anzunehmen ist, dass er sie bei Kenntnis der Sachlage und bei verständiger Würdigung des Falles nicht abgegeben haben würde. Das Anfechtungsrecht schützt also die freie Selbstbestimmung auf rechtsgeschäftlichem Gebiet unabhängig vom Eintritt eines Schadens.[550] Nach § 119 Abs. 2 BGB liegt ein Irrtum über den Inhalt der Willenserklärung auch dann vor, wenn sich dieser auf solche Eigenschaften einer Sache oder Person bezieht, die im Verkehr als wesentlich angesehen werden. Im Einzelnen ist der Anwendungsbereich des § 119 Abs. 2 BGB jedoch umstritten[551]; vielfach wird die Vorschrift zumindest als „nicht geglückt" bezeichnet.[552] Allgemein anerkannt ist jedoch, dass der Grundsatz *pacta sunt servanda* nicht durch eine extensive Anwendung des Eigenschaftsirrtums ausgehöhlt werden darf.[553] Die herrschende Lehre ordnet den Eigenschaftsirrtum als ausnahmsweise beachtlichen Motivirrtum ein.[554]

1. Vorrang des Sachmängelgewährleistungsrechts

Der Anwendungsbereich des § 119 Abs. 2 BGB wird auf zwei unterschiedlichen Ebenen eingeschränkt. Zunächst kann der potentiell Anfechtungsberechtigte, wie auch schon unter Geltung des alten Schuldrechts, nur dann aufgrund eines Eigenschaftsirrtums nach § 119 Abs. 2 BGB vorgehen, wenn ihm keine Ansprüche nach dem Sachmängelgewährleistungsrecht zu-

550 BGH NJW 1998, 302, 304.

551 MünchKommBGB/*Armbrüster*, § 119 Rn. 102 ff.; Erman/*Arnold*, BGB, § 119 Rn. 34; *Lorenz*, Der Schutz vor dem unerwünschten Vertrag, S. 294 ff.

552 S. nur MünchKommBGB/*Armbrüster*, § 119 Rn. 102; *Canaris*, Wandlungen des Schuldvertragsrechts, AcP 200 (2000), 273, 281; *Lorenz*, Der Schutz vor dem unerwünschten Vertrag, S. 295.

553 *Lorenz*, Der Schutz vor dem unerwünschten Vertrag, S. 294 f.; MünchKommBGB/*Armbrüster*, § 119 Rn. 102 ff.; Staudinger/*Singer*, BGB, § 119 Rn. 79; Prütting/Wegen/Weinreich/*Ahrens*, BGB, § 119 Rn. 34.

554 *Lorenz*, Der Schutz vor dem unerwünschten Vertrag, S. 295 f.; Palandt/*Ellenberger*, BGB, § 119 Rn. 23; Prütting/Wegen/Weinreich/*Ahrens*, BGB, § 119 Rn. 34; Erman/*Arnold*, BGB, § 119 Rn. 34; ähnlich Staudinger/*Singer*, BGB, § 119 Rn. 79.

stehen.[555] Nach Ansicht der Rechtsprechung ist es hierfür allerdings schon ausreichend, wenn im konkreten Fall die Sachmängelgewährleistung nicht greift; also nicht schon bei potentiellen Sachmängeln, etwa wenn eine mögliche Beschaffenheitsvereinbarung unterblieben ist.[556]

Der nach allgemeiner Ansicht bestehende Vorrang der Sachmängelgewährleistung gegenüber der Anfechtung wegen Eigenschaftsirrtums nach § 119 Abs. 2 BGB[557] ist im vorliegenden Fall unproblematisch, denn eben wurde ja bereits festgestellt, dass in den Fällen, in denen eine Schiedsvereinbarung für das Rechtsverhältnis gilt, die Sachmängelgewährleistung nicht das richtige Instrumentarium ist, um den Käufer vor einer ungewollten Bindung an die Schiedsvereinbarung zu schützen. § 434 Abs. 1 BGB bietet keine tauglichen Kriterien, die Folgen der Bindung an eine Schiedsvereinbarung zu regeln. Dies gilt zumindest dann, wenn keine ausdrückliche Vereinbarung der Parteien vorliegt.

2. Vorliegen einer verkehrswesentlichen Eigenschaft

Die zweite Einschränkung des Anwendungsbereichs ergibt sich aus dem Gesetz selbst. So ist ein Irrtum nach § 119 Abs. 2 BGB nur dann beachtlich, wenn er sich auf eine verkehrswesentliche Eigenschaft bezieht. Bei der Schiedsvereinbarung müsste es sich also um eine verkehrswesentliche Eigenschaft der Forderung im Sinne der Vorschrift handeln.

Ob dies der Fall ist, bestimmt sich nicht abstrakt, sondern ausgehend von den konkreten Umständen des Rechtsgeschäfts.[558] Als im rechtsgeschäftlichen Verkehr wesentlich angesehen werden sowohl die natürlichen Beschaffenheitsmerkmale, als auch solche tatsächlichen und rechtlichen Verhältnisse, die infolge ihrer Beschaffenheit und vorausgesetzten Dauer nach den Anschauungen des Verkehrs Einfluss auf die Wertschätzung oder Ver-

---

555 Allg. Meinung, s. nur (zum neuen Schuldrecht) BGH NJW-RR 2008, 222, 223; LG Aachen, NJW 2005, 2236, 2237; MünchKommBGB/*Armbrüster*, § 119 Rn. 29; MünchKommBGB/*Westermann*, § 437 Rn. 53; Palandt/*Ellenberger*, BGB, § 119 Rn. 28; Erman/*Arnold*, BGB, § 119 Rn. 9; Prütting/Wegen/Weinreich/*Ahrens*, BGB, § 119 Rn. 5.

556 BGH NJW 1979, 160; 161; BGH NJW 1981, 224, 225; krit. hierzu *Lorenz*, Der Schutz vor dem unerwünschten Vertrag, S. 304 ff.

557 BGH NJW 1961, 772, 773; BGH NJW 1979, 160, 161; BGH NJW 1981, 224, 225; OLG Stuttgart NJW 1989, 2547; Staudinger/*Singer*, BGB, § 119 Rn. 85; MünchKommBGB/*Armbrüster*, § 119 Rn. 29; Bamberger/Roth/*Wendtland*, BGB, § 119 Rn. 8; Prütting/Wegen/Weinreich/*Ahrens*, BGB, § 119 Rn. 5.

558 BGH NJW 1984, 230, 231; Prütting/Wegen/Weinreich/*Ahrens*, BGB, § 119 Rn. 36.

wendbarkeit der Sache im konkreten Rechtsverhältnis haben.[559] Der Begriff der „Sache“ ist nach allgemeiner Meinung jedoch weit zu fassen und ist nicht auf körperliche Gegenstände gem. § 90 BGB beschränkt. Vielmehr fallen hierunter auch Forderungen und Rechte.[560] Eine Eigenschaft der hier in Rede stehenden Forderung wäre also in jedem Fall ein tauglicher Anknüpfungspunkt für den Irrtum des Zessionars.

a) Die Schiedsvereinbarung als Eigenschaft der Forderung

Sowohl bei der Frage, ob die Schiedsvereinbarung als Teil der Forderung nach § 398 BGB übergehen kann, als auch bei der Frage, ob es sich bei dieser um eine Beschaffenheit der Forderung im Sinne des Sachmängelgewährleistungsrecht handelt, wurde bereits auf das Verhältnis von Forderung und Schiedsvereinbarung eingegangen. Auf die dortigen Ausführungen kann verwiesen werden. Fraglich ist jedoch, ob hieraus Rückschlüsse aus den dort gemachten Feststellungen für die Frage der Einordnung der Schiedsvereinbarung als verkehrswesentliche Eigenschaft i. S. d. § 119 Abs. 2 BGB gezogen werden können oder ob diese nach anderen Kriterien zu bestimmen ist. Wie schon bei § 398 BGB und § 434 BGB wäre also die Frage zu klären, ob die Schiedsvereinbarung eine Eigenschaft der Forderung ist, bzw. in diesem Zusammenhang zumindest als solche anzusehen wäre.

Bei der Anfechtung stellt sich jedoch – abweichend von der Frage des Beschaffenheitsbegriffs im Sachmängelgewährleistungsrecht und der Definition des Bestandteils einer Forderung nach § 398 BGB – zunächst einmal die Frage, in welchem Zusammenhang die angefochtene Willenserklärung zu der verkehrswesentlichen Eigenschaft, über die sich der Anfechtende im Irrtum befunden hat, stehen muss. Hierzu äußern sich die meisten Stimmen in Rechtsprechung und Literatur nicht. Teilweise wird ausgeführt, dass die Eigenschaft, über die sich der Anfechtende irrt, Teil des Rechtsgeschäfts sein muss.[561] Dies wird sodann durch Verweis auf ein Urteil des OLG Frank-

559 BGH NJW 1984, 230, 231; OLG Düsseldorf, Urteil vom 17.09.2002, 24 U 1/02, aus den Gründen 26 ff. (juris); OLG Hamm, Beschluss vom 08.06.1998, 15 W 223/98, aus den Gründen 7 (juris); vgl. auch BGH NJW 1961, 772, 775 und RGZ 99, 214, 214 f.; MünchKommBGB/*Armbrüster*, § 119 Rn. 103; Prütting/Wegen/Weinreich/*Ahrens*, BGB, § 119 Rn. 39 f.; Staudinger/*Singer*, BGB, § 119 Rn. 95.

560 MünchKommBGB/*Armbrüster*, § 119 Rn. 130; Staudinger/*Singer*, BGB, § 119 Rn. 95; Prütting/Wegen/Weinreich/*Ahrens*, BGB, § 119 Rn. 39; Palandt/*Ellenberger*, BGB, § 119 Rn. 27; Erman/*Arnold*, BGB, § 119 Rn. 40.

561 Palandt/*Ellenberger*, BGB, § 119 Rn. 27; Erman/*Arnold*, BGB, § 119 Rn. 40.

furt[562] wieder eingeschränkt.[563] In genannter Entscheidung ging das Gericht davon aus, dass eine Willenserklärung wegen Eigenschaftsirrtums auch dann angefochten werden könne, wenn sich der Anfechtende über eine verkehrswesentliche Eigenschaft eines *anderen*, ebenfalls zwischen den Parteien bestehenden Rechtsverhältnisses getäuscht habe. In dem der Entscheidung zugrunde liegenden Sachverhalt ging es darum, dass ein selbständiges, übergeordnetes Vertragsverhältnis – ein Franchisevertrag – angefochten wurde, da sich der Anfechtende in einem Irrtum über das zum Vertrieb überlassene Produkt, über das ein eigener Kaufvertrag bestand, befunden hatte. Die Fehlerhaftigkeit des Produktes haftete nach Ansicht des Gerichts auch dem selbständigen Franchisevertrag an, da sich letzterer nur auf dieses eine Produkt beschränkte, und machte diesen somit anfechtbar.

Dieser Fall ist auf den hier vorliegenden zwar nicht vollumfänglich übertragbar, macht jedoch deutlich, dass die Eigenschaft, über die sich der Anfechtende getäuscht hat, nicht einmal unmittelbar zu dem Rechtsverhältnis gehören muss, das angefochten wird, sofern nur eine hinreichend enge Verbindung zu diesem Rechtsverhältnis besteht. In einer weiteren Entscheidung ging das Bundespatentgericht davon aus, dass der Verzicht auf die Aufrechterhaltung eines Schutzrechts wegen Eigenschaftsirrtums nach § 119 Abs. 2 BGB anfechtbar sei, wenn der Anfechtende im Zeitpunkt der Anfechtung nicht wusste, dass sein Schutzrecht Gegenstand eines Lizenzvertrags ist.[564] Als Begründung führte das Gericht an, dass das Bestehen eines solchen Lizenzvertrags für die Frage der wirtschaftlichen Verwertung des Patents wesentlich sei. Auch hier irrte sich der Anfechtende also nicht bezüglich des Verzichts auf das Patent, sondern in Bezug auf eine gesonderte Vereinbarung, die lediglich im Zusammenhang mit dem Patent stand.

Nach den beiden oben genannten Urteilen kommt eine Anfechtung wegen Eigenschaftsirrtums also nicht nur dann in Betracht, wenn die Eigenschaft dem angefochtenen Rechtsverhältnis unmittelbar anhaftet. Im erstgenannten Fall sah das Gericht den wesentlichen Grund für die Zulassung der Anfechtung wegen Eigenschaftsirrtums darin, dass die Fehlerhaftigkeit des einzig vertriebenen Produkts auch auf den Franchisevertrag Einfluss hatte. Und auch im zweiten Fall ließ es das Patentgericht ausreichen, dass die Lizenzvereinbarung – ohne das Patent im Bestand selbst zu tangieren – die Umstände, in die das Patent eingebettet war, modifizierte, so dass die Lizenzvereinbarung trotz rechtlicher Eigenständigkeit als verkehrswesentlichen Eigenschaft des Patents im Sinne des § 119 Abs. 2 BGB eingeordnet

562 OLG Frankfurt MDR 1980, 576.
563 Vgl. Palandt/*Ellenberger*, BGB, § 119 Rn. 27.
564 BPatG GRUR 1983, 432.

werden konnte. Als Begründung für die Zulassung einer solchen Anfechtung nannte das Patentgericht den Einfluss des Lizenzvertrags auf die wirtschaftliche Bewertung des Patents.[565]

Die Parallelen der beiden Entscheidungen, insbesondere des dem Bundespatentgericht zur Entscheidung vorgelegenen Falles, zum hier zu bewertenden Fall sind augenscheinlich. Auch bei der Schiedsvereinbarung handelt es sich um eine die Umstände der Forderung modifizierende Vereinbarung, die die Forderung jedoch in Inhalt und Bestand selbst unberührt lässt. Die enge Verbindung von Forderung und Schiedsvereinbarung besteht darin, dass die Schiedsvereinbarung – von Ausnahmen abgesehen[566] – untrennbar mit dem die Forderung einbettenden Rechtsverhältnis verknüpft ist[567] und zwar nicht die Forderung in materieller Hinsicht, aber zumindest das eventuell in der Zukunft entstehende prozessuale Verhältnis von Gläubiger und Schuldner regelt. Beide Vertragsverhältnisse stehen in einer solch engen Verbindung, dass der Irrtum über das Bestehen bzw. den Inhalt der einen Vereinbarung generell auf die Willensbildung bezüglich der andern Vereinbarung durchzuschlagen geeignet ist. Die Schiedsvereinbarung kann also trotz ihrer rechtlichen Eigenständigkeit als Eigenschaft im Sinne des § 119 Abs. 2 BGB eingeordnet werden. Folgt man dem oben zitierten Urteil des Bundespatentgerichts, so wäre es auch unproblematisch möglich, die Schiedsvereinbarung als Eigenschaft der Forderung selbst zu sehen. Dies ist auch ohne weiteres in Einklang mit den bei § 398 BGB und § 434 Abs. 1 BGB angesprochenen Zweifeln zu bringen, da der Eigenschaftsbegriff des § 119 Abs. 2 BGB deutlich weiter zu fassen ist. Bei der oben behandelten Frage, ob die Schiedsvereinbarung eine Beschaffenheit der Forderung nach § 434 Abs. 1 BGB bzw. Bestandteil der Forderung nach § 398 BGB, stand das Kaufobjekt – die Forderung – im Mittelpunkt der Betrachtung. Bei der Anfechtung geht es hingegen weniger um das Kaufobjekt als solches, sondern vielmehr um den Schutz der Willensbildung des Anfechtenden. Nicht dessen Integritätsinteresse ist bei § 119 Abs. 2 BGB Bezugspunkt der rechtlichen Beurteilung, sondern der Schutz vor der Bindung an eine Willenserklärung, die der Anfechtende bei verständiger Würdigung des Sachverhalts so nicht abgegeben hätte. Dies steht auch im Einklang mit den oben bereits

565 BPatG GRUR 1981, 432.

566 So etwa im Fall des § 1032 Abs. 1 ZPO a. E. oder wenn die Schiedsvereinbarung nach dem Willen der ursprünglichen Vertragsparteien etwa aufgrund eines besonderen Vertrauensverhältnisses nur zwischen diesen bestehen soll.

567 Um Wiederholungen zu vermeiden, soll an dieser Stelle ausdrücklich auf die oben bereits gemachten umfassenden Ausführungen zur Verknüpfung von Forderung und Schiedsvereinbarung verwiesen werden; insbesondere auf die § 8 A I 2 b, § 8 E II.

erwähnten verfassungsrechtlichen Vorgaben an die Vereinbarung einer Schiedsklausel. Der Gesetzgeber will die Parteien nicht generell vor dem Abschluss von Schiedsvereinbarungen schützen, sondern nur, wenn eine Bindung an diese nicht auf eine privatautonom abgegebene Willenserklärung zurückgeführt werden kann.

b) Die Verkehrswesentlichkeit der Schiedsvereinbarung

Ferner müsste es sich bei der Schiedsvereinbarung auch um eine Eigenschaft handeln, die verkehrswesentlich ist. Hierunter fallen nach dem bereits oben Gesagten die Merkmale, die infolge ihrer Beschaffenheit und vorausgesetzten Dauer nach den Anschauungen des Verkehrs Einfluss auf die Wertschätzung oder Verwendbarkeit der Sache im konkreten Rechtsverhältnis haben.[568] Hieran kann im Falle einer Schiedsvereinbarung kein Zweifel bestehen. Auch wenn die Schiedsgerichtsbarkeit nach h. M. gleichwertig neben der staatlichen Gerichtsbarkeit steht, unterschieden sich beide Formen des Rechtsschutzes wesentlich voneinander. Dies betrifft zunächst den Umstand, dass das Verfahren vor den staatlichen Gerichten gesetzlich vorgegeben ist und nur in Einzelfällen der Disposition der Parteien unterliegt. Hiermit eng verbunden ist auch der Umstand, dass sich das staatliche Gericht nicht erst konstituieren muss und zudem aufgrund der gesetzlichen Regelungen über die gerichtliche Zuständigkeit immer schon im Vorhinein feststeht, welcher bzw. welche Spruchkörper für einen zukünftigen Rechtsstreit zuständig sein werden. Die Parteien eines Schiedsverfahrens hingegen sind in der Festlegung des schiedsgerichtlichen Verfahrens weit freier. Nach § 1042 Abs. 3 ZPO sind die Parteien in der Gestaltung des Verfahrens frei, sofern nicht zwingende Vorschriften des 10. Buchs der ZPO entgegenstehen. Dies beginnt schon mit der Benennung der Schiedsrichter im Rahmen der Konstituierung des Schiedsgerichts. Für die Parteien bedeutet diese Freiheit aber auch, dass sie bei der Gestaltung des Verfahrens weit größere Initiative zeigen müssen, als wenn die Streitigkeit vor einem staatlichen Gericht auszutragen wäre. Damit eng verbunden ist auch der Umstand, dass sich die Parteien eines Schiedsverfahrens unter Umständen eines spezialisierten Anwalts bedienen müssen, um für eine ordnungsgemäße Vertretung

568 BGH NJW 1984, 230, 231; BGH; OLG Düsseldorf, Urteil vom 17.09.2002, 24 U 1/02, aus den Gründen 26 ff. (juris); OLG Hamm, Beschluss vom 08.06.1998, 15 W 223/98, aus den Gründen 7 (juris); vgl. auch BGH NJW 1961, 772, 775 und RGZ 99, 214, 214 f.; MünchKommBGB/*Armbrüster*, § 119 Rn. 103; Prütting/Wegen/Weinreich/*Ahrens*, BGB, § 119 Rn. 39 f.; Staudinger/*Singer*, BGB, § 119 Rn. 95.

im Verfahren sorgen zu können. Eine weitere grundlegende Änderung erfährt das schiedsgerichtliche Verfahren ferner dadurch, dass dem Schiedsgericht keine Zwangsmittel etwa in Bezug auf Zeugen oder Sachverständige zur Verfügung stehen.[569] Sofern das Schiedsgericht nicht von der Möglichkeit des § 1050 ZPO Gebrauch macht und das staatliche Gericht um Unterstützung bei der Beweisaufnahme oder sonstiger richterlicher Handlungen ersucht, zu denen es aus eigener Kompetenz heraus nicht befugt ist, sind die Schiedsparteien selbst dafür verantwortlich, dass ihnen günstige Zeugen vor dem Schiedsgericht erscheinen und aussagen. Auch stehen den Parteien gewisse prozessuale Instrumente des staatlichen Verfahrens nicht zur Verfügung, wie etwa die Prozessaufrechnung mit einer nicht dem gleichen Schiedsgericht unterliegenden Forderung[570], das Mahnverfahren[571] oder etwa auch der Instanzenzug als Regelfall. Hinzu kommt, dass der Zessionar durch den Wegfall des gesetzlichen Richters auch persönlich in seinen prozessualen Grundrechten betroffen ist. All dies ist geeignet, den Zessionar vom Erwerb der Forderung Abstand nehmen zu lassen. Bei Abtretung der Forderung an eine rechts- bzw. geschäftsunkundige Person, die vielleicht schon eine Hemmschwelle überwinden muss, wenn es um den Gang vor die *staatlichen* Gerichte geht, deren Verfahren zumindest in den Grundzügen auch den meisten rechtlichen Laien geläufig ist, oder aber an ein geschäftsmäßig tätiges Inkassobüro, für dessen Kostenkalkulation es offensichtlich einen ganz erheblichen Einfluss hat, auf welche Weise die abzutretende Forderung gerichtlich geltend zu machen ist; die Schiedsvereinbarung stellt in jedem Fall einen Umstand dar, der für den Zessionar von Bedeutung und in der Lage ist, dessen Kaufentschluss zu beeinflussen.

---

569 MünchKommZPO/*Münch*, § 1050 Rn. 1; Musielak/*Voit*, ZPO, § 1050 Rn. 1.

570 RGZ 123, 348, 249 f.; BGH NJW 1963, 243; BGH SchiedsVZ 2008, 94, 95; BGH SchiedsVZ 2010, 275; zustimmend Schwab/Walter, Schiedsgerichtsbarkeit, Kapitel 3, 4b, Rn. 13; Musielak/Voit, ZPO, § 1029 Rn. 25; *Stein/Jonas/Schlosser,* ZPO, § 1029 Rn. 31; *Zöller/Geimer*, ZPO, § 1029 Rn. 89; im Ergebnis identisch zum umgekehrten Fall, dass vor dem Schiedsgericht mit einer nicht schiedsbefangenen Forderung aufgerechnet wird BGH SchiedsVZ 2008, 148, 150; zur Gerichtsstandsvereinbarung, BGH NJW 1973, 421 f.

571 Musielak/*Voit*, ZPO, § 1032 Rn. 5; *Schwab/Walter*, Schiedsgerichtsbarkeit, Kapitel 16, XV, Rn. 55; *Zöller/Geimer*, ZPO, § 1032 Rn. 11a; a. A. Stein/Jonas/*Schlosser*, ZPO, § 1032 Rn. 7.

3. Zwischenergebnis

Dem Zessionar steht also ein Anfechtungsrecht nach § 119 Abs. 2 BGB zu, wenn dieser bei Abschluss des Vertrags über den Forderungskauf keine Kenntnis von einer für diese Forderung bestehenden Schiedsvereinbarung hat. Ficht der Zessionar seine Willenserklärung an, so ist das angefochtene Rechtsgeschäft – der Forderungskaufvertrag – nach § 142 Abs. 1 BGB als von Anfang an als nichtig anzusehen.

Das gefundene Ergebnis ist für die vorliegende Sachverhaltskonstellation auch sachgerecht. Die Anfechtung kann – anders als die Sachmängelgewährleistung – widerspruchsfrei sowohl in den Fällen zur Anwendung kommen, in denen die Forderung tatsächlich besteht, als auch in den Fällen, in denen die Forderung nicht besteht, und damit auch nicht auf den Zessionar übergehen konnte. Denn hier geht es nicht um den Erwerb oder den Übergang der Forderung als solche, sondern um die Anfechtung der vom Zessionar abgegebenen Willenserklärung bezüglich des Forderungskaufvertrags, also des Verpflichtungsgeschäfts. Der Abschluss dieses Verpflichtungsgeschäfts ist jedoch für eine Bindung des Zessionars an die Schiedsvereinbarung schon ausreichend, da er sich hierdurch der Forderung berühmt und kenntlich macht, dass er diesbezüglich in die Rechtsstellung des Zedenten eintreten möchte. Dies stellt einen Unterschied zur Sachmängelgewährleistung dar, die ausschließlich im Falle einer bestehenden Forderung einschlägig ist und insbesondere keine befriedigende Antwort auf die Frage geben kann, wieso die Schadensersatzansprüche des Zessionars bei bestehender bzw. nicht bestehender Forderung unterschiedlich langen Verjährungsfristen unterliegen sollen.[572] Darüber hinaus wird die Anfechtung der gesetzgeberischen Wertung gerecht, die von der Gleichwertigkeit von Schiedsgerichtsbarkeit und staatlicher Gerichtsbarkeit ausgeht. Das Anfechtungsrecht schützt die freie Selbstbestimmung gegen unerlaubte Mittel der Willensbeeinflussung.[573] Der Zessionar soll hierdurch die Möglichkeit bekommen, von der vertraglichen Bindung an die Forderung befreit zu werden, über deren Eigenschaften er sich zuvor getäuscht hatte. Diese Möglichkeit trifft aber keinerlei Wertung über die Qualität der Forderung als solche und führt insbesondere nicht zu einer Einordnung der Forderung als „mangelhaft“. Der Zessionar hat sich lediglich über die tatsächlichen Verhältnis-

572 S. hierzu schon oben unter § 12 B I 2.
573 BGH NJW 1998, 302, 304.

se der Forderung getäuscht, also nicht über die Soll-Beschaffenheit des Vertragsgegenstands, sondern dessen Ist-Beschaffenheit.[574]

III. Ansprüche des Zessionars aus culpa in contrahendo (cic) gem. §§ 249, 280 Abs. 1, 311 Abs. 2, 241 Abs. 2 BGB

Dem Zessionar könnten neben möglichen Ansprüchen aus Irrtumsanfechtung auch Ansprüche aus culpa in contrahendo gem. § 311 BGB zustehen, da er ohne sein Wissen an die Schiedsvereinbarung gebunden wurde. Wie bereits oben[575] dargelegt, treffen die Vertragspartner schon allein durch Aufnahme von Vertragsverhandlungen die in § 241 Abs. 2 BGB normierten Schutz- und Rücksichtnahmepflichten, wobei in diesem Zusammenhang die Verletzung von Aufklärungs- und Informationspflichten eine immer größere Rolle spielt.[576] Ein klassischer Fall der culpa in contrahendo in Form von Informationspflichtverletzungen liegt unter anderem dann vor, wenn der Verkäufer gegenüber dem Käufer bezüglich der Kaufsache unzutreffende Angaben macht oder Umstände verschweigt, die geeignet sind, dessen Kaufentscheidung zu beeinflussen.[577] Obgleich es die Aufgabe einer jeden Partei selbst ist, sich über die wesentlichen Umstände des Vertragsgegenstandes zu informieren, kommt eine Haftung eines Vertragspartners nach culpa in contrahendo jedenfalls dann in Betracht, wenn es sich um Umstände handelt, die nur dieser Partei bekannt sind.[578] Zudem muss eine solche Mitteilung nach der Verkehrsauffassung erwartet werden können.[579]

Der Zedent müsste gegenüber dem Zessionar also eine Aufklärungspflicht dadurch verletzt haben, dass er diesen nicht über das Bestehen der Schiedsvereinbarung informiert hat. Diesbezüglich kann auf die zur verkehrswesentlichen Eigenschaft gemachten Ausführungen verwiesen werden. Dort wurde bereits festgestellt, dass Schiedsgerichtsbarkeit und staatliche Gerichtsbarkeit zwar gleichwertig, aber nicht gleich sind und dass das Bestehen einer Schiedsvereinbarung für ein Rechtsverhältnis geeignet ist, die Kaufentscheidung des Zessionars entscheidend zu beeinflussen. Hinzu kommt, dass das Bestehen einer Schiedsvereinbarung ein Umstand ist, der

574 Staudinger/*Singer*, BGB, § 119 Rn. 79; ähnlich Prütting/Wegen/Weinreich/*Ahrens*, BGB, § 119 Rn. 34.

575 S. hierzu schon oben unter § 11 B II.

576 MünchKommBGB/*Emmerich*, § 311 Rn. 38, 68, vgl. auch unter § 11 B II.

577 BGH NJW 2008, 3699, 3699 f.; MünchKommBGB/*Emmerich*, § 311 Rn. 91; Erman/*Kindl*, BGB, 13. Aufl. 2001, § 311 Rn. 37.

578 BGH NZG 2002, 644, 645; MünchKommBGB/*Emmerich*, § 311 Rn. 72.

579 BGH NJW 2007, 3057, 3059; BGH NJW 2001, 2163, 2164.

ausschließlich in der Sphäre des Zedenten liegt. Es gibt für den Zessionar keinerlei Möglichkeit, aus anderen Quellen verlässliche Informationen einzuholen. Das für eine Haftung aus culpa in contrahendo geforderte kritische Informationsgefälle[580] liegt somit vor. Zuletzt ist auch hier zu beachten, dass die Anzahl der Schiedsverfahren in Deutschland nach Schätzungen weniger als 1% aller gerichtlichen Verfahren ausmachen[581] und die Geltung einer Schiedsvereinbarung für ein Rechtsverhältnis damit statistisch so selten ist[582], dass nach den Umständen nicht erwartet werden kann, dass sich der Zessionar beim Zedenten aus freien Stücken nach einer solchen erkundigt.

Ferner muss der Zedent für eine Haftung aus culpa in contrahendo seine Pflichtverletzung auch zu vertreten haben. Diesbezüglich gilt der Maßstab des § 276 BGB, wonach der Schuldner für Vorsatz und Fahrlässigkeit einzustehen hat.[583] Verschulden liegt also zumindest dann vor, wenn sich der Zedent bewusst ist oder es ihm hätte bewusst sein müssen, dass für die Forderung eine Schiedsvereinbarung gilt. Da hierfür schon Fahrlässigkeit ausreichend ist, kann in der Regel von einem Verschulden des Zedenten ausgegangen werden. Ferner könnte der Zedent einem Rechtsirrtum unterliegen[584]; etwa bezüglich der Möglichkeit, die Forderung auch ohne die Schiedsvereinbarung auf den Zessionar übertragen zu können. An einen unverschuldeten Rechtsirrtum sind jedoch strenge Anforderungen zu stellen. Der Geltungsanspruch des Rechts erfordert es, dass der Schuldner das Risiko eines Rechtsirrtums in der Regel selbst trägt und es nicht dem Gläubiger überbürden kann.[585] Das Vorliegen und die Entschuldbarkeit[586] eines solchen Irrtums, wären im Einzelfall zu klären. Allerdings wird auch in den Fällen der culpa in contrahendo das Verschulden nach § 280 Abs. 1 BGB vermutet.[587]

---

580 S. hierzu BGH NJW 1999, 3335, 3338; BGH NVwZ 2001, 116, 118; OLG Rostock OLG-NL 2002, 99, 100; MünchKommBGB/*Emmerich*, § 311 Rn. 74.

581 S. hierzu unter § 3.

582 Trotz fehlender Statistiken kann davon ausgegangen werden, dass der prozentuale Anteil von Schieds*vereinbarungen* nicht höher liegt als der für Schieds*verfahren* genannte Anteil von 1 %.

583 S. hierzu nur Prütting/Wegen/Weinreich/*Medicus/Stürner*, BGB, § 311 Rn. 62.

584 Dieser Rechtsirrtum müsste obendrein noch entschuldbar sein. Zu den Voraussetzungen vgl. BAG NZA 1993, 500.

585 BAG NZA 2008, 1285, 1289; Prütting/Wegen/Weinreich/*Schmidt-Kessel*, BGB, § 276 Rn. 11, m. w. N.

586 S. hierzu BAG NZA 1993, 500.

587 MünchKommBGB/*Emmerich*, § 311 Rn. 201; Prütting/Wegen/Weinreich/*Medicus/Stürner*, BGB, § 311 Rn. 72; *Staudinger/Otto*, BGB, § 280 Rn. F33.

Liegt Verschulden vor, ist der Zedent dem Zessionar gegenüber zum Ersatz des diesem entstandenen Schadens verpflichtet. Dieser Anspruch ist grundsätzlich nur auf das negative Interesse, also den Vertrauensschaden gerichtet.[588] Der Zessionar kann nach § 249 BGB vom Zedenten verlangen, so gestellt zu werden, als sei die Pflichtverletzung nicht begangen worden. Rechtsfolge dieses Anspruchs ist daher in den Fällen der Verletzung von Informations- und Aufklärungspflichten in erster Linie die Vertragsaufhebung. Vorausgesetzt, dass die Pflichtverletzung für den Vertragsabschluss kausal gewesen ist. Da der Zessionar durch die Vertragsaufhebung jedoch auch nicht anders oder besser steht, als habe er wegen Eigenschaftsirrtums nach § 119 Abs. 2 BGB angefochten, stellt sich die Frage, ob nicht weitere Schadenspositionen gestützt auf § 311 BGB geltend gemacht werden können. Interessant für den Zessionar wäre vor allem die Möglichkeit der Vertragsanpassung. Denn es ist denkbar, dass der Zessionar bei Kenntnis von der Schiedsvereinbarung vom Vertrag nicht Abstand genommen, sondern mit dem Zedenten etwa einen niedrigeren Preis für die Forderung vereinbart hätte. Wie schon oben bei der Prüfung der Ansprüche bei angenommenem Abtretungsverbot nach § 399 BGB ausgeführt, ist es nach umstrittener Ansicht möglich, eine solche Vertragsanpassung im Rahmen der culpa in contrahendo zu verlangen. Die Rechtsprechung hat der geschädigten Partei in der Vergangenheit auch nach den Grundsätzen der culpa in contrahendo im Einzelfall die Minderung der Gegenleistung zugestanden.[589] Der Geschädigte wurde in den Fällen, in denen er bei Kenntnis der wahren Sachlage den Vertrag nicht abgeschlossen hätte, aber nun dennoch an ihm festhalten möchte, so behandelt, als sei der Vertrag bei Kenntnis der Sachlage unter günstigeren Bedingungen abgeschlossen worden.[590] Hierfür ist nach Ansicht des BGH nicht einmal erforderlich, dass der Vertragspartner den Vertrag zu diesen Bedingungen tatsächlich abgeschlossen hätte, denn es gehe lediglich um die Berechnung des auf diese Weise reduzierten Vertrauensschadens. Entscheidend soll vielmehr sein, wie sich der Geschädigte bei tatsächlicher Kenntnis der Sachlage verhalten hätte; verbleibende Unklarheiten gehen zu Lasten der aufklärungspflichtigen Vertragspartei.[591] Auf den hier vorliegenden Fall angewendet, bedeutete dies, dass der Zessionar selbst

588 BGH NJW 2006, 3139, 3141 m. zahlreichen w. N.

589 BGH NJW 1977, 1536, 1538, BGH NJW 1999, 2032, 2034; BGH NJW 2001, 2875, 2876 f.

590 BGH NJW 1977, 1536, 1538, BGH NJW 1999, 2032, 2034; BGH NJW 2001, 2875, 2876 f.

591 BGH NJW 2001, 2875, 2877; BGH NJW 1991, 1819, 1820; kritisch hierzu *Kersting*, Die Rechtsfolge vorvertraglicher Informationspflichtverletzungen, JZ 2008, 714, 716 ff.

in den Fällen, in denen er bei Kenntnis der wahren Sachlage vom Kauf der Forderung Abstand genommen hätte[592], eventuelle Mehrkosten, die mit der Geltendmachung vor einem Schiedsgericht einhergehen, über die Haftung nach culpa in contrahendo liquidieren kann.

C. Zwischenergebnis

Bei einer automatischen Bindung des Zessionars an die Schiedsvereinbarung bei Abtretung der Forderung, stehen diesem also folgende Rechte zu:

1. Der Zessionar kann den Abtretungsvertrag nach § 119 Abs. 2 BGB wegen Irrtums über eine verkehrswesentliche Eigenschaft anfechten. Dies wird nicht durch die Vorschriften der kaufrechtlichen Sachmängelgewährleistung ausgeschlossen, da die Schiedsvereinbarung keinen Mangel im Sinne des § 434 BGB darstellt.

2. Neben oder anstelle der Irrtumsanfechtung kann der Zessionar – bei Vorliegen der sonstigen Voraussetzungen – gegen den Zedenten auch Ansprüche aus culpa in contrahendo geltend machen. Unter Umständen kann er hierdurch sogar die Anpassung des Abtretungsvertrags erreichen.

§ 13 Abwägung

Vergleicht man die Ansprüche des Zessionars in beiden Fallgestaltungen, kann kein Zweifel daran bestehen, dass dessen Rechte formal besser geschützt sind, wenn die Forderung erst gar nicht auf ihn übergeht. Sein Verlust besteht lediglich darin, dass er die Forderung nicht erhält. Hierdurch entstehende Schäden sind aber vollumfänglich in Geld kompensierbar. Zudem kann der Zessionar den Übergang der Forderung nachträglich auf sich herbeiführen, wenn er gleichzeitig die Schiedsvereinbarung akzeptiert. Auch die Interessen des Schuldners sind umfassend zum einen dadurch geschützt, dass sich dessen Rechtsverhältnis zum Zedenten überhaupt nicht ändert; zum anderen, dass er in den Fällen, in denen trotz Abtretungsverbot eine (wirkungslose) Abtretung an den Zessionar erfolgt, befreiend an diesen leisten kann, wenn ihm die Abtretung zuvor nach § 409 Abs. 1 BGB angezeigt wurde.

592 So ausdrücklich BGH NJW 1999, 2032, 2034.

Legt man hingegen zugrunde, dass mit dem Forderungsübergang automatisch eine Bindung des Zessionars an die Schiedsvereinbarung erfolgt, tritt für diesen aufgrund der Abbedingung der staatlichen Gerichtsbarkeit unweigerlich ein Rechtsverlust ein. Und es ist äußerst fraglich, ob dieser Rechtsverlust ausreichend durch die eben geprüften und auch teilweise bejahten Ansprüche kompensierbar ist. Denn selbst wenn man davon ausgeht, dass der Zessionar im Regelfall nach § 119 Abs. 2 BGB das Recht hat, den Vertrag anzufechten, so heißt dies nicht automatisch, dass er hierdurch gegenüber dem Schuldner auch von der Bindung an die Schiedsvereinbarung frei wird. Zwar ist das angefochtene Rechtsgeschäft nach § 142 BGB von vorneherein als nichtig anzusehen, so dass die jeweils empfangenen Leistungen nach § 812 Abs. 1 S. 1 Alt. 1 BGB an den Vertragspartner herauszugeben und künftige Rechtsstreitigkeiten über die Fordcrung nunmehr wieder zwischen Zedenten und Schuldner zu führen sind; dies gilt jedoch nicht, wenn die Streitigkeit einen Zeitraum betrifft, der zeitlich vor der Rückübertragung der Forderung an den Zedenten liegt. Denn für diesen Zeitraum besteht auch ein Rechtsverhältnis[593] zum Schuldner, aus dem sich Rechtsstreitigkeiten ergeben können und das von der Anfechtung des Vertrags und der Rückabwicklung der empfangenen Leistungen unberührt bleibt. Gerade wenn vor der Rückübertragung des Zessionars etwa Zahlungen des Schuldners auf die Forderung geleistet wurden, kann es hierüber zu Streitigkeiten kommen, die der Schiedsvereinbarung unterfallen, auch wenn sich die Forderung mittlerweile schon nicht mehr im Vermögen des Zessionars befindet.

A. Fälle einer automatischen Bindung des Zessionars trotz erfolgter Anfechtung

Es stellt sich jedoch die Frage, ob der Zessionar dieses formal besseren Schutzes durch § 399 BGB überhaupt bedarf. Für die Beantwortung dieser Frage spielt es eine Rolle, in welchen Fällen der Zessionar nach einem erfolgten Rücktritt überhaupt durch den Schuldner in Anspruch genommen werden kann und so Gefahr läuft, einen ggf. entstehenden Rechtsstreit gegen seinen Willen vor dem Schiedsgericht auszutragen. Die hier in Frage kommenden Fälle können an den folgenden Beispielen verdeutlicht werden:

---

593 Oben wurde bereits unter § 8 A I 2 b dargelegt, dass die Schiedsvereinbarung nicht mit der Forderung, sondern dem Rechtsverhältnis das gleiche rechtliche Schicksal teilt.

1. Der Zedent tritt die mit der Schiedsvereinbarung behaftete Forderung an den Zessionar ab. Bevor eine Zahlung des Schuldners auf die Forderung erfolgt, erfährt der Zessionar vom Bestehen der Schiedsvereinbarung und macht gegenüber dem Zedenten von seinem Anfechtungsrecht Gebrauch. Die beiderseits empfangenen Leistungen werden zurückgewährt; die Rückabtretung der Forderung wird dem Schuldner angezeigt.

2. Bevor der Zessionar vom Bestehen der Schiedsvereinbarung erfährt, begleicht der Schuldner einen Teil[594] der Forderung. Der Zessionar macht nach Kenntniserlangung über die wahren Umstände von seinem Anfechtungsrecht Gebrauch und tritt die Forderung in der noch bestehenden Höhe wieder an den Zedenten (und jetzigen Zessionar) ab. Dies wird dem Schuldner angezeigt.

I. Bei nicht erfolgter Leistung des Schuldners auf die Forderung

Im ersten Fall ist nach der Anzeige der Rückabtretung an den Schuldner ein Rechtsstreit zwischen diesem und dem Zessionar[595] kaum denkbar, da trotz des Rechtsverhältnisses, das zwischen den Parteien zu Zeiten der Rechtsinhaberschaft des Zessionars bestand, kein Anhaltspunkt für eine Streitigkeit ersichtlich ist. Nicht einmal eine negative Feststellungsklage des Schuldners auf Nichtbestehen der Forderung kommt nach der Abtretungsanzeige gem. § 409 Abs. 1 BGB realistischer Weise noch in Betracht. Denn ist eine solche Anzeige an den Schuldner erfolgt, muss der Gläubiger diese gegen sich gelten lassen, so dass der Schuldner befreiend an den Zedenten leisten kann.[596] Ein darüber hinausgehendes Interesse, wer ggf. der wahre Inhaber der Forderung ist, besteht seitens des Schuldners nicht.

594 Der Fall, dass der Zessionar nach vollständiger Zahlung durch den Schuldner aufgrund der bestehenden Schiedsvereinbarung von seinem Rücktrittsrecht Gebrauch macht, ist unrealistisch und soll an dieser Stelle daher außer Betracht bleiben.

595 Im Folgenden verbleibt es aus Gründen der Einheitlichkeit bei der bisherigen Bezeichnung der Beteiligten als „Schuldner“, „Zedent“ und „Zessionar“, obgleich sich die Rollen von Zedent und Zessionar durch die Rückabtretung der Forderung umkehren.

596 MünchKommBGB/*Roth*, § 409 Rn. 11; VGH Mannheim NVwZ-RR 1994, 523, 542.

II. Bei Leistungen, die in Bestimmung und/oder Höhe streitig sind

Fraglich ist allerdings, ob dies auch dann gilt, wenn es zwischen den Parteien streitig ist, ob und in welcher Höhe Leistungen des Schuldners auf die Forderung erfolgt sind. Diese Frage ist für die Zeit nach der Rückabtretung sowohl für das Verhältnis von Schuldner und Zedenten, als auch für das Verhältnis von Zedenten und Zessionar von Bedeutung. Denn danach bemisst sich sowohl der Wertersatz, den der Zessionar dem Zedenten für die teilweise erloschene Forderung gem. §§ 812 Abs. 1, 818 Abs. 2 BGB zu leisten hat, als auch die Höhe des Betrages, den der Zedent vom Schuldner noch verlangen kann. Beide Verfahren sind grundsätzlich voneinander unabhängig, so dass Streitigkeiten über die Höhe der Forderung zwischen Schuldner und Zedenten vor dem Schiedsgericht zu klären wären, Streitigkeiten über die Höhe des Wertersatzes im Rahmen der Rückabwicklung zwischen Zedent und Zessionar vor dem staatlichen Gericht. Fraglich ist jedoch, ob der Zessionar durch Streitverkündung im Verfahren zwischen Schuldner und Zedenten dennoch an die Entscheidung des Schiedsgerichts gebunden werden könnte.

Hierbei sind zwei Fallgestaltungen zu unterscheiden:

1. Zwischen Schuldner und Zessionar bestand vor der Rückabtretung nur eine Forderung. Es ist also klar, auf welche Forderung die Zahlung erfolgt ist; unklar ist nur, in welcher Höhe.

2. Zwischen Schuldner und Zessionar bestehen vor der Rückabtretung mehrere Forderungen. Es ist klar, in welcher Höhe eine Zahlung des Schuldners erfolgt ist; es ist aber streitig, auf welche Forderung.

Im unter 1. beschriebenen Sachverhalt beeinflusst die Entscheidung des Schiedsgerichts, ob und in welcher Höhe die Forderung erloschen ist zum einen das Verhältnis von Schuldner und Zedenten, aber auch das Verhältnis von Zedenten und Zessionar. Das Verhältnis von Schuldner und Zessionar ist nicht mehr direkt betroffen, da letzterem die Forderung durch die erfolgte Anfechtung und Rückabtretung nicht mehr zusteht. Bezüglich des Verhältnisses von Zedent und Zessionar bestimmt aber die Frage, ob und inwieweit schon Zahlungen auf die Forderung erfolgt sind, die Verpflichtung des Zessionars gegenüber dem Zedenten, für den erloschenen Teil der Forderung nach §§ 812 Abs. 1, 818 Abs. 2 BGB Wertersatz zu zahlen. Je höher die bereits geleisteten Zahlungen, umso höher ist auch der Wertersatzanspruch des Zedenten gegenüber dem Zessionar. Der Zedent hat also ein Interesse daran, dass die Feststellung des Schiedsgerichts, ob und in welcher

Höhe die Forderung gegenüber dem Schuldner noch besteht, auch gegenüber dem Zessionar Bindungswirkung entfaltet, um nicht mit einem Teil der Forderung auszufallen.

Im unter 2. beschriebenen Sachverhalt beeinflusst die Entscheidung des Schiedsgerichts, ob und in welcher Höhe die Forderung erloschen ist, neben dem Verhältnis von Schuldner und Zedenten und Zedenten und Zessionar auch das Verhältnis von Schuldner und Zessionar. Denn stellt das Schiedsgericht fest, dass die Forderung durch die Zahlung des Schuldners in gewisser Höhe erloschen ist, hat dies auch Einfluss darauf, ob und in welcher Höhe die weiteren Forderungen des Zessionars dem Schuldner gegenüber noch bestehen.

1. Möglichkeit der Streitverkündung

Zu einer Bindung des Zessionars an die Entscheidung des Schiedsgerichts und damit einem Einfluss auf dessen Rechtsposition kann es aber nur dann kommen, wenn die Voraussetzungen der Streitverkündung vorliegen.

Für das staatliche Verfahren richten sich die Regelungen über die Streitverkündung nach §§ 72 ff. ZPO. Demnach kann eine Partei, die für den Fall des ihr ungünstigen Ausganges des Rechtsstreits einen Anspruch auf Gewährleistung oder Schadloshaltung gegen eine Dritten erheben zu können glaubt oder den Anspruch eines Dritten besorgt, dem Dritten gerichtlich den Streit erklären. Dem Wortlaut nach liegt dies in keinem der beschriebenen Fälle vor. Denn es geht nicht darum, ob der Schuldner oder der Zedent beim Zessionar Regress oder Rückgriff nehmen können, wenn festgestellt wird, dass die Forderung in einer gewissen Höhe besteht. Der Zedent macht im Rechtsstreit auch keine Drittrechte geltend. Jedoch ist anerkannt, den Geltungsbereich der Vorschrift auch auf Sachverhalte auszudehnen, die nicht vom ausdrücklichen Wortlaut umfasst sind. Neben Gründen der Prozessökonomie und der Verhinderung einander widersprechender Entscheidungen ist es Zweck der Streitverkündung, eine Partei davor zu schützen, in mehreren materiell verknüpften Rechtssachen gegen unterschiedliche Schuldner alle Prozesse zu verlieren, obgleich die Partei mindestens einmal obsiegen müsste.[597] Und so ist die Streitverkündung auch in den Fällen der alternativen Haftung zulässig; wenn also die Haftung des Dritten auf einem eigenen, selbständigen Grund beruht, sofern der Anspruch gegen den Dritten im Falle des Obsiegens der Partei gegenstandslos wird, im Falle des Un-

597 Stein/Jonas/*Bork*, ZPO, § 72 Rn. 1; BGH NJW 1982, 281, 282; BGH NJW 1989, 521, 522.

terliegens jedoch die Erhebung des Anspruchs tatsächlich in Aussicht steht.[598] Beispielhaft zu nennen sind die Fälle, in denen zunächst nicht feststeht, welches von mehreren beauftragten Unternehmen letztlich für einen Schaden verantwortlich ist.[599] Dies trifft zwar die hier vorliegende Fallgestaltung nicht vollumfänglich, jedoch sind die Sachverhalte ausreichend ähnlich, um auch hier eine Streitverkündung zuzulassen. Im konkreten Fall steht dem Zedenten die Forderung in voller Höhe zu; bzw. er hat einen Anspruch auf Wertersatz im Fall des teilweisen oder vollständigen Erlöschens der Forderung durch vorher erfolgte Zahlung des Schuldners an den Zessionar. Beide Ansprüche sind materiell-rechtlich miteinander verknüpft. Auch wenn der Wertersatz, den der Zedent vom Zessionar fordern kann, nicht zwingend mit der Höhe des erloschenen Forderungsteils übereinstimmt[600], bestimmt sich die Berechnung des Wertersatzes an der Höhe der bereits geleisteten Zahlung auf die Forderung. Der Zedent hat also ein Interesse daran, dem Zessionar im ersten Fall den Streit zu erklären. Gleiches gilt auch für den zweiten Fall. Bei diesem besteht jedoch der Unterschied, dass neben dem Zedenten auch der Schuldner ein Interesse an einer solchen Streiterklärung haben könnte. Dies gilt zwar nicht direkt für die Frage, ob und inwieweit die (rückabgetretene) Forderung noch besteht, da dem Zessionar die Forderung gegen den Schuldner aufgrund der Rückabtretung in keinem Fall mehr zustehen kann, selbst wenn das Schiedsgericht im Verfahren zwischen Schuldner und Zedenten zu dem Ergebnis gekommen sein sollte, dass der Schuldner nicht, oder nur in geringer Höhe auf die abgetretene Forderung geleistet hat. Jedoch hat die Entscheidung des Schiedsgerichts, ob und inwieweit die (rückabgetretene) Forderung zwischen Schuldner und Zedenten besteht, auch einen Einfluss auf die Frage, ob die Zahlung des Schuldners auf eine andere Forderung des Zessionars erfolgt ist. Stellt also das Schiedsgericht etwa fest, dass die Forderung dem Zedenten noch in voller Höhe zusteht, da die Zahlung des Schuldners nicht auf diese – und somit auf eine andere Forderung des Zessionars – erfolgt ist, hat der Schuldner ein Interesse daran, dies dem Zessionar gegenüber bindend feststellen zu lassen.

---

598 Stein/Jonas/*Bork*, ZPO, § 72 Rn. 14; BGH NJW 1976, 39, 40; BGH NJW 1982, 281, 282; BGH NJW 1989, 521, 522; BGH NJW 1992, 1698, 1699 f.

599 So der Sachverhalt in BGH NJW 1976, 39 und BGH NJW 1992, 1698.

600 Vgl. hierzu nur Staudinger/*Kaiser*, BGB, § 346 Rn. 107 ff.

2. Anwendung auf den konkreten Fall

Allein die Feststellung, dass zumindest nach §§ 72 ff. ZPO der Anwendungsbereich der Streitverkündung eröffnet wäre, lässt noch keine Rückschlüsse darauf zu, ob eine solche im konkreten Fall rechtlich auch möglich ist. Denn zu beachten ist, dass in beiden Fällen der Ausgangs- und Folgeprozess vor unterschiedlichen Gerichtsbarkeiten stattzufinden hätte. Da das Rechtsverhältnis von Zedent und Zessionar keiner Schiedsvereinbarung unterliegt, müsste deren Rechtsstreit vor ein staatliches Gericht gebracht werden. Gleiches gilt für das Verhältnis von Schuldner und Zessionar im zweiten Fall, da es hier nicht mehr um die abgetretene Forderung geht, sondern nur noch darum, ob und in welcher Höhe die anderen, ebenfalls zwischen den Parteien begründeten Forderungen noch bestehen. Eventuelle Streitigkeiten bezüglich dieser Forderungen sind daher ebenfalls vor den staatlichen Gerichten auszutragen.[601] Es stellt sich daher die Frage, ob auch in diesen Fällen eine Streitverkündung mit der Nebeninterventionswirkung des § 68 ZPO erfolgen kann.

Grundsätzlich ist die Streitverkündung auf Verfahren vor den staatlichen Gerichten zugeschnitten.[602] Nach § 1042 Abs. 3 ZPO können die Parteien eines Schiedsverfahrens jedoch unter Beachtung der zwingenden Regeln des 10. Buchs der ZPO ihr Verfahren weitgehend selbst bestimmen. Daher ist anerkannt, dass die Streitverkündung im Rahmen eines Schiedsverfahrens zumindest dann möglich ist, wenn die Parteien dies vereinbaren.[603] Ist für das Folgeverfahren ein staatliches Gericht zuständig, so tritt die Interventionswirkung der Streitverkündung aber nur ein, wenn auch der Streitverkündungsempfänger dem ausdrücklich zugestimmt hat.[604]

Fraglich ist, ob dies auch in den hier vorliegenden Fällen gilt. Der Grund, wieso die Interventionswirkung in den Fällen, in denen der Folgeprozess nicht mehr vor dem Schiedsgericht, sondern vor einem staatlichen Gericht zu führen ist, allgemein abgelehnt wird, liegt darin, dass zwischen den Par-

---

601 Bzw. vor der von den Parteien vereinbarten Gerichtsbarkeit; aber auf keinen Fall nach der für die abgetretene Forderung geltenden Schiedsvereinbarung.

602 *Elsing*, Streitverkündung und Schiedsverfahren, SchiedsVZ 2004, 88, 90; *Diesselhorst*, Mehrparteienschiedsverfahren, S. 60 f.

603 *Markfort*, Mehrparteien-Schiedsgerichtsbarkeit, S. 63; *Diesselhorst*, Mehrparteienschiedsverfahren, S. 60;

604 *Markfort*, Mehrparteien-Schiedsgerichtsbarkeit, S. 72; *Diesselhorst*, Mehrparteienschiedsverfahren, S. 60; *Lachmann*, Schiedsgerichtspraxis, Rn. 2832; Beck'sches Rechtsanwalts-Handbuch/*Kreindler/Rust*, § 7 Rn. 45; *Schwab/Walter*, Schiedsgerichtsbarkeit, Kapitel 7, Rn. 23; ähnlich BGH, Urteil vom 22.10.1964, MDR 65, 124.

teien des Folgeprozesses keine Schiedsvereinbarung besteht, und es daher auch keine Rechtsgrundlage gibt, die im Folgeprozess in Anspruch genommene Partei der Entscheidung des Schiedsgerichts im Vorprozess zu unterwerfen.[605] Die Besonderheit besteht hier jedoch darin, dass in beiden Fällen *vor* der Rückabtretung die Streitigkeiten über Zahlungen auf die Forderung(en) zwischen Schuldner und Zedent zu führen gewesen wären. Da vorab eine automatische Bindung des Zessionars an die Schiedsvereinbarung bejaht wurde, ist dieser für die Zeit seiner Rechtsinhaberschaft gegenüber dem Schuldner an diese Schiedsvereinbarung gebunden. Ein zwischen Schuldner und Zessionar direkt geführter Rechtsstreit über die Frage, ob und in welcher Höhe Zahlungen des Schuldners auf die nunmehr rückabgetretene Forderung geleistet wurden, wäre daher vor dem Schiedsgericht auszutragen gewesen. Ist das Schiedsgericht jedoch in diesem Fall kompetent, gegenüber dem Zessionar über die Forderung zu entscheiden, so kann es keinen Unterschied machen, ob diese Bindung im Rahmen eines Prozesses oder aufgrund der Interventionswirkung der Streitverkündung erfolgt.[606] Es wäre stattdessen widersprüchlich, eine solche Interventionswirkung abzulehnen. Die Möglichkeit der Streitverkündung ist vielmehr lediglich die Konsequenz aus der Annahme einer automatischen Bindung des Zessionars an die Schiedsvereinbarung bei der Forderungsabtretung. Dies muss in jedem Fall gelten, wenn der Schuldner dem Zessionar den Streit verkündet. Fraglich ist jedoch, ob dies auch bei einer Streitverkündung des Zedenten im ersten Fall gilt.

Der Unterschied zum zweiten Fall besteht zum einen darin, dass zwar der Streit über bereits geleistete Zahlungen des Schuldners an den Zessionar zwischen diesen vor dem Schiedsgericht auszutragen gewesen wäre, eine Streitigkeit zwischen Zedent und Zessionar über die Höhe des Wertersatzes, bei dem etwaige Zahlungen des Schuldners als Vorfrage hätten geklärt werden müssen, hingegen vor die staatlichen Gerichte zu bringen gewesen wäre. Es erscheint daher zweifelhaft, dass sich der Zedent gegenüber dem Zessionar auf die zwischen ihm und dem Schuldner bestehende Schiedsvereinbarung berufen kann, obwohl zwischen ihm selbst und dem Zessionar eine solche Schiedsvereinbarung nie bestand. Dies gilt umso mehr, als der Grund der Auseinandersetzungen über die Rückabwicklung des Vertrags darin be-

---

605 *Elsing*, Streitverkündung und Schiedsverfahren, SchiedsVZ 2004, 88, 92; *Schwab/ Walter*, Schiedsgerichtsbarkeit, Kapitel 7, Rn. 23; Musielak/*Voit*, ZPO, § 1042 Rn. 11.

606 Hiervon ist die Frage zu trennen, ob dem Zessionar im Falle der Streitverkündung die Möglichkeit eingeräumt werden muss, Einfluss auf die Besetzung des Schiedsgerichts zumindest insoweit nehmen zu können, dass ihm das Recht zusteht, einen Schiedsrichter abzulehnen.

gründet liegt, dass der Zessionar aufgrund mangelnder Aufklärung und Information seitens des Schuldners durch den Forderungsübergang überhaupt erst an die Schiedsvereinbarung gebunden wurde. Es ist dem Zedenten daher zumindest nach Treu und Glauben verwehrt, dem Zessionar den Streit zu erklären.

3. Zwischenergebnis

Als Zwischenergebnis lässt sich also festhalten, dass der Zessionar trotz erfolgtem Rücktritt vom Kaufvertrag zumindest in den Fällen in denen mehrere Forderungen gegenüber dem Schuldner bestehen und unklar ist, auf welche Forderung eine Zahlung erfolgt ist, im Rahmen einer Streitverkündung an eine Entscheidung des Schiedsgerichts gebunden werden könnte. Daneben besteht vor einem Rücktritt immer auch die Möglichkeit, dass der Schuldner negative Feststellungsklage auf das Nichtbestehen der Forderung erhebt. In diesen Fällen kann sich daher für den Zessionar ein echter, nicht durch Sekundäransprüche kompensierbarer Rechtsverlust verwirklichen.

B. Vorteile einer automatischen Bindung des Zessionars

Dennoch erscheint zweifelhaft, ob aus diesem Grund dem oben beschriebenen Abtretungsverbot nach § 399 BGB der Vorzug einzuräumen ist. In dogmatischer Hinsicht ist dies aus den bereits oben genannten Gründen der Fall. Jedoch bringt die Annahme eines Abtretungsverbots für den Zessionar verschieden praktische und wirtschaftliche Nachteile mit sich.

I. Keine Unsicherheiten bezüglich der Forderungsinhaberschaft

Zunächst können für den Zessionar bei einer Lösung über § 399 BGB Unsicherheiten bezüglich seiner Forderungsinhaberschaft auftreten, denen er nicht vorbeugen, und die er außergerichtlich auch nicht abschließend klären kann. Denn kann der Zessionar in Bezug auf das Bestehen der Forderung durch Vorlage einer Urkunde über die Schuld gem. § 405 BGB wenigstens sicherstellen, dass dem Schuldner der Einwand verwehrt ist, die Eingehung oder Anerkennung des Schuldverhältnisses sei nur zum Schein erfolgt oder für die Forderung sei ein Abtretungsausschluss vereinbart worden, fehlt ihm diese Möglichkeit, wenn – wie hier – lediglich eine Abtretungsbeschränkung vorliegt.[607] Es besteht also gerade in den Fällen der verdeckten Abtretung keine Möglichkeit für den Zessionar, sicherzustellen, dass er auch tatsächlich Inhaber der Forderung geworden ist. Dies wirkt sich aber nicht nur auf seine eigene Rechtsstellung aus, sondern auch auf die Möglichkeit, die Forderung als Sicherheit für weitere geschäftliche Aktivitäten zu verwenden. Wurde oben zwar festgestellt, dass der Grundsatz der möglichst freien Abtretbarkeit der Forderung als elementares Bedürfnis des Rechtsverkehrs der Nichtanwendung des § 354a HGB auf den vorliegenden Fall nicht entgegensteht, weil der Zedent diesbezüglich nicht schutzbedürftig ist[608], so beeinträchtigt der Umstand, dass der Zessionar mangels einer § 405 BGB entsprechenden Vorschrift nicht sicher sein kann, die Forderung zu erhalten unter Umständen aber *seine* wirtschaftliche Betätigungsfreiheit bzw. Kreditwürdigkeit. Auch außerhalb des Insolvenzrisikos[609] kann sich der Nichterhalt der Forderung für den Zessionar daher trotz bestehender Schadensersatzansprüche negativ auswirken.

II. Wahlmöglichkeit in Bezug auf die Rechtsfolgen der automatischen Bindung

Auf der anderen Seite bietet ihm eine automatische Bindung an die Schiedsvereinbarung auch Vorteile. Der größte Vorteil für den Zessionar dürfte sein, dass ihm die Lösung über die Gesamtanalogie nach § 398 ff. BGB eine Wahlmöglichkeit eröffnet. Ihm stehen zwar gegen den Zedenten in jedem Fall verschuldensunabhängige Anfechtungsansprüche zu; er kann sich jedoch ebenso dazu entscheiden, die Schiedsvereinbarung zu akzeptieren und die Forderung dem Schuldner gegenüber geltend zu machen. Anders als im Fall des § 399 BGB, bei dem er aufgrund seiner – unterstellten – eigenen Schutzbedürftigkeit die Forderung nicht erhalten würde, vermindert sich das Risiko des Zessionars, mit der Forderung wirtschaftlich auszufallen schon dadurch, dass ihm zumindest zwei potentielle Anspruchsgegner zur Verfügung stehen. Der Zessionar hat hier die Möglichkeit, sich frei zu entscheiden, ob er die Bindung an die Schiedsvereinbarung hinnimmt oder den Vertrag anficht und gegebenenfalls gegenüber dem Zedenten Sekundäransprüche geltend macht. Er kann zudem versuchen, die Forderung gegen den Schuldner erst einmal geltend zu machen und bei ausbleibendem Erfolg den Vertrag gegenüber dem Zedenten anzufechten, solange er hierbei in zeitli-

607 Siehe hierzu schon unter § 11 A II.
608 Siehe hierzu schon ausführlich unter § 9 B V.
609 Dazu gleich unter § 13 B III.

cher Hinsicht die Vorgaben des § 121 BGB einhält, nach dem die Anfechtung „unverzüglich" zu erfolgen hat. Darüber hinaus besteht für den Zessionar die Möglichkeit, beide Anspruchsregime zu kumulieren, etwa dergestalt, dass er die Forderung gegenüber dem Schuldner geltend macht und die eventuell höheren Rechtsverfolgungskosten über den Schadensersatzanspruch beim Zedenten liquidiert. Es steht ihm also weitgehend frei, sich seinen Anspruchsgegner nach Kriterien wie Solvenz, rechtlicher Greifbarkeit oder sonstigen Erwägungen frei auszuwählen. Der Verlust, den der Zessionar durch die automatische Bindung an die Schiedsvereinbarung erleidet, kann zwar rechtlich nicht gleichwertig kompensiert werden, dafür erhält der Zessionar aber die genannten Wahlmöglichkeiten bezüglich seiner Ansprüche und Anspruchsgegner, die er ansonsten nicht gehabt hätte.

Ferner ist zu beachten, dass der Umstand, dass das Vorhandensein der Schiedsvereinbarung zur Anfechtung berechtigt, keine Rückschlüsse darauf zulässt, dass sie dem Zessionar tatsächlich lästig ist. Die Einordnung der Schiedsvereinbarung als verkehrswesentliche Eigenschaft schließt es nicht aus, dass diese dem Zessionar gelegen kommt, oder ihm zumindest gleichgültig ist. Wenn es Schuldner und Zessionar für sinnvoll und angemessen hielten, ihr Rechtsverhältnis einer Schiedsvereinbarung zu unterstellen, so besteht eine gewisse Wahrscheinlichkeit dafür, dass diese Gründe auch für das Rechtsverhältnis von Schuldner und Zessionar nach erfolgter Abtretung gleichermaßen zutreffen. Gerade hinsichtlich der Punkte Geheimhaltung, besondere Sachkunde der Schiedsrichter oder Misstrauen in die Gerichtsbarkeit eines bestimmten Staates liegt dies auf der Hand. Die Anwendung des § 399 BGB würde hingegen dazu führen, generell und ohne Berücksichtigung der konkreten Interessen des Zessionars, dessen Bindung an die Schiedsvereinbarung durch Verbleib der Forderung beim Zedenten zu verhindern, ohne dass dem Zessionar die Möglichkeit gegeben wird, über die Bindung an die Schiedsvereinbarung selbst und mit ex tunc-Wirkung zu entscheiden.

III. Wahrscheinlichkeit einer ungewollten Inanspruchnahme vor dem Schiedsgericht

Zuletzt ist auch kritisch zu hinterfragen, wie hoch die Wahrscheinlichkeit für den Zessionar wäre, entweder durch negative Feststellungsklage vor dem Schiedsgericht in Anspruch genommen, oder aber im Rahmen einer Streitverkündung gegen seinen Willen an die Entscheidung des Schiedsgerichts über die abgetretene Forderung gebunden zu werden. Der Zessionar hat es zunächst selbst in der Hand, nach Aufdeckung des wahren Sachverhalts zu entscheiden, ob er die Forderung behalten möchte und Streitigkeiten aus dem Schuldverhältnis von einem Schiedsgericht entscheiden zu lassen oder ob er den Vertrag mit dem Zedenten rückabwickelt. Entscheidet sich der Zessionar für Letzteres und tritt er daraufhin gegenüber dem Zedenten vom Vertrag zurück, ist dessen Bindung an die Entscheidung des Schiedsgerichts nach dem oben Gesagten tatsächlich nur in den Fällen denkbar, in denen dem Zedenten mehrere Forderungen gegen den Schuldner zustehen und es unklar ist, auf welche dieser Forderungen eine Zahlung des Schuldners erfolgt ist. Dass ein solcher Fall in der Praxis auftreten wird, ist höchst unwahrscheinlich; die Fallgestaltung wirkt geradezu konstruiert. Auch die Inanspruchnahme des Zedenten im Rahmen einer negativen Feststellungsklage liegt im theoretischen Bereich. Gerade nach angezeigter Rückabtretung an den Schuldner ist auf dessen Seite kein Feststellungsinteresse erkennbar. Auch vor erfolgter Rückabtretung dürfte die Wahrscheinlichkeit einer negativen Feststellungsklage sehr gering sein.

Viel wahrscheinlicher als diese Prozesskonstellation ist es dagegen bei einer Lösung über § 399 BGB, dass der Zedent noch vor Aufklärung der rechtlichen Lage Insolvenz anmelden muss und der Zessionar Gefahr läuft, mit seinen Ansprüchen gegen den Zedenten zu einem erheblichen Teil auszufallen. Ausweislich der Statistik der letzten Jahre[610], haben im Jahr 2009 32.687 Unternehmen Insolvenz angemeldet, im Jahr 2010 31.998 Unternehmen und im Jahr 2011 30.099. Bezogen auf 10.000 Unternehmen bedeutete dies eine Insolvenzhäufigkeit von 104 für das Jahr 2009, von 101 für das Jahr 2010 und von 95 für das Jahr 2011.[611] Darüber hinaus meldeten 24.634 ehemals selbständig Tätige im Jahr 2009 Insolvenz an. Im Jahr 2010 sank die Anzahl auf 23.065 Personen und auf 21.558 Personen im Jahr 2011.[612] Eine Rolle spielen in diesem Zusammenhang auch die Insolvenzen von natürlichen Personen als Gesellschafter u. Ä. Hier lagen die Insolvenzzahlen im Jahr 2009 bei 1.676, im Jahr 2010 bei 1.814 und im Jahr 2011

610 Reine Verbraucher- und Nachlassinsolvenzen sollen an dieser Stelle mangels Relevanz für diese Arbeit außen vorbleiben.

611 Statistisches Bundesamt: https://www.destatis.de/DE/ZahlenFakten/GesamtwirtschaftUmwelt/UnternehmenHandwerk/Insolvenzen/Tabellen/HaeufigkeitLaender.html. Abgerufen am 23.01.2013.

612 Statistisches Bundesamt: https://www.destatis.de/DE/ZahlenFakten/GesamtwirtschaftUmwelt/UnternehmenHandwerk/Insolvenzen/Tabellen/HaeufigkeitLaender.html. Abgerufen am 23.01.2013.

bei 1.599.[613] Insgesamt erhöhte sich der Anteil der abgeschriebenen Forderungen von 2,1% im Jahr 2009 auf 2,6% im Jahr 2010 und sank im Jahr 2011 leicht auf 2,4%.[614]

Eine solche Insolvenz des Zedenten hätte aber nach der Lösung über das Abtretungsverbot gem. § 399 BGB zur Folge, dass die Ansprüche des Zessionars in der Regel als einfache Insolvenzforderungen gem. § 38 InsO zu behandeln wären. Die Befriedigungsquote der einfachen, ungesicherten Insolvenzgläubiger betrug nach einer Erhebung des Amtsgerichts Hamburg im Jahr 2010 12,82%.[615] Diese Quote lag zwar höher als die Quoten der Vorjahre (2009: 9,35%; 2008: 9,12%; 2007: 10,37%; 2004–2006: 9,12%), dennoch führt eine Insolvenz des Schuldners für dessen ungesicherte Gläubiger beinahe zu einem Totalausfall mit ihren Forderungen.

Obgleich es – wie bereits angedeutet – mangels entsprechender Prozessstatistiken ausgeschlossen ist, die Wahrscheinlichkeiten einer Insolvenz bzw. eines Forderungsausfall mit der Wahrscheinlichkeit der oben beschriebenen Prozesskonstellationen wissenschaftlich zuverlässig zu vergleichen[616], so ist die Annahme einer automatischen Bindung des Zessionars an die Schiedsvereinbarung für den Zessionar in der überwiegenden Anzahl der Fälle allein aufgrund des ihm zustehenden Wahlrechts faktisch vorteilhafter als die dogmatisch unangreifbare Lösung über einen Abtretungsausschluss nach § 399 BGB. Der Gesetzgeber hat es versäumt, die durchaus bedeutende Frage der Rechtsnachfolge – oder überhaupt die Bindung einer Partei an die Schiedsvereinbarung – ausdrücklich gesetzlich zu regeln, obgleich eine solche Regelung aufgrund der Komplexität der rechtlichen Problematik eigentlich erforderlich wäre. Insbesondere für den Zessionar kann dieser Situation am besten dadurch begegnet werden, ihm – wenn dies schon nicht vor Vertragsschluss geschehen ist – zumindest nach Aufklärung der wahren Umstände einen möglichst großen Entscheidungsspielraum zu geben. Es erscheint daher gerechtfertigt, in diesem Sonderfall der Pragmatik gegenüber der Dogmatik den Vorzug zu geben.

---

613 Statistisches Bundesamt: https://www.destatis.de/DE/ZahlenFakten/GesamtwirtschaftUmwelt/UnternehmenHandwerk/Insolvenzen/Tabellen/UnternehmenSchuldner.html. Abgerufen am 23.01.2013.

614 European Payment Index 2011, S. 23: https://www.intrum.com/Documents/Germany/EPI%20Deutsch/EPI_2011_deutsch.pdf. Abgerufen am 23.01.2013.

615 *Frind*, Verfahrenskennzahlenauswertung, ZInsO 2011, 1913, 1916.

616 Dies muss abgesehen von nicht vorliegenden Zahlen und Statistiken auch schon allein daran scheitern, dass nicht absehbar ist, in wie vielen Fällen der Zessionar sich aufgrund der Schiedsvereinbarung für die Rückabwicklung des Vertrags entscheidet.

C. Vereinbarkeit der automatischen Bindung mit verfassungsrechtlichen und sonstigen gesetzlichen Vorgaben

I. Wille des Zessionars

Es bleibt die Frage, ob diese pragmatischen Lösung auch der Vorgabe der Rechtsprechung und allgemeinen Ansicht in der Literatur gerecht wird, dass der (zumindest teilweise) Verzicht des Einzelnen auf den verfassungsrechtlichen Justizgewährleistungsanspruch nur zugelassen werden kann, wenn er auf dem freien Willen der Parteien, also deren Privatautonomie, beruht.[617] Die Privatautonomie legitimiert nur die Selbstbestimmung, gibt aber „keine Grundlage zum rechtlich verbindlichen Handeln für andere“[618], so dass eine selbstbestimmte Mitwirkungshandlung des Zessionars für die Bindung an die Schiedsvereinbarung erforderlich ist.

Eine ausdrückliche Willenserklärung des Zessionars in Bezug auf die Übernahme der Schiedsvereinbarung anlässlich der Forderungsabtretung liegt hier nicht vor; dies wurde mehrfach festgestellt. Jedoch stellt die Rechtsprechung bezüglich des Verzichts auf den gesetzlichen Richter lediglich auf den „Willen“ der Parteien ab.[619] Im Normalfall wird dieser sicherlich durch eine (ausdrückliche) Willenserklärung geäußert werden; erforderlich ist dies zumindest nach dem Wortlaut der ergangenen Urteile aber nicht. Auch lässt sich dem Erfordernis des „freien Willens“ nicht entnehmen, dass dieser Wille schon anlässlich des Vertragsschlusses bzw., in den Fällen der Zession, vor oder zumindest bei Erstreckung der Schiedsvereinbarung auf den Zessionar vorliegen müsste. Eine vorherige Zustimmung stellt sicherlich den Normalfall der vertraglichen Bindung dar. Der hier vorliegende Fall verdeutlicht aber, dass gerade in den Fällen der Einzelrechtsnachfolge unter Umständen die Bindung an weitere mit dem Hauptvertrag in Verbindung stehende Vereinbarungen aktuell werden kann. Geht man von einer solchen automatischen Bindung an die Schiedsvereinbarung aus,

---

617 BGH NJW 1977, 1397, 1399; BGH NJW 2000, 1713; so auch BGH NJW 1978, 1585, 1586; Schmidt-Bleibtreu/Hofmann/*Hopfauf*, GG, Vorb. vor Art. 92, Rn. 45 f.; Maunz/Dürig/*Hillgruber*, GG, Art. 92 Rn. 87 f.; v. Mangoldt/Klein/Starck/*Classen*, GG, Art. 92, Rn. 43; MünchKommZPO/*Münch*, § 1029 Rn. 4 ff.; *Kölbl*, Schiedsklauseln in Vereinssatzungen, Berlin 2004, S. 79 f.; *Schlosser*, Vereins- und Verbandsgerichtsbarkeit, S. 114 ff.; *Haas/Hauptmann*, Schiedsvereinbarungen in „Ungleichgewichtslagen“, SchiedsVZ 2004, 175, 176; kritisch Sachs/*Detterbeck*, GG, Art. 92 Rn. 29.

618 *Lorenz*, Der Schutz vor dem unerwünschten Vertrag, S. 17.

619 Vgl. nur BGH NJW 1977, 1397, 1399; „freier Wille“; BGH NJW 2000, 1713: „Parteiwille“.

ohne dass der Zessionar bezüglich dieser vorab schon seinen Willen hätte äußern können, so hat er zumindest nach Aufdeckung der wahren Sachlage nach dem oben Ausgeführten die Möglichkeit, sich entweder vom Vertrag loszusagen oder die Forderung samt Schiedsvereinbarung zu akzeptieren. Diese Entscheidung für oder gegen die Schiedsvereinbarung stellt ebenfalls eine Betätigung des Willens dar. Entscheidet sich der Zessionar dafür, an der Forderung und somit auch der Schiedsvereinbarung festzuhalten, beruht seine Bindung an diese ebenso auf der ihm durch die Privatautonomie gewährleisteten Vertragsfreiheit als hätte er die Vereinbarung mit dem Schuldner selbst abgeschlossen. Dies kann auch nicht dadurch in Frage gestellt werden, dass eine entsprechende Entscheidung unter Umständen stark von wirtschaftlichen und anderen praktischen Erwägungen beeinflusst werden kann. Etwa dann, wenn der Zedent mittlerweile vermögenslos ist und eine Geltendmachung von Ansprüchen daher nicht zum Erfolg führen würde. Denn auch in diesem Fall ist der Zessionar in seiner Entscheidung frei und steht selbst dann, wenn er sich trotz bekannter Vermögenslosigkeit für die Rückabwicklung seines Vertragsverhältnisses mit dem Zedenten entscheidet und in der Konsequenz mit seiner Forderung wirtschaftlich ausfällt, nicht schlechter als wenn die Forderung von vorneherein uneinbringbar oder nicht existent gewesen wäre. Sein Risiko geht also nicht über das Risiko hinaus, das jede am Rechtsverkehr teilnehmende Person mit der Wahl des richtigen – redlichen – Vertragspartners trägt.

II. Schriftform

Zum Schluss stellt sich noch die Frage, ob und inwieweit diese Willensbetätigung der Formvorschrift des § 1031 ZPO unterliegt. § 1031 Abs. 1 ZPO bestimmt für die Begründung einer Schiedsvereinbarung zwischen Kaufleuten, dass diese in einem von den Parteien unterzeichneten Dokument oder in zwischen ihnen gewechselten Schreiben, Fernkopien, Telegrammen oder anderen Formen der Nachrichtenübermittlung, die einen Nachweis der Vereinbarung sicherstellen, enthalten sein müssen.

1. Rechtsprechung und herrschende Lehre

Nach Ansicht von Rechtsprechung und h. L. ist es nicht erforderlich, dass das eben beschriebene Schriftformerfordernis des § 1031 ZPO bei Abtretung der schiedsbehafteten Forderung (erneut) eingehalten wird. Vielmehr solle dieses ausschließlich für die Begründung der Schiedsvereinbarung gelten, nicht aber für deren Übertragung.[620] Als Begründung wird hierfür zunächst angeführt, dass es bei der gesetzlichen Neufassung des § 1027 ZPO a. F. (heute in etwas veränderter Form § 1031 ZPO[621]) im Jahr 1933 die allgemeine Ansicht in Rechtsprechung und Literatur gewesen sei, dass das Formerfordernis nicht für die Fälle der Sonderrechtsnachfolge gelte, so dass es nahe gelegen hätte, eine anders lautende gesetzliche Regelung ins Gesetz aufzunehmen, wenn der Gesetzgeber dies für erforderlich gehalten hätte.[622] Zudem soll nach dieser Ansicht auch kein schutzwürdiges Interesse des Zessionars bestehen, die Forderung ohne die Schiedsvereinbarung zu erwerben, da sich dieser vorab über das Bestehen einer Schiedsvereinbarung informieren könne.[623] Vielmehr sei die Schiedsvereinbarung auf die Forderung bezogen und würde somit automatisch mit dieser übergehen.[624]

2. Auseinandersetzung mit der Argumentation der herrschenden Meinung

a) Wille des Gesetzgebers/ Wortlaut

Der Wortlaut des § 1031 Abs. 1 ZPO ist sehr weit formuliert. Während § 1027 Abs. 1 ZPO a. F. noch bestimmte, dass der Schiedsvertrag ausdrücklich *geschlossen* werden müsse und der Schriftform bedürfe, muss die

620 RGZ 146, 52, 55; BGH NJW 1978, 1585, 1586; BGH, Urteil vom 14.12.1978, BeckRS 1978, 31118946, II 2 b (Vertragsübernahme); BGH NJW 1998, 371; BGH NJW 2005, 1125; MünchKommZPO/*Münch*, § 1029 Rn. 47; Stein/Jonas/*Schlosser*, ZPO, § 1029 Rn. 36; Musielak/*Voit*, ZPO, § 1031 Rn. 3; Zöller/*Geimer*, ZPO, § 1031 Rn. 17; ähnlich BGH NJW 1986, 2765; in den Fällen der Übertragung eines Gesellschaftsanteils: BGH NJW 1979, 2567, 2568; BGH NJW 1980, 1797; BGH NJW-RR 2002, 1462, 1463; a. A. *Schwab/Walter*, Schiedsgerichtsbarkeit, Kapitel 7, Rn. 32.

621 Vgl. hierzu BGBl. 1997, Teil I, S. 3224, 3225 vom 22.12.1997 und BT-Drucks. 13/5274, S. 5, 36 ff.

622 BGH NJW 1978, 1585, 1586; ähnlich BGH, Urteil vom 14.12.1978, BeckRS 1978, 31118946, II 2 b (Vertragsübernahme).

623 BGH NJW 1978, 1585, 1586; Zöller/*Geimer*, ZPO, § 1031 Rn. 17; *Fremuth-Wolf*, Die Schiedsvereinbarung im Zessionsfall, Wien 2004, S. 141.

624 BGH NJW 1978, 1585, 1586; BGH, Urteil vom 14.12.1978, BeckRS 1978, 31118946, II 2 b (Vertragsübernahme); BGH NJW 1998, 371; BGH NJW 2000, 2346; BGH NJW-RR 2002, 1462, 1463; *Fremuth-Wolf*, Die Schiedsvereinbarung im Zessionsfall, Wien 2004, S. 140; MünchKommZPO/*Münch*, § 1029 Rn. 47; Musielak/*Voit*, ZPO, § 1029 Rn. 8; *Lachmann*, Schiedsgerichtspraxis, Rn. 325.

Schiedsvereinbarung nach dem Wortlaut des § 1031 Abs. 1 ZPO nunmehr entweder in einem von den Parteien unterzeichneten Dokument oder in zwischen ihnen gewechselten Schreiben, Fernkopien, Telegrammen oder anderen Formen der Nachrichtenübermittlung, die einen Nachweis der Vereinbarung sicherstellen, *enthalten sein.*[625] Diese Formulierung entspricht der des Art. 7 des UNCITRAL Model Law on International Commercial Arbitration, der in diesem Zusammenhang an mehreren Stellen den Begriff „contain" verwendet. Eine Differenzierung zwischen der Begründung der Schiedsvereinbarung und der Erstrekkung bzw. Übertragung der Schiedsvereinbarung auf eine dritte Partei oder gar eine Begrenzung des Formerfordernisses auf den Abschluss der Schiedsvereinbarung wird nicht gemacht.

An dieser Stelle kann zunächst dem oben bereits erwähnten Argument, der Gesetzgeber hätte eine entsprechende Regelung in das Gesetz aufgenommen, hätte er die Formbedürftigkeit der Schiedsvereinbarung anders regeln wollen als dies bislang von der Rechtsprechung praktiziert und von der h. L. befürwortet worden war[626], nicht gefolgt werden. Angesichts des Umstandes, dass das Zustandekommen der Schiedsvereinbarung lediglich an den Rändern und die Frage der Bindung Dritter an die Schiedsvereinbarung im Gesetz überhaupt nicht geregelt ist, lässt sich dem Schweigen des Gesetzes zur Formbedürftigkeit der Schiedsvereinbarung bei der Forderungsabtretung erst einmal nichts entnehmen. Zutreffend ist sicherlich, dass dem Gesetzgeber sowohl bei Erlass des § 1027 ZPO a. F. im Jahr 1933[627], also auch bei Erlass des § 1031 ZPO im Jahr 1997[628] die diesbezügliche Praxis der Rechtsprechung bekannt gewesen sein muss. Jedoch kann sich der Gesetzgeber auch dazu entschieden haben, diesen Bereich bewusst ungeregelt zu lassen und die Auslegung der Vorschrift (weiterhin) der Rechtsprechung zu überlassen. Dies wiederum kann jedoch kein Hinderungsgrund sein, eine gegebenenfalls angreifbare Rechtsprechungstradition auch einmal kritisch in Frage zu stellen. Ferner deutet die eben erwähnte Umformulierung des Formerfordernisses im Jahr 1997[629] eher darauf hin, dass der Gesetzgeber

625 Dennoch verweist BGH NJW 2005, 1125 ohne diesen Umstand zu erwähnen auf BGH NJW 1978, 1585, der unter anderem auf den Wortlaut des § 1027 Abs. 1 ZPO a. F. abstellt.

626 So BGH NJW 1978, 1585, 1586 zur Vorgängernorm § 1027 ZPO; vgl. hierzu auch RGBl. 1933, I, S. 785; ähnlich BGH, Urteil vom 14.12.1978, BeckRS 1978, 31118946, II 2 b (Vertragsübernahme).

627 Vgl. hierzu RGBl. 1933, I, S. 785.

628 Vgl. hierzu BGBl. 1997, Teil I, S. 3224, 3225 vom 22.12.1997 und BT-Drucks. 13/5274, S. 5, 36 ff.

629 BGBl. 1997, I, S. 3224, 3225 f.

die Formvorschrift nicht (mehr) nur für den Vertragsschluss vorsehen wollte als auf dessen Gegenteil, da § 1031 Abs. 1 ZPO nunmehr nicht mehr das „Schließen“ des Vertrags im Wortlaut erwähnt, sondern nur noch das „Enthalten sein“. Ein eindeutiger Wille des Gesetzgebers, durch Schweigen des Gesetzes die Formbedürftigkeit der Schiedsvereinbarung bei der Abtretung auf bestimmte Art und Weise zu regeln, kann jedoch auch hieraus nicht ermittelt werden, zumal auch die Gesetzesbegründung hierzu schweigt.[630]

b) Automatischer Übergang der Schiedsvereinbarung mit der Forderung

Auch ist der h. M. nicht zu folgen, insoweit diese als Begründung für die Formfreiheit ins Feld führt, dass die Schiedsvereinbarung nach § 401 BGB analog automatisch mit der Forderung übergehe; die Forderung also gleichsam nur vinkuliert übertragen werden könne. Zunächst überzeugt der von der h. M. gewählte Lösung über § 401 BGB auch an dieser Stelle nicht. Denn sie lässt auch hier unberücksichtigt, dass das Zustandekommen und die Wirkung der Schiedsvereinbarung unabhängig von Bestehen und Übergang der Forderung zu begründen sind.[631] Auch in den Fällen, in denen sich später im Prozess herausstellt, dass eine in Wirklichkeit gar nicht existierende Forderung (rechtsunwirksam) abgetreten wurde, wird diese Streitigkeit zwischen Schuldner und vermeintlichem Zessionar vor dem Schiedsgericht auszutragen sein, wenn sich der (Schein-) Zessionar der Forderung berühmt.[632] Aber selbst wenn die Forderung existiert und die Annahme eines Übergang der Schiedsvereinbarung mit der Forderung daher denkbar wäre, so ist dem allein noch nicht zu entnehmen, dass die Form des § 1031 ZPO nicht gewahrt werden müsse. Die Ansicht, dass die Forderung aufgrund entgegenstehender vertraglicher Rechte des Schuldners nur mit der Schiedsvereinbarung zu übertragen ist, die Möglichkeit einer isolierten Übertragung also abzulehnen ist[633], ist zwar zutreffend, beendet die Prüfung aber noch nicht an dieser Stelle. Denn damit ist nicht gleichzeitig gesagt, dass zweifelsohne bestehenden Rechte und Interessen des Schuldners zwin-

630 BT-Drucks. 13/5274, S. 36.
631 S. hierzu oben unter § 8 A I 2 b.
632 S. hierzu oben unter § 8 A I.
633 BGH NJW 1978, 1585, 1586; BGH, Urteil vom 14.12.1978, BeckRS 1978, 31118946, II 2 b (Vertragsübernahme); BGH NJW 1998, 371; BGH NJW 2000, 2346; BGH NJW-RR 2002, 1462, 1463; *Fremuth-Wolf*, Die Schiedsvereinbarung im Zessionsfall, S. 140; MünchKommZPO/*Münch*, § 1029 Rn. 47; Musielak/*Voit*, ZPO, § 1029 Rn. 8; *Lachmann*, Schiedsgerichtspraxis, Rn. 325.

gend durch die Nichtanwendung der Formvorschrift gewahrt werden müssen. Man könnte ebenso die formgerechte Erklärung des Zessionars schon zur Voraussetzung für den Übergang der Forderung machen. Denn das gesetzliche Gebot, dass sich die Rechtsposition des Schuldners durch die Abtretung nicht verschlechtern darf[634], kann auch dadurch sichergestellt werden, dass die Forderung ohne die Schiedsvereinbarung von vorneherein nicht übertragbar ist, also beim Zedenten verbleibt.[635] Gleiches gilt für das ebenfalls häufig vorgebrachte Argument, der Zedent solle sich der Schiedsvereinbarung nicht einseitig durch Abtretung entledigen können.[636] Mit der Möglichkeit des Verbleibs der Forderung beim Zedenten setzen sich die Befürworter des automatischen Übergangs aber an keiner Stelle auseinander.

3. Eigener Ansatz

Der Sinn und Zweck des § 1031 ZPO weckt Zweifel, ob dieser entgegen der h. M. nicht auch dann Anwendung finden muss, wenn die Schiedsvereinbarung im Rahmen der Forderungsabtretung auf den Zessionar übergehen soll.[637] Denn neben ihrer Beweisfunktion hat die Norm nach h. M. auch eine Schutz- bzw. Warnfunktion. Sie soll demjenigen, der vor der Entscheidung steht, einen Schiedsvertrag abzuschließen, die Tragweite dieses Entschlusses vor Augen führen und insbesondere verdeutlichen, dass er durch diese Entscheidung auf den gesetzlichen Richter verzichtet.[638]

a) Ausschluss des § 1031 ZPO durch § 1066 ZPO

Die Anwendung des § 1031 ZPO könnte durch § 1066 ZPO ausgeschlossen sein. Dem Wortlaut nach erklärt § 1066 die Vorschriften des 10. Buchs der

634 S. hierzu unter § 8 E II.

635 S. hierzu oben unter § 9 B; sehr ähnlich auch *Girsberger/Hausmaninger*, Assignment of Rights, Arbitration International, Vol. 8 (1992), No. 2, S. 121, 146.

636 *Fremuth-Wolf*, Die Schiedsvereinbarung im Zessionsfall, Wien 2004, S. 140; MünchKommZPO/*Münch*, § 1029, Rn. 47.

637 Für die Geltung der Formvorschrift *Martens*, Wirkungen der Schiedsvereinbarung auf Dritte, S. 96–102.

638 BGH NJW 1978, 1585, 1586; Warn- und Beweisfunktion: MünchKommZPO/*Münch*, § 1031 Rn. 7 f.; *Prütting*/Gehrlein, ZPO, § 1031 Rn. 1; *Lachmann*, Schiedsvereinbarungen im Praxistest, BB 2000, 1633, 1634; a. A. für Schiedsvereinbarungen ohne Verbraucherbeteiligung Musielak/*Voit*, ZPO, § 1031 Rn. 1: nur Nachweisfunktion.

ZPO für letztwillige und sonst durch einseitige Anordnung errichteten Schiedsgerichte zwar für entsprechend anwendbar, jedoch hat die h. M. bislang die Formvorgabe des § 1031 ZPO auf die unter § 1066 ZPO fallenden Sachverhalte[639] nicht angewendet.[640] Fraglich ist jedoch, ob die Schiedsvereinbarung im Beispielsfall im Sinne der Vorschrift angeordnet wurde. Stellt man hierbei auf die ursprüngliche Begründung der Schiedsvereinbarung ab, so ist dies offensichtlich nicht der Fall, da diese zwischen Schuldner und Zedenten rechtsgeschäftlich begründet wurde. Dies gilt jedoch nicht im Verhältnis von Schuldner und Zedenten, da letzterer mangels Kenntnis von der Schiedsvereinbarung auch keine Willenserklärung in Bezug auf diese abgeben konnte. Die Gesetzesbegründung zu § 1066 ZPO schweigt zu der Frage, ob eine ursprünglich rechtsgeschäftlich begründete Schiedsvereinbarung gegenüber einer dritten Person im Rahmen des Zweiterwerbs einseitig angeordnet werden kann.[641] Ansonsten wird – soweit ersichtlich – bei der Frage, ob eine Schiedsvereinbarung § 1066 ZPO unterfällt, ausschließlich auf die Begründung der Schiedsvereinbarung abgestellt, nicht jedoch auf die Frage, wodurch eine Bindung der der Schiedsvereinbarung unterworfenen Personen zustande kommt.[642] Ist eine Schiedsvereinbarung im Anwendungsbericht des § 1066 ZPO also wirksam zustande gekommen, wird die Bindung der der Schiedsvereinbarung unterworfenen Personen nicht nochmals anhand anderer, ggf. strengerer Maßstäbe geprüft.[643] Die hier vorliegende Fallgestaltung unterfällt daher nicht dem Anwendungsbereich des § 1066 ZPO.

b) Anwendbarkeit des § 1031 ZPO auf eine nach § 1066 ZPO begründete Schiedsvereinbarung

In der sogenannten „Körbuch-Entscheidung“ machte der BGH eine Ausnahme von dem Grundsatz, dass eine nach § 1066 ZPO wirksam zustande gekommene Schiedsvereinbarung bei der Frage der Bindung der dieser Schiedsvereinbarung unterworfenen Personen nicht zusätzlich an der Form-

---

639 S. zu diesen unter § 5 A III.

640 BGH NJW 1980, 1049; für den Verein: BGH NJW 2000, 1713; für die GmbH: BGH SchiedsVZ 2004, 266, 268; BGH NJW 1963, 203, 204; LG Mönchengladbach NJW-RR 1987, 224; MünchKommZPO/*Münch*, § 1066 Rn. 5, 14; Musielak/*Voit*, ZPO, § 1066 Rn. 2, 7.

641 Vgl. BT-Drucks. 13/5274, S. 66.

642 BGH NJW 1980, 1049; BGH NJW 2000, 1713; BGH SchiedsVZ 2004, 266, 268; BGH NJW 1963, 203, 204; LG Mönchengladbach NJW-RR 1987, 224.

643 Zu einer Ausnahme hiervon sogleich unter § 13 C 3 II b.

vorschrift des § 1031 ZPO zu messen sei. In dem durch den BGH zu entscheidenden Fall war die Schiedsvereinbarung eines eingetragenen Vereins zuvor durch Satzungsänderung, und somit gem. § 1066 ZPO formwirksam zustande gekommen war. Dennoch lehnte der BGH die Bindung des Vereinsmitglieds an die Schiedsvereinbarung mit Verweis auf § 1027 ZPO (heute § 1031 ZPO) ab. Nach Ansicht des BGH könne die Bindung an eine nachträglich in die Satzung eingefügte Schiedsvereinbarung zumindest nicht für diejenigen Mitglieder erfolgen, die der Satzungsänderung nicht zugestimmt hätten. Zur Begründung führte der BGH aus, dass das Recht auf den gesetzlichen Richter Verfassungsrang habe und ein Verzicht auf diesen durch Unterwerfung unter ein Schiedsgericht daher grundsätzlich auf dem freien Willen des Betroffenen beruhen müsse. Aus diesem Umstand schloss der BGH sodann, dass es Zweck des § 1027 ZPO (a. F.) sei, dafür zu sorgen, dem Betroffenen die Tragweite seiner Erklärung möglichst nachhaltig und eindringlich vor Augen zu führen und sicherzustellen, dass der Verzicht auf die Entscheidung staatlicher Gerichte bewusst und freiwillig erfolgt.[644] Nach dieser vereinzelt gebliebenen Entscheidung soll daher also auch zur Aufgabe des Formerfordernisses gehören, die Freiwilligkeit der Willenserklärung sicherzustellen. Dem ist jedoch nicht zu folgen. Denn damit würde dem Formerfordernis eine Aufgabe zugewiesen, die dieses gar nicht erfüllen kann. § 1031 ZPO ist nicht geeignet, die Freiwilligkeit einer Willenserklärung sicher zu stellen und nur begrenzt geeignet, den Parteien den Umfang ihrer Willenserklärung bewusst zu machen. Aus der Einhaltung der Schriftform geht erst einmal nur sicher hervor, dass der Betroffene eine Willenserklärung abgegeben hat, dessen Umfangs und Auswirkungen er sich hätte bewusst sein *können*.[645] In keiner Weise aussagekräftig ist die Formvorschrift hingegen, wenn es um die Frage geht, ob der Entschluss der Vertragspartei, eine Schiedsvereinbarung abzuschließen, tatsächlich auch freiwillig und ohne Zwang erfolgt ist und demnach in ihrem Interesse liegt. Gerade in den Fällen, in denen die Partei auf den Abschluss eines bestimmten Vertrags angewiesen ist, schützt § 1031 ZPO nicht vor einer ihr nachteiligen Vereinbarung.[646]

644 BGH NJW 2000, 1713.

645 *Haas*, Zur Einführung von Schiedsklauseln durch Satzungsänderungen, ZGR 2001, 325, 329.

646 *Haas/Hauptmann*, Schiedsvereinbarungen in „Ungleichgewichtslagen“, SchiedsVZ 2004, 175, 178; *Haas*, Zur Einführung von Schiedsklauseln durch Satzungsänderungen, ZGR 2001, 325, 329 f.; *Nicklisch*, Schiedsklauseln und Gerichtsstandvereinbarungen in Verbandssatzungen, BB 1972, 1285, 1286.

c) Warn- und Schutzfunktion

Dennoch wohnt § 1031 ZPO neben der im Gesetz ausdrücklich genannten Nachweisfunktion auch eine Warn- bzw. Schutzfunktion inne.[647] Sie verfolgt (auch) das Ziel, den Vertragspartnern vor Augen zu halten, dass sie durch die Schiedsvereinbarung auf ein Verfahren vor den staatlichen Gerichten nach den dort geltenden Vorschriften und somit auch auf ihren durch die Verfassung garantierten gesetzlichen Richter verzichten. Nachweiserfordernis und Schutzfunktion greifen hier ineinander, denn das Erfordernis, die Schiedsvereinbarung nach § 1031 ZPO auf die dort beschriebene Art und Weise schriftlich niederzulegen, ist geeignet, den Parteien die Reichweite ihrer Entscheidung zu verdeutlichen.[648] Die Schutzfunktion wird somit durch die Einhaltung der Nachweisvorschriften erfüllt. Legt man dies jedoch zugrunde, ist der Zessionar nicht weniger schutzbedürftig als die ursprünglichen Vertragsparteien.[649] Fraglich ist daher, ob es hier trotz ähnlicher Schutzbedürftigkeit gerechtfertigt ist, zwischen dem ursprünglichen Abschluss der Schiedsvereinbarung und der Bindung eines Dritten an diese zu differenzieren.

Zunächst ist festzuhalten, dass die Schiedsvereinbarung vor der Abtretung zwischen den ursprünglichen Vertragsparteien schon in der durch § 1031 ZPO vorgegebenen Form niedergelegt wurde. Der Nachweisfunktion wurde somit bereits genügt. An dieser Stelle zeigen sich Parallelen zu den unter § 1066 ZPO fallenden einseitig angeordneten Schiedsvereinbarungen, bei denen die Rechtsprechung bei ursprünglich wirksamem Zustandekommen keine erneute schriftliche Niederlegung verlangt.[650] Dies gilt allerdings nicht gleichermaßen für die Warn- bzw. Schutzfunktion, da zunächst lediglich Schuldner und Zedent durch die Niederschrift die Möglichkeit hatten, sich über das Ausmaß ihrer Entscheidung bewusst zu werden, nicht aber der (spätere) Zessionar. Anders als bei satzungsmäßigen Schiedsvereinbarungen erfolgt hier keine Einreichung der in der Satzung enthaltenen Schiedsvereinbarung in ein öffentliches Register, wie dies etwa nach § 59 Abs. 2 BGB für Vereine und nach § 37 Abs. 4 AktG und § 8 Abs. 1

---

647 BGH NJW 1978, 1585, 1586; MünchKommZPO/*Münch*, § 1031 Rn. 8; *Prütting*/Gehrlein, ZPO, § 1031 Rn. 1; *Lachmann*, Schiedsvereinbarungen im Praxistest, BB 2000, 1633, 1634; a. A. für Schiedsvereinbarungen ohne Verbraucherbeteiligung Musielak/*Voit*, ZPO, § 1031 Rn. 1: nur Nachweisfunktion.

648 MünchKommZPO/*Münch*, § 1031 Rn. 8; speziell bei Fällen mit Verbraucherbeteiligung auch BT-Drucks. 13/5274, S. 36.

649 In diesem Sinne kritisch auch *Girsberger/Hausmaninger*, Assignment of Rights, Arbitration International, Vol. 8 (1992), No. 2, S. 121, 144.

650 S. nur BGH NJW 1980, 1049 m.w.N.

GmbHG für die Aktiengesellschaft und die GmbH zwingend vorgeschrieben ist. Die Möglichkeit der Kenntnisnahme ist bei einer satzungsmäßigen Schiedsvereinbarung daher in jedem Fall gegeben. In den Fällen des Beitritts zu einer juristischen Person muss dem Beitretenden zudem von vornherein klar sein, dass das Rechtsverhältnis der Mitglieder zur juristischen Person und auch untereinander durch Satzung gesondert geregelt ist. Ein solches Bewusstsein kann bei der Forderungsabtretung jedoch in dieser Form nicht erwartet werden. Es ist aber ebenso zu beachten, dass die einmal zwischen den ursprünglichen Parteien wirksam zustande gekommene Schiedsvereinbarung durch später eintretende Umstände nachträglich nicht mehr formunwirksam werden kann. Mit Wirksamwerden der Schiedsvereinbarung wird das Rechtsverhältnis von Schuldner und Zedent dahingehend umgestaltet, dass die zu dem Rechtsverhältnis gehörende Forderung in eine dauerhafte Beziehung zur Schiedsvereinbarung gestellt wird. Eine einseitige Veränderung durch eine der Parteien ist nicht mehr möglich. Soll also ein Dritter in einen Teil dieses Rechtsverhältnisses nachfolgen, kann aus Gründen des Schuldnerschutzes die Forderung nunmehr nur noch unter gleichzeitiger Bindung des Zessionars an die Schiedsvereinbarung übertragen werden. Gelingt dies nicht, muss die Forderung in der Konsequenz beim Zedenten verbleiben.[651] Die Schiedsvereinbarung kann – vorbehaltlich einer ausdrücklichen anderweitigen Regelung durch die Parteien – also nicht für einen Teil des Rechtsverhältnisses Gültigkeit haben, für einen anderen Teil hingegen nicht. Dies ergibt sich aus dem Wesen der Forderungsabtretung, die dem Schuldner ganz bewusst keine aktive Rolle einräumt und dessen Rechtsverhältnis von der Forderungsabtretung weitgehend unberührt bleiben soll.[652] Daher darf die einmal zwischen Schuldner und Zedenten ordnungsgemäß niedergelegte Schiedsvereinbarung durch Streitigkeiten im Verhältnis von Zedent und Zessionar grundsätzlich nicht in Frage gestellt werden. Dies bedeutet zwar nicht, dass dem Zessionar von vornherein die Schutzbedürftigkeit abzusprechen und dieser folglich an die Schiedsvereinbarung zu binden ist. Es stellt sich jedoch die Frage, ob die Einhaltung des Schriftformerfordernisses des § 1031 ZPO ein geeignetes Mittel ist, diesen Schutz sicherzustellen. Denn bei der Abtretung einer schiedsvertragsbehafteten Forderung stellt sich weniger die Frage, ob der Zessionar selbst eine formwirksame Schiedsvereinbarung mit bestimmtem

651 Zum Verschlechterungsverbot aus Schuldnerschutzgründen s. oben unter § 8 E II.

652 Wie bereits eben schon angedeutet soll dies aber nicht als Argument für einen automatischen, formlosen Übergang der Schiedsvereinbarung angeführt werde, da der erforderliche Schutz des Schuldners gegebenenfalls auch anders erreicht werden kann.

Inhalt abgeschlossen hat – denn eine solche besteht ja schon – sondern ob eine den verfassungsrechtlichen Vorgaben entsprechende Willenserklärung vorliegt, die geeignet ist, eine Bindung an die bereits bestehende Schiedsvereinbarung zu rechtfertigen. Und so wird ja beispielsweise auch allgemein angenommen, dass der Schutz des Erben vor der Bindung an eine letztwillige Schiedsvereinbarung dadurch gewährt ist, dass dieser das Erbe ausschlagen kann.[653] Die Abgabe einer solchen Willenserklärung ist aber zuvörderst eine Frage der allgemeinen Rechtsgeschäftslehre und nicht der Form. Nach der hier vertretenen Auffassung ist der Zessionar in Bezug auf seine Willensbetätigungsfreiheit ausreichend durch die ihm zustehenden Anfechtungs- und Schadensersatzansprüche geschützt. Die Rechte des Zessionars wurden schon in diesem Zusammenhang einer umfassenden Güterabwägung unterzogen, mit dem Ergebnis, dass eine automatische Bindung des Zessionars an die Schiedsvereinbarung dann rechtlich begründbar ist, wenn er sich zumindest zu einem späteren Zeitpunkt noch von der Forderung – und damit im Regelfall auch der Schiedsvereinbarung – lossagen kann. Dass eine Inanspruchnahme durch den Schuldner vor einem Schiedsgericht gegen den Willen des Zessionars im Einzelfall möglich ist, wurde bei dieser Güterabwägung bereits umfassend berücksichtigt, führte aber letztlich nicht zu einem anderen Ergebnis. Denn ist dem Zessionar mit der pragmatischen Lösung über §§ 398 ff. BGB in der weit überwiegenden Anzahl der Fälle besser gedient als mit einer Lösung über § 399 BGB, kann dies nicht aufgrund von in der Praxis vermutlich niemals auftretenden Prozesskonstellationen in Frage gestellt werden.[654] Den Zessionar darüber hinaus über die Einhaltung einer bestimmten Form zusätzlich zu schützen, ist nach der vorgenommenen Güterabwägung nicht mehr erforderlich. Vielmehr muss es bei einer bereits wirksam bestehenden und niedergelegten Schiedsvereinbarung ausreichend sein, dass der Zessionar in die Lage versetzt wird, von dieser vollumfänglich Kenntnis zu nehmen. Hier ist der Zessionar aber allein schon durch Einsicht in die entsprechenden Unterlagen in der Lage, zu beurteilen, ob die von Schuldner und Zessionar über ihre verfassungsmäßig geschützten Rechte getroffene Disposition auch seinen persönlichen Bedürfnissen gerecht wird. Somit wird den verfassungsrechtlichen Vorgaben an den freiwilligen Verzicht auf den gesetzlichen Richter auch ohne zusätzliche Einhaltung des § 1031 ZPO genügt. Diese Grundsätze müssen auch dann Anwendung finden, wenn eine schiedsbefangene Forderung wie in der Abwandlung des Ausgangsfalls an einen Verbraucher abgetreten wird und die Schiedsvereinbarung lediglich den Formanforderun-

653 Vgl. hierzu nur Musielak/*Voit*, ZPO, § 1066 Rn. 3.
654 S. hierzu unter § 13 A.

gen des § 1031 Abs. 1–4 ZPO, nicht aber auch denen des § 1031 Abs. 5 ZPO entspricht, der zusätzlich verlangt, dass die Schiedsvereinbarung in einer gesonderten und eigenhändig unterzeichneten Urkunde enthalten ist. Denn Sinn und Zweck der verschärften Formvorschrift des § 1031 Abs. 5 ZPO ist es, den Verbraucher vor Überrumpelung zu schützen, also davor, ihn unbemerkt an eine Schiedsvereinbarung zu binden.[655] In der hier beschriebenen Konstellation besteht aber für den Verbraucher eine der dem ursprünglichen Vertragsabschluss vergleichbaren Gefahrenlage nicht, da auch der Wille des Verbrauchers, an die Schiedsvereinbarung gebunden sein zu wollen, erst im Nachhinein geäußert werden muss, wenn ausreichend Möglichkeit besteht, dass sich der Zessionar umfassend aus den schriftlich niedergelegten Dokumenten über die abgeschlossene Schiedsvereinbarung informieren kann. Auch aus der Verbraucherstellung ergibt sich im vorliegenden Fall nicht, dass von der oben vorgenommenen Wertung, die Schutz des Zessionars habe auf anderer Ebene bei der Willenserklärung zu erfolgen, abzuweichen ist. Auch der Verbraucher ist ausreichend dadurch geschützt, dass ihm ein echtes Wahlrecht bezüglich der Frage zusteht, ob er die Forderung unter Akzeptanz der Schiedsvereinbarung gegenüber dem Schuldner geltend macht, oder gegenüber dem Zedenten vom Vertrag zurücktritt.

An dieser Stelle soll allerdings keineswegs der recht undifferenzierten Ansicht das Wort geredet werden, dass der Zessionar deswegen kein berechtigtes Interesse daran hat, die Forderung ohne Schiedsvereinbarung zu erwerben bzw. nicht schutzbedürftig ist, weil er sich ja – sogar bereits vor der Forderungsabtretung – über das Bestehen einer Schiedsvereinbarung beim Zedenten erkundigen könne.[656] Mit dieser Argumentation ließe sich zunächst jegliche Formvorschrift in Frage stellen, denn es besteht immer die Möglichkeit, auch außerhalb einer vorgeschriebenen Form ausreichend Kenntnis über einen bestimmten Sachverhalt zu erlangen.[657] Zudem stellte

655 MünchKommZPO/*Münch*, § 1031 Rn. 45; Zöller/*Geimer*, ZPO, § 1031 Rn. 35; *Prütting*/Gehrlein, ZPO, § 1031 Rn. 9: „um die Warnfunktion für den Verbraucher hervorzuheben".

656 So aber BGH NJW 1978, 1585, 1586; Zöller/*Geimer*, ZPO, § 1031 Rn. 17; *Fremuth-Wolf*, Die Schiedsvereinbarung im Zessionsfall, Wien 2004, S. 141; offen gelassen und unter unverständlichem Hinweis auf Sec. 8 und 2 des im Vereinigten Königreich geltenden Contracts (Rights of Third Parties) Act 1999: *Mohs*, Drittwirkung von Schieds- und Gerichtsstandsvereinbarungen, S. 87; krit. zu einer solchen Sichtweise *Girsberger/Hausmaninger*, Assignment of Rights, Arbitration International, Vol. 8 (1992) No. 2, S. 121, 144.

657 So auch *Girsberger/Hausmaninger*, Assignment of Rights, Arbitration International, Vol. 8 (1992) No. 2, S. 121, 144.

man den Zessionar ja gerade in den Fällen besonders schutzlos, in denen der Zedent die Schiedsvereinbarung bewusst verheimlicht. Der Unterschied besteht jedoch darin, dass nach der hier vorgeschlagenen Lösung der Schutz des Zessionars nicht schon bei der Abtretung, sondern erst dann aktuell wird, wenn dieser sich entscheidet, ob er die Forderung unter Inkaufnahme der Schiedsvereinbarung behalten oder den Vertrag anfechten möchte. Zu diesem Zeitpunkt hat er jedoch bereits Kenntnis von der Schiedsvereinbarung erlangt und ist daher in der Lage, sich durch den Zedenten[658] und auch den Schuldner die entsprechenden Unterlagen vorlegen zu lassen. Notfalls steht es ihm auch offen, nach § 1032 Abs. 2 ZPO vorzugehen, der es erlaubt, bis zur Bildung des Schiedsgerichts beim staatlichen Gericht den Antrag auf Feststellung der Zulässigkeit oder Unzulässigkeit des schiedsrichterlichen Verfahrens zu stellen. Anders als im Zeitpunkt der Forderungsabtretung kann sich der Zessionar bei nachträglichem Herausstellen des Bestehens einer Schiedsvereinbarung also *tatsächlich* vollumfänglich über deren Inhalt informieren.

Im Ergebnis steht auch das in § 1031 ZPO normierte Schriftformerfordernis einer automatischen Bindung an die Schiedsvereinbarung nach §§ 398 ff. BGB nicht entgegen.

D. Schlussfazit

Auch nach Beleuchtung aller relevanten Fragen und erfolgter Gesamtabwägung der Interessen aller an der Abtretung Beteiligter, bleibt das ungutes Gefühl zurück, die aufgeworfene Problematik keiner dogmatisch unangreifbaren Lösung zugeführt zu haben. Jedoch ist ein pragmatisches Vorgehen ist im Bereich der Schiedsgerichtsbarkeit nicht außergewöhnlich. In der rechtlichen Praxis – gerade an den Schnittstellen von staatlicher und privater Gerichtsbarkeit – kommt es immer wieder zu rechtlichen „Unebenheiten“, die allerdings in der Regel zugunsten der staatlichen Gerichtsbarkeit, nicht der Schiedsgerichtsbarkeit, aufgelöst werden. So sind etwa bei Bestehen einer wirksamen Schiedsvereinbarung die staatlichen Gerichte zumindest auch zuständig, wenn es um den Erlass einstweiliger Maßnahmen geht. Zudem kann nach umstrittener Auffassung einem Dritten vor einem staat-

658 Zu einer solchen Vorlage der Unterlagen wäre der Zedent sowohl nach § 402 BGB, als auch aufgrund allgemein geltender Aufklärungspflichten schon vor der Forderungsabtretung verpflichtet gewesen. Diese Verpflichtung, deren Nichtbeachtung – wie oben bereits dargelegt – zu Sekundäransprüchen des Zessionars führen kann, bleibt selbstverständlich unberührt.

lichen Gericht mit Interventionswirkung nach § 68 ZPO der Streit erklärt werden, auch wenn der Folgeprozess gegen den Dritten vor einem Schiedsgericht zu führen wäre.[659] Zu diesen Fällen gehören im weiteren Sinne auch die Sachverhalte, in denen die Schiedsvereinbarung durch Verarmung einer Partei nach § 1032 Abs. 1 ZPO undurchführbar wird.[660] Dies gilt unabhängig davon, ob die Gründe für die Vereinbarung einer Schiedsklausel, wie etwa die besondere Sachkunde und Sachnähe der Schiedsrichter, oder das Bedürfnis der Parteien, ihren Rechtsstreit nicht öffentlich zu machen, weiterhin Gültigkeit haben. In den Fällen der Verarmung einer Partei oder der sonstigen Undurchführbarkeit der Schiedsvereinbarung kommt der Staat zweifelsohne seiner verfassungsrechtlichen Verpflichtung nach, den Parteien lückenlosen Rechtsschutz zu gewähren. Auch gibt es im Fall des einstweiligen Rechtsschutzes mit § 1033 ZPO zumindest eine rechtliche Grundlage, den Rechtsstreit trotz Bestehens einer Schiedsvereinbarung in diesem Teil von einem staatlichen Gericht entscheiden zu lassen. Dies gilt jedoch nicht gleichermaßen in den Fällen, in denen die Streitverkündung vor einem staatlichen Gericht zugelassen wird. Hier werden – unabhängig vom ausdrücklich geäußerten Parteiwillen, einen bestimmten Sachverhalt von einem Schiedsgericht beurteilen zu lassen – praktische Erwägungen wie die Prozessökonomie, das Verhindern einander widersprechender Entscheidungen und der Umstand, dass es sich bei der Streitverkündung um ein wesentliches Instrument des Zivilprozesses handeln soll, angeführt.[661] Zuletzt ist die Aufrechnung mit einer schiedsbehafteten Forderung vor einem staatlichen Gericht nicht möglich.[662] Hier gibt die Rechtsprechung – ausnahmsweise zu Lasten der staatlichen Gerichtsbarkeit – dem Willen der Parteien, über die Forderung durch das von ihnen bestimmte Schiedsgericht entscheiden zu lassen, den Vorzug vor der Prozessökonomie. Pragmatische Lösungen sind diesem Rechtsbereich also nicht nur nicht fremd, sie sind auch erforderlich, um die Schnittstellen von staatlicher und privater Gerichtsbarkeit angemessen bewältigen zu können.

---

659 OLG Hamburg, BB 2002, 1170, 1170 f.; sieht in dem vom Schiedsgericht übernommenen Ergebnis der Beweisaufnahme des staatlichen Gerichts zumindest keinen Verstoß gegen das rechtliche Gehör; *Bartels*, Bedeutung der Streitverkündung, BB 2001, Beilage 7 zu Heft 43, S. 20, 21; a. A. *Elsing*, Streitverkündung und Schiedsverfahren, SchiedsVZ 2004, 88, 90; MünchKommZPO/*Münch*, § 1032 Rn. 13.

660 S. hierzu schon unter § 12 A.

661 *Bartels*, Bedeutung der Streitverkündung, BB 2001, Beilage 7 zu Heft 43, S. 20, 21 f.; *Kraft/Looks*, Anmerkung zu OLG Hamburg Beschluss vom 17.01.2002 – 6 Sch 7/01, BB 2002, 1170, 1171.

662 S. hierzu schon unter § 9 B IV 3.

Bei der Abtretung einer schiedsbehafteten Forderung, fällt die Einordnung des Sachverhalts unter ein Rechtsregime sogar noch schwerer als in den eben genannten Beispielsfällen. Denn der Sachverhalt verknüpft nicht nur prozessuales und materielles Recht bei der Frage, in welchem Zusammenhang Forderung und Schiedsvereinbarung stehen, es werden zudem verfassungsrechtliche Garantien der Vertragsparteien, also persönliche Rechte berührt. Die Schiedsvereinbarung regelt sowohl das persönliche, prozessuale Verhältnis der Parteien untereinander, als auch das materielle Recht, die Forderung. Letztere zwar nicht in ihrem Bestand selbst, jedoch bettet die Schiedsvereinbarung die Forderung in einen anderen rechtlichen Kontext ein. Jede Verfügung über das materielle Recht, berührt auch die verfassungsrechtlich geschützten prozessualen Rechte der Parteien. Daher kann die Beurteilung des Sachverhalts nicht ohne weiteres nach rein materiell-rechtlichen Kriterien erfolgen, die die prozessualen Auswirkungen auf die Parteien unberücksichtigt lässt. Genauso wenig lässt sich jedoch der Grundsatz anwenden, dass jede Person zu einer anderen Person ein eigenes prozessuales Verhältnis begründet, d. h., es generell keine Nachfolge in Prozessrechtsverhältnisse gibt. Die generelle freie Abtretungsmöglichkeit der Forderung steht mit dem starken personalen Substrat des Prozessrechtsverhältnisses, in das die Forderung eingebettet ist, also in einem Spannungsverhältnis, das zusätzlich dadurch verschärft wird, dass die Gewährung von Rechtsschutz durch den gesetzlichen Richter Verfassungsrang zukommt. Für diese Fälle kann also weder das Zivilrecht allein, noch das Prozessrecht oder das Verfassungsrecht allein abschließende Lösungen aufzeigen. Akzeptiert man aber, wie der deutsche Gesetzgeber und zahlreiche andere Rechtsordnungen dies getan haben, das beinahe gleichberechtigte, parallele Bestehen zweier Formen des Rechtsschutzes, müssen hierbei entstehende Reibungspunkte entweder ausdrücklich gesetzlich zugunsten einer Rechtsschutzform gelöst werden, oder es müssen über die Heranziehung allgemeiner Rechtsgrundsätze des materiellen Rechts und des Prozessrechts Lösungen im konkreten Einzelfall gefunden werden, die den Interessen und geschützten Rechtspositionen aller Beteiligten am ehesten gerecht werden.

§ 14 Endergebnis

1. Die Schiedsvereinbarung geht im Wege einer Gesamtanalogie gem. §§ 398 ff. BGB automatisch auf den Zessionar über, selbst wenn dieser von deren Bestehen keine Kenntnis hat.

2. Der dem Zessionar dadurch entstehende Rechtsverlust kann nicht vollumfänglich durch die ihm hierdurch gegenüber dem Zedenten zustehenden Sekundäransprüche kompensiert werden. Obgleich dem Zessionar bei der rechtlich ebenfalls möglichen Lösung des Problems über eine dinglich wirkende Abtretungsbeschränkung gem. § 399 BGB keine Rechte genommen werden und er durch ihm gegen den Zedenten zustehenden Sekundäransprüche rechtlich ausreichend kompensiert werden kann, ist einer Lösung nach §§ 398 ff. BGB der Vorzug zu geben.

3. Die Sachverhaltsgestaltungen, in denen der Zessionar gegen seinen Willen vor einem Schiedsgericht in Anspruch genommen werden kann, befinden sich im theoretischen Bereich. Hinzu kommt, dass die Lösung über §§ 398 ff. BGB dem Zessionar ein echtes Wahlrecht gibt. Er kann bis an die Grenzen des Rechtsmissbrauchs entscheiden, ob er es unter Inkaufnahme der Schiedsvereinbarung vorzieht, die Forderung beim Schuldner zu realisieren, oder ob er unter Anfechtung und Rückabwicklung des Vertrags Sekundäransprüche gegen den Zedenten geltend macht. Auch eine Inanspruchnahme beider Beteiligter ist denkbar; etwa dann, wenn der Zessionar die Forderung gegenüber dem Schuldner vor dem Schiedsgericht geltend macht und die hierbei entstehenden Mehrkosten beim Zedenten über den Schadensersatzanspruch kompensiert.

4. Der von der Rechtsprechung geforderte „freie Wille" bezüglich des Verzichts auf den gesetzlichen Richter, kann in der weit überwiegenden Anzahl der Fälle auch bei einem automatischen Übergang der Schiedsvereinbarung mit der Forderung dadurch gewährleistet werden, dass sich der Zessionar frei entscheiden kann, die Schiedsvereinbarung zu akzeptieren oder den Vertrag anficht und rückabwickelt.

5. Diese pragmatische Herangehensweise an die aufgeworfene Problematik ist diesem Rechtsbereich auch nicht fremd und liegt darin begründet, dass Schiedsgerichtsbarkeit und staatliche Gerichtsbarkeit beinahe uneingeschränkt nebeneinander bestehen. Bei Fehlen einer ausdrücklichen gesetzlichen Regelung sind an den Schnittstellen von Schiedsgerichtsbarkeit, staatlicher Gerichtsbarkeit und materiellem Recht Lösungen zu finden, die den Interessen aller Beteiligten am ehesten gerecht werden.

5. Kapitel
Die Gerichtsstandsvereinbarung

§ 15 Einleitung und geschichtlicher Überblick

Auch im Rahmen der staatlichen Gerichtsbarkeit besteht für die Parteien die Möglichkeit, Vereinbarungen über das Verfahren zu treffen. Eine der Schiedsvereinbarung in der Stoßrichtung ähnliche Vereinbarung stellt die Gerichtsstandsvereinbarung nach §§ 38–40 ZPO dar, die den Parteien die Möglichkeit gibt, Regelungen über die örtliche und sachliche Zuständigkeit des Gerichts zu treffen. Anders als die Schiedsvereinbarung, die auf eine jahrhundertealte Tradition zurückblickt, ist die Gerichtsstandsvereinbarung ein neueres Phänomen. Noch Anfang des 20. Jahrhunderts war es weithin unüblich, überörtliche Rechtsgeschäfte zu tätigen. Sitz bzw. Wohnsitz, sowie Erfüllungsort lagen daher in der Regel in örtlicher Nähe zueinander. Zumindest für Vereinbarungen über die örtliche Zuständigkeit bestand in diesen Fällen daher kein Bedürfnis. Erst die fortschreitende Industrialisierung, die einen Wandel im Waren- und Dienstleistungsverkehr ermöglichte, führte zu einer Teilnahme auch der Masse der Bevölkerung am überörtlichen rechtsgeschäftlichen Verkehr. Damit einhergehend stieg gleichzeitig die Zahl der Gerichtsstandsvereinbarungen erheblich an.[663] Diese Entwicklung hielt bis in die 1970er Jahre an, wobei Gerichtsstandsvereinbarungen immer häufiger im Rahmen von Allgemeinen Geschäftsbedingungen abgeschlossen wurden. Im Jahr 1974 entschloss sich der Gesetzgeber zu einer grundlegenden Reform der gesetzlichen Regelung der Gerichtsstandsvereinbarung. Bis dahin waren Gerichtsstandsvereinbarungen nach §§ 38-40 ZPO a. F. ohne Einschränkungen möglich, sofern sich diese nur auf vermögensrechtliche Streitigkeiten bezogen und zudem kein ausschließlicher Gerichtsstand begründet war. Eine Differenzierung zwischen Kaufleuten und Nicht-Kaufleuten wurde durch das Gesetz nicht gemacht; ebenso wenig unterstand die Gerichtsstandsvereinbarung einer besonderen Form. Während die Vorschriften zu Gerichtsstandsvereinbarungen unter Kaufleuten inhaltlich weitgehend unverändert blieben, entschied sich der Gesetzgeber, die bislang geltenden Regelungen im rechtsgeschäftlichen Verkehr mit Nicht-Kaufleuten in ein grundsätzliches Prorogationsverbot umzukehren und so

663 Zum Ganzen s. BT-Drucks. 7/268, S. 4.

die gesetzliche Zuständigkeitsordnung als Regelfall wiederherzustellen.[664] Grund hierfür war, dass es im Massengeschäftsverkehr mit Nicht-Kaufleuten zu missbräuchlichem Geschäftsgebaren durch die wirtschaftlich stärkere Partei gekommen war. Durch Gerichtsstandsvereinbarungen und Erfüllungsortsklauseln in Allgemeinen Geschäftsbedingungen war bei nahezu allen Geschäften des täglichen Lebens der gesetzliche Gerichtsstand zu Lasten des Verbrauchers durch einen dem Unternehmen günstigen, zumeist an dessen Sitz gelegenen Gerichtsstand abbedungen worden. Dort endete eine Vielzahl an Rechtsstreiten durch Versäumnisurteil; insbesondere dann, wenn der Schuldner weit von dem vereinbarten Gerichtsort entfernt wohnte.[665]

§ 16 Gang der Untersuchung

Wie bei der Schiedsvereinbarung stellt sich auch in den Fällen der Gerichtsstandsvereinbarung die Frage, ob und inwieweit diese auf den Einzelrechtsnachfolger übergehen kann, wenn eine Forderung, die der Gerichtsstandsvereinbarung unterfällt, an einen Dritten abgetreten wird. Ersetzt man nun im eingangs geschilderten Ausgangsfall[666] die Schiedsvereinbarung durch eine Gerichtsstandsvereinbarung, so stellt sich die Frage, ob die zur Schiedsvereinbarung gewonnenen Erkenntnisse ohne Einschränkung auf den hier vorliegenden Fall übertragen werden können. Auf den ersten Blick unterscheiden sich Schiedsvereinbarung und Gerichtsstandsvereinbarung bezüglich ihrer Stoßrichtung nicht wesentlich voneinander. Beide Vereinbarungen modifizieren die in den §§ 12 ff. ZPO und §§ 23, 72, 119 Abs. 1 Nr. 2 GVG niedergelegte Zuständigkeit der staatlichen Gerichte. Während die Schiedsvereinbarung die Entscheidung eines staatlichen Gerichts über den Rechtsstreit – mit Ausnahme des einstweiligen Rechtsschutzes und der Zwangsvollstreckung – ganz ausschließt, weist die Gerichtsstandsvereinbarung den Rechtsstreit lediglich einem ansonsten unzuständigen staatlichen Gericht zu, bzw. schließt ein ansonsten zuständiges staatliches Gericht von der Entscheidung über den Rechtsstreit aus, ohne aber die staatliche Gerichtsbarkeit und die dazugehörige Verfahrensordnung generell in Frage zu stellen.

---

664 BT-Drucks. 7/268, S. 4 f.; Zöller/*Vollkommer*, ZPO, Vor § 38 Rn. 4; ähnlich MünchKommZPO/*Patzina*, § 38 Rn. 1. Zum Inhalt und Sinn und Zweck der §§ 38–40 ZPO noch ausführlich unten.

665 BT-Drucks. 7/268, S. 4; Zöller/*Vollkommer*, ZPO, Vor § 38 Rn. 4.

666 S. hierzu unter § 2.

Es ist aufgrund dieser Ähnlichkeiten davon auszugehen, dass die meisten der oben bereits zur Schiedsvereinbarung erarbeiteten Ergebnisse ohne oder nur mit geringen Modifikationen auf die Gerichtsstandsvereinbarung übertragen werden können. Wo dies offensichtlich ist, soll im Folgenden daher nur ein kurzer Überblick über die rechtlichen Fragestellungen gegeben werden. Ansonsten wird zu erörtern sein, ob die bestehenden Unterschiede von Schiedsvereinbarung und Gerichtsstandsvereinbarung zu einem unterschiedlichen Endergebnis führen.

§ 17 Rechtliche Einordnung und Wesen der Gerichtsstandsvereinbarung im Kontext der gesetzlichen Zuständigkeitsordnung der Gerichte

A. Die sachliche und örtliche Zuständigkeit nach ZPO und GVG

Der Gesetzgeber hat die sachliche und örtliche Zuständigkeit in den §§ 23, 72, 119 Abs. 1 Nr. 2 GVG und §§ 12 ff. ZPO umfassend geregelt.

Abgesehen von den enumerativ aufgelisteten wertunabhängigen Sachverhalten in § 23 Nr. 2 und § 71 Abs. 2 GVG, sind nach §§ 23, 72 GVG die Amtsgerichte für Streitigkeiten zuständig, deren Wert € 5.000 nicht übersteigt.[667] Der Grundsatz, im Wert geringfügige Streitigkeiten durch einen Einzelrichter entscheiden zu lassen, gilt allerdings nicht mehr uneingeschränkt.[668] Nach §§ 348, 348a ZPO ist nunmehr auch am Landgericht die Entscheidung durch den Einzelrichters als Regelfall vorgesehen, so dass sich die Unterschiede zwischen Amtsgericht und Landgericht weitgehend eingeebnet haben. Wie schon oben bei der Frage der verkehrswesentlichen Eigenschaft ausgeführt wurde, liegt der für die Parteien bedeutendste Unterschied darin, dass vor den Amtsgerichten kein anwaltlicher Vertretungszwang besteht. Diese Möglichkeit, dem Rechtssuchenden ein kostengünstiges Gericht zur Verfügung zu stellen, ist einer der weiterhin Geltung habenden Gründe für die Differenzierung von Amts- und Landgerichten.[669]

---

667 Die erstinstanzliche Zuständigkeit des OLG soll an dieser Stelle außer Betracht bleiben, vgl. hierzu § 118 GVG.

668 MünchKommGVG/*Zimmermann*, 3. Aufl. 2008, § 23 GVG Rn. 1.

669 MünchKommGVG/*Zimmermann*, 3. Aufl. 2008, § 23 GVG Rn. 1, der allerdings als weitere Zwecke die bessere Kenntnis der örtlichen Gegebenheiten und die Nähe des Gerichts für den Rechtssuchenden nennt. Zwei Punkte, die zumindest in den Fällen nicht zwingend sind, in denen Kläger und Beklagter unterschiedliche all-

Weitaus größere Bedeutung für den Rechtsuchenden hat hingegen die örtliche Zuständigkeit des Gerichts. Diese bestimmt sich nach §§ 12 ff. ZPO. Das Gesetz unterscheidet hierbei zwischen den ausschließlichen, den besonderen und den allgemeinen Gerichtsständen.

Der allgemeine Gerichtsstand liegt gem. § 13 ZPO für natürliche Personen in der Regel am Wohnsitz der beklagten Person; bei juristischen Personen nach § 17 ZPO an deren Sitz. Am allgemeinen Gerichtsstand einer Person können ohne Anknüpfung an die Streitsache selbst Klagen jeder Art eingereicht werden.[670] Neben dem allgemeinen Gerichtsstand sehen die §§ 20–34, 35a ZPO noch besonderen Gerichtsstände vor, die an eine Person oder einen Gegenstand anknüpfen und nur für bestimmte Ansprüche bzw. Kreise von Ansprüchen einschlägig sind.[671] Exemplarisch genannt sei hier der besondere Gerichtsstand des Erfüllungsorts nach § 29 ZPO. Zuletzt sieht die ZPO in §§ 24, 29a, 32a und 32b ausschließliche Gerichtsstände vor.[672] Bei Einschlägigkeit eines solchen Gerichtsstandes ist eine Klageerhebung vor jedem anderen Gericht von vorneherein ausgeschlossen. Ebenfalls ausgeschlossen sind nach § 40 Abs. 2 Nr. 2 ZPO auch Gerichtsstandsvereinbarungen in diesen Angelegenheiten.

Die Aufteilung in unterschiedliche Arten von Gerichtsständen hat mehrere Gründe. Ausschließliche Gerichtsstände bestimmt das Gesetz in den Fällen, in denen ein besonderes Bedürfnis besteht, das gerichtliche Verfahren ortsnah bzw. konzentriert an einem Ort durchzuführen. So sieht der Gesetzgeber etwa bei dinglichen Streitigkeiten nach § 24 ZPO oder Streitigkeiten aus einem Miet- oder Pachtverhältnis nach § 29a ZPO einen derart starken Bezug zum Ort der belegenen Sache, dass nur das dort ansässige Gericht über den Streit entscheiden soll. Im ersten Fall hat das ortsnahe Gericht erleichterte Einsichtsmöglichkeiten in das Grundbuch; im zweiten Fall verfügt es über genauere Kenntnisse der örtlichen Verhältnisse, was eine bessere Einschätzung bezüglich Mietminderungen, Mängeln oder Ähnlichem zulässt.[673] Generell dürfte in beiden Fällen eine Beweisaufnahme un-

---

gemeine Gerichtsstände haben. Auch die seit dem Erlass der Vorschrift im Jahr 1877 ständig gestiegene Mobilität der Menschen lässt die Frage, an welchem Ort ein Gericht innerhalb eines Gerichtsbezirks belegen ist, zur Nebensache werden.

670 MünchKommZPO/*Patzina*, § 12 Rn. 1.

671 Stein/Jonas/*Roth*, ZPO, vor § 12 Rn. 6.

672 Weitere ausschließliche Gerichtsstände finden sich auch an anderen Stellen im Gesetz, so etwa im FamFG. Eine Darstellung kann jedoch an dieser Stelle unterbleiben, da eine vollständige Darstellung aller ausschließlichen Gerichtsstände für die hiesige Problematik nicht zu weiterem Erkenntnisgewinn führen würde.

673 BGH NJW 2004, 1239, LG Frankenthal, NJW-RR 1997, 334, 334 f.; Zöller/*Vollkommer*, ZPO, § 29a Rn. 2; MünchKommZPO/*Patzina*, § 29a Rn. 2.

ter leichteren Bedingungen durchzuführen sein als wenn der Rechtsstreit vor einem örtlich weiter entfernten Gericht ausgetragen wird.[674] Bei dem ausschließlichen Gerichtsstand bei falschen, irreführenden oder unterlassenen Kapitalmarktinformationen gem. § 32b ZPO spielen hingegen Konzentrationserwägungen die entscheidende Rolle. Bei einer Vielzahl von möglichen Betroffenen kann auf diese Weise sowohl dem sogenannten „forum-shopping", also der gegebenenfalls missbräuchlichen Wahl eines Gerichtsstandes, begegnet werden.[675] Zudem kann sichergestellt werden, dass durch die Konzentration an einem Gerichtsort die Einholung mehrerer Sachverständigengutachten zur gleichen Beweisfrage vermieden wird[676] und keine entgegengesetzten Entscheidungen in vergleichbaren Rechtsangelegenheiten getroffen werden.[677]

Liegt kein Fall des ausschließlichen Gerichtsstands vor, so kann eine Person bezüglich jeder Streitigkeit an ihrem allgemeinen Gerichtsstand verklagt werden. Dies soll die beklagte Partei dahingehend begünstigen, dass sie einen von ihr in der Regel nicht gewollten Rechtsstreit an ihrem Sitz bzw. Wohnsitz ortsnah austragen kann. Dies gilt auch dann, wenn der Beklagte nach Entstehen des Rechtsverhältnisses seinen Sitz bzw. Wohnsitz verlegt hat, ohne dass der Kläger dies beeinflussen konnte. Dies gleicht den strategischen Vorteil des Klägers aus, der darin begründet liegt, dass dieser schon Zeitpunkt, Art und Umfang des Klageangriffs bestimmen kann.[678] Dieser Grundsatz wird insoweit durch die besonderen Gerichtsstände relativiert, als dass diese daneben an außerhalb des Beklagtensitzes liegende Umstände anknüpfen und zu einer anderen örtlichen Zuständigkeit führen können. Dies gilt etwa in den Fällen des § 29 ZPO, der für Streitigkeiten aus einem Vertragsverhältnis oder über dessen Bestehen dasjenige Gericht für zuständig erklärt, an dem die streitige Verpflichtung zu erfüllen ist. Die Vorhersehbarkeit des Gerichtsstandes des Erfüllungsorts ist hier durch § 269 Abs. 1 BGB sichergestellt, der bestimmt, dass Erfüllungsort einer vertraglichen Leistung vorbehaltlich einer anderslautenden Regelung der Ort ist, an dem der Schuldner zur Zeit der Entstehung des Schuldverhältnisses seinen Wohnort bzw. seine Niederlassung hatte. Durch die zeitliche Anknüpfung an das Entstehen des Schuldverhältnisses wird verhindert, dass sich

---

674 So zu § 29a ZPO MünchKommZPO/*Patzina*, § 29a Rn. 2; vgl. auch die Gesetzesbegründung zu § 29a ZPO, BR-Drucks. 314/91 vom 5.7.1991 S. 138.

675 MünchKommZPO/*Patzina*, § 32b Rn. 1; Musielak/*Heinrich*, ZPO, § 32b Rn. 1.

676 Prütting/Gehrlein/*Lange*, ZPO, § 32b Rn. 1.

677 Musielak/*Heinrich*, ZPO, § 32b Rn. 1.

678 BGH NJW 1986, 3209; OLG Hamburg, NJW-RR 1999, 1506, 1507; Zöller/*Herget/Vollkommer*, ZPO, § 12 Rn. 2; MünchKommZPO/*Patzina*, § 12 Rn. 2; Prütting/Gehrlein/*Wern*, ZPO, § 12 Rn. 1.

auch der Gerichtsstand des Erfüllungsortes durch später eintretende Umstände, wie etwa durch Abtretung oder Wohnortwechsel einer Partei, ändert. Da der Kläger nach § 35 ZPO unter mehreren nicht ausschließlichen Gerichtsständen die Wahl hat, stellt dies für ihn einen teilweisen Ausgleich dafür dar, dass er den Beklagten grundsätzlich an seinem Sitz bzw. Wohnsitz zu verklagen hat.[679]

Die gesetzliche Festlegung des zuständigen Gerichts durch die ZPO verfolgt also mehrere Zwecke. Zum einen soll hierdurch erreicht werden, dass dasjenige Gericht entscheidet, das dem Rechtsstreit sachlich und/oder örtlich nahe steht. In den Fällen der ausschließlichen Zuständigkeit ist diese Erwägung für den Gesetzgeber dergestalt vorrangig, dass die Parteien den Gerichtsstand sogar weder durch ausdrückliche Vereinbarung nach § 38 ZPO[680], noch durch rügelose Einlassung nach § 39 ZPO[681] ändern können. Diese Zweckmäßigkeitserwägungen spielen auch beim besonderen Gerichtsstand der Widerklage nach § 33 ZPO eine Rolle. Demnach kann bei dem Gericht der Klage eine Widerklage erhoben werden, wenn der Gegenanspruch mit dem in der Klage geltend gemachten Anspruch oder mit den gegen ihn vorgebrachten Verteidigungsmitteln in Zusammenhang steht, und sofern für die Widerklage kein ausschließlicher Gerichtsstand begründet ist, oder der Rechtsstreit nichtvermögensrechtliche Ansprüche betrifft, die den Amtsgerichten ohne Rücksicht auf den Wert des Streitgegenstandes zugewiesen sind. Auf der anderen Seite stehen außerhalb der ausschließlichen Gerichtsstände der Schutz des Beklagten an erster Stelle; relativiert durch ein eventuell nach § 35 ZPO bestehendes Wahlrecht des Klägers. Im Ergebnis lässt sich also festhalten, dass sowohl prozessökonomische Zweckmäßigkeit[682], als auch materielle Gerechtigkeit[683] durch die Bestimmung der Gerichtsstände sichergestellt werden sollen. Die ständige Rechtsprechung sieht in den gesetzlichen Gerichtsständen eine „allgemeine, an der Natur der Sache und dem Gerechtigkeitsgedanken orientierte prozessuale Lastenteilung".[684]

---

679 Stein/Jonas/*Roth*, ZPO, vor § 12 Rn. 11.

680 S. hierzu § 40 Abs. 2 Nr. 2 ZPO.

681 S. hierzu MünchKommZPO/*Patzina*, § 39 Rn. 2.

682 BGH NJW 1983, 1320, 1322; BGH NJW 1987, 2867; LG Bielefeld, NJW 1993, 2690, 2691; MünchKommZPO/*Patzina*, § 12 Rn. 2.

683 BGH NJW 1983, 1320, 1322; BGH NJW 1987, 2867; OLG Karlsruhe NJW 1996, 2041; LG Düsseldorf NJW-RR 1995, 440, 441; LG Bielefeld, NJW 1993, 2690, 2691; MünchKommZPO/*Patzina*, § 12 Rn. 2.

684 So AG Köln NJW-RR 1995, 185; s. auch LG Karlsruhe NJW 1996, 1417; MünchKommZPO/*Patzina*, § 12 Rn. 2; Musielak/*Heinrich*, ZPO, § 12 Rn. 1.

B. Wesen und Inhalt der Gerichtsstandsvereinbarung

Von dieser gesetzlichen Zuständigkeit können die Parteien durch Abschluss einer Gerichtsstandsvereinbarung abweichen. § 38 Abs. 1 ZPO bestimmt hierzu, dass ein an sich unzuständiges Gericht des ersten Rechtszuges durch ausdrückliche oder stillschweigende Vereinbarung der Parteien zuständig wird, wenn die Vertragsparteien Kaufleute, juristische Personen des öffentlichen Rechts oder öffentlich-rechtliche Sondervermögen sind.[685] Absatz drei der Vorschrift regelt die Voraussetzungen für Gerichtsstandsvereinbarungen, in denen mindestens eine Partei nicht zum prorogationsfähigen Personenkreis des § 38 Abs. 1 ZPO gehört. In diesen Fällen ist eine Gerichtsstandsvereinbarung nur dann möglich, wenn sie ausdrücklich und schriftlich, sowie nach dem Entstehen der Streitigkeit geschlossen wird. Eine weitere Einschränkung erfährt § 38 ZPO durch § 40 ZPO. Nach § 40 Abs. 1 ZPO muss sich die Gerichtsstandsvereinbarung auf ein bestimmtes Rechtsverhältnis und die aus ihm entspringenden Rechtsstreitigkeiten beziehen; ferner ist nach § 40 Abs. 2 ZPO eine Vereinbarung unzulässig, wenn der Rechtsstreit nichtvermögensrechtliche Ansprüche betrifft, die den Amtsgerichten ohne Rücksicht auf den Streitgegenstand zugewiesen sind oder wenn für die Klage ein ausschließlicher Gerichtsstand begründet ist. In diesen Fällen kann nach § 40 Abs. 2 S. 2 die Zuständigkeit auch nicht – wie in § 39 ZPO vorgesehen – durch rügelose Einlassung begründet werden. Wie die Schiedsvereinbarung regelt also auch die Gerichtsstandsvereinbarung die Art und Weise der prozessualen Durchsetzung einer Forderung, indem sie es den Parteien überlässt, ihren Rechtsstreit durch ein entweder an sich unzuständiges Gericht entscheiden zu lassen (Prorogation); oder aber unter mehreren an sich zuständigen Gerichten, eines oder mehrere Gerichte von der Entscheidung über ihren Rechtsstreit auszuschließen (Derogation).[686] Im Unterschied zur Schiedsvereinbarung bleiben jedoch die staatlichen Gerichte in jedem Fall zuständig, so dass sich die Parteien neben der ggf. unterschiedlichen örtlichen und/oder sachlichen Zuständigkeit nicht anderen, außergesetzlichen Regelungen unterworfen. Die Unterschiede zum ansonsten geltenden staatlich vorgegebenen Verfahren gehen nicht über die leicht voneinander abweichenden Verfahrensvorschriften vor den Amts- und

685 Aus Gründen der Vereinfachung und besseren Lesbarkeit wird im Folgenden stellvertretend für den in § 38 Abs. 1 ZPO genannten Personenkreis nur noch der Kaufmann in Bezug genommen.

686 MünchKommZPO/*Patzina*, § 38 Rn. 3.

Landgerichten[687] oder den geänderten Instanzenzug[688] hinaus. Dies bedeutet jedoch nicht, dass es sich bei der Gerichtsstandsvereinbarung im Vergleich zur Schiedsvereinbarung generell um eine weniger einschneidende Vereinbarung handelt. Denn bei der gesetzlichen Zuständigkeitsordnung handelt es sich wie eben dargelegt um einen aufeinander bezogenen Regelungskomplex. Ein nur teilweises Abweichen hiervon kann zu weitergehenden rechtlichen Folgen führen, als der vollständige Austausch eines Regelungskomplexes durch einen anderen Regelungskomplex.

C. Übertragbarkeit der zur Schiedsvereinbarung erarbeiteten Grundsätze auf die Gerichtsstandsvereinbarung

I. Verfassungskonformität der Gerichtsstandsvereinbarung

Die oben schon bei der Schiedsvereinbarung aufgeworfenen verfassungsrechtlichen Fragen stellen sich bei der Gerichtsstandsvereinbarung in ähnlicher, wenn auch abgeschwächter Weise. Von vorneherein unproblematisch ist die Vorgabe des Art. 92 GG, der die rechtsprechende Gewalt den Richtern zuweist[689], da die Gerichtsstandsvereinbarung nicht den verfassungsmäßig verbürgten Zugang zu den staatlichen Gerichten verschließt. Jedoch bedingen die Parteien – wie bei der Vereinbarung einer Schiedsklausel – durch die Gerichtsstandsvereinbarung ihren durch Art. 101 Abs. 1 S. 2 GG garantierten gesetzlichen Richter ab. Dem steht nicht entgegen, dass zumindest in den Fällen der Derogation nach dem Ausschluss eines oder mehrerer der zur Auswahl stehenden gesetzlichen Richter von der Entscheidung über die Streitigkeit immer noch mindestens ein durch das Gesetz von vorneherein vorgesehener Richter verbleibt. Der Gesetzgeber ist zwar nicht aus verfassungsrechtlichen Gründen gehalten, den Parteien mehrere Gerichtsstände zur Auswahl zu geben; entscheidet er sich jedoch hierfür, gehört auch diese Auswahl zur grundgesetzlich verbürgten Rechtsschutzgarantie. Im Ergebnis kann an dieser Stelle jedoch nichts anderes gelten als das zur Schiedsvereinbarung Dargelegte. Auch hier gilt, dass es sich bei Art. 101 Abs. 1 S. 2 GG zunächst um einen Auftrag an den Gesetzgeber handelt, die staatlichen Gerichte so zu organisieren, dass deren Zuständigkeit für jeden

687 Vgl. § 495 ZPO.
688 Vgl. §§ 72, 119 Abs. 1 Nr. 2; 133 GVG.
689 Vgl. ausführlich zu dieser Problematik oben unter § 4 B I.

Einzelfall vorhersehbar und nachvollziehbar ist[690]; ferner, dass die Rechtsprechung vor staatlichen Eingriffen in die verfassungsmäßig verbürgte Organisation der Gerichte durch Exekutive und Legislative umfassend geschützt ist.[691] Aber wie bei der Schiedsvereinbarung ist Art. 101 Abs. 1 S. 2 GG nicht zu entnehmen, dass der Rechtsuchende in jedem Fall verpflichtet ist, um Rechtsschutz ausschließlich nach der vom Gesetzgeber aufgrund seines Verfassungsauftrags geregelten Zuständigkeitsordnung zu ersuchen. Vielmehr ist es verfassungsrechtlich unproblematisch, wenn die Parteien im Rahmen der ebenfalls durch die Verfassung gewährleisteten Privatautonomie in den Grenzen der §§ 38 ff. ZPO über gerichtliche Zuständigkeiten disponieren.[692] Dies gilt umso mehr, als dass die Parteien im Gegensatz zur Schiedsvereinbarung ihren Rechtsstreit weiterhin von staatlichen, nicht aber privaten Gerichten beurteilt wissen wollen, und ihr Verfahren somit auch vollständig auf dem durch die staatlichen Gerichte gewährten Schutzniveau erfolgt.

Ferner ergeben sich auch aus Art. 6 EMRK keine Besonderheiten, so dass auch das hierzu gefundene Ergebnis auf die Gerichtsstandsvereinbarung übertragen werden kann.

Allerdings gilt auch hier, dass sich alleine aus der verfassungsrechtlichen Zulässigkeit der Gerichtsstandsvereinbarung keine Rückschlüsse darauf ableiten lassen, ob auch ein Dritter an diese Vereinbarung gebunden werden kann.

---

690 *Maunz*/Dürig, GG, Art. 101, Rn. 5; Schmidt-Bleibtreu/Hofmann/Hopfauf/*Müller-Terpitz*, GG, Art. 101, Rn. 5, 7 ff.; Dreier/*Schulze-Fielitz*, GG, 2. Aufl. 2008, Art. 101, Rn. 18 f., 27 ff., 38; v. Mangoldt/Klein/Starck/*Classen*, GG, Art. 101, Rn. 1 ff., 14 ff.; vgl. auch schon oben unter § 4 B II.

691 S. nur Schmidt-Bleibtreu/Hofmann/Hopfauf/*Müller-Terpitz*, GG, Art. 101, Rn. 14 ff. m. zahlr. w. N.; hierzu auch schon oben unter § 4 B II.

692 An dieser Stelle wird vollumfänglich auf die bereits oben unter § 4 B II 2 gemachten Ausführungen verwiesen. Zur Zulässigkeit von Gerichtsstandsvereinbarungen auch KG, Beschluss vom 02.04.2009 – 2 AR 08/09, BeckRS 2009, 26087, aus den Gründen II; OLG München, Urteil vom 04.06.1973 – 21 U 400/72, OLGZ 1973, 355, 357 f.; OLG München, Urteil vom 13.07.1973 – 2 U 1350/73, NJW 1973, 1885, 1885 f.; MünchKommZPO/*Prütting*, § 295 Rn. 10; vgl. auch *Gloria*, Die Verwirklichung des Rechts auf den gesetzlichen Richter, NJW 1989, 445; *Schmitz*, Schiedsvereinbarungen in der notariellen Praxis, RNotZ 2003, 591, 593: „prozessrechtliche Vertragsfreiheit“.

II. Zustandekommen und Natur der Gerichtsstandsvereinbarung

Auch das Zustandekommen der Gerichtsstandsvereinbarung folgt den schon zur Schiedsvereinbarung aufgestellten Grundsätzen. Wie bei der Schiedsvereinbarung ist umstritten, ob es sich bei der Gerichtsstandsvereinbarung um einen materiell-[693] oder prozessrechtlichen[694] Vertrag handelt.[695] Die Rechtsprechung und weite Teile der juristischen Lehre bezeichnen die Gerichtsstandsvereinbarung als Vertrag mit prozessrechtlichen Wirkungen, bei deren Zustandekommen, sowie bezüglich des Inhalts und der Reichweite auf die Regeln des materiellen Rechts zurückzugreifen ist.[696] Insbesondere finden also die §§ 104 ff., 116 ff., 134, 138, 145 ff. BGB auf die Begründung der Gerichtsstandsvereinbarung Anwendung.[697] Auch hier ist mit den oben[698] zur Schiedsvereinbarung bereits dargelegten und gleichermaßen geltenden Argumenten davon auszugehen, dass es sich bei der Gerichtsstandsvereinbarung um einen Prozessvertrag handelt, da die Parteien durch diese über prozessuale Befugnisse disponieren.[699]

Und auch bezüglich der rechtsgeschäftlichen Begründung der Schiedsvereinbarung zwischen Schuldner und Zessionar gilt das zur Schiedsvereinbarung Ausgeführte. Mangels Kenntnis kann sich die Willenserklärung des Zessionars bezüglich der Forderungsabtretung aus den oben angeführten Gründen[700] nicht auf die Gerichtsstandsvereinbarung beziehen. Zudem liegt hier ebenfalls schon keine Vereinbarung mit dem Vertragspartner – dem

693 So *Rosenberg*, Stellvertretung im Prozeß, S. 100.

694 *Schiedermair*, Vereinbarungen im Zivilprozeß, S. 166 f.; *Jauernig/Hess*, Zivilprozessrecht, § 30 Rn. 10; *Geimer*, Anmerkung zu BGH Urteil vom 15.4.1970 – VIII ZR 87/69, NJW 1971, 323, 325; OLG Saarbrücken, NJW-RR 1989, 828, 829 f.; *Keller*, Die Gerichtsstandsvereinbarung, Jura 2008, 523, 524.

695 Hierzu Prütting/Gehrlein/*Lange*, ZPO, § 38 Rn. 2; *Gottwald*, Internationale Gerichtsstandsvereinbarungen, in: FS Henckel, S. 295, 297 ff.

696 BGH NJW 1997, 2885, 2886; BGH NJW 1972, 1622, 1623; BGH NJW 1986, 1438, 1439; BGH NJW 1971, 323, 324; BGH NJW 1968, 1233; OLG Saarbrücken NJW 2000, 670, 671; OLG Frankfurt, NJOZ 2004, 2690, 2692; Prütting/Gehrlein/*Lange*, ZPO, § 38 Rn. 2; MünchKommZPO/*Patzina*, § 38 Rn. 11; Musielak/*Heinrich*, ZPO, § 38 Rn. 3; so im Ergebnis auch *Keller*, Die Gerichtsstandsvereinbarung, Jura 2008, 523, 524; zur Schiedsvereinbarung siehe hierzu schon unter § 5 A I.

697 Hierzu Prütting/Gehrlein/*Lange*, ZPO, § 38 Rn. 2; *Gottwald*, Internationale Gerichtsstandsvereinbarungen, in: FS Henckel, S. 295, 297 ff.; Zöller/*Vollkommer*, ZPO, § 38 Rn. 4; *Wagner*, Prozeßverträge, S. 557,

698 S. hierzu oben unter § 5 B.

699 Vgl. hierzu *Wagner*, Prozeßverträge, S. 46; *Gottwald*, Internationale Gerichtsstandsvereinbarungen, in: FS Henckel, S. 295, 299 f.

700 S. hierzu unter § 5 II.

Schuldner – vor, so dass es auch hier durch den Forderungskauf allein nicht zu einer rechtsgeschäftlichen Begründung der Gerichtsstandsvereinbarung zwischen Schuldner und Zessionar gekommen ist und sich eine etwaige Bindung des Zessionars aus anderen Vorschriften ergeben muss.

Zudem ist auch die Gerichtsstandsvereinbarung rechtlich von der Forderung unabhängig, so dass sie in Abwesenheit einer anderslautenden Parteivereinbarung auch bestehen bleibt, wenn die Forderung nicht wirksam begründet wurde.[701] Sie ist also nicht allein bezogen auf die Forderung, sondern vielmehr auf das Rechtsverhältnis der Parteien. Dies ergibt sich ferner auch aus § 40 Abs. 1 ZPO, der verlangt, dass sich die Gerichtsstandsvereinbarung auf ein bestimmtes Rechtsverhältnis und die aus ihm entspringenden Rechtsstreitigkeiten bezieht. Denn wie bereits bei der Schiedsvereinbarung ausführlich dargelegt, können derartige Streitigkeiten aus dem Rechtsverhältnis auch dann entstehen, wenn die Forderung nicht (mehr) besteht.

III. Bindung des Zessionars an die Gerichtsstandsvereinbarung nach prozessualen Vorschriften

Gerade wurde dargelegt, dass die Gerichtsstandsvereinbarung als prozessrechtlicher Vertrag zu qualifizieren ist. Jedoch bestimmt sich die Frage, ob und inwieweit eine Einzelrechtsnachfolge in eine solche Vereinbarung möglich ist, auch hier nicht nach den Vorschriften über die Erstreckung rechtskräftiger Urteile nach §§ 265, 325, 727 ZPO, da diese – bei der Schiedsvereinbarung wie hier – nur das Auseinanderfallen der Vorschriften über den gutgläubigen Erwerb einer Sache nach materiellem Recht mit einem auf die Sachzuordnung bezogenen Urteil verhindern wollen.[702] An die Nichtkenntnis des Zessionars von der Gerichtsstandsvereinbarung allein und unabhängig von der Möglichkeit eines gutgläubigen Erwerbs der im Streit befangenen Sache wollte der Gesetzgeber mit den bereits oben zur Schiedsvereinbarung angeführten Argumenten keine Rechtsfolgen knüpfen.

---

701 BGH, Urteil vom 19.01.1960 – VIII ZR 35/59, Entscheidungsgründe II 2; BGH, Urteil vom 03.03.1976 – VIII ZR 251/74, Entscheidungsgründe I 2; BGH NJW 1987, 3080, 3081; OLG Stuttgart, NJOZ 2008, 2290, 2292. Diesbezüglich gilt die oben unter § 8 A I zur Schiedsvereinbarung angeführte Begründung.

702 Vgl. hierzu unter § 7 B I, III; *Wagner*, Prozeßverträge, S. 32.

IV. Bindung des Zessionars an die Gerichtsstandsvereinbarung nach materiellen Vorschriften

Damit ist eine Lösung für die Rechtsnachfolge auch für die Fälle der Gerichtsstandsvereinbarung im materiellen Recht zu suchen. Hier gelten die bereits oben zur Schiedsvereinbarung gemachten Ausführungen insbesondere zur Schutzbedürftigkeit von Schuldner und Zessionar bezüglich ihrer jeweiligen Rechtspositionen gleichermaßen. Wie auch bei der Schiedsvereinbarung, kann sich der Verzicht auf den gesetzlichen Richter durch den Abschluss einer Gerichtsstandsvereinbarung nur aus der ebenfalls verfassungsmäßig geschützten Privatautonomie ergeben. Dies wird zwar in dieser Deutlichkeit weder von Rechtsprechung, noch von der juristischen Lehre so benannt[703], jedoch liegt auch in der Vereinbarung eines Gerichtsstandes ein Verzicht auf den gesetzlichen Richter, selbst wenn die Eingriffsintensität bezüglich der Änderungen im gerichtlichen Verfahren eine geringere ist. Aus den gleichen Erwägungen wie bei der Schiedsvereinbarung ist daher zu verlangen, dass ein solcher Verzicht durch die Parteien privatautonom geäußert wird.

1. Bindung des Zessionars an die Gerichtsstandsvereinbarung im Rahmen einer Gesamtanalogie nach §§ 398 ff. BGB

Da ein solcher Wille durch den Zessionar anlässlich der Abtretung vorliegend nicht geäußert wurde, stellt sich die Frage, nach welchen Vorschriften eine Bindung an die Gerichtsstandsvereinbarung erfolgen könnte. Mit den oben schon bei der Schiedsvereinbarung genannten Argumenten kann sowohl eine Bindung des Zessionars nach § 398 BGB, als auch nach § 401 BGB ausgeschlossen werden. Die Gerichtsstandsvereinbarung ist weder eine Eigenschaft, noch ein Nebenrecht im Sinne dieser Vorschriften.[704] Die Bindung an die Gerichtsstandsvereinbarung könnte aber aufgrund einer Ge-

703 Ähnlich *Wagner*, Prozeßverträge, S. 71, 313, der die Privatautonomie letztlich aber durch den Abschluss von Schieds- bzw. Gerichtsstandsvereinbarungen nicht gefährdet sieht.

704 S. hierzu unter § 8 A, C. A. A. Staudinger/*Busche*, § 401 Rn. 10; Palandt/*Grüneberg*, BGB, § 401 Rn. 4, § 398 Rn. 18; in den Fällen einer Abtretung innerhalb des prorogationsbefugten Personenkreises bzw. mit Ausnahme des Verbrauchergerichtsstands nach Art. 15 EuGVVO MünchKommBGB/*Roth*, § 401 Rn. 12; Prütting/Wegen/Weinreich/*Müller*, BGB, § 401 Rn. 4, § 398 Rn. 17; HK-BGB/*Schulze*, § 398 Rn. 12; MünchKommZPO/*Patzina*, § 38 Rn. 20.

samtanalogie nach §§ 398 ff. BGB erfolgen. In Bezug auf die Schutzbedürftigkeit des Schuldners ergeben sich bei der Gerichtsstandsvereinbarung grundsätzlich keine Besonderheiten im Vergleich zur Schiedsvereinbarung. Auch hier hat der Schuldner ein berechtigtes Interesse daran, dass die einmal mit dem Zedenten abgeschlossene Vereinbarung von einer Forderungsabtretung durch diesen unberührt bleibt. Gleiches gilt für die Schutzbedürftigkeit des Zessionars. Auch dieser hat neben der verfassungsrechtlichen Problematik, die sich beim Verzicht auf den gesetzlichen Richter ergibt, ein berechtigtes Interesse daran, nicht an eine Vereinbarung gebunden zu werden, von der er keine Kenntnis hat.

2. Ansprüche des Zessionars gegen den Zedenten aufgrund der automatischen Bindung

Fraglich ist jedoch, ob es auch in den Fällen der Gerichtsstandsvereinbarung geboten ist, der Lösung über eine Gesamtanalogie nach §§ 398 ff. BGB den Vorzug gegenüber einer Abtretungsbeschränkung nach § 399 BGB zu geben. Bei der Schiedsvereinbarung wurde dieser Weg gewählt, weil die Fallkonstellationen, in denen der Zessionar auch nach einer aufgrund der Anfechtung des Abtretungsvertrags vorgenommenen Rückübertragung der Forderung hätte vor dem Schiedsgericht in Anspruch genommen werden können, im theoretischen, wenn nicht gar konstruierten Bereich lagen. Zudem gewährte die Lösung über die Gesamtanalogie nach §§ 398 ff. BGB dem Zessionar ein Wahlrecht, da dieser die Möglichkeit hat, entweder die Schiedsvereinbarung zu akzeptieren und die Forderung beim Schuldner geltend zu machen, oder aber im Rahmen der Anfechtung und nach den Grundsätzen der culpa in contrahendo gegen den Zedenten vorzugehen. Sogar eine Kumulation beider Ansprüche ist denkbar; etwa, wenn der Zessionar die Forderung beim Schuldner geltend macht und die hierbei entstehenden höheren Rechtsverfolgungskosten beim Zedenten im Rahmen des Schadensersatzes liquidiert.[705] Diese Wertungen könnten für die Gerichtsstandsvereinbarung aber nur dann Anwendung finden, wenn dem Zessionar die gleichen oder zumindest gleichwertige Ansprüche gegen den Zedenten zustünden.

705 S. hierzu schon unter § 13 B II.

a) Ansprüche des Zessionars nach § 119 Abs. 2 BGB

Wie bei der Schiedsvereinbarung sind auch bei der Gerichtsstandsvereinbarung Ansprüche aus Sachmängelgewährleistung aus den dort genannten Gründen ausgeschlossen.[706] In Frage kommt hingegen das Recht, den Vertrag wegen des Vorliegens einer verkehrswesentlichen Eigenschaft nach § 119 Abs. 2 BGB anzufechten. In Bezug auf die Einordnung der Gerichtsstandsvereinbarung als „Eigenschaft" der Forderung kann vollumfänglich auf die gemachten Ausführungen zum Verhältnis von Forderung und Schiedsvereinbarung verwiesen werden.[707] Dort wurde die Verkehrswesentlichkeit der Schiedsvereinbarung für die Forderung unter anderem mit der Begründung bejaht, dass staatliche Gerichtsbarkeit und Schiedsgerichtsbarkeit allein aufgrund der bestehenden Unterschiede im gerichtlichen Verfahren[708] zwar gleichwertig, aber inhaltlich sicherlich nicht gleich seien. Zudem sei das Bestehen einer Schiedsvereinbarung für ein Rechtsverhältnis derart selten, dass der Zessionar mit einer solchen im Regelfall nicht zu rechnen brauche. Beides ist im Falle der Gerichtsstandsvereinbarung zweifelhaft.

Zunächst sind Gerichtsstandsvereinbarungen keine Seltenheit. Diese sind gerade im kaufmännischen Geschäftsverkehr häufig anzutreffen und nach ständiger Rechtsprechung auch nicht „überraschend" i. S. d. § 305c Abs. 1 BGB.[709] Ob dieser Umstand jedoch auch rechtfertigt, die Gerichtsstandsvereinbarung unter Kaufleuten als so üblich anzusehen, dass ein Kaufmann bei der Abtretung einer Forderung mit einer solchen rechnen muss[710], erscheint jedoch fraglich. Zum einen haben die Gerichte teilweise das Vorliegen einer überraschenden Klausel (auch) mit der Begründung abgelehnt, die Gerichtsstandsklausel sei in den AGB des Verwenders ausdrücklich hervorgehoben und für den Vertragspartner erkennbar gewesen.[711] Dieses Argument verfängt hier nicht und kann daher für die Frage, ob der Zessionar die Gerichtsstandsvereinbarung habe erwarten müssen, keine Be-

---

706 S. hierzu schon unter § 12 B II.

707 S. hierzu unter § 12 B II.

708 S. hierzu ausführlich unter § 12 B II.

709 OLG Hamburg, NJW-RR 1999, 1506, 1506 f.; OLG Hamm NJW 1995, 2499; LG Frankenthal NJW 1997, 203; a. A. LG Bielefeld NJW 1993, 2690, 2691 (aufgehoben durch OLG Hamm NJW 1995, 2499); LG Karlsruhe JZ 1989, 690, 695.

710 So Stein/Jonas/*Bork*, ZPO, § 38 Rn. 18; Staudinger/*Schlosser*, BGB, § 305c Rn. 11; *Schiller*, Gerichtsstandsklauseln in AGB, NJW 1979, 636 f.; wohl auch MünchKommZPO/*Patzina*, § 38 Rn. 22; Prütting/Gehrlein/*Lange*, ZPO, § 38 Rn. 7.

711 OLG Hamburg, NJW-RR 1999, 1506, 1506 f.

deutung haben. Ferner fehlen auch an dieser Stelle belastbare Zahlen oder zumindest Schätzungen in Bezug auf die Häufigkeit von Gerichtsstandsvereinbarungen im kaufmännischen Geschäftsverkehr, um eine Aussage darüber treffen zu können, ob die abgetretene Forderung aufgrund der Unüblichkeit der für sie abgeschlossenen Gerichtsstandsvereinbarung verkehrswesentlich im Sinne der Irrtumsanfechtung nach § 119 Abs. 2 BGB sein kann.

Ferner unterscheiden sich die Verfahren vor den Amts- und Landgerichten nicht wesentlich voneinander; zumindest aber nicht in dem Maße wie dies bei Schiedsverfahren und Verfahren vor den staatlichen Gerichten der Fall ist. Die Unterschiede bestehen darin, dass den Amtsgerichten zunächst immer Einzelrichter vorstehen; ferner bei den Vorschriften über die Ablehnung des Amtsrichters (§ 45 Abs. 2 ZPO), die Vertretung der Partei (§§ 78 f. ZPO), die Vollmacht für einzelne Prozesshandlungen (§ 83 Abs. 2 ZPO), das Erlöschen der Vollmacht (§ 87 Abs. 1 ZPO), die Prüfung der Vollmacht von Amts wegen (§ 88 Abs. 2 ZPO), die Zulassung von Beiständen (§ 90 ZPO), die Regeln über die Vorbereitung der mündlichen Verhandlung durch Schriftsätze (§ 129 Abs. 2 ZPO), die Protokollunterschrift durch den Urkundsbeamten bei Verhinderung des Richters (§ 163 Abs. 2 S. 1 ZPO) und die Verkürzung der Ladungsfristen (§ 217 ZPO).[712] Zudem steht dem Amtsgericht nach § 495a ZPO zu, bei Streitwerten, die € 600 nicht übersteigen, das Verfahren nach billigem Ermessen zu bestimmen. Von der Pflicht, sich nach § 78 ZPO vor den Landgerichten von einem Rechtsanwalt vertreten lassen zu müssen, einmal abgesehen[713], kann nicht davon ausgegangen werden, dass die genannten Unterschiede irgendeinen Einfluss auf die Wertigkeit der Forderung, und so auf die Kaufentscheidung des Zessionars haben können. Dies muss wohl auch in Bezug auf die unterschiedlichen Instanzenzüge gelten. Hier ist je nach Ausgangsinstanz zwar entweder das Landgericht nach § 72 Abs. 1 GVG oder das Oberlandesgericht nach § 119 Abs. 1 Nr. 2 GVG für Berufungen zuständig; einheitliche Revisionsinstanz ist nach § 133 GVG in beiden Fällen aber wieder der BGH. Bezieht sich die Gerichtsstandsvereinbarung also lediglich auf die sachliche Zuständigkeit, so wird dies allenfalls in Ausnahmefällen geeignet sein, einen maßgeblichen Einfluss auf die Kaufentscheidung des Zessionars zu haben. Bei einer Vereinbarung, die sich (auch) auf die örtliche Zuständigkeit des Gerichts bezieht, kann hiervon hingegen nicht ausgegangen werden. Der Ort, an dem eine gerichtliche Streitigkeit auszutragen wäre, kann für die Kaufentscheidung des Zessionars unter Umständen eine große Rolle spie-

---

712 S. hierzu MünchKommZPO/*Deubner*, § 495 Rn. 5 f.

713 S. hierzu OLG Hamm NJW-RR 2000, 65, 66.

len. Gerade in den Fällen, in denen der Zessionar im Rahmen des geschäftsmäßigen Inkassos Forderungen aufkauft, wird dies augenscheinlich. Gleiches gilt für die Fälle, in denen nur kleinere Forderungsbeträge abgetreten werden. Hier können durch weiter entfernte Gerichtsorte schnell Rechtsverfolgungskosten entstehen, die nicht mehr im Verhältnis zur Höhe der erworbenen Forderung stehen.

Unabhängig von der Frage der Üblichkeit der Gerichtsstandsvereinbarung und der Ähnlichkeit der Verfahren vor den Amts- und Landgerichten ist das Vorliegen einer verkehrswesentlichen Eigenschaft nach § 119 Abs. 2 BGB jedoch zu bejahen. Schon aus verfassungsrechtlichen Gründen ist jede Änderung der gesetzlich vorgegebenen Zuständigkeitsordnung der Gerichte im Sinne des § 119 Abs. 2 BGB als im Verkehr wesentlich anzusehen; und zwar unabhängig vom Grad der Abweichung. Die von der Verfassung vorgegebenen starren Regelungen zur Entscheidung einer Rechtsstreitigkeit durch den gesetzlichen Richter sind absolut. Wie bei der Schiedsvereinbarung geht es auch in den Fällen der Gerichtsstandsvereinbarung nicht darum, ob das eine Gericht besser entscheiden kann als das andere. Die Vorgaben, die das Grundgesetz in Art. 92 und 101 Abs. 1 S. 2 zur Festlegung des gesetzlichen Richters macht, liegen in der Vorhersehbarkeit der Streitentscheidung begründet und nicht in der Qualität des Spruchkörpers. Schon bei Entstehen eines Rechtsverhältnisses sowie dessen gesamter Fortdauer muss, wenn auch nicht konkret bestimmt, so doch abstrakt bestimmbar sein, welches Gericht bzw. welche Gerichte für die Entscheidung eines eventuell entstehenden Rechtsstreits zuständig sein werden. Diesen verfassungsrechtlichen Auftrag hat der Gesetzgeber durch den Erlass der ZPO und des GVG umgesetzt. Allein der Umstand, dass ein nach diesen starren Regeln nicht zuständiges Gericht bzw. ein nicht zuständiger Richter über den Rechtsstreit entscheidet, ist – unabhängig von der Qualität und Richtigkeit des Urteils – ausreichend, einen Verstoß gegen das verfassungsmäßig verbürgte Recht auf Entscheidung durch den gesetzlichen Richter zu begründen und führt zur Aufhebung des Urteils.[714] Geht man von einer automatischen Bindung des Zessionars an die Gerichtsstandsvereinbarung aus, so geht damit zwingend einher, dass dieser in der Lage sein muss, der zunächst erfolgten automatischen Bindung durch einseitige Erklärung wieder zu entgehen. Anderenfalls könnte dem verfassungsrechtlich vorgegebenen Gebot, dass ein Verzicht auf den gesetzlichen Richter nur dann möglich ist, wenn dieser auf einen entsprechenden, parteiautonom geäußerten Willen des Verzichtenden zurückzuführen ist, nicht entsprochen werden.[715] Bei der

714 S. nur BVerfG NJW 1991, 2893, 2894.

715 S. hierzu unter § 4 B I, II.

Schiedsvereinbarung wurde die Einhaltung dieses Gebots nach einer Gesamtabwägung aller Interessen dadurch sichergestellt, dass dem Zessionar ein Anfechtungsrecht aufgrund Irrtums über eine verkehrswesentlichen Eigenschaft zugesprochen wurde. Denn obgleich es auch Fälle gibt, in denen es theoretisch möglich ist, dass der Zessionar trotz oder vor der Anfechtung gegen seinen Willen durch den Schuldner vor einem Schiedsgericht in Anspruch genommen wird, so lässt sich diese Gefahr zumindest in den in der Praxis realistischer Weise zu erwartenden Fällen durch das Anfechtungsrecht begegnen. Ein solches Anfechtungsrecht war dem Zessionar oben schon deswegen zuzubilligen gewesen, da sich das schiedsgerichtliche Verfahren und das Verfahren vor den staatlichen Gerichten so grundlegend voneinander unterscheiden, dass die Geltung einer Schiedsvereinbarung auf das Rechtsverhältnis in jedem Fall unter den Begriff der verkehrswesentlichen Eigenschaft der Forderung zu subsumieren war.

Nichts anderes kann im Ergebnis bei der Gerichtsstandsvereinbarung gelten. Auch wenn es im konkreten Einzelfall zweifelhaft sein kann, ob diese tatsächlich geeignet ist, maßgeblichen Einfluss auf den Wert der Forderung und damit auf die Kaufentscheidung des Zessionars zu haben, so ergibt sich die Einordnung der Gerichtsstandsvereinbarung als „verkehrswesentlich“ schon aus dem allgemeinen Vorrang des Grundgesetzes. Dieser Vorrang erfordert es, dass jede Norm grundgesetzorientiert auszulegen ist.[716] Anders als bei der grundgesetz*konformen* Auslegung, die das Verwerfen einer gegebenenfalls verfassungswidrigen Norm durch Auslegung verhindern soll, geht es bei der grundgesetzorientierten Auslegung darum, bei der Anwendung von Normen mit Interpretationsspielraum, verfassungsrechtlichen Vorgaben Gültigkeit zu verschaffen.[717] Bei der „Verkehrswesentlichkeit“ im Rahmen des § 119 Abs. 2 BGB handelt es sich um einen solchen Begriff. Die starren Vorgaben von ZPO und GVG zur Bestimmung des gesetzlichen Richters sind auf Art. 101 Abs. 1 S. 2 GG zurückzuführen und gelten unabhängig davon, ob nicht auch an anderer Stelle qualitativ vergleichbarer gerichtlicher Rechtsschutz zu erlangen gewesen wäre. Jede Abweichung hiervon führt also zu einer vom Grundgesetz abweichenden prozessualen Konstellation. Die automatische Bindung an die Gerichtsstandsvereinbarung, die für den Zessionar mit Verpflichtungen einhergeht, bedeutet für diesen einen Rechtsverlust, der über den reinen Nichterwerb eines Rechts hinausgeht. In den Fällen, in denen der nach ZPO und GVG vorgesehene gesetzliche Richter aufgrund einer Gerichtsstandsvereinbarung

---

716 Maunz/Schmidt-Bleibtreu/Klein/*Bethge*, BVerfGG, § 31 Rn. 262.

717 *Schlaich/Korioth*, Das Bundesverfassungsgericht, Rn. 448; Maunz/Schmidt-Bleibtreu/Klein/*Bethge*, BVerfGG, § 31 Rn. 262.

nicht für die Entscheidung über den Rechtsstreit zuständig sein soll, ist dem Zessionar die Möglichkeit zu geben, sich einseitig von einer solchen Verpflichtung wieder zu lösen. Die Anfechtung wegen Eigenschaftsirrtums gibt dem Zessionar eine solche Möglichkeit; zumindest in allen realistischer Weise auftretenden Fallkonstellationen. Das Grundgesetz gebietet es also, jede Abweichung von der (grund-)gesetzlich vorgegebenen Zuständigkeitsordnung der Gerichte als verkehrswesentlich im Sinne des § 119 Abs. 2 BGB einzustufen, um dem Zessionar ein einseitiges Lösungsrecht vom Vertrag zu geben.[718]

b) Ansprüche des Zessionars aus culpa in contrahendo (cic) gem. §§ 249, 280 Abs. 1, 311 Abs. 2, 241 BGB

Für die Ansprüche des Zessionars gegen den Zedenten aus culpa in contrahendo wegen Verletzung von Aufklärungspflichten ergeben sich im Vergleich zur Schiedsvereinbarung keine Besonderheiten. Auch hier liegt ein Fall der culpa in contrahendo in Form einer Informationspflichtverletzung vor, da der Zedent dem Zessionar gegenüber einen Umstand verschwiegen hat, der geeignet ist, dessen Kaufentscheidung zu beeinflussen.[719] Das von der Rechtsprechung geforderte kritische Informationsgefälle[720] liegt ebenso vor, da es für den Zessionar keine Möglichkeit gibt, aus anderen Quellen verlässliche Informationen einzuholen. Eine Aufklärung seitens des Zedenten über das Bestehen der Gerichtsstandsvereinbarung konnte nach der Verkehrsauffassung auch erwartet werden, da es sich bei dieser um ein Abweichen von der ansonsten geltenden, verfassungsrechtlich geschützten Zuständigkeitsordnung handelt. Bezüglich des Verschuldens gilt auch hier der Maßstab des § 276 BGB, wonach der Schuldner für Vorsatz und Fahrlässigkeit einzustehen hat. Das Verschulden wird vermutet, wobei der Zedent im begründeten Einzelfall auch einem entschuldbaren Rechtsirrtum unterliegen kann. Bezüglich des Inhalts und Umfang des Schadensersatzes kann auf die zur Schiedsvereinbarung gemachten Ausführungen verwiesen werden.

718 Selbstverständlich gilt das Prinzip der grundgesetzkonformen Auslegung auch für die Fälle der Schiedsvereinbarung.

719 Eine Ausnahme hiervon kann vorliegen, wenn sich die Gerichtsstandsvereinbarung ausschließlich auf die sachliche Zuständigkeit bezieht. S. hierzu schon unter § 17 A, C IV 2 a.

720 S. hierzu BGH NJW 1999, 3335, 3338; BGH NVwZ 2001, 116, 118; OLG Rostock OLG-NL 2002, 99, 100; MünchKommBGB/*Emmerich*, § 311 Rn. 74.

Für den Zessionar interessant dürfte dabei insbesondere die Möglichkeit sein, vom Zedenten die Anpassung des Vertrags zu verlangen.[721]

c) Zwischenergebnis

Im Ergebnis stehen dem Zessionar im Falle der automatischen Bindung an eine Gerichtsstandsvereinbarung also die gleichen Rechte zu wie in den Fällen der Schiedsvereinbarung. Daher kann mit den oben schon angeführten Argumenten auch hier davon ausgegangen werden, dass der Zessionar sich bei einer Lösung über die Gesamtanalogie nach § 398 ff. BGB – wenn auch nicht dogmatisch – so doch faktisch besser stellt als bei der ebenfalls möglichen Lösung über die Annahme einer Abtretungsbeschränkung nach § 399 BGB. Der verfassungsrechtlich geforderte Wille des Zessionars, an die Gerichtsstandsvereinbarung gebunden sein zu wollen, kann dieser noch nachträglich dadurch äußern, dass er in Kenntnis aller rechtlich relevanten Umstände die Forderung gegenüber dem Schuldner geltend macht.

V. Anwendbarkeit des gefundenen Lösungswegs auch auf den grundsätzlich nicht-prorogationsbefugten Personenkreis des § 38 Abs. 3 ZPO

Fraglich ist jedoch, ob der vorstehend beschriebene Lösungsweg unabhängig davon gangbar ist, innerhalb welches Personenkreises die mit der Gerichtsstandsvereinbarung behaftete Forderung abgetreten wird. Bei einer Abtretung innerhalb des prorogationsbefugten Personenkreises des § 38 Abs. 1 ZPO entstehen keine Probleme, da hier für die Begründung der Gerichtsstandsvereinbarung die gleichen rechtlichen Voraussetzungen für alle Beteiligten gelten. Damit können die Rechte des Zessionars mit der oben gegebenen Begründung durch das ihm zustehende Anfechtungsrecht ausreichend gewährleistet werden. Fraglich ist jedoch, ob dies auch gilt, wenn die Forderung an einen in den Anwendungsbereich des § 38 Abs. 3 ZPO fallenden Nicht-Kaufmann abgetreten wird.

721 S. zum Ganzen unter § 12 B III.

1. Behandlung der Problematik in der Rechtsprechung

Die rechtlichen Konsequenzen der Forderungsabtretung einer nach § 38 Abs. 1 ZPO begründeten Forderung an eine außerhalb der Vorschrift stehende Person sind in Rechtsprechung und Literatur nicht abschließend geklärt. Zwei Entscheidungen verdienen an dieser Stelle Beachtung:

Nach einer Entscheidung des OLG Köln[722] soll eine wirksam zustande gekommene Gerichtsstandsvereinbarung auch gegen den Rechtsnachfolger wirken, selbst wenn dieser eine solche Vereinbarung nicht hätte treffen können. In dem Fall, in dem es überdies nicht um eine Einzelrechts-, sondern eine Gesamtrechtsnachfolge ging, sah das Gericht den automatischen Übergang der Gerichtsstandsvereinbarung auf die Erbin eines Kaufmanns mit der Begründung als gegeben an, ein solcher entspreche dem Sinn und Zweck des § 38 Abs. 1 ZPO. Gerade die Neufassung der Vorschrift durch die Gerichtsstandsnovelle aus dem Jahr 1974 habe eine eindeutige Abweichung des Gesetzgebers von der bislang bestehenden Regelung dahingehend mit sich gebracht, dass die Möglichkeit, eine Gerichtsstandsvereinbarung abzuschließen, stark eingeschränkt wurde. Der Grund für diese Änderung habe darin gelegen, dass die davor geltende Regelung die wirtschaftlich überlegene, geschäftsgewandte und rechtserfahrenere Partei ihre Vertragspartner durch eine entsprechende Gerichtsstandsklausel an den örtlichen Gerichtsstand des Unternehmens habe binden können. Dies sei jedoch geeignet gewesen, die unerfahrenere Partei dazu zu bewegen, von der Durchführung eines gerichtlichen Verfahrens abzusehen.[723] Diese Gefahr bestehe aber dann nicht, wenn beide Parteien Vollkaufleute seien, da diese in der Lage seien, die Bedeutung der Prorogation zu erkennen und die Wahrung ihrer Interessen darauf einzurichten. Daher gelte § 38 Abs. 1 ZPO nur für den Abschluss der Gerichtsstandsvereinbarung.[724]

Zum gegenteiligen Ergebnis kommt das LG Trier. So soll nach dieser Ansicht eine Gerichtsstandsvereinbarung gegenstandslos werden, wenn der Rechtsnachfolger einer nach § 38 Abs. 1 ZPO prorogationsbefugten Person die dort aufgeführten Merkmale nicht auch in seiner Person erfüllt.[725] Auch das LG Trier stützt sich in seiner Begründung darauf, dass der Gesetzgeber

722 OLG Köln, NJW-RR 1992, 571.

723 OLG Köln, NJW-RR 1992, 571.

724 OLG Köln, NJW-RR 1992, 571; Stein/Jonas/*Bork*, ZPO, § 38 Rn. 14; Thomas/Putzo/*Hüßtege*, ZPO, § 38 Rn. 23; Prütting/Gehrlein/*Lange*, ZPO, § 38 Rn. 5; *Ackermann*, Anmerkung zu LG Trier, Beschluss vom 22.10.1981 – 6 O 95/81, ZIP 1982, 462 ff.; ähnlich *Meyer-Lindemann*, Gesamtrechtsnachfolge bei Gerichtsstandsvereinbarungen, JZ 1982, 592, 594.

725 LG Trier, NJW 1982, 286, 286 f.

durch die Gerichtsstandsnovelle im Jahr 1974 Ausnahmen vom grundsätzlichen Verbot der Gerichtsstandsvereinbarung lediglich für Personenkreise zugelassen habe, die als nicht schutzbedürftig erschienen, da sie typischerweise hinreichend erfahrend und geschäftsgewandt seien, um die Bedeutung einer Prorogation richtig einzuschätzen und gegebenenfalls abzulehnen. Zudem sei dieser Personenkreis in der Lage, an entfernteren Gerichtsorten ihren Rechtsanspruch sachgemäß zu verfolgen. Daher sei in den Fällen der Rechtsnachfolge eine restriktive Auslegung des § 38 Abs. 1 ZPO dahingehend geboten, dass eine ursprünglich wirksame Gerichtsstandsvereinbarung nur dann Wirkung entfalten dürfe, wenn auch die spätere Prozesspartei die Gerichtsstandsvereinbarung unter den gleichen Voraussetzungen hätte abschließen können.[726] Vor Umgehungen – etwa durch die Abtretung der Forderung an eine nicht dem Kreis § 38 Abs. 1 ZPO zugehörigen Person – könnten sich die ursprünglichen Vertragsparteien dadurch schützen, dass sie die Forderung nach § 399 BGB unabtretbar ausgestalten.[727] Dem Kritikpunkt, dass eine einmal wirksam getroffenen Schiedsvereinbarung gegenüber dem Schuldner dann allein durch die Forderungsabtretung gegenstandslos wird, obgleich dieser keinen Einfluss auf die Forderungsabtretung habe, begegnete das Gericht damit, dass der Gesetzgeber diese Einschränkung der Rechtsnachfolge durch den Erlass des § 38 ZPO „offensichtlich" im Interesse des in § 38 ZPO genannten Personenkreises in Kauf genommen habe.[728]

2. Eigener Ansatz

Weder die beiden zitierten Entscheidungen, noch die diesen zustimmenden bzw. ablehnenden Stimmen in der Literatur beschäftigen sich mit den sich hier stellenden Fragen mit der erforderlichen Tiefe. Insbesondere fehlt eine Auseinandersetzung mit der Problematik, ob die Anforderungen des § 38 Abs. 3 ZPO nur für die Begründung der Gerichtsstandsvereinbarung gelten,

726 LG Trier, NJW 1982, 286, 287, nach dem Wortlaut des LG Trier muss die Gerichtsstandsvereinbarung zwischen den späteren Vertragspartnern „abgeschlossen" worden sein. Da ein Neuabschluss der Gerichtsstandsvereinbarung in den Fällen der Abtretung von der Rechtsprechung jedoch nicht verlangt wird, wird man die Entscheidung wohl so lesen müssen, dass die Möglichkeit der Prozessparteien, die Gerichtsstandsvereinbarung unter den gleichen Voraussetzungen abschließen zu können, ausreichend ist.; MünchKommZPO/*Patzina*, § 38 Rn. 20; Baumbach/Lauterbach/Albers/*Hartmann*, ZPO, § 38 Rn. 15.

727 LG Trier, NJW 1982, 286, 287.

728 LG Trier, NJW 1982, 286, 287.

oder dessen Voraussetzungen auch dann eingehalten werden müssen, wenn eine Partei anlässlich einer Forderungsabtretung an die bereits bestehende Gerichtsstandsvereinbarung gebunden werden soll. Denn obgleich sich bei der Forderungsabtretung an eine Person aus dem Kreis des § 38 Abs. 3 ZPO Probleme auf verschiedenen Ebenen stellen können, unterscheiden Rechtsprechung und Literatur in diesen Fällen weder nach Einhaltung der Form und Zeitpunkt des Abschlusses der Gerichtsstandsvereinbarung, noch danach, ob die Forderung innerhalb des Personenkreises des § 38 Abs. 3 ZPO abgetreten wird, oder von einer Person aus dem Personenkreis des § 38 Abs. 1 ZPO an eine Person aus dem Personenkreis des § 38 Abs. 3 ZPO.

So muss eine Gerichtsstandsvereinbarung, an der Personen außerhalb des in § 38 Abs. 1 ZPO genannten Personenkreises beteiligt sind, nach § 38 Abs. 3 ZPO ausdrücklich und schriftlich abgeschlossen werden. Ferner kann eine Gerichtsstandsvereinbarung gem. § 38 Abs. 3 Nr. 1 ZPO in diesen Fällen auch nur nach dem Entstehen der Streitigkeit abgeschlossen werden. Zu klären ist also, ob diese erhöhten Voraussetzungen (nochmals) bei der Abtretung der Forderung zu beachten sind und einer automatischen Bindung daher eventuell entgegenstehen können. Zu beachten ist bei dieser Prüfung, dass der Wortlaut des § 38 Abs. 3 ZPO sich ausschließlich auf den Abschluss der Gerichtsstandsvereinbarung bezieht.[729] Der Zweiterwerb selbst wird nicht geregelt. Zudem erhalten weder die Gesetzesbegründung, noch der Bericht des Rechtsausschusses Hinweise darauf, dass die Voraussetzungen des § 38 Abs. 3 ZPO auch in den Fällen des Zweiterwerbs eingehalten werden müssen. Beide Dokumente befassen sich ausschließlich mit den Umständen des Abschlusses der Gerichtsstandsvereinbarung[730], so dass davon auszugehen ist, dass der Gesetzgeber bei Erlass der Vorschrift den Zweiterwerb nicht bedacht hat. Eine Anwendung der Vorschrift – gegebenenfalls analog – kommt daher nur in Betracht, wenn die Schutzbedürftigkeit des Nicht-Kaufmanns bei Abschluss der Gerichtsstandsvereinbarung mit der Bindung an die Gerichtsstandsvereinbarung bei der Forderungsabtretung vergleichbar ist. Hierbei kommt es entscheidend darauf an, welche Zwecke der Gesetzgeber mit der Formvorschrift und dem Nachträglichkeitserfordernis verfolgt.

729 Anders als etwa § 1025 Abs. 5 ZPO, der bezüglich der Schriftform bestimmt, dass die Schiedsvereinbarung in einer eigenhändig unterzeichneten Urkunde *enthalten* sein müsse.

730 S. hierzu BT-Drucks. 7/268 und den Bericht des Rechtsausschusses BT-Drucks. 7/1384.

3. Form

§ 38 Abs. 3 ZPO bestimmt, dass eine Gerichtsstandsvereinbarung ausdrücklich und schriftlich geschlossen werden muss. Diesbezüglich ist in Anlehnung an die zur Schiedsvereinbarung gewonnenen Erkenntnisse davon auszugehen, dass bei Abtretungen innerhalb des Personenkreises des § 38 Abs. 3 ZPO die Formvorschriften zur Begründung der Gerichtsstandsvereinbarung nicht (erneut) einzuhalten sind.[731] Durch die erstmalige schriftliche Niederlegung wird der Nachweisfunktion bereits ausreichend genügt. Die Schutz- und Warnfunktion, die ebenfalls Bestandteil der Nachweisfunktion sind und dem Vertragspartner vor Augen führen soll, dass er durch die Gerichtsstandsvereinbarung auf ihm ansonsten zustehende prozessuale Rechte verzichtet, können zwar durch die erstmalige schriftliche Niederlegung zwischen Schuldner und Zedenten nicht erfüllt werden; hier ist der Zessionar mit den zur Schiedsvereinbarung bereits genannten Argumenten aber ausreichend durch das Anfechtungsrecht nach § 119 Abs. 2 BGB geschützt. Der Zessionar stellt sich in den realistischer Weise auftretenden Fallkonstellationen mit der automatischen Bindung an die prozessuale Vereinbarung besser, als wenn er die Forderung von vorneherein nicht erhalten würde. Für den Schutz des Zessionars ist hierbei ausreichend, wenn dieser die Gelegenheit hat, seinen Bindungswillen noch nachträglich zu äußern; nämlich dann, wenn ihm die Existenz der prozessualen Vereinbarung bekannt wird und er sich über deren Umfang und Inhalt informieren konnte. Die zur Schiedsvereinbarung gemachten Ausführungen, dass der Schutz des Zessionars primär nicht über die Einhaltung einer bestimmten Form zu gewährleisten ist, sondern darüber, dass der Zessionar eine den verfassungsrechtlichen Vorgaben entsprechende Willenserklärung bezüglich der prozessualen Vereinbarung abgegeben muss, gelten für die Gerichtsstandsvereinbarung gleichermaßen.[732] Im Ergebnis ist daher die automatische Bindung des Zessionars an die Gerichtsstandsvereinbarung in den gleichen Grenzen wie bei der Schiedsvereinbarung zu rechtfertigen.

Fraglich ist aber, ob die erhöhten Anforderungen des § 38 Abs. 3 ZPO bezüglich der Form einer automatischen Bindung des Zessionars anlässlich der Abtretung entgegenstehen, wenn die Gerichtsstandsvereinbarung nur nach den Anforderungen des § 38 Abs. 1 ZPO begründet wurde. Im Unterschied zur Schiedsvereinbarung lässt § 38 Abs. 1 ZPO auch den formfreien Abschluss der Gerichtsstandsvereinbarung zu, so dass zumindest nicht in jedem Fall gewährleistet werden kann, dass sich der Zessionar durch Ein-

731 S. hierzu unter § 13 C II.
732 S. hierzu unter § 13 C II 3 c.

blick in Geschäftsunterlagen einen gleichwertigen Zugang zu den für ihn wichtigen Informationen verschaffen kann, wie bei einer schriftlich niedergelegten Vereinbarung. Vielmehr wäre er unter Umständen auf (mündliche) Informationen von Schuldner und Zedent über Inhalt und Umfang der Gerichtsstandsvereinbarung angewiesen. Der Zessionar kann das Bestehen bzw. den genauen Inhalt der Gerichtsstandsvereinbarung jedoch auch auf anderem Wege, zur Not gerichtlich, feststellen lassen, um so eine taugliche Entscheidungsgrundlage zu erhalten, anhand derer er erkennen kann, ob er die Forderung behalten oder den Abtretungsvertrag anfechten will. Dies gilt umso mehr, als dass sich der Regelungsinhalt einer Gerichtsstandsvereinbarung auf die sachliche und/oder örtliche Zuständigkeit des Gerichts beschränkt und sich alle anderen Verfahrensvorschriften aus ZPO und GVG ergeben, deren Inhalt ohnehin feststeht. Daher muss es auch in den Fällen, in denen die Gerichtsstandsvereinbarung nach § 38 Abs. 1 ZPO lediglich formlos begründet wurde, die Form des § 38 Abs. 3 ZPO bei der Abtretung der Forderung nicht (erstmals) eingehalten werden.

4. Zeitpunkt des Abschlusses der Gerichtsstandsvereinbarung

Es stellt sich somit zuletzt die Frage, ob die von § 38 Abs. 3 ZPO vorgegebene zeitliche Einschränkung einer automatischen Bindung des Zessionars an die Gerichtsstandsvereinbarung entgegenstehen kann. Dies wäre zu verneinen, wenn eine nach § 38 Abs. 1 ZPO abgeschlossene Gerichtsstandsvereinbarung in jedem Fall auch das Schutzniveau des § 38 Abs. 3 ZPO erreichen würde. Dann wären die Interessen des Zessionars schon bei Abschluss der Gerichtsstandsvereinbarung hinreichend berücksichtigt worden und müssten bei der Abtretung nicht noch einmal Beachtung finden. Die Bindung an die Gerichtsstandsvereinbarung könnte der Zessionar daraufhin durch die Äußerung eines entsprechenden Willens nachträglich legitimieren, ohne dass der Schutzzweck des § 38 Abs. 3 ZPO unterlaufen würde.

a) Ausgestaltung der Privatautonomie durch § 38 Abs. 1 und § 38 Abs. 3 ZPO

Nach § 38 Abs. 3 Nr. 1 ZPO können Gerichtsstandsvereinbarungen mit Nicht-Kaufleuten nur nach Entstehen einer Streitigkeit aus dem Rechtsverhältnis abgeschlossen werden. Vorherige Vereinbarungen sind generell unwirksam. Im Unterschied zu Formvorschriften, die lediglich den Abschluss der Vereinbarung unter höhere Anforderungen stellen, sollen nach § 38 Abs. 3 Nr. 1 ZPO bestimmte Personengruppen Gerichtsstandsvereinbarungen vor einem gewissen Zeitpunkt überhaupt nicht abschließen können. Dies stellt einen erheblichen Eingriff in die Privatautonomie[733] der Parteien dar, da das Gesetz auf diese Weise nicht nur den Abschluss von Gerichtsstandsvereinbarungen innerhalb einer bestimmten Zeitspanne gänzlich verhindert, sondern hierdurch auch der in § 38 Abs. 3 ZPO genannten Personengruppe nach Entstehen der Streitigkeit die freie Entscheidung über den Abschluss einer Gerichtsstandsvereinbarung einräumt. Die Vorschrift schafft durch das Nachträglichkeitserfordernis zwar nicht die Möglichkeit, dass die dort genannte Personengruppe ihr günstige Gerichtsstandsvereinbarungen unter erleichterten Bedingungen durchsetzen kann, sie kann jedoch die ihr vom Vertragspartner angetragenen Gerichtsstandsvereinbarungen frei ablehnen, ohne dass dies für sie mit negativen Konsequenzen verbunden ist. Insbesondere besteht nicht die Gefahr, dass der Vertragspartner die Gerichtsstandsvereinbarung zur Bedingung für den Abschluss des Hauptvertrags macht.

Für nach § 38 Abs. 1 ZPO abgeschlossenen Gerichtsstandsvereinbarung gilt die Privatautonomie innerhalb der durch § 38 Abs. 1 ZPO gesteckten Grenzen hingegen uneingeschränkt.

b) Privatautonomie und inhaltliche Richtigkeit des Vertrags

Die Privatautonomie gesteht den Parteien im Rahmen der Gesetze die größtmögliche Freiheit beim Abschluss von Verträgen zu und ist von dem Grundgedanken getragen, dass die Parteien grundsätzlich in der Lage sind, ihre Interessen bei der Vertragsgestaltung eigenständig in einen angemessenen Ausgleich zu bringen.[734] Dennoch stehen Privatautonomie und Vertragsgerechtigkeit in einem latenten Spannungsverhältnis, das darauf zurückzuführen ist, dass der Vertrag des Konsenses beider Parteien bedarf.[735] Die Verhandlungsposition zum Vertragspartner hängt von äußeren und inneren Umständen ab und kann entsprechend stark oder schwach sein. Dies gilt verstärkt im Rechtsverkehr zwischen Kaufleuten und Nicht-Kaufleuten; aber

733 Da Prozessverträge öffentlich-rechtlicher Natur sind, ist die Privatautonomie jedoch weniger ausgeprägt als dies bei rein privatrechtlichen Verträgen der Fall ist. Vgl. hierzu auch BT-Drucks. 7/268, S. 5.

734 MünchKommBGB/*Roth/Schubert*, § 242 Rn. 462; Staudinger/*Looschelders/Olzen*, BGB, § 242 Rn. 460.

735 Staudinger/*Looschelders/Olzen*, BGB, § 242 Rn. 460.

auch innerhalb des kaufmännischen Geschäftsverkehrs. Auch hier gibt es Anbieter- und Nachfragemärkte oder andere Formen wirtschaftlicher Überlegenheit. Der Hauptunterschied zwischen beiden Gruppen besteht darin, dass es ein in geschäftlichen Angelegenheiten erfahrener Vertragspartner eher erkennen kann, ob und inwieweit ein Vertrag für ihn ungünstig ist. Allein dieses Wissen wird ihn aber bei entsprechend schlechter Verhandlungsposition nicht davor bewahren können, eine für ihn ungünstige Vereinbarung abzuschließen.[736]

Dennoch gewährt die Privatautonomie den Vertragsparteien außerhalb des Bereichs der Daseinsvorsorge und vorbehaltlich eventueller gesetzlicher Einschränkungen nicht nur die Freiheit, Vereinbarungen zu schließen (Abschlussfreiheit)[737], sondern auch, diese inhaltlich frei zu gestalten (Inhaltsfreiheit), sofern das Gesetz selbst keine Einschränkung vorsieht.[738] Die Privatautonomie will und kann die Parteien also nicht vor ihnen ungünstigen Vereinbarungen bewahren. Die inhaltliche Gerechtigkeit und Ausgewogenheit des Vertrags ist nicht zwingende Voraussetzung für dessen Wirksamkeit. Zwar geht die Privatautonomie nicht soweit, dass die stärkere Vertragspartei der schwächeren Vertragspartei ihren Willen uneingeschränkt aufzwingen darf; auf der anderen Seite darf ein Vertrag auch nicht bei jeder Störung der Vertragsparität nachträglich wieder korrigiert werden.[739] Gesetzliche Eingriffe in die Privatautonomie kennt das Gesetz in der Regel nur bei Personengruppen, die als generell schutzbedürftig einstuft werden, wie etwa Arbeitnehmer, Mieter und Verbraucher. Da nach Ansicht des Gesetzgebers hier die inhaltliche Richtigkeit von Verträgen nicht hinreichend gewährleistet ist, hat dieser an zahlreichen Stellen im Gesetz zu Lasten der Privatautonomie und zu Gunsten der Vertragsgerechtigkeit eingegriffen.[740]

---

736 Dies übersieht das OLG Köln, NJW-RR 1992, 571, wenn es die Rechte des Zessionars schon aus dem Grund als ausreichend geschützt ansieht, weil der Zedent – als Kaufmann – in der Lage sei, zu erkennen, ob eine Gerichtsstandsvereinbarung für ihn günstig ist.

737 MünchKommBGB/*Busche*, vor § 145 Rn. 2, 11.

738 MünchKommBGB/*Busche*, vor § 145 Rn. 2, 24.

739 BVerfG NJW 1994, 36, 38; MünchKommBGB/*Roth/Schubert*, § 242 Rn. 463; Staudinger/*Looschelders/Olzen*, BGB, § 242 Rn. 461.

740 Vgl. hierzu MünchKommBGB/*Busche*, vor § 145 Rn. 6 ff.

c) Keine Richtigkeitsgewähr nach § 38 Abs. 3 ZPO abgeschlossener Gerichtsstandsvereinbarungen

Eine entsprechende gesetzliche Regelung fehlt hingegen in § 38 Abs. 1 ZPO. Bei einer nach dieser Vorschrift abgeschlossenen Gerichtsstandsvereinbarung bestimmt sich der Rahmen der Privatautonomie neben den durch die Vorschrift selbst gezogenen Grenzen lediglich nach den Generalklauseln des BGB.[741] Insbesondere kommt also ein Verstoß gegen ein gesetzliches Verbot nach § 134 BGB, die guten Sitten nach § 138 BGB oder eine Verletzung des Grundsatzes von Treu und Glauben nach § 242 BGB in Betracht.[742] Liegen die Voraussetzungen dieser Vorschriften jedoch nicht vor, so kommt die Aufhebung des Vertrags nur im begründeten Einzelfall in Betracht; etwa dann, wenn die Regelung eine Folge strukturell ungleicher Verhandlungsstärke ist.[743] § 38 Abs. 1 ZPO kann daher weder sicherstellen, dass die Vertragsparteien die Gerichtsstandsvereinbarung aus freien Stükken und ohne innere oder äußere Zwänge abgeschlossen haben, noch kann die Vorschrift die inhaltliche Ausgewogenheit der Gerichtsstandsvereinbarung gewährleisten. Der wirtschaftlich unterlegene Vertragspartner ist im Rahmen des § 38 Abs. 1 ZPO in seiner Entscheidung, eine Gerichtsstandsvereinbarung abzuschließen, nicht in gleichem Maße frei, wie eine unter § 38 Abs. 3 ZPO fallende Person. Auch wenn der Gesetzgeber davon ausgeht, dass eine zwischen Kaufleuten geschlossene Gerichtsstandsvereinbarung zumindest so ausgewogen ist, dass ein Eingreifen in die Inhalts- und Abschlussfreiheit nicht geboten ist, so bedeutet dies nicht, dass eine solche Vereinbarung auch für einen Nicht-Kaufmann angemessen ist, der durch Forderungsabtretung an die Gerichtsstandsvereinbarung gebunden werden soll. Das Schutzniveau des § 38 Abs. 3 Nr. 1 ZPO kann daher bei der Abtretung einer nach § 38 Abs. 1 ZPO geschlossenen Gerichtsstandsvereinbarung nicht gewährleistet werden.

---

741 In den Fällen, in denen die Gerichtsstandsvereinbarung durch Verwendung Allgemeiner Geschäftsbedingungen abgeschlossen wird, sind zusätzlich die Grenzen der §§ 305 ff. BGB zu beachten.

742 Staudinger/*Looschelders/Olzen*, BGB, § 242 Rn. 459.

743 S. zum Ganzen BVerfG NJW 1994, 36, 39; vgl. auch MünchKommBGB/*Roth/Schubert*, § 242 Rn. 467.

d) Schutz des Zessionars durch die Möglichkeit zur Anfechtung

Dies allein bedeutet jedoch nicht, dass eine automatische Bindung des Zessionars an die Gerichtsstandsvereinbarung rechtlich ausgeschlossen ist. Oben wurde bereits dargelegt, dass sich der Zessionar durch Ausübung des Anfechtungsrechts in den in der Praxis realistischer Weise auftretenden Fällen auch von der Bindung an die Gerichtsstandsvereinbarung lösen kann. Auch hier wäre das dem Zessionar zustehende Anfechtungsrecht ausreichend, wenn dieses auch den Schutzzweck des § 38 Abs. 3 ZPO erfüllen könnte. Probleme können sich hier auf zwei Ebenen stellen. Zum einen führt eine automatische Bindung des Zessionars an die Gerichtsstandsvereinbarung unter gleichzeitiger Gewährung eines Anfechtungsrechts dazu, dass der Zessionar die Gerichtsstandsvereinbarung akzeptieren muss, um die Forderung behalten zu können. § 38 Abs. 3 ZPO sollte aber gerade verhindern, dass der Nicht-Kaufmann auf den Hauptvertrag verzichten muss, um der Bindung an eine Gerichtsstandsvereinbarung zu entgehen. Zudem ist problematisch, dass die Irrtumsanfechtung nach § 121 BGB unverzüglich zu erfolgen hat, der Gesetzgeber aber davon ausgeht, dass der in § 38 Abs. 3 ZPO genannte Personenkreis erst dann eine angemessene Entscheidung bezüglich des Abschlusses einer Gerichtsstandsvereinbarung treffen kann, wenn die Streitigkeit aus dem Rechtsverhältnis bereits entstanden ist. Fraglich ist jedoch, ob der Schutzzweck des § 38 Abs. 3 ZPO tatsächlich so weit reicht oder ob das Nachträglichkeitserfordernis nicht ebenso wie das Formerfordernis auf den Abschluss der Gerichtsstandsvereinbarung, nicht aber die Bindung an eine solche mittels Abtretung beschränkt ist.

aa) Schutzbereich des Prorogationsverbots

Durch die Einführung des Prorogationsverbots des § 38 Abs. 3 ZPO wollte der Gesetzgeber den Missständen entgegenwirken, die dadurch entstanden waren, dass durch die zumeist standardmäßige Vereinbarung von Gerichtsstandsvereinbarungen im Massengeschäftsverkehr eine Vielzahl der in diesem Bereich entstandenen Streitigkeiten durch Versäumnisurteil zugunsten der wirtschaftlich überlegenen Partei endete.[744] An der durch den Gesetzgeber identifizierten Schutzbedürftigkeit des Nicht-Kaufmanns beim Abschluss dieser Geschäfte besteht kein ernsthafter Zweifel. Gerade im Bereich des Massengeschäftsverkehrs ist es dem einzelnen Käufer einer Ware oder Dienstleistung nicht möglich, die Vertragsgestaltung zu seinen Gun-

744 Hierzu schon oben unter § 15.

sten zu beeinflussen. Dessen einzige Möglichkeit, vorformulierten Vertragsbedingungen zu entgehen, besteht darin, von der Eingehung des Rechtsgeschäfts generell Abstand zu nehmen. Im Bereich der Rechtsgeschäfte des täglichen Lebens ist der Vertragspartner aber vielfach auf den Abschluss von Verträgen angewiesen. Bei Lebensmitteln, Bekleidung und Energieversorgung ist dies offensichtlich, aber auch in anderen Bereichen wie Mobilität und Kommunikation besteht für den Betroffenen keine Alternative zum Vertragsschluss. Ließe man in diesen Bereichen Gerichtsstandsvereinbarungen zu, hätte der Käufer keine Möglichkeit, sich diesen zu entziehen. Es ist jedoch zweifelhaft, ob der hier zu begutachtende Fall mit der durch den Gesetzgeber identifizierten Gefahrenlage vergleichbar ist. Zunächst handelt es sich bei der Forderungsabtretung eines Kaufmanns an einen Nicht-Kaufmann nicht um ein Massengeschäft des täglichen Lebens. Geschäftsmäßige Forderungsabtretungen, etwa im Bereich des Forderungsinkassos, finden regelmäßig ohne die Beteiligung von Nicht-Kaufleuten statt. Auch außerhalb des geschäftsmäßigen Forderungsinkassos dürften Forderungsabtretungen von Kaufleuten an Nicht-Kaufleute die Ausnahme sein und nicht zwingend vorformulierten Allgemeinen Geschäftsbedingungen unterliegen.

Rechtlich bedeutender ist in diesem Zusammenhang jedoch, dass im Beispielsfall weder Schuldner, noch Zedent dem Zessionar eine Gerichtsstandsvereinbarung angetragen haben. Ursprünglich ist die Gerichtsstandsvereinbarung zwischen zwei nach § 38 Abs. 1 ZPO prorogationsbefugten Parteien zustande gekommen, für die das temporäre Abschlussverbot des § 38 Abs. 3 ZPO nicht gilt. Der Rechtsverkehr mit Nicht-Kaufleuten wurde durch dieses Rechtsgeschäft nicht berührt. Auch die Abtretung an den Zessionar hat hieran nichts geändert. Zwischen Zedent und Zessionar kommt auch dann keine Gerichtsstandsvereinbarung zustande, wenn man von einer automatischen Bindung des Zessionars ausgeht. Bezüglich der Forderung scheidet der Zedent aus dem Rechtsverhältnis aus, so dass er nicht mehr von der ihm gegebenenfalls günstigen Gerichtsstandsvereinbarung profitieren kann. Bezüglich des neuen, aufgrund der Abtretung entstandenen Rechtsverhältnisses von Zedent und Zessionar, besteht mangels Vereinbarung keine Gerichtsstandsklausel. Auf der anderen Seite bleibt der Schuldner zwar Partei der Gerichtsstandsvereinbarung und gegebenenfalls auch deren Profiteur; an der Abtretung ist er jedoch nicht beteiligt und hat somit auch keine rechtsgeschäftlichen Kontakte zu einem Nicht-Kaufmann geknüpft. Der Zessionar wird nicht deswegen an die Gerichtsstandsvereinbarung gebunden, weil er diese aufgrund der wirtschaftlichen Überlegenheit von Zedent bzw. Schuldner akzeptieren muss, sondern weil die Forderung bereits zuvor einer Gerichtsstandsvereinbarung unterstellt wurde und nicht mehr ohne diese übertragen werden kann. Der vom Gesetzgeber für die Gesetzesänderung zum Anlass genommene Fall, dass sich ein Unternehmer im Rahmen eines Massengeschäfts des täglichen Lebens an einen wirtschaftlich unterlegenen Nicht-Kaufmann wendet und diesem eine für den Unternehmer günstigen Gerichtsstandsvereinbarung aufzwingt, ist mit der hier vorliegenden Forderungsabtretung nicht vergleichbar.

bb) Schutzbereich der gesetzlichen Zuständigkeitsordnung der Gerichte

Zu beachten ist ferner, dass auch die materielle Gerechtigkeit der gesetzlichen Zuständigkeitsordnung Grenzen hat und nicht den Anspruch erhebt, der wirtschaftlich schwächeren Partei in jedem Fall einen für sie günstigen Gerichtsstand zu gewähren. Dies ergibt sich zunächst daraus, dass die gesetzlichen Gerichtsstände nicht nach Personengruppen, insbesondere nicht nach Kaufleuten und Nicht-Kaufleuten differenzieren. Auch die vor allem durch die Gesetzgebung auf Ebene der Europäischen Union immer wichtiger werdende Eigenschaft als Verbraucher, die zu zahlreichen für diese Gruppe vorteilhaften gesetzlichen Regelungen geführt hat, hat sich für innerdeutsche Fälle[745] nur beim besonderen Gerichtsstand für Haustürgeschäfte nach § 29c ZPO niedergeschlagen. Die Eigenschaft als Kaufmann, Nicht-Kaufmann oder auch Verbraucher ist also ein Kriterium, das den gesetzlichen Gerichtsständen fremd ist und bei den Gerechtigkeitserwägungen des Gesetzgebers offenbar keine Rolle gespielt hat. Auch § 29 Abs. 2 ZPO ändert an diesem Grundsatz nichts. Nach dieser Vorschrift kann eine Vereinbarung über den Erfüllungsort die Zuständigkeit des Gerichts nur begründen, wenn die Vertragsparteien Kaufleute, juristische Personen des öffentlichen Rechts oder öffentlich-rechtliche Sondervermögen sind. Die Vorschrift soll „abstrakte" Erfüllungsvereinbarungen, also Vereinbarungen, die allein geschlossen werden, um die prozessuale Wirkung einer Gerichtsstandsvereinbarung herbeizuführen, zwischen den Parteien vermeiden und verwirklicht daher auf anderer Ebene das nach § 38 ZPO grundsätzlich geltende Prorogationsverbot.[746] Die Differenzierung nach Kaufleuten, juristischen Personen des öffentlichen Rechts und öffentlich-rechtlichen Sonder-

745 Für Fälle mit Auslandsbezug s. aber Art. 15–17 EuGVVO, die an den Verbraucherstatus anknüpfen.

746 Nicht ausgeschlossen werden sollen hingegen Vereinbarungen mit Gerichtsstandsfolge, die sich aus dem Inhalt des abgeschlossenen Vertrages ergeben; zum Ganzen MünchKommZPO/*Patzina*, § 29 Rn. 98; Stein/Jonas/*Roth*, ZPO, § 29 Rn. 35.

vermögen auf der einen Seite, und Personen, die nicht zu diesem Kreis gehören, sorgt daher lediglich für einen Gleichlauf der Vorschriften und stellt keine Ausnahme von der Regel dar, dass die Gerichtsstände der §§ 12 ff. ZPO gleichermaßen für Kaufleute, Nicht-Kaufleute und Verbraucher gelten. Dass die schwächere Prozesspartei durch die gesetzlichen Gerichtsstände nicht davor geschützt werden soll, einen Rechtsstreit an einem für sie ungünstigen, weil weit entfernten Ort auszutragen, ergibt sich zudem daraus, dass der Sitz des Klägers vom allgemeinen Gerichtsstand des Beklagtem bzw. dem Erfüllungsort geografisch weit entfernt liegen kann, ohne dass das Gesetz daran Anstoß nimmt. Ist der gesetzliche Gerichtsstand in einem solchen Fall Hamburg, der Kläger aber in München wohnhaft, so ist eine Streitigkeit vor einem Hamburger Gericht für diesen mit deutlichem Mehraufwand verbunden als wenn die Streitigkeit vor ein Gericht in Wohnsitznähe des Klägers zu bringen wäre. Dies lässt das Gesetz jedoch ohne Einschränkung zu, während der Rechtssuchende, der nicht dem Personenkreis des § 38 Abs. 1 und 2 ZPO angehört, eine Vereinbarung über den Gerichtsstand Hamburg, oder sogar dem ihm günstigen Gerichtsstand München, hingegen gar nicht erst treffen könnte. Das Gesetz gewährt den Parteien allenfalls über die Vorhersehbarkeit des Gerichtsstandes Schutz, wobei dies nur in den Fällen des Erfüllungsorts nach § 29 ZPO gegeben ist, während sich der allgemeine Gerichtsstand durch Wohnortwechsel bzw. Sitzverlegung vor Rechtshängigkeit nachträglich noch ändern kann. In diesen Fällen hat der Gesetzgeber keinen Handlungsbedarf gesehen, sondern geht davon aus, dass es für den Schutz des Einzelnen ausreichend ist, dass die gesetzliche Regelung greift, so ungünstig sie für diesen im Einzelfall sein mag. Die vom Gesetzgeber angenommene Schutzbedürftigkeit des Nicht-Kaufmanns im Rahmen des § 38 Abs. 3 ZPO liegt also nicht im Gerichtsstand als solchem begründet, sondern in der Abweichung von der gesetzlichen Regelung zu Gunsten einer Vertragspartei. Das austarierte Gefüge von Beklagtenschutz, örtlicher bzw. sachlicher Nähe des Gerichts und Wahlrecht des Klägers gem. § 35 ZPO bei mehreren möglichen Gerichtsständen geriete aus den Fugen, würde man einer Partei erlauben, dieses zu ihren Nutzen zu verschieben und auf diese Weise *immer* zu einem für diese Partei günstigen Gerichtsstand zu kommen. Der diesen ausbalancierten Zuständigkeitsregelungen der ZPO innewohnende Gerechtigkeitsgedanke soll der Disposition der Parteien nicht beliebig unterworfen sein.[747] Diese Gefahr besteht jedoch dann nicht, wenn die von der Gerichtsstandsvereinbarung profitierende Partei entweder wie der Zedent aus dem Rechtsverhältnis

747 Prütting/Gehrlein/*Lange*, ZPO, § 38 Rn. 1.

zum Zessionar ausscheidet, oder aber wie der Schuldner am Vertragsverhältnis mit diesem nicht beteiligt war.

cc) Verhältnis von Nachträglichkeitserfordernis und Anfechtungsfrist

Fraglich ist dennoch, ob das Anfechtungsrecht des Zessionars diesen vor einer Bindung an eine unerwünschte Gerichtsstandsvereinbarung hinreichend schützen kann. Die rechtliche Ausgangslage beim Abschluss der Gerichtsstandsvereinbarung ist zwar eine andere als bei deren Zweiterwerb, jedoch könnte sich dem Nachträglichkeitserfordernis des § 38 Abs. 3 ZPO eine Wertung entnehmen lassen, die das Anfechtungsrecht für den Nicht-Kaufmann untauglich erscheinen lässt. § 121 BGB bestimmt, dass die Anfechtung wegen Irrtums nach § 119 Abs. 2 BGB unverzüglich erfolgen muss. Dieses enge Zeitfenster könnte jedoch in einem Spannungsverhältnis mit dem Nachträglichkeitserfordernis stehen, das den Abschluss einer Gerichtsstandsvereinbarung erst nach Entstehen der Streitigkeit zulässt. Laut Bericht des Rechtsausschusses beruht das Nachträglichkeitserfordernis des § 38 Abs. 3 Nr. 1 ZPO darauf, dass den Parteien die Tragweite einer Gerichtsstandsvereinbarung in diesem Zeitpunkt bewusst sein müsse und eine Übervorteilung einer Partei nicht mehr zu befürchten sei.[748] Der Gesetzgeber geht also davon aus, dass die unter § 38 Abs. 3 ZPO fallende Personengruppe erst zu einem bestimmten Zeitpunkt in der Lage ist, eine für sie angemessene Entscheidung zu treffen. Auf den ersten Blick scheint dies im Widerspruch zu den Regelungen bezüglich des Abschlusses einer Schiedsvereinbarung zu stehen. Diese erlauben selbst einem Verbraucher, eine Schiedsvereinbarung vor Entstehen der Streitigkeit abzuschließen, sofern er hierbei in den von § 1031 Abs. 5 ZPO gesteckten Grenzen bleibt. Die Partei einer Gerichtsstandsvereinbarung, die die ansonsten geltenden Verfahrensvorschriften weit weniger abzuändern geeignet ist als die Schiedsvereinbarung, soll zu diesem Zeitpunkt eine solche Entscheidung hingegen nicht treffen können. Bei näherem Hinsehen fällt jedoch auf, dass der geringere Schutz des § 1031 Abs. 5 ZPO nicht darauf zurückzuführen ist, dass der dort genannte Personenkreis die rechtlichen Folgen einer Schiedsvereinbarung besser abschätzen kann, als der durch § 38 Abs. 3 ZPO geschützte Personenkreis die Folgen einer Gerichtsstandsvereinbarung. Der Gesetzgeber hat sich vielmehr bei der Gerichtsstandsvereinbarung für ein konzeptionell anderes Schutzregime entschieden, das dem Umstand Rechnung trägt, dass Schiedsvereinbarungen – anders als Gerichtsstandsvereinbarun-

748 Bericht des Rechtsausschusses BT-Drucks. 7/1384, S. 4.

gen – im Massengeschäftsverkehr mit Verbrauchern nicht zu erwarten sind. Denn hat die Vereinbarung eines am Unternehmenssitz gelegenen Gerichtsstands für das Unternehmen ausschließlich Vorteile dahingehend, dass dieses hierdurch in die Lage versetzt wird, gerichtliche Streitigkeiten ortsnah auszutragen bzw. führt die Gerichtsstandsvereinbarung dazu, dass die wirtschaftlich unterlegene Partei durch einen für sie gegebenenfalls weit entfernten Gerichtsstand von der Verfolgung ihrer Ansprüche gänzlich absieht, so gilt dies nicht für die Vereinbarungen von Schiedsklauseln. Zum einen dürften in diesen Fällen die Streitwerte in der Regel nicht hoch genug sein, um die Einsetzung eines Schiedsgerichts auch für die wirtschaftlich überlegene Partei finanziell zu rechtfertigen. Zum anderen ist die Einsetzung eines Schiedsgerichts mit weitaus größeren Mitwirkungspflichten – etwa bei der Benennung der Schiedsrichter – verbunden. Hinzu kommt, dass der durchschnittliche, in Rechtsangelegenheiten unerfahrene, Verbraucher nicht in der Lage sein dürfte, ohne weiteres ein Verfahren vor einem Schiedsgericht zu führen, so dass mit Verzögerungen bis hin zu Undurchführbarkeit des Schiedsverfahrens nach § 1032 Abs. 1 ZPO zu rechnen ist. Die Gerichtsstandsvereinbarung ist für die wirtschaftlich überlegene Partei hingegen ausschließlich von Vorteil und dient dessen „Bequemlichkeitsinteresse“[749]. Allein die Möglichkeit, ortsnah durch Mahnverfahren und Versäumnisurteil[750] rechtskräftige, vollstreckbare Entscheidungen auch einseitig herbeiführen zu können, machen Gerichtsstandsvereinbarungen im Vergleich zu Schiedsvereinbarungen attraktiv. Die wirtschaftlich unterlegene Partei muss somit vor dem Abschluss einer Schiedsvereinbarung nicht in dem Maße geschützt werden, wie dies bei Gerichtsstandsvereinbarungen der Fall ist. Der Schutz des Nicht-Kaufmanns liegt bei der Gerichtsstandsvereinbarung maßgeblich in der Entkoppelung von Gerichtsstandsvereinbarung und Hauptvertrag begründet. Anders als dies der Wortlaut der Stellungnahme des Rechtsausschusses nahelegt, kommt es also weniger darauf an, ob die schwächere Vertragspartei die Folgen ihres Handelns abschätzen kann. Denn dies allein gewährleistet noch nicht, dass diese auch über die wirtschaftliche Stärke verfügt, ihren Interessen bei der Vertragsgestaltung Geltung zu verschaffen. Die einzig zielführende Möglichkeit, die vom Gesetzgeber identifizierten Missstände im Massengeschäftsverkehr mit Nicht-Kaufleuten einzudämmen, lag mithin nicht darin, das Problembewusstsein

749 Vgl. hierzu BGH NJW 1973, 421, 422.

750 Auch der Erlass eines Schiedsspruchs nach § 1048 Abs. 3 ZPO bei Säumnis einer Partei, setzt voraus, dass sich das Schiedsgericht zuvor konstituiert hat. Zudem ist es dem Schiedsgericht nach § 1048 Abs. 2 ZPO verwehrt, bei Säumnis des Beklagten das Vorbringen des Klägers als zugestanden zu behandeln.

der wirtschaftlich schwächeren Vertragspartei zu erweitern, sondern Gerichtsstandsvereinbarungen anlässlich des Abschlusses des Hauptvertrags gar nicht erst zuzulassen. Die Gefahr, dass die wirtschaftlich überlegene Partei ihre Stärke ausnutzt, um eine für sie günstige Gerichtsstandsvereinbarung durchzusetzen, besteht jedoch beim Zweiterwerb nicht mehr, da die Gerichtsstandsvereinbarung bereits besteht und durch keine der Parteien einseitig geändert werden kann. Die Hauptwirkung des Nachträglichkeitserfordernisses ist für den Zweiterwerb also gegenstandslos. Die Anwendung des § 38 Abs. 3 ZPO auch auf den Zweiterwerb wäre daher rechtlich nur dann geboten, wenn der Nicht-Kaufmann vor Entstehen der Streitigkeit generell nicht in der Lage wäre, die Folgen einer Gerichtsstandsvereinbarung abzuschätzen. Dies kann jedoch nicht angenommen werden. Auch den Gesetzesmaterialien ist dies nicht zu entnehmen. Diese führen lediglich aus, dass ein solches Bewusstsein nach Entstehen der Streitigkeit in jedem Fall gewährleistet ist, nicht aber, dass dieses davor gänzlich fehlt. Auch der Umstand, dass der Gesetzgeber laut Gesetzesbegründung im Rechtsgeschäftsverkehr mit Verbrauchern die Wiederherstellung der gesetzlichen Gerichtsstände anstrebte, steht dem gefundenen Ergebnis nicht entgegen. Denn es ist nicht Aufgabe der gesetzlichen Gerichtsstände, für einen für die schwächere Partei günstigen Gerichtsstand zu sorgen.

Es ist in den Fällen des Zweiterwerbs daher ausreichend, wenn der Nicht-Kaufmann Kenntnis von Bestehen und Inhalt der Gerichtsstandsvereinbarung erlangen kann. Der Umstand, dass ein Nicht-Kaufmann die rechtliche Tragweite einer Gerichtsstandsvereinbarung nicht in gleicher Weise wie eine wirtschaftlich erfahrene Partei überblicken kann, lässt sich zudem auf andere Ebene befriedigend lösen. Nach § 121 BGB muss die Anfechtung „unverzüglich“ erfolgen, das heißt, ohne schuldhaftes Zögern. Dies hat den Hintergrund, dass die Ungewissheit über den Bestand des Rechtsgeschäfts möglichst kurz andauern soll. Die irrende Vertragspartei soll nicht die Möglichkeit haben, auf Kosten des Anfechtungsgegners über einen längeren Zeitraum etwa auf ihr günstige Preisschwankungen zu spekulieren.[751] Die Anfechtungsfrist beginnt jedoch erst bei tatsächlicher Kenntnis des Berechtigten vom Anfechtungsgrund zu laufen. Erforderlich ist, dass dieser erkennt, dass die abgegebene Erklärung in Wahrheit nicht seinem wirklichen Willen entspricht. Bloße Kenntnis der wahren Sachlage oder fahrlässige Unkenntnis des Anfechtungsgrundes genügen hierfür

751 MünchKommBGB/*Armbrüster*, § 121 Rn. 1, Staudinger/*Singer*, § 121 Rn. 1.

nicht.[752] Sich aufdrängenden Schlussfolgerungen darf sich der Anfechtungsberechtigte hingegen nicht verschließen.[753] Innerhalb dieses Rahmens kann hinreichend berücksichtigt werden, dass es sich bei dem Zessionar um einen Nicht-Kaufmann handelt. Insbesondere kann Berücksichtigung finden, ob und auf welche Weise die Gerichtsstandsvereinbarung niedergelegt ist und wie der Zessionar von dieser Kenntnis erhält. Gerade wenn die Gerichtsstandsvereinbarung zwischen Schuldner und Zedent nur mündlich geschlossen wurde, sind an eine die Anfechtungsfrist auslösende Kenntnis des Zessionars hohe Anforderungen zu stellen. So verschaffen etwa bloße Behauptungen des Gegners noch keine zuverlässige Kenntnis.[754]

Somit ist es nicht erforderlich, über den Wortlaut des § 38 Abs. 3 ZPO hinaus die dort genannten Voraussetzungen auch auf den Zweiterwerb der Gerichtsstandsvereinbarung durch Abtretung anzuwenden.

§ 18 Endergebnis

1. Die Gerichtsstandsvereinbarung geht in gesamtanaloger Anwendung gem. §§ 398 ff. BGB automatisch auf den Zessionar über, selbst wenn dieser von deren Bestehen keine Kenntnis hat.

2. Der dem Zessionar dadurch entstehende Rechtsverlust kann nicht vollumfänglich durch die ihm hierdurch gegenüber dem Zedenten zustehenden Sekundäransprüche kompensiert werden. Obgleich dem Zessionar bei der rechtlich ebenfalls möglichen Lösung des Problems über eine dinglich wirkende Abtretungsbeschränkung gem. § 399 BGB keine Rechte genommen werden und er durch Sekundäransprüche gegen den Zedenten rechtlich ausreichend kompensiert werden kann, ist einer Lösung nach §§ 398 ff. BGB der Vorzug zu geben.

3. Dies liegt darin begründet, dass sich die Sachverhaltsgestaltungen, in denen der Zessionar gegen seinen Willen vor einem Schiedsgericht in Anspruch genommen werden kann, zum Einen im theoretischen Bereich be-

---

752 BGH, Urteil vom 26.04.1973, III ZR 116/71, Entscheidungsgründe II; BAG NJW 1984, 446, 447; MünchKommBGB/*Armbrüster*, § 121 Rn. 5 f.; Staudinger/*Singer*, § 121 Rn. 4, 7.

753 MünchKommBGB/*Armbrüster*, § 121 Rn. 6; Staudinger/*Singer*, § 121 Rn. 5; vgl. auch BGH NJW 1958, 668; BGH NJW 1960, 1105, 1107; BGH NJW 1996, 2652, 2653.

754 Staudinger/*Singer*, § 121 Rn. 6.

finden und die Lösung über §§ 398 ff. BGB dem Zessionar zum Anderen ein echtes Wahlrecht gibt. Er kann bis an die Grenzen des Rechtsmissbrauchs entscheiden, ob er es unter Inkaufnahme der Gerichtsstandsvereinbarung vorzieht, die Forderung beim Schuldner zu realisieren, oder ob er unter Anfechtung und Rückabwicklung des Vertrags Sekundäransprüche gegen den Zedenten geltend macht. Auch eine Inanspruchnahme beider Beteiligter ist denkbar; etwa dann, wenn der Zessionar die Forderung gegenüber dem Schuldner vor dem vereinbarten Gerichtsstand geltend macht und die hierbei entstehenden Mehrkosten beim Zedenten über den Schadensersatzanspruch kompensiert.

4. Der von der Rechtsprechung geforderte „freie Wille“ bezüglich des Verzichts auf den gesetzlichen Richter, kann in den realistischer Weise auftretenden Konstellationen bei einem automatischen Übergang der Gerichtsstandsvereinbarung mit der Forderung dadurch gewährleistet werden, dass sich der Zessionar frei entscheiden kann, die Gerichtsstandsvereinbarung zu akzeptieren oder den Vertrag anzufechten und rückabzuwickeln.

5. Ein solcher automatischer Übergang kann auch in den Fällen, in denen eine Forderung, für die eine Gerichtsstandsvereinbarung abgeschlossen wurde, an einen Verbraucher abgetreten wird, angenommen werden. Weder steht das in § 38 Abs. 3 ZPO postulierte Schriftformerfordernis, noch das Nachträglichkeitserfordernis einer solchen Betrachtung entgegen.

Literaturverzeichnis

Monographien, Handbücher, Amtliche Ausgaben

Bardo, Ulrike, Die „abstrakte" Berechnung des Schadensersatzes wegen Nichterfüllung beim Kaufvertrag, Berlin 1989, zit. als Schadensersatz wegen Nichterfüllung.

Bernatzik, Edmund, Kritische Studien über den Begriff der juristischen Person und über die juristische Persönlichkeit der Behörden insbesondere, Archiv für öffentliches Recht V, Freiburg 1890, zit. als Kritische Studien.

Baumgärtel, Gottfried, Wesen und Begriff der Prozeßhandlung einer Partei im Zivilprozeß, 2. Aufl., Köln 1972, zit. als Wesen und Begriff der Prozeßhandlung.

Bettermann, Karl August/Neumann, Franz L./Nipperdey, Hans Carl/Scheuner, Ulrich, Die Grundrechte: Handbuch der Theorie und Praxis der Grundrechte, Bd. 3, 2. Hlbd., 2. unveränderte Aufl., Berlin 1972, zit. als Die Grundrechte.

Beckmann, Martin, Statutatorische Schiedsklauseln im deutschen Recht und internationalen Kontext, Frankfurt am Main 2007, zit. als Statutatorische Schiedsklauseln.

Beck'sches Rechtsanwalts-Handbuch, hrsg. von *Büchting, Hans-Ulrich et al.,* 10. Aufl., München 2011, zit. als Beck'sches Rechtsanwalts-Handbuch/*Bearbeiter.*

Berger, Christian, Rechtsgeschäftliche Verfügungsbeschränkungen, Tübingen 1998.

Blomeyer, Arwed, Zivilprozeßrecht – Erkenntnisverfahren, 1. Aufl., Berlin 1963, 2. Aufl., Berlin 1985, zit. als Zivilprozeßrecht.

de Boor, Hans Otto/Erkel, Günther, Zivilprozessrecht, 2. Aufl., Wiesbaden 1961.

Born, Gary B., International Commercial Arbitration, Volume I, Austin 2009.

Borowsky, Martin, Das Schiedsgutachten im Common Law, Baden-Baden 2001.

Bruns, Rudolf, Zivilprozeßrecht, 2. Aufl., München 1979.

Bucher, Eugen, Das subjektive Recht als Normsetzungsbefugnis, Tübingen 1965.

Bydlinski, Franz, Juristische Methodenlehre und Rechtsbegriff, Wien 1991.

Calavros, Constantin, Urteilswirkungen zu Lasten Dritter, Bielefeld 1978.

Canaris, Claus-Wilhelm, Die Feststellung von Lücken im Gesetz, 2. Aufl., Berlin 1983.

Diesselhorst, Malte, Mehrparteienschiedsverfahren: internationale Schiedsverfahren unter Beteiligung von mehr als zwei Parteien, Frankfurt 1994, zit. als Mehrparteienschiedsverfahren.

Elze, Hans, Lücken im Gesetz: Begriff und Ausfüllung; ein Beitrag zur Methodologie des Rechts, Halle 1916, zit. als Lücken im Gesetz.

Engisch, Karl, Einführung in das juristische Denken, 10. Aufl., Stuttgart 2005.

Fremuth-Wolf, Alice, Die Schiedsvereinbarung im Zessionsfall, Wien 2004.

Gai Institutiones, hrsg. von *David, Martin et al*, 2. Aufl., Leyden 1963, zit. als Gaius.

Gebauer, Peer, Naturalrestitution beim Schadensersatz wegen Nichterfüllung, Berlin 2002.

Grunsky, Wolfgang, Die Veräußerung der Streitbefangenen Sache, Tübingen 1968.

Grunsky, Wolfgang, Grundlagen des Verfahrensrechts, 2. Aufl., Bielefeld 1974.

Grunsky, Wolfgang, Zivilprozessrecht, 13. Aufl., Köln 2008.

Haas, Ulrich, Die Anerkennung und Vollstreckung ausländischer und internationaler Schiedssprüche, Berlin 1991.

Hahn, Carl, Die gesamten Materialien zu den Reichs-Justizgesetzen, 2. Aufl., Berlin 1881, zit. als Materialien zu den Reichs-Justizgesetzen.

Hahn, Carl, Die gesamten Materialien zur Civilprozeßordnung und dem Einführungsgesetze zu derselben, Berlin 1881, zit. als Materialien zur Civilprozeßordnung.

Haedicke, Maximilian, Rechtskauf und Rechtsmangelhaftung, Tübingen 2003.

Haeger, Walther, Schiedsgerichte für Rechtsstreitigkeiten in der Handelswelt, 24, Berlin 1910.

Heck, Philipp, Gesetzesauslegung und Interessenjurisprudenz, Tübingen 1914.

Hellwig, Hans-Jürgen, Zur Systematik des zivilprozeßrechtlichen Vertrags, Bonn 1968.

Hellwig, Konrad, System des Deutschen Zivilprozeßrechts, 1. Teil, Leipzig 1912.

Henckel, Wolfram, Prozeßrecht und materielles Recht, Göttingen 1970.

Holdsworth, William, A History of English Law, vol XIV, London 1964.

Huber, Peter/Faust, Florian, Schuldrechtsmodernisierung, München 2002.

v. Jhering, Rudolf, Geist des römischen Rechts auf den verschiedenen Stufen seiner Entwicklung, Teil 3, 10. Unveränderte Auflage, Aalen 1993, zit. als Geist des römischen Rechts.

Illmer, Martin, Der Arglisteinwand an der Schnittstelle von staatlicher Gerichtsbarkeit und Schiedsgerichtsbarkeit, Tübingen 2007, zit. als Der Arglisteinwand.

Isensee, Josef/Kirchhof, Paul, Handbuch des Staatsrecht, 2. Aufl. 2001, Bd. VI, zit. als Isensee/Kirchhof/*Bearbeiter*.

Jauernig, Othmar/Hess, Burkhard, Zivilprozessrecht, 30. Aufl., München 2011.

Kölbl, Angela, Schiedsklauseln in Vereinssatzungen, Berlin 2004.

Konzen, Horst, Rechtsverhältnisse zwischen Prozeßparteien, Berlin 1976.

Krause, Hermann, Die geschichtliche Entwicklung des Schiedsgerichtswesens in Deutschland, Berlin 1930.

Kreindler, Richard/Schäfer, Jan/Wolff, Reinmar, Schiedsgerichtsbarkeit – Kompendium für die Praxis, Frankfurt 2006, zit. als Schiedsgerichtsbarkeit.

Lachmann, Jens-Peter, Handbuch für die Schiedsgerichtspraxis, 3. Aufl., Köln 2008, zit als Schiedsgerichtspraxis.

Lange, Herrmann/Schiemann, Gottfried, Handbuch des Schuldrechts, Bd. 1 Schadensersatz, 3. Aufl., Tübingen 2003, zit. als Schadensersatz.

Larenz, Karl, Methodenlehre der Rechtswissenschaft, 6. Aufl., Berlin 1991, zit. als Methodenlehre.

Larenz, Karl/Canaris, Claus-Wilhelm, Methodenlehre der Rechtswissenschaft, 3. Aufl., Berlin 1995, zit. als Methodenlehre.

Larenz, Karl, Lehrbuch des Schuldrechts, Band I, Allgemeiner Teil, 14. Aufl., München 1987, zit. als Schuldrecht I.

van Look, Frank, Vereinsstrafen als Vertragsstrafen, Berlin 1990.

Lorenz, Dieter, Der Rechtsschutz des Bürgers und die Rechtsweggarantie, München, 1973 zit. als Rechtsweggarantie.

Lorenz, Stephan, Der Schutz vor dem unerwünschten Vertrag – eine Untersuchung von Möglichkeiten und Grenzen der Abschlußkontrolle im geltenden Recht, München 1997, zit. als Der Schutz vor dem unerwünschten Vertrag.

Lorenz, Stephan/Riehm, Thomas, Lehrbuch zum neuen Schuldrecht, München 2002, zit. als Schuldrecht.

Luig, Klaus, Zur Geschichte der Zessionslehre, Köln 1966, zit. als Zessionslehre.

Markfort, Rainer, Mehrparteien-Schiedsgerichtsbarkeit im deutschen und ausländischen Recht, Köln 1994, zit. als Mehrparteien-Schiedsgerichtsbarkeit.

Martens, Frank, Wirkungen der Schiedsvereinbarung und des Schiedsverfahrens auf Dritte, Frankfurt 2005, zit. als Wirkungen der Schiedsvereinbarung auf Dritte.

Mohs, Florian, Drittwirkung von Schieds- und Gerichtsstandsvereinbarungen, Frankfurt a. M. 2006.

Motive zu dem Entwurfe eines bürgerlichen Gesetzbuches für das Deutsche Reich, Amtliche Ausgabe, 2. Aufl., Berlin 1896, zit. als Motive.

Motzer, Stefan, Die „positive Vertragsverletzung" des Arbeitnehmers, Köln 1982.

Mühlenbruch, Christian Friedrich, Die Lehre von der Cession der Forderungsrechte, 3. Aufl., Stuttgart 1836, zit. als Cession der Forderungsrechte.

Mugdan, Benno, Die Gesamten Materialien zum Bürgerlichen Gesetzbuch für das Deutsche Reich, Band I, II, Berlin 1899, zit. als Materialien zum Bürgerlichen Gesetzbuch.

Nikisch, Arthur, Zivilprozeßrecht, 2. Aufl., Tübingen 1952.

Nörr, Knut Wolfgang/Scheyhing, Robert/Pöggeler, Wolfgang, Sukzessionen, 2. Aufl., Tübingen 1999.

v. Olshausen, Eberhard, Gläubigerrecht und Schuldnerschutz bei Forderungsübergang und Regress, Köln 1988, zit. als Gläubigerrecht und Schuldnerschutz.

Poudret, Jean-Francois/Besson, Sébastian, Comparative Law on International Arbitration, 2. Aufl., London/Zürich 2007.

Achilles, Alexander/Spahn, Peter/Gebhard, Albert, Protokolle der Kommission für die zweite Lesung des Entwurfs des Bürgerlichen Gesetzbuchs, Bd. 1, Berlin 1897, zit. als Protokolle.

Puchta, Georg Friedrich, Pandekten, 3. Aufl., Leipzig 1845.

Raeschke-Kessler, Hilmar/Berger, Peter, Recht und Praxis des Schiedsverfahrens, 3. Aufl., München 1999.

Reichsjustizministerium, Entwurf einer Zivilprozessordnung 1931, S. 393.

v. Rintelen, Claus, Der Übergang nicht-akzessorischer Sicherheiten bei der Forderungszession, Bielefeld 1996.

Rüthers, Bernd/Fischer, Christian/Birk, Axel, Rechtstheorie mit Juristischer Methodenlehre, 6. Aufl., München 2011, zit als Methodenlehre.

Reinicke, Dietrich/Tiedtke, Klaus, Kaufrecht, 7. Aufl., München 2004.

Rosenberg, Leo, Lehrbuch des deutschen Zivilprozeßrechts, 7. Aufl., München 1956, zit als Zivilprozeßrecht.

Rosenberg, Leo/Schwab, Karl Heinz/Gottwald, Peter, Zivilprozessrecht, 17. Aufl., München 2010.

Rosenberg, Leo, Stellvertretung im Prozeß: auf der Grundlage und unter eingehender, vergleichender Darstellung der Stellvertretungslehre des Bürgerlichen Rechts: nebst einer Geschichte der prozessualischen Stellvertretung, Berlin 1908, zit. als Stellvertretung im Prozeß.

Rüthers, Bernd/Stadler, Astrid, Allgemeiner Teil des BGB, 16. Aufl., München 2009, zit. als BGB AT. 17.

Schiedermair, Gerhard, Vereinbarungen im Zivilprozeß, Bonn 1935.

Schlaich, Klaus/Korioth, Stefan, Das Bundesverfassungsgericht, 9. Aufl., München 2012.

Schlosser, Peter, Vereins- und Verbandsgerichtsbarkeit, München 1972.

Schütze, Rolf, Schiedsgericht und Schiedsverfahren, 4. Aufl., München 2007.

Schwab, Karl Heinz/Walter, Gerhard, Schiedsgerichtsbarkeit, 7. Aufl. 2005.

Schwebel, Stephen, International Arbitration, Three Salient Problems, Cambridge 1987, zit. als International Arbitration.

Serick, Rolf, Eigentumsvorbehalt und Sicherungsübertragung, Band IV, Heidelberg 1976.

Sonnauer, Heinz, Die Kontrolle der Schiedsgerichte durch die staatlichen Gerichte, Köln 1992.

Stern, Klaus, Staatsrecht, Band I, 2. Aufl., München 1984.

Taubenschlag, Rafael, Die ptolemäischen Schiedsrichter und ihre Bedeutung für die Rezeption griechischen Rechts in Ägypten, in: Opera Minora, Bd. II, Oxford 1959, zit. als Die ptolemäischen Schiedsrichter.

v. Vangerow, Karl Adolph, Lehrbuch der Pandekten, Band III, 7. Aufl., Marburg 1876.

Wagner, Gerhard, Prozessverträge, Privatautonomie im Verfahrensrecht, Tübingen 1998, zit. als Prozessverträge.

Weigand, Frank-Bernd, Practitioner's Handbook on International Commercial Arbitration, 2. Aufl., Oxford 2009, zit. als International Commercial Arbitration.

Weismann, Jakob, Lehrbuch des deutschen Zivilprozeßrechtes, Band I, Stuttgart 1903, zit als Zivilprozeßrecht I.

Windscheid, Bernhard, Lehrbuch des Pandektenrechts, Erster Band, 7. Auflage, Frankfurt am Main 1891, zit. als Pandektenrecht.

Windscheid, Bernhard/Kipp, Theodor, Lehrbuch des Pandektenrechts, Erster Band, 9. Auflage, Frankfurt am Main 1906, zit. als Pandektenrecht.

Ziegler, Karl-Heinz, Das private Schiedsgericht im antiken römischen Recht, München 1971, zit. als Das private Schiedsgericht.

Zeitschriftenbeiträge und Urteilsanmerkungen

Ackermann, Hans-Peter, Anmerkung zu LG Trier, Beschluss vom 22.10.1981 – 6 O 95/81, ZIP 1982, 462.

Bader, Karl Siegfried, Arbiter arbitrator seu amicabilis compositor, Zur Verbreitung einer kanonischen Formel in Gebieten nördlich der Alpen, Zeitschrift der Savigny-Stiftung für Rechtsgeschichte Kan. Abt., 77. Bd. (1960) S. 239–276, zit. als Arbiter arbitrator seu amicabilis compositor.

Bachner, Ralph-Roman, Notarrelevante Änderungen durch das Risikobegrenzungsgesetz – Schutz des grundpfandrechtlich gesicherten Darlehensnehmers bei Forderungsabtretung, DNotZ 2008, 644, zit. als Notarrelevante Änderungen durch das Risikobegrenzungsgesetz.

Barnert, Thomas, Mängelgewährleistung beim Unternehmenskauf zwischen Sachgewährleistung und Verschulden bei Vertragsschluss im neuen Schuldrecht, WM 2003, 419, zit. als Mängelgewährleistung beim Unternehmenskauf.

Bartels, Axel, Bedeutung der Streitverkündung vor dem staatlichen Gericht für das nachfolgende schiedsrichterliche Verfahren, BB 2001, Beilage 7 zu Heft 43, S. 20, zit. als Bedeutung der Streitverkündung.

Berger, Christian, Der Beschaffenheitsbegriff des § 434 Abs. 1 BGB, JZ 2004, 276.

Binder, Jens-Hinrich/Piekenbrock, Andreas, AGB-rechtliche Unwirksamkeit einer formularmäßigen Unterwerfung unter die sofortige Zwangsvollstreckung ohne vertraglichen Abtretungsausschluss? WM 2008, 1816, zit. als Formularmäßige Unterwerfung unter die sofortige Zwangsvollstreckung.

Bolkart, Johannes, Prozessuale Rechtsnachfolge in titulierte Grundpfandrechte – Zugleich Anmerkungen zum Urt. des BGH v. 30.3.2010 – XI ZR 200/09, DNotZ 2010, 483, zit. als Prozessuale Rechtsnachfolge in titulierte Grundpfandrechte.

Bork, Reinhard, Die Wirksamkeit von Unterwerfungsklauseln in Allgemeinen Geschäftsbedingungen, ZIP 2008, 2049, zit. als Die Wirksamkeit von Unterwerfungsklauseln.

Bork, Reinhard, Neues zur Wirksamkeit von Unterwerfungsklauseln? ZIP 2009, 1261.

Bredow, Günther/Vogel, Hans-Gert, Kreditverkäufe in der Praxis – Missbrauchsfälle und aktuelle Reformansätze, BKR 2008, 271, zit. als Kreditverkäufe in der Praxis.

Bruchner, Helmut, Kein „stillschweigender" Abtretungsausschluss bei Bankforderungen, BKR 2004, 394-397.

Büttner, Michael/Aigner, Kathrin, Sieg der Vernunft: Notleidende Darlehensforderungen sind abtretbar, BB 2005, 119, zit. als Notleidende Darlehensforderungen.

Buschmann, Marco, Keine unangemessene Benachteiligung durch Unterwerfung unter die sofortige Zwangsvollstreckung bei veräußerbaren Darlehen, BKR 2008, 415, zit. als Unterwerfung unter die sofortige Zwangsvollstreckung.

Cahn, Andreas, Bankgeheimnis und Forderungsverwertung, WM 2004, 2041, 2048.

Canaris, Claus-Wilhelm, Verstöße gegen das verfassungsrechtliche Übermaßverbot im Recht der Geschäftsfähigkeit und im Schadensersatzrecht, JZ 1987, 993, zit als Übermaßverbot.

Canaris, Claus-Wilhelm, Wandlungen des Schuldvertragsrechts – Tendenzen zu seiner „Materialisierung", AcP 200 (2000), 273, zit. als Wandlungen des Schuldvertragsrechts.

Dauner-Lieb, Barbara/Thiessen, Jan, Garantiebeschränkungen in Unternehmenskaufverträgen nach der Schuldrechtsreform, ZIP 2002, 108, zit. als Garantiebeschränkungen in Unternehmenskaufverträgen.

Eckert, Hans-Georg, Kurzkommentar zu BGH, Urt. v. 3.5.2000 – XII ZR 42/98, EWiR 2000, 847.

Ebbing, Frank, Satzungsmäßige Schiedsklauseln, NZG 1999, 754.

Eidenmüller, Horst, Rechtskauf und Unternehmenskauf, ZGS 2002, 290.

Eilmansberger, Thomas, Die Bedeutung der Art. 81 und 82 EG für Schiedsverfahren, SchiedsVZ 2006, 5.

Elsing, Siegfried, Streitverkündung und Schiedsverfahren, SchiedsVZ 2004, 88.

Freitag, Robert, Wirksamkeit vorformulierter Vollstreckungsunterwerfungen auch bei freier Abtretbarkeit der besicherten Kreditforderung – Erwiderung auf Schimansky, WM 2008, 1813, zit. als Wirksamkeit vorformulierter Vollstreckungsunterwerfungen.

Frind, Frank, Hilfestellung zur Formulierung eines Anforderungsprofils an einen erfolgreichen Insolvenzverwalter: die fortgeschriebene Verfahrenskennzahlenauswertung, ZInsO 2011, 1913, zit. als Verfahrenskennzahlenauswertung.

Geimer, Reinhold, Anmerkung zu BGH, Urteil vom 29.03.1996 – ZR124/95, DZWiR 1997, 119.

Geimer, Reinhold, Anmerkung zu BGH Urteil vom 15.4.1970 – VIII ZR 87/69, NJW 1971, 323.

Girsberger, Daniel/Hausmaninger, Christian, Assignment of Rights and Agreement to Arbitrate, Arbitration International, Vol. 8, No. 2, 1992, S. 121, zit. als Assignment of Rights.

Gloria, Christian, Die Verwirklichung des Rechts auf den gesetzlichen Richter, NJW 1989, 445.

Grigoleit, Hans Christoph/Herresthal, Carsten, Grundlagen der Sachmängelgewährleistung im Kaufrecht, JZ 2003, 118–127, zit. als Grundlagen der Sachmängelgewährleistung.

Grothe, Helmut/Frohn, Matthias, Rechtsstaatliche Verfahrensgarantien in der Sportgerichtsbarkeit: Wayne Rooney, Paul Stretford und Art. 6 EMRK, CaS 2/2008, 104–109, zit. als Rechtsstaatliche Verfahrensgarantien in der Sportgerichtsbarkeit.

Haas, Ulrich, Internationale Sportschiedsgerichtsbarkeit und EMRK, SchiedsVZ 2009, 73.

Haas, Ulrich/Hauptmann, Markus, Schiedsvereinbarungen in „Ungleichgewichtslagen“ – am Beispiel des Sports, SchiedsVZ 2004, 175, zit. als Schiedsvereinbarungen in „Ungleichgewichtslagen“.

Haas, Ulrich/Oberhammer, Paul, „Drittwirkung“ von Schiedsvereinbarungen einer Personenhandelsgesellschaft gegenüber ihren persönlich haftenden Gesellschaftern, in: FS für Karsten Schmidt zum 70. Geburtstag (hrsg. von *Bitter, Georg et al*), S. 493, zit. als „Drittwirkung“ von Schiedsvereinbarungen.

Haas, Ulrich, Zur Einführung von Schiedsklauseln durch Satzungsänderungen von Vereinen – Besprechung des Urteils BGH WM 2000, 957, ZGR 2001, 325, zit. als Zur Einführung von Schiedsklauseln durch Satzungsänderungen.

Habersack, Mathias, Die Vollstreckungsunterwerfung des Kreditnehmers im Lichte des Risikobegrenzungsgesetzes, NJW 2008, 3173, zit. als Die Vollstreckungsunterwerfung des Kreditnehmers.

Habscheid, Walther, Aus der höchstrichterlichen Rechtsprechung zur Schiedsgerichtsbarkeit, KTS 1966, 1.

Habscheid, Walther, Schiedsgerichtsbarkeit und Staatsaufsicht, KTS 1959, 113.

Habscheid, Walther, Die Rechtsnatur des Schiedsvertrags und ihre Auswirkungen, KTS 1955, 55.

Hadding, Walter/van Look, Frank, Vertraglicher Abtretungsausschluß – Überlegungen de lege lata und de lege ferenda, WM 1988, Sonderbeilage 7, S. 1–20, zit. als Vertraglicher Abtretungsausschluß.

Häublein, Martin, Der Beschaffenheitsbegriff und seine Bedeutung für das Verhältnis der Haftung aus culpa in contrahendo im Kaufrecht, NJW 2003, 388, zit. als Der Beschaffenheitsbegriff.

Heinze, Stefan, Die Rechtsnachfolge auf Gläubigerseite gemäß § 727 Abs. 1 ZPO bei vollstreckbaren Sicherungsgrundschulden, ZIP 2010, 2030, zit. als Die Rechtsnachfolge auf Gläubigerseite.

Herrler, Sebastian, Zwangsvollstreckung aus titulierter (Sicherungs-)Grundschuld nach Gläubigerwechsel – prozessuale Rückbeziehung von § 1192 Abs. 1a BGB, Zugleich Anmerkung zu BGH, Versäumnisurteil vom 30.3.2010 – XI ZR 200/09, BB 2010, 1931, zit. als Zwangsvollstreckung aus titulierter (Sicherungs-)Grundschuld.

Hirsch, Christoph, Schadensersatz statt der Leistung, Jura 2003, 289.

Hoffmann, Herrmann, Schiedsgerichte als Gewinner der Globalisierung? Eine empirische Analyse zur Bedeutung staatlicher und privater Gerichtsbarkeit für den internationalen Handel, SchiedsVZ 2010, 96, 96 ff., zit als Schiedsgerichte als Gewinner der Globalisierung?

Huber, Peter, Schiedsvereinbarungen im Scheidungsrecht, SchiedsVZ 2004, 280.

Huber, Ulrich, Die Praxis des Unternehmenskaufs im System des Kaufrechts, AcP 202 (2002), 179, zit. als Die Praxis des Unternehmenskaufs.

Jarosson, Charles, L'arbitrage et la Convention Européenne des Droits de l'Homme, Revue de l'Arbitrage 1989, 573.

Keller, Christoph, Die Gerichtsstandsvereinbarung gem. § 38 ff. ZPO. Zugleich ein Beitrag zur Prorogationsbefugnis des Insolvenzverwalters, Jura 2008, 523, 524, zit. als Die Gerichtsstandsvereinbarung.

Kersting, Christian, Die Rechtsfolge vorvertraglicher Informationspflichtverletzungen – Vertragsaufhebungsanspruch oder Minderung aus c. i. c.? JZ 2008, 714, zit. als Die Rechtsfolge vorvertraglicher Informationspflichtverletzungen.

Klein, Eckart, Grundrechtliche Schutzpflicht des Staates, NJW 1989, 1633.

Knieper, Rolf, Interpretation, Analogie und Rechtsfortbildung: Delikate Abgrenzungen zwischen Judikative und Exekutive, WiRO 2003, 65, zit. als Interpretation, Analogie und Rechtsfortbildung.

Knoepfler, François, Les droits de l'homme et l'arbitrage, RSDIE 2007, 463.

Koch, Raphael, Kurzkommentar zu BGH, Beschl. v. 16.4.2009 – VII ZB 62/08, EWiR 2009, 359, zit. als Keine AGB-Kontrolle einer formularmäßigen Vollstreckungsunterwerfung.

Koch, Robert, Abtretbarkeit von Darlehensforderungen im Lichte des AGB-Rechts, BKR 2006, 182, zit. als Abtretbarkeit von Darlehensforderungen.

Koser, Stefan/Werner-Jensen, Alma, Anmerkung zu LG Hamburg vom 09.07.2008, BKR 2008, 340.

Kraft, Holger/Looks, Volker, Anmerkung zu OLG Hamburg, Beschluss vom 17.01.2002 – 6 Sch 7/01, BB 2002, 1170.

Kristen, Sebastian/Kreppel, Ulf, NPL-Transaktionen aus Sicht des Verkäufers – Risiken und Lösungsansätze, BKR 2005, 123, zit. als NPL-Transaktionen aus Sicht des Verkäufers.

Kuhn, Tomas, Scheinvertrag und verdeckter Vertrag im Anwendungsbereich des § 405 BGB, AcP 208 (2008), 101, zit. als Scheinvertrag und verdeckter Vertrag.

Kuntze,[o. Vorname], Schiedsgericht oder Rechtsprechung durch die Gerichte des Staates, JW 63 (1934), 649.

Lachmann, Jens-Peter, Schiedsvereinbarungen im Praxistest. Im Blickpunkt: Formerfordernisse, Einbeziehung und Inhaltskontrolle nach dem AGB-Gesetz, BB 2000, 1633, zit. als Schiedsvereinbarungen im Praxistest.

Langenbucher, Katja, Kredithandel nach dem Risikobegrenzungsgesetz, NJW 2008, 3169.

Langenbucher, Katja, Urteilsanmerkung zu OLG Frankfurt a. M. 8 U 84/04, BKR 2004, 333–334.

Lehleiter, Gunther/Hoppe, Christian, Das Kind nicht mit dem Bade ausschütten – Warum die freie Abtretbarkeit von Kreditforderungen nicht zur flächendekkenden Unwirksamkeit von Unterwerfungserklärungen unter die sofortige Zwangsvollstreckung führt, BKR 2008, 363, zit. als Freie Abtretbarkeit von Kreditforderungen.

Lehmann, Michael, Informationsverantwortung und Gewährleistung für Werbeangaben beim Verbrauchsgüterkauf, JZ 2000, 280, zit. als Informationsverantwortung und Gewährleistung für Werbeangaben.

Lorenz, Werner, Die Rechtsnatur von Schiedsvertrag und Schiedsspruch, AcP 157, 265.

Maurer, Frank, Die rechtsgeschäftliche Vertragsübernahme, BWNotZ 2005, 114–125.

Mertens, Bernd, Culpa in contrahendo beim zustande gekommenen Kaufvertrag nach der Schuldrechtsreform, AcP 203 (2003), 818, zit. als Culpa in contrahendo beim zustande gekommenen Kaufvertrag.

Meyer-Lindemann, Hans-Jürgen, Gesamtrechtsnachfolge bei Gerichtsstandsvereinbarungen gemäß § 38 Abs. 1 ZPO, JZ 1982, 592, zit. als Gesamtrechtsnachfolge bei Gerichtsstandsvereinbarungen.

Müller, Werner/Keilmann, Anette, Beteiligung am Schiedsverfahren wider Willen?, SchiedsVZ 2007, 113.

Nicklisch, Fritz, Schiedsklauseln und Gerichtsstandvereinbarungen in Verbandssatzungen und Allgemeinen Geschäftsbedingungen, BB 1972, 1285, zit. als Schiedsklauseln und Gerichtsstandvereinbarungen in Verbandssatzungen.

Nobbe, Gerd, Bankgeheimnis, Datenschutz und Abtretung von Darlehensforderungen, WM 2005, 1537.

Nußbaum, Arthur, Schiedsgerichte und Rechtsordnung, JW 55 (1926), 13.

Pieper, Helmut, Der Anspruch auf Schadensersatz wegen Nichterfüllung, JuS 1962, 409.

Reichert, Jochem/Harbarth, Stephan, Statutatorische Schiedsklauseln – Einführung, Aufhebung und umwandlungsrechtliche Behandlung, NZG 2003, 379, zit. als Statutatorische Schiedsklauseln.

Rögner, Herbert, Bankgeheimnis im Spannungsverhältnis mit dem Kapitalmarktrecht?, NJW 2004, 3230–3233.

Schalast, Christoph, Das Risikobegrenzungsgesetz – Konsequenzen für die Kreditvergabe und für Kredittransaktionen, BB 2008, 2190, zit. als Das Risikobegrenzungsgesetz.

Schelske, Uwe, Kurzkommentar zu OLG Celle, Urt. v. 27. 5. 2009 – 3 U 292/08, EWiR 2009, 501, zit. als Aufklärungspflichten bei Anlageberatung.

Schulz, Dietmar, Kreditverkauf – diesmal: Zur sofortigen Zwangsvollstreckung aus der Grundschuldbestellungsurkunde, ZIP 2008, 1858, zit. als Kreditverkauf.

Schulz, Dietmar, Kurzkommentar zu OLG Schleswig, Urt. v. 26.02.2009 – 5 U 71/08, EWiR 2009, 469.

Schiller, Volker, Gerichtsstandsklauseln in AGB zwischen Vollkaufleuten und das AGB-Gesetz, NJW 1979, 636, zit. Gerichtsstandsklauseln in AGB.

Schmidt, Detlef, Die Beschaffenheit der Kaufsache – Dogmatik und vertragliche Gestaltung von Vereinbarungen und Garantien der Beschaffenheit, BB 2005, 2763, zit. als Die Beschaffenheit der Kaufsache.

Schmidt, Karsten, Schiedsklauseln und Schiedsverfahren im Gesellschaftsrecht als prozessuale Legitimationsprobleme – Ein Beitrag zur Verzahnung von Gesellschafts- und Prozessrecht, BB 2001, 1857, zit. als Schiedsklauseln und Schiedsverfahren im Gesellschaftsrecht.

Schmidt, Karsten, Zivilprozessuale und materiellrechtliche Aspekte des § 283 BGB, ZZP 87 (1974), 49.

Schmitz, Peter, Schiedsvereinbarungen in der notariellen Praxis, RNotZ 2003, 591.

Schröcker, Stefan, Unternehmenskauf und Anteilskauf nach der Schuldrechtsreform, ZGR 2005, 63, zit. als Unternehmenskauf und Anteilskauf.

Schürnbrand, Jan, Gestaltungsrechte als Verfügungsgegenstand, AcP 204 (2004), 177.

Schwintowski, Hans-Peter/Schantz, Peter, Grenzen der Abtretbarkeit grundpfandrechtlich gesicherter Darlehensforderungen, NJW 2008, 472, zit. als Grenzen der Abtretbarkeit.

Seggewiße, Oliver, Das Kaufmännische Abtretungsverbot und seine Rechtsfolgen, NJW 2008, 3256.

Selke, Olav, Kurzkommentar zu LG Hamburg, Beschl. v. 9.7.2008 – 318 T 183/07, EWiR 2008, 543.

Stober, Rolf, Staatsgerichtsbarkeit und Schiedsgerichtsbarkeit, NJW 1979, 2001.

Teubner, Ernst/Künzel, Thomas, Prozeßverträge, Zulässigkeit, Abschluß und Wirkung, MDR 1988, 720, zit. als Prozeßverträge.

Triebel, Volker/Hölzle, Gerrit, Schuldrechtsreform und Unternehmenskaufverträge, BB 2002, 521.

v. Olshausen, Eberhard, Der Schutz des guten Glaubens an die Nicht-Rechtshängigkeit, JZ 1988, 584.

Vorwerk, Volkert, Schutz in der Finanzmarktkrise – Welche Rechte hat der Verbraucher?, NJW 2009, 1777, zit. als Schutz in der Finanzmarktkrise.

Wagner, Eberhard, Materiellrechtliche und prozessuale Probleme des § 354a HGB, WM 1996, Sonderbeilage 1, S. 1.

Weiler, Frank, Culpa in Contrahendo, Anfechtung und Kaufrecht – alte Konkurrenzfragen in neuem Licht, ZGS 2002, 249, zit. als Alte Konkurrenzfragen.

Weitnauer, Wolfgang, Der Unternehmenskauf nach neuem Kaufrecht, NJW 2002, 2511, zit. als Der Unternehmenskauf.

Westermann, Harm Peter, Das neue Kaufrecht, NJW 2002, 241.

Würdinger, Markus, Die Analogiefähigkeit von Normen, AcP 206 (2006), 946.

Wolf, Manfred/Kaiser, Jochen, Die Mängelhaftung beim Unternehmenskauf nach neuem Recht, DB 2002, 411, zit. als Die Mängelhaftung beim Unternehmenskauf.

Kommentare

Anschütz, Gerhard, Die Verfassung des Deutschen Reiches vom 11. August 1919, Ein Kommentar für Wissenschaft und Praxis, 14. Aufl., Berlin 1933, zit. als Anschütz, WRV.

Bamberger, Heinz Georg/Roth, Herbert, Kommentar zum Bürgerlichen Gesetzbuch, 3. Aufl., München 2012, zit. als Bamberger/Roth/*Bearbeiter.*

Basler Kommentar, Schweizerische Zivilprozessordnung, 1. Aufl., Basel 2010, zit. als BK ZPO/*Bearbeiter.*

Battis, Ulrich/Krautzberger, Michael/Löhr, Rolf-Peter, Baugesetzbuch, 11. Aufl., München 2009, zit. als Battis/Krautzberger/Löhr/*Bearbeiter.*

Baumbach, Adolf/Hopt, Klaus J., Handelsgesetzbuch, 35. Auflage, München 2012, zit. als Baumbach/Hopt/*Bearbeiter.*

Baumbach, Adolf/Lauterbach, Wolfgang/Albers, Jan/Hartmann, Peter, Zivilprozessordnung, 71. Aufl., München 2013, zit. als Baumbach/Lauterbach/Albers/Hartmann/*Bearbeiter.*

Beck'scher Onlinekommentar, BGB, Ed. 25, München Stand 01.11.2012, zit. BeckOK/*Bearbeiter.*

Beck'scher Onlinekommentar, GG, Ed. 16, München Stand 01.10.2012, zit. als BeckOK/*Bearbeiter.*

Bürgerliches Gesetzbuch, Handkommentar, 7. Aufl., Baden-Baden 2012, zit. als HK-BGB/*Bearbeiter.*

Dauner-Lieb, Barbara/Langen, Werner, Bürgerliches Gesetzbuch, Band 2, 2. Aufl., Baden-Baden 2012, zit. als Dauner-Lieb/Langen/*Bearbeiter.*

Dreier, Horst, Grundgesetz Kommentar, Bd.1, 2. Aufl., Tübingen 2004, Bd. 2, 2. Aufl., Tübingen 2008, zit. als Dreier/*Bearbeiter.*

Ebenroth, Thomas/Boujong, Karlheinz/Joost, Detlev/Strohn, Lutz, Handelsgesetzbuch, 2. Aufl., München 2009, zit als Ebenroth/Boujong/Joost/Strohn/*Bearbeiter.*

Endemann, Wilhelm, Der deutsche Civilprozeß, Band II: Civilprozeßordnung, Berlin 1879.

Erman, Walter, Bürgerliches Gesetzbuch, 13. Aufl., Köln 2011, zit. als Erman/*Bearbeiter.*

Freudenthal, Hugo, Civilprozeßordnung, 4. Aufl., München 1926.

Gaupp, Ludwig/Stein, Friedrich, Die Civilprozeßordnung für das Deutsche Reich, 3. Aufl., Freiburg 1897.

Jarass, Hans D./Pieroth, Bodo, Grundgesetz für die Bundesrepublik Deutschland, 12. Aufl., München 2012.

Jauernig, Othmar, Bürgerliches Gesetzbuch, 14. Aufl., München 2011, zit. als Jauernig/*Bearbeiter.*

Koller, Ingo/Roth, Wulf-Henning/Morck, Winfried, Handelsgesetzbuch, Kommentar, 7. Aufl., München 2011.

v. Mangoldt, Hermann/Klein, Friedrich/Starck, Christian, Kommentar zum Grundgesetz: GG, 6. Aufl., 2010, zit. als v. Mangoldt/Klein/Starck/*Bearbeiter.*

Maunz, Theodor/Dürig, Günter, Grundgesetz Kommentar, Stand 66. Ergänzungslieferung, München 2012, zit. als. Maunz/Dürig/*Bearbeiter.*

Maunz, Theodor/Schmidt-Bleibtreu, Bruno/Klein, Franz/Bethge, Herbert, Bundesverfassungsgerichtsgesetz, Kommentar, 38. Ergänzungslieferung, München 2012, zit. als Maunz/Schmidt-Bleibtreu/Klein/*Bearbeiter.*

Meyer-Ladewig, Jens, EMRK, Handkommentar, 3. Aufl., Baden-Baden 2011, zit. als Meyer-Ladewig.

Münchener Kommentar zum Bürgerlichen Gesetzbuch, 6. Aufl., München 2012, zit als MünchKommBGB/*Bearbeiter.*

Münchener Kommentar zum Handelsgesetzbuch, 2. Aufl., München 2009, zit als MünchKommHGB/*Bearbeiter.*

Münchener Kommentar zur Zivilprozessordnung mit Gerichtsverfassungsgesetz und Nebengesetzen, 4. Aufl., München 2013, zit. als MünchKommZPO/*Bearbeiter.*

Musielak, Kommentar zur Zivilprozessordnung, 9. Aufl., München 2012, zit. als Musielak/*Bearbeiter.*

v. Oesfeld, Max, Die neuen Deutschen Reichs-Justizgesetze, Vierter Teil Civilprozeßordnung, Berlin 1879, zit. als CPO.

Palandt, Otto, Bürgerliches Gesetzbuch, 72. Aufl., München 2012, zit. als Palandt/*Bearbeiter*.

Petersen, Julius/Remelé, Ernst/Anger, Ernst, Die Civilprozeßordnung für das Deutsche Reich in der Fassung des Gesetzes vom 17. Mai 1898, 5. Aufl., Lahr 1904, zit. als Petersen/Remelé/Anger/*Bearbeiter*.

Prütting, Hanns/Gehrlein, Markus, ZPO Kommentar, 4. Aufl., Köln 2012, zit. als Prütting/Gehrlein/*Bearbeiter*.

Prütting, Hanns/Wegen, Gerhard/Weinrich, Gerd, BGB Kommentar, 7. Aufl., Köln 2012, zit. als Prütting/Wegen/Weinrich/*Bearbeiter*.

Das Bürgerliche Gesetzbuch mit besonderer Berücksichtigung der Rechtsprechung des Reichsgerichts und des Bundesgerichtshofs, Kommentar, Bd. II, 1. Teil, 12. Aufl., Berlin 1976, zit. als RGRK/*Bearbeiter*.

Reincke, Otto, Die Deutsche Zivilprozeßordnung, 5. Aufl., Berlin 1904.

Sachs, Michael, Grundgesetz Kommentar, 6. Aufl. München 2011, zit. als Sachs/*Bearbeiter*.

v. Sarwey, Otto, Die Justizgesetzgebung des Deutschen Reichs, I. Abtheilung, 3. Band, Die Civilprozeßordnung für das Deutsche Reich, 1. Theil, Berlin 1879, zit. als CPO.

Schmidt-Bleibtreu, Bruno/Hofmann, Hans/Hopfauf, Axel, Kommentar zum Grundgesetz, 12. Aufl., Köln 2011, zit. als Schmidt-Bleibtreu/Hofmann/Hopfauf/*Bearbeiter*.

Staudinger, Julius, Kommentar zum Bürgerlichen Gesetzbuch, Berlin, Überarbeitungsstand 2005 (§ 249), 2006 (§§ 305c, 307), 2009 (§§ 242, 280f., 1153), 2011 (§§ 119, 133, 137), 2012 (§§ 346, 399, 401, 405), zit. als Staudinger/*Bearbeiter*.

Schwab/Walter, Schiedsgerichtsbarkeit, Kommentar, 7. Aufl., München 2005.

Soergel, Theodor, Bürgerliches Gesetzbuch, Bd. 2, 13. Aufl., Stuttgart 2000, zit. als Soergel/*Bearbeiter*.

Stein, Friedrich/Jonas, Martin, Kommentar zur Zivilprozessordnung, 22. Aufl., Tübingen, Band 1 (§§ 1–40) 2003, Band 2 (§§ 41–127a) 2004, Band 3 (§§ 128–252) 2005, Band 4 (§§ 253–327) 2008, Band 9 (§§ 916–1066) 2002, zit. als Stein/Jonas/*Bearbeiter*.

Struckmann, Johannes/Koch, Richard, Die Civilprozeßordnung für das Deutsche Reich, CPO, 8. Aufl., Berlin 1901, zit. als CPO.

Thomas, Heinz/Putzo, Hans, Zivilprozessordnung, 33. Aufl., München 2012, zit. als Thomas/Putzo/*Bearbeiter*.

Zöller, Richard, Zivilprozessordnung, 29. Aufl., Köln 2012, zit. als Zöller/*Bearbeiter*.

Zivilprozessordnung, Handkommentar, 4. Aufl., Baden-Baden 2009, zit. als HK-ZPO/*Bearbeiter*.

Bangert, Jan, Die Schiedsgerichtsbarkeit: In Straßburg Anathema?, in: Menschenrechte, Demokratie und Rechtsstaat. Liber amicorum Luzius Wildhaber, hrsg. von *Breitenmoser, Stephan et al.*, Zürich 2007, S. 41, zit. als Die Schiedsgerichtsbarkeit.

Baur, Fritz, Rechtshängig – Schiedshängig?, in: Festschrift für Hans W. Fasching zum 65. Geburtstag, hrsg. von *Holzhammer, Richard et al*, Wien 1988, S. 81.

Briner, Robert/von Schlabrendorff, Fabian, Article 6 of the European Convention on Human Rights and its Bearing upon International Arbitration, in: Law of international business and dispute settlement in the 21st century – liber amicorum Karl-Heinz Böckstiegel anlässlich seines Ausscheidens als Direktor des Instituts für Luft- und Weltraumrecht und des von ihm gegründeten Lehrstuhls für Internationales Wirtschaftstrecht = Recht der internationalen Wirtschaft und Streiterledigung im 21. Jahrhundert, hrsg. von *Benkö, Marietta, Kröll, Walter*, Köln 2001, S. 89.

Canaris, Claus-Wilhelm, in: Karlsruher Forum 2002: Schuldrechtsmodernisierung, hrsg. von *Lorenz, Egon*, Karlsruhe 2003, S. 61.

Dal, Georges-Albert, Le point de vue belge, in: L'arbitrage et la Convention Européenne des Droits de l'Homme, hrsg. von *Favre-Bulle, Alessandra et al.*, Brüssel 2001, S. 57.

Favre-Bulle, Alessandra, L'Etat de la Jurisprudence en Suisse, in: L'arbitrage et la Convention Européenne des Droits de l'Homme, hrsg. von *Favre-Bulle, Alessandra et al.*, Brüssel 2001, S. 69.

Gottwald, Peter, Internationale Gerichtsstandsvereinbarungen – Verträge zwischen Prozessrecht und materiellem Recht, in: Festschrift für Wolfram Henkkel zum 70. Geburtstag am 21. April 1995, hrsg. von *Gerhardt, Walter et al.*, Berlin 1995, S. 295, zit. als Internationale Gerichtsstandsvereinbarungen.

Haas, Ulrich/Oberhammer, Paul, „Drittwirkung" von Schiedsvereinbarungen einer Personenhandelsgesellschaft gegenüber ihren persönlich haftenden Gesellschaftern, in: Festschrift für Karsten Schmidt zum 70. Geburtstag, hrsg. von *Bitter, Georg et al.*, Köln 2009, S. 493, zit. als „Drittwirkung" von Schiedsvereinbarungen.

Hausmann, Rainer, Einheitliche Anknüpfung internationaler Gerichtsstands- und Schiedsvereinbarungen, in: Festschrift für Werner Lorenz zum siebzigsten Geburtstag, hrsg. von *Pfister, Bernhard, Will, Michael*, Tübingen 1991, S. 361, zit. als Einheitliche Anknüpfung.

Lambert, Pierre, L'arbitrage et l'article 6, 1° de la Convention Européenne des Droits de l'Homme, in: L'arbitrage et la Convention Européenne des Droits de l'Homme, hrsg. von *Favre-Bulle, Alessandra et al.*, Brüssel 2001, S. 7.

Landrove, Juan Carlos, European Convention on Human Rights' Impact on Consensual Arbitration, in: Human Rights at the Center, hrsg. von *Besson, Samantha et al.*, Zürich 2006, S. 73.

Nagel, Heinrich, Anmerkungen zu einigen hanseatischen Schiedsklauseln, in: Festschrift für Karl Heinz Schwab zum 70. Geburtstag, hrsg. von *Gottwald, Peter, Prütting, Hanns*, München 1990, S. 369, zit. als Hanseatische Schiedsklauseln.

Schlosser, Peter, Der Grad der Unabhängigkeit einer Schiedsvereinbarung vom Hauptvertrag, in: Law of international business and dispute settlement in the 21st century – liber amicorum Karl-Heinz Böckstiegel anlässlich seines Ausscheidens als Direktor des Instituts für Luft- und Weltraumrecht und des von ihm gegründeten Lehrstuhls für Internationales Wirtschaftstrecht = Recht der internationalen Wirtschaft und Streiterledigung im 21. Jahrhundert, hrsg. von *Benkö, Marietta, Kröll, Walter*, Köln 2001, S. 697.

Schricker, Gerhard, Zur Geltung von Schiedsverträgen bei Anspruchsabtretung, in: Festschrift für Karlheinz Quack zum 65. Geburtstag am 3. Januar 1991, hrsg. von *Westermann, Harm Peter, Rosener, Wolfgang* , Berlin 1991, S. 99.

Timm, Wolfram, Beschlussanfechtungsklage und Schiedsfähigkeit im Recht der personalistisch strukturierten Gesellschaften, in: Festschrift für Hans-Joachim Fleck zum 70. Geburtstag am 30. Januar 1988, hrsg. von *Goerdeler, Reinhard*, Berlin 1988, S. 365–381, zit. als Beschlussanfechtungsklage und Schiedsfähigkeit.

Willoweit, Dietmar, Das obligatorisch wirkende Zessionsverbot, in: Festschrift für Joachim Gernhuber zum 70. Geburtstag, hrsg. von *Lange, Hermann et al.*, Tübingen 1993, S. 549–562.

Elektronisch

The European Court of Human Rights in Facts and Figures 2011: http://www.echr.coe.int/ECHR/EN/Header/The+Court/Introduction/Information+documents/.

Statistisches Bundesamt: http://www.destatis.de.

European Payment Index 2011: https://www.intrum.com/Documents/Germany/EPI%20Deutsch/EPI_2011_deutsch.pdf.

Abkürzungsverzeichnis

a. A.	andere Ansicht
AcP	Archiv für die Civilistische Praxis
AG	Amtsgericht
Abs.	Absatz
Art.	Artikel
Aufl.	Auflage
BAG	Bundesarbeitsgericht
BauGB	Baugesetzbuch
BB	Betriebsberater
Bd.	Band
BeckRS	Beck'sche Rechtssammlung
BGB	Bürgerliches Gesetzbuch
BGBl	Bundesgesetzblatt
BGE	Entscheidungen des schweizerischen Bundesgerichts
BGH	Bundesgerichtshof
BGHZ	Entscheidungen des Bundesgerichtshofs in Zivilsachen, amtliche Sammlung
BKR	Zeitschrift für Bank- und Kapitalmarktrecht
DNotZ	Deutsche Notar-Zeitschrift
BR-Drucks.	Bundesratsdrucksache
BT-Drucks.	Bundestagsdrucksache
BVerfG	Bundesverfassungsgericht
BVerfGE	Entscheidungen des Bundesverfassungsgerichts, amtliche Sammlung
BVerwG	Bundesverwaltungsgericht
BVerwGE	Entscheidungen des Bundesverwaltungsgerichts, amtliche Sammlung
BWNotZ	Zeitschrift für das Notariat in Baden-Württemberg
bzw.	beziehungsweise
CaS	Causa Sport
CPO	Civilprozeßordnung
DB	Der Betrieb

ders.	derselbe
DNotZ	Deutsche Notarzeitung
EGMR	Europäischer Gerichtshof für Menschenrechte
EMRK	Europäische Menschenrechtskonvention
EWiR	Entscheidungen zum Wirtschaftsrecht
f.	folgende (Seite)
ff.	folgende (Seiten)
Fn.	Fußnote
FS	Festschrift
GG	Grundgesetz
GVG	Gerichtsverfassungsgesetz
HGB	Handelsgesetzbuch
HlBd.	Halbband
h. M.	herrschende Meinung
Hrsg.	Herausgeber
i. V. m.	in Verbindung mit
Jura	Juristische Arbeitsblätter
JuS	Juristische Schulung
JW	Juristische Wochenschrift
JZ	Juristenzeitung
KTS	Zeitschrift für Insolvenzrecht; Konkurs-, Treuhand- und Schiedsgerichtswesen, früher: Konkurs- und Treuhandwesen
LG	Landgericht
MDR	Monatsschrift für deutsches Recht
m. w. N.	mit weiteren Nachweisen
NJW	Neue Juristische Wochenschrift
NJW-RR	Neue Juristische Wochenschrift, Rechtsprechungs-report
NJOZ	Neue Juristische Online-Zeitschrift
no.	Nummer
NVwZ	Neue Zeitschrift für Verwaltungsrecht
NZA	Neue Zeitschrift für Arbeitsrecht
NZG	Neue Zeitschrift für Gesellschaftsrecht
OLG	Oberlandesgericht
OLGE	
OLG-NL	OLG Rechtsprechung Neue Länder
Rev. Arb.	Revue de l'arbitrage

RGBl.	Reichsgesetzblatt
RGZ	Rechtsprechung des Reichsgerichts in Zivilsachen
Rn.	Randnummer
RNotZ	Rheinische Notar-Zeitschrift
RSDIE	Revue suisse de droit international et européen
Rspr.	Rechtsprechung
s.	siehe
S.	Seite
SchiedsVZ	Zeitschrift für Schiedsverfahren
UNCITRAL	United Nations Commission on International Trade Law
UNCITRAL-Modellgesetz	Modellgesetz zur internationalen Handelsschiedsgerichtsbarkeit vom 21.06.1985
vgl.	vergleiche
Vol.	Volume
WM	Wertpapiermitteilungen
WRV	Weimarer Reichsverfassung
z. B.	zum Beispiel
zahlr.	zahlreich
ZGR	Zeitschrift für Unternehmens- und Gesellschaftsrecht
ZGS	Zeitschrift für das Gesamte Schuldrecht
ZinsO	Zeitschrift für das gesamte Insolvenzrecht
ZIP	Zeitschrift für Wirtschaftsrecht
ZPO	Zivilprozessordnung
ZZP	Zeitschrift für Zivilprozess

Schriften zum Verfahrensrecht

Herausgegeben von Jens Adolphsen, Peter Gottwald und Ulrich Haas

Band 1 Matthias Rauscher: Die neue Berufung in Zivilsachen. 2002.

Band 2 Jörn-Christian Schulze: Grenzen der objektiven Schiedsfähigkeit im Rahmen des § 1030 ZPO. Eine Betrachtung des Rechts der Schiedsfähigkeit nach der Schiedsverfahrensrechtsform. 2003.

Band 3 Roman Rodloff: Das vereinfachte Verfahren zur Festsetzung von Kindesunterhalt nach §§ 654 ff. ZPO. Zugleich ein Beitrag zur Unterhaltsannexklage nach § 653 ZPO und zum vereinfachten Abänderungsverfahren nach § 656 ZPO. 2003.

Band 4 Helia-Verena Daubach: Kammer oder Einzelrichter? Ist die Kammer ein Qualitätselement des Zivilprozesses? 2003.

Band 5 Thomas Gemmeke: Beweisverwertungsverbote im arbeitsgerichtlichen Verfahren. 2003.

Band 6 Wolfgang Kreißig: Der Sportverein in Krise und Insolvenz. 2004.

Band 7 Alexander M. Krämer: Leasingverträge in der Insolvenz. 2005.

Band 8 Timo Christian Walther: Das Verfahren bei Masseunzulänglichkeit nach den §§ 208 ff. InsO. 2005.

Band 9 Henning Müller: Die Lebensversicherung in der Zwangsvollstreckung. 2005.

Band 10 Oliver Hilsbos: Die Mitwirkungspflicht von Personenstandsbehörden in Nachlassverfahren. 2006.

Band 11 Matthias Holla: Der Einsatz von Schiedsgerichten im organisierten Sport. 2006.

Band 12 Matthias Hofmann: Die Eigenverwaltung in der Insolvenz. Darstellung eines Rechtsinstituts unter besonderer Berücksichtigung der Gesellschaftsinsolvenz. 2006.

Band 13 Christian Schindler: Rechtskraft und Innenbindung von Beschlüssen nach der ZPO-Reform. 2006.

Band 14 Carola Reimann-Dittrich: Die Finanzierungsfolgenverantwortung des Gesellschafters. 2006.

Band 15 Viktoria Kress: Internationale Zuständigkeit für elterliche Verantwortung in der Europäischen Union. Das neue europäische Familienverfahrensrecht in Fragen der elterlichen Verantwortung im Kontext der Haager Abkommen. 2006.

Band 16 Frank Martin Herget: Die internationale Zuständigkeit im Electronic Commerce in der Europäischen Union. 2006.

Band 17 Cornelia Drenckhahn: Urkundsvorlagepflichten im Zivilprozess und im arbeitsgerichtlichen Verfahren nach der ZPO-Reform unter besonderer Berücksichtigung der Neufassung des § 142 ZPO. 2007.

Band 18 Walter Boeckh: Beschwerde und Rechtsbeschwerde im Zivilverfahren. 2007.

Band 19 Gökçe Nazar Uzar: Rechtsmittel gegen Schiedssprüche nach dem neuen deutschen und türkischen Schiedsverfahrensrecht. 2007.

Band 20 Christa Kraemer: Eigenkapitalersatz und Insolvenz. Klassische und moderne Fallgruppen. 2007.

Band 21 Martin Beckmann: Statutarische Schiedsklauseln im deutschen Recht und internationalen Kontext. 2008.

Band 22 Ulf Pechartscheck: Entgeltansprüche aus Altersteilzeitarbeit in der Arbeitgeberinsolvenz. Analyse gegenwärtiger Sicherungsmodelle in Deutschland. 2008.

Band 23 Thomas Baumann: Patentstreitigkeiten vor Schiedsgerichten. Eine rechtsvergleichende Betrachtung ausgewählter Probleme nach deutschem und schweizerischem Recht. 2008.

Band 24 Désirée Cimmino: Das UNCITRAL-Modellgesetz über internationale ADR-Verfahren in Wirtschaftsstreitigkeiten. 2008.

Band 25 Ralf Burkhard: Der Einfluss der Schuldrechtsreform auf von § 103 InsO erfasste Kaufverträge. 2010.

Band 26 Stefan Roßkopf: Die Aufrechnung im deutschen und englischen Insolvenzrecht. Eine rechtsvergleichende Untersuchung. 2008.

Band 27 Thomas Rothammer: Die insolvenzrechtliche Restschuldbefreiung – Probleme und Lösungen. 2008.

Band 28 Franziska Schmalenberg: Anerkennung von Patenten in Europa. 2009.

Band 29 Michael Schaumann: Reform des Eigenkapitalersatzrechts im System der Gesellschafterhaftung. Unter Berücksichtigung der Änderungen durch das MoMiG. 2009.

Band 30 Hengliang Shen: Das Absonderungsrecht in der Insolvenz. Erfahrungen aus Deutschland und die Praxis in China. 2009.

Band 31 Alexander Panier: Der Grundsatz der Schadenseinheit. 2009.

Band 32 Ming-Sheng Liu: Die richterliche Hinweispflicht. Dogmatik und Rechtskultur. 2009.

Band 33 Lothar Czaja: Umsetzung der Kooperationsvorgaben durch die Europäische Insolvenzverordnung im deutschen Insolvenzverfahren. 2009.

Band 34 Stefanie Reiche: Die prozessualen Folgen eines Betriebsübergangs nach § 613a BGB. 2009.

Band 35 Christoph Stieber: Der gesicherte Geld- und Warenkredit in der Insolvenz. Das Insolvenzverwalterwahlrecht nach § 103 InsO und dessen Wirkungen auf die Sicherungsübereignung und den Eigentumsvorbehalt. 2009.

Band 36 Miguel Teixeira de Sousa: Die Zulässigkeitsprüfung im Zivilprozess. 2010.

Band 37 Michael Schulze: Das Besteuerungsverfahren der Personengesellschaft bei Insolvenz. 2010.

Band 38 Ulrich Hönle: Die deliktische Grundanknüpfung im IPR und IZVR. Auswirkungen der Kollisionsrechtsvereinheitlichung auf europäischer Ebene. 2011.

Band 39 Hilke Schapp: Die Präklusion von Gestaltungsrechten nach § 767 Abs. 2 ZPO. Eine kritische Untersuchung der Rechtsprechung unter besonderer Berücksichtigung der Rechtskraft und der materiellen Rechtslage. 2011.

Band 40 Moritz Büchele: Eingriff in Gesellschafterrechte im Insolvenzplan. 2011.

Band 41 Markus Wimmer: Unternehmenssanierung mittels Transfergesellschaften. 2011.

Band 42 Christoffer Bortz: Urheberrechtliche Lizenzen in nationaler und internationaler Insolvenz. 2012.

Band 43 Martin Wigand: Verzicht, Vergleich und sonstige Haftungsbeschränkungen im Gesellschaftsrecht. 2012.

Band 44 Michael Schick: Die Zwischenfeststellungsklage des § 256 Abs. 2 ZPO. 2013.

Band 45 Olaf Benning: Internationale Prinzipien für grenzüberschreitende Insolvenzverfahren. 2013.

Band 46 Gero von Jhering: Die Wirkung von Schiedsvereinbarungen, Schiedsklauseln und Schiedssprüchen im Gesellschaftsrecht. Eine Zusammenführung von Schiedsverfahrens- und Gesellschaftsrecht. 2013.

Band 47 Anne Hoßfeld: Die Abtretung schieds- und gerichtsstandsgebundener Forderungen. 2013.

www.peterlang.de